O perfil do
professor mediador

PEDAGOGIA DA MEDIAÇÃO

Dados Internacionais de Catalogação na Publicação (CIP)
(Câmara Brasileira do Livro, SP, Brasil)

Tébar, Lorenzo
   O perfil do professor mediador : pedagogia da mediação / Lorenzo Tébar ; tradução de Priscila Pereira Mota. – São Paulo: Editora Senac São Paulo, 2011.

   Título original: *El perfil del profesor mediador : pedagogía de la mediación*.
   Bibliografia
   ISBN 978-85-396-0094-6

   1. Didática 2. Feuerstein, Reuven. 3. Interação professor-alunos 4. Mediação 5. Professores – Formação 6. Programa de Enriquecimento Instrumental (PEI) 7. Sala de aula – Direção I. Título.

11-00958   CDD-371.3

Índice para catálogo sistemático:
1. Pedagogia da mediação : Programa de
Enriquecimento Instrumental : Metodologia de
ensino de Feuerstein : Educação   371.3

O perfil do
professor mediador

PEDAGOGIA DA MEDIAÇÃO

Lorenzo Tébar

Tradução: Priscila Pereira Mota

Editora Senac São Paulo – São Paulo – 2011

ADMINISTRAÇÃO REGIONAL DO SENAC NO ESTADO DE SÃO PAULO
Presidente do Conselho Regional: Abram Szajman
Diretor do Departamento Regional: Luiz Francisco de A. Salgado
Superintendente Universitário e de Desenvolvimento: Luiz Carlos Dourado

EDITORA SENAC SÃO PAULO
Conselho Editorial: Luiz Francisco de A. Salgado
Luiz Carlos Dourado
Darcio Sayad Maia
Lucila Mara Sbrana Sciotti
Luís Américo Tousi Botelho

Gerente/Publisher: Luís Américo Tousi Botelho
Coordenação Editorial: Ricardo Diana
Prospecção: Dolores Crisci Manzano
Administrativo: Verônica Pirani de Oliveira
Comercial: Aldair Novais Pereira

Edição de Texto: Luiz Guasco
Revisão Técnica da Tradução: Teresa Van Acker
Preparação de Texto: Marcia Elisa Rodrigues
Coordenação de Revisão de Texto: Marcelo Nardeli
Revisão de Texto: Edna Viana, Jussara Rodrigues Gomes
Projeto Gráfico, Capa e Editoração Eletrônica: Antonio Carlos De Angelis
Ilustração da Capa: August Macke, *Círculo de Cor II*, 1913. Städtisches Kunstmuseum, Bona
Coordenação de E-books: Rodolfo Santana
Impressão e Acabamento: Visão Gráfica

Traduzido de *El perfil del profesor mediador: pedagogía de la mediación*
© Lorenzo Tébar Belmonte, 2011

Proibida a reprodução sem autorização expressa.
Todos os direitos desta edição reservados à
Editora Senac São Paulo
Av. Engenheiro Eusébio Stevaux, 823 – Prédio Editora
Jurubatuba – CEP 04696-000 – São Paulo – SP
Tel. (11) 2187-4450
editora@sp.senac.br
https://www.editorasenacsp.com.br

© Edição brasileira: Editora Senac São Paulo, 2011

Sumário

Nota da edição brasileira, 7

Apresentação à edição brasileira, 9
Ulisses Defonso Matanó

Agradecimentos, 13

Introdução do professor Reuven Feuerstein, 15
Reuven Feuerstein e Rabbi Rafi Feuerstein

Apresentação, 19

1. Justificativa do paradigma mediador, 23
   Motivação da mudança educacional, 23
   Definição do problema, 28
   As mudanças necessárias na educação, 35
   Conclusão: o caminho para um novo paradigma educacional, 53

2. Programa de Enriquecimento Instrumental (PEI), fundamento do novo paradigma educacional – Revisão da teoria do professor Feuerstein, 57
   Influências e origem das teorias de Feuerstein, 57
   A mediação, 74
   A Experiência de Aprendizagem Mediada (EAM), 80
   Características do Programa de Enriquecimento Instrumental (PEI), 81
   Um sistema de crenças, 91
   Critérios de mediação, 93
   O mapa cognitivo, 103
   Funções do mediador na interação da aprendizagem mediada, 106

3. O PERFIL DIDÁTICO DO PROFESSOR MEDIADOR, 111
Rumo a um novo modelo cognitivo cultural de ação pedagógica, 111
Perfil do mediador dos programas cognitivos, 113

4. PROPOSTA METODOLÓGICA DE INTERAÇÃO, 139
Interação mediada: plano de trabalho na sala de aula e
estilo de mediação, 139
A mediação através dos elementos do mapa cognitivo, 154
Modelo de planejamento de uma lição: dez passos, 168

5. CONTRIBUIÇÕES DA MEDIAÇÃO, 189
Mediação dos critérios da mediação, 189
A mediação didática das funções cognitivas deficientes (FCD), 209
A função construtivista da mediação, 214
Experiências da mediação (estudos, relatos e conclusões), 225
As funções do professor mediador, 235
Perfis de modificabilidade, 253
A formação do professor mediador, 265
Criar ambientes modificadores, 272

6. CONTRIBUIÇÕES MEDIADORAS ÀS PECULIARIDADES DO PERFIL
DIDÁTICO DO PROFESSOR MEDIADOR (PDM), 277
Respostas aos 32 itens, 277

7. CONCLUSÕES, 483
Contribuições do paradigma mediador, 483
Contribuições psicopedagógicas do PEI para a função docente no
processo de ensino-aprendizagem na sala de aula, 483

BIBLIOGRAFIA, 487

ANEXOS
1. Avaliação do professor mediador, 509
2. Nota biográfica: Reuven Feuerstein, 513
3. Vocabulário básico relacionado a programas cognitivos, 519

Nota da edição brasileira

Definir a melhor pedagogia a ser implementada em escolas é motivo de discordâncias e debates. Porém, em um ponto as opiniões confluem: é imprescindível equipar professores com as ferramentas adequadas para o exercício da sua função.

Inspirado na reforma educacional espanhola e na teoria do professor Reuven Feuerstein sobre mediação, *O perfil do professor mediador* analisa a situação da educação na Espanha e aponta caminhos que conduzem às exigências para a formação de professores mediadores. O livro descreve experiências de sucesso no campo da mediação e apresenta os principais elementos para o cultivo de ambientes modificadores, sejam eles discentes, sejam docentes.

Leitura imprescindível para estudantes e profissionais da área de pedagogia, esta publicação do Senac São Paulo aprofunda a discussão iniciada por Feuerstein. Afinal, nos moldes de uma pedagogia mediadora, que prepara o aluno para além do presente imediato, como permitir que o docente exerça sua profissão de maneira plena e irrestrita? A resposta extravasa, e muito, os limites da sala de aula.

Apresentação à edição brasileira

O primeiro contato que tive com Lorenzo Tébar ocorreu em 2008, quando ele esteve em São Paulo com o objetivo de conhecer o trabalho desenvolvido pelo ATC (Authorized Training Center)* do Senac São Paulo. Palestrante internacional e, por muitos anos, colaborador direto da equipe de profissionais que trabalham com o professor Reuven Feuerstein, Lorenzo recebeu por sua tese de doutorado em ciências da educação o Prêmio Especial em Ciência da Educação da Universidad Nacional de Educación a Distancia – Uned (Madri, 2002). Tese que mais tarde se transformou neste livro.

Para Lorenzo, educar é uma obra de amor, de alguém que entende o trabalho educativo como uma vocação. Sua pesquisa tem como alicerce os pressupostos que fundamentam a teoria da Modificabilidade Cognitiva Estrutural (MCE) e a Experiência de Aprendizagem Mediada (EAM) do professor Reuven Feuerstein e apresenta uma nova forma de pensar sobre os sucessos e fracassos dos alunos nas escolas, destacando ser um erro acreditar que o educando, diante da aprendizagem de conteúdos curriculares, já dispõe dos pré-requisitos de pensamento para compreendê-los, aplicá-los, utilizá-los e transferi-los a outras situações e contextos. Diante desse enfoque, reforça a ideia de que é a escola o lugar privilegiado para essa inter-

---

* Centro de treinamento autorizado pelo Instituto Feuerstein para formação de mediadores do Programa de Enriquecimento Instrumental (PEI) e aplicação da teoria da Modificabilidade Cognitiva Estrutural (MCE) e da metodologia da Experiência da Aprendizagem Mediada (EAM) de Reuven Feuerstein.

venção/mediação, pois a ação do professor deve propiciar oportunidades de desenvolvimento de todas as formas de inteligência e potencializar o educando segundo suas capacidades.

O perfil do professor mediador nos convida a refletir sobre questões essenciais para os educadores, por exemplo: Como aprendemos? De que forma o que queremos transmitir é apreendido pelo outro? Por que aprendemos ou por que queremos ensinar algo? Por que conseguimos ensinar alguns e parecemos tão incapazes de ensinar outros?

Por fim, o livro apresenta um novo paradigma educacional e propõe as ferramentas para os professores atuarem como dinamizadores no desenvolvimento do aluno. Lorenzo assinala que, no mundo contemporâneo, os professores não devem se limitar a assumir papéis de meros reprodutores do saber. Devem ser capazes de entender a importância de assumir a postura de especialistas do ensino e também de pesquisadores, pois o novo perfil do professor é o de mediador na construção de novos conhecimentos.

Espero que todos se encantem, assim como me encantei, com as novas perspectivas apresentadas por ele.

Ulisses Defonso Matanó
Gerente do Senac Consolação

A todos os educadores mediadores
que trabalham para dar sentido e
esperança à vida de crianças e jovens.

Agradecimentos

A bibliografia de um trabalho atesta a ajuda de muitas pessoas recebida ao longo do caminho; é a soma de incontáveis dívidas de gratidão. O que foi recebido é infinitamente superior ao que se devolve agora nestas páginas. Devo retribuir a todas as pessoas que enriqueceram com sua ajuda esta obra. Minha mais sincera e cordial gratidão a todos os mediadores.

A primeira e mais terna gratidão de mediação devo aos meus pais, Francisco e Josefa, e aos meus irmãos, Benita, Francisco, Andrés e Maria Joseja. Um afetuoso agradecimento aos meus primeiros professores, D. Ulpiano e D. Jesualdo, mentores da minha "escola popular". E uma plêiade de respeitados formadores em minha outra família, o grupo La Salle. A inspiração e o apoio direto do professor Reuven Feuerstein, o Mediador com letra maiúscula, e seu filho Rafi, Y. Rand, S. Rosen, N. Tzabán, D. Sasson, A. Kozulin, D. Tzuriel, Y. Mintzker, R. Kaufman, S. Gross, M. Pacheco, C. Azael, R. Fascovich e de todos os colaboradores do ICELP. Entre os mais íntimos amigos: José M. Martínez, Juan José Brunet, Luis G. Mediavilla, I. M. Labeaga, G. de Frutos, R. Farrés, F. Cabello, M. Barreales, A. Martínez, A. Casillas, D. Gamazo, M. L. Sanz, J. A. Rivera, J. Martínez, J. M. de Frutos, L. O. Solano, F. Fallado, M. Serrano, M. A. Magraner e demais amigos do círculo do Instituto San Pío X, de Madri. Os reforços e incentivos vindos de mais longe: Jo Lebeer, R. Garbo, M. Minuto, A. Meza, M. L. Morillo, C. Albornoz, F. J. Nieto, J. Cuadros, E. Rubinstein, E. Cantisani, M. R. Guimaraes, V. Landwehr, T. C. Pita, E. I. Alejandre, M. Macionk, D. Fanfa, T. Saldanha, N. Alcaraz, R. de

Asís, Meier Ben-Hur, entre outros. Os entusiastas da Universidad Nacional de Educación a Distancia (Uned) que tanto me incentivaram: professores D. del Río, orientador de tese, A. Sebastián, M. de Codés Martínez, R. Pérez Juste, J. L. G. Llamas, C. Martínez, E. de Lara, E. Repetto, C. Jiménez. O acolhimento dos meus colegas de Jerusalém e do Brooklyn. A incondicional ajuda de instituições educacionais e universidades e, em especial, da Editora Bruño. O meticuloso trabalho de diagramação de Simón Méndez. A cuidadosa dedicação de S. Sánchez, na Santillana. À interminável lista de docentes-mediadores que, na Espanha e na América Latina, responderam a questionários e contribuíram com sua valiosa experiência educacional. Aos muitos autores que figuram na bibliografia e aos muitos outros que contribuíram com suas palavras e com seu magistério, todos merecedores dos meus agradecimentos pela inestimável colaboração neste trabalho.

Introdução do professor Reuven Feuerstein

Redigir estas linhas introdutórias para a presente obra de Lorenzo Tébar não só é uma honra, mas também um verdadeiro prazer. Do mesmo modo, constitui uma excepcional oportunidade para expressar a gratidão a todos aqueles que se envolveram no estudo da teoria da modificabilidade cognitiva estrutural (MCE), da experiência de aprendizagem mediada (EAM) e de todos os demais conceitos e aspectos abordados neste trabalho pioneiro, que, diferentemente da maioria das pesquisas realizadas, conduz o estudo com foco no impacto gerado no próprio mediador, mais do que nos efeitos sobre o educando.

Mediante essa mudança de enfoque, o autor criou uma nova perspectiva no estudo e na compreensão dos dinamismos da EAM e seus efeitos nos três elementos envolvidos na interação da EAM: o educando – que foi amplamente estudado –, os estímulos e o próprio mediador. O considerável esforço realizado por nosso caro amigo e colega Lorenzo Tébar, para estudar o perfil do professor mediador, possibilitou o surgimento de interessantes questões e considerações educacionais.

Está claro, tanto do ponto de vista da metodologia seguida como por seus interessantes resultados, que o "perfil" em si mesmo é o produto de uma decisão que o mediador potencial tomou ao atuar como mediador. As raízes dessa decisão não são apenas profissionais, pedagógicas ou didáticas – em particular nos casos do mediador, dos pais ou de outros agentes envolvidos na comunidade –, a decisão de atuar como mediador tem profundas raízes no desejo natural de sentir-se prolongado nos educandos, ou em sua descendência, não somente pelo componente biológico, mas também por meio da bagagem espiritual-moral de sua existência.

A questão que surge neste contexto consiste em saber como essa decisão afeta o mediador, seus processos cognitivos, suas emoções e, em última instância, seus padrões de conduta. Um educador pensa, sente e age da mesma maneira como pensava, sentia e agia antes de tomar a decisão de atuar como mediador com seus alunos, os quais conservarão sua própria forma de ser?

Nosso ponto de vista baseia-se no fato de que a intenção dos indivíduos de atuar como mediadores – sejam pais, sejam docentes, sejam agentes culturais interessados na continuidade de uma entidade existencial – será transformada por essa decisão, e muitas características do mediador vão diferir grandemente de sua anterior forma de ser.

Este livro, ao apresentar o perfil do professor mediador, enfatiza, especialmente, os processos cognitivos necessários para criar uma interação mediada eficaz. A decisão do docente de atuar como mediador transforma-o em alguém em interação criativa, engenhosa e inovadora com o educando, independentemente do conteúdo, da linguagem ou do objetivo imediato da experiência mediada.

As dimensões cognitivas enumeradas por Lorenzo Tébar não são necessariamente limitadas, sendo possível encontrar, ao longo da história educacional da humanidade, uma grande diversidade de estilos de mediação, conteúdos e modalidades de interação, determinada, em grande parte, pela diversidade cultural, que se vê significativamente enriquecida.

Entretanto, a EAM não se limita à dimensão cognitiva da interação, e a questão que surge ao ler este elaborado estudo é saber quais os efeitos que o processo de mediação produzirá no próprio mediador, e se a interação mediada se estenderá de forma generalizada a todos os componentes culturais, espirituais, emotivos, morais e religiosos de sua existência. E se verá então a surpreendente mudança de estilo de vida do indivíduo que se torna um mediador, em comparação ao estilo que tinha antes de ter tomado tal decisão.

O livro de Lorenzo Tébar pode servir de inspiração a todos aqueles que procuram compreender os dinamismos da mudança, produzidos pela necessidade de mediar, e a mudança gerada no indivíduo que decidiu atuar como mediador. A intencionalidade no ato mediador inclui a dimensão da reciprocidade e aponta para o efeito significativo da intenção, da decisão e, por conseguinte, do ato da interação com a força que a modalidade da EAM tem sobre o mediador.

O rico repertório estratégico aplicado pelo mediador, para conquistar seus objetivos por meio dos diversos recursos didáticos, é apenas uma das notáveis dimensões que enriquecem seu perfil. Aquele que media transcende sua presença existencial além do "aqui e agora" de sua vida, projetando-se nas mediações futuras que escolhe para superar as limitações biológicas da vida.

Essa projeção para o futuro pode atuar poderosamente, configurando a pessoa do mediador em sua conduta, seu pensamento, suas emoções e nos aspectos social, moral e religioso. O mediador escolherá aqueles comportamentos que julgue apropriados para serem transmitidos ao educando, por meio da imitação, do ensino e da criação do ambiente espiritual necessário, que permitirá ao aluno assimilar o conteúdo mediado e que converterá o processo de mediação na fonte de plasticidade e flexibilidade que permite ao ser humano reconhecer-se como um "ser modificável".

Este estudo de Lorenzo Tébar é de fato uma obra importante e pioneira que já está inspirando outros pesquisadores para seguir seus passos em prol de um mundo que necessita mais do que nunca de "continuidade" para "existir" além das mudanças geradas pela "vida" em nossa época.

Reuven Feuerstein
Diretor do Centro Internacional para o Desenvolvimento do Potencial de Aprendizagem (International Center for the Enhancement of Learning Potential – ICELP), em Jerusalém

Rabbi Rafi Feuerstein
Subdiretor do ICELP, em Jerusalém

Apresentação

> A transformação da situação e do perfil dos profissionais docentes, resultante da evolução da educação no último decênio, apresenta características muito diferentes de acordo com os países e as regiões [...] Embora as condições de ensino sejam importantes, o papel dos docentes é fundamental no que se refere à qualidade e à pertinência da educação. A maneira como eles são educados e preparados para o trabalho constitui um indicador essencial do tipo de qualidade e pertinência do ensino que se deseja alcançar [...] É importante oferecer aos futuros professores uma formação nos métodos didáticos; no entanto, atualmente, no âmbito internacional, há poucas informações sistemáticas sobre a eficácia dos diversos métodos, ou enfoques didáticos em distintas matérias, em diferentes países ou sobre as qualidades que os docentes devem possuir para poder colocá-los em prática de modo satisfatório.[1]

Encontramo-nos diante de uma mudança profunda em nossa sociedade. O mundo educacional sente o impacto transformador das pessoas, dos conteúdos, dos métodos e dos valores. A mudança pedagógica é um imperativo inevitável. Os amplos estudos e avaliações da educação atual marcam

---

[1] Unesco, *Informe mundial sobre la Educación, 1998. Los docentes y la enseñanza em el mundo en mutación* (Madri: Unesco/Santillana), pp. 36 e 63.

as pautas da mudança necessária, mas faltam as convicções e as respostas eficazes das administrações educacionais para que os professores mudem e, com eles, as instituições de ensino. A transformação do ensino deve afetar toda a sociedade, e não apenas os professores. As reformas educacionais propõem desafios utópicos.

Também de outros campos são solicitados à educação novos rumos para a qualidade. Mas o rumo da nossa sociedade objetiva e mercantilista não aposta na educação com a firmeza e a generosidade que o faz em outros campos. A transcendência da educação não é correspondida por investimentos econômicos. A formação dos docentes é revisada e aperfeiçoada, mas não chega a alcançar os resultados esperados, pelo raquitismo dos orçamentos destinados à formação na maior parte dos países.

Nessa conjuntura, sentimos a necessidade de nos aprofundarmos num dos programas que inspiraram a Reforma Educacional Espanhola. Dois anos depois de ter iniciado a formação e a aplicação sistemática do Programa de Enriquecimento Instrumental do professor Reuven Feuerstein, encontramos o respaldo autorizado de nossa experiência. Deparamos com o convite explícito para estudar este e outros programas nas "Cajas Rojas de la Reforma",* imbuídos da convicção de chegar a encontrar as chaves da mudança pedagógica que as mudanças atuais exigem das nossas salas de aula. A experiência exigiu o aprofundamento e a fundamentação teórica dos princípios inspiradores da Reforma.

A importância da educação, para fundamentar o futuro das pessoas e da nossa sociedade, não deve ser desprezada. O nosso interesse está particularmente centrado no professor. Seu perfil, sua função e sua relevância fazem-se cada vez mais imprescindíveis para saber que tipo de profissional deve-se formar. Focados nessa busca, aliada à experiência docente contrastada com um amplo número de educadores, adentramo-nos no presente estudo. O instrumento de trabalho foi o perfil didático do professor mediador. Elaboramos uma proposta metodológica que acreditamos ser uma

---

* Cajas Rojas são materiais produzidos pelo Ministério da Educação para os professores. [Nota da revisora técnica (N. R. T.)]

ferramenta orientadora, capaz de impor um novo estilo de interação no processo de ensino-aprendizagem nas salas de aula.

A expansão do enfoque mediador da educação consolidou-se de forma insuspeita nos últimos anos. No entanto, sentimos que é necessário haver ainda mais convicção de sua eficácia ao nos aproximarmos da experiência dos educadores, os primeiros beneficiados pela mudança em sua profissionalidade e recuperação da autoestima em sua profissão.

Fruto das experiências de centenas de mediadores, dos ensinamentos dos especialistas e de nossas diversas constatações, apresentamos as respostas e soluções didáticas a cada uma das questões associadas às 32 características do perfil, a fim de orientar os docentes na busca de respostas às constantes questões que chamam atenção para a diversidade educativa.

O presente livro se compõe de sete partes.

Na primeira parte, fazemos uma apresentação e justificamos o paradigma mediador. Analisamos a situação educacional concernente a nós e constatamos a necessidade de definir os elementos de um novo paradigma que corresponda às exigências da mudança educativa e aponte para o perfil didático do professor mediador, necessário à sociedade do conhecimento e da mudança incessante.

Na segunda parte, revisamos a fonte do nosso paradigma: a teoria do professor Feuerstein sobre a mediação e a experiência de aprendizagem mediada (EAM). Indicamos a assunção dessas mesmas posições e princípios nos documentos a partir da Reforma Educacional Espanhola.

Na terceira parte, formulamos a metodologia de pesquisa e o instrumento do nosso trabalho: o questionário sobre o perfil didático do professor mediador. Sua fundamentação, a análise dos parâmetros, o reconhecimento e a aplicação dão prosseguimento ao nosso trabalho.

Na quarta parte, fazemos nossa proposta metodológica de interação para o planejamento de uma aula, fruto da nossa síntese didática. Descrevemos as contribuições da mediação nos diversos elementos do paradigma. Essa contribuição prática é confrontada com a bibliografia atualizada sobre os temas psicopedagógicos implicados nas características do perfil do mediador.

Reunimos também as distintas experiências mediadoras que completam o panorama de diversas aplicações do estilo mediador.

Na quinta parte, descrevemos algumas contribuições de interesse, que constituem o eixo referencial da experiência de mediação. Da diversidade de experiências próximas a nossos objetivos, selecionamos uma amostra de soluções às diferentes necessidades educacionais, em que a mediação cumpre suas autênticas finalidades modificadoras. Revemos algumas formas de interação e formulamos uma série de funções que devem aparecer no estilo de mediação. Fazemos referência ainda às circunstâncias que devem cooperar na criação de ambientes modificadores e destacamos alguns dos aspectos que devem ser considerados na formação permanente dos mediadores.

Na sexta parte, explicamos as contribuições pertinentes a cada uma das características do perfil do professor mediador. O esquema seguido no estudo serve para orientar os temas essenciais nos quais concentramos as contribuições derivadas das diferentes fontes de informação.

Na sétima parte, apresentamos as conclusões. Acrescentamos as contribuições psicopedagógicas do Programa de Enriquecimento Instrumental (PEI) para a função docente, algumas recomendações e perspectivas de desenvolvimento e investigação para um futuro tratamento do tema.

1

Justificativa do paradigma mediador

MOTIVAÇÃO DA MUDANÇA EDUCACIONAL

Embora possamos encontrar motivos conjunturais que nos levem a tomar decisões, no presente caso houve a confluência de uma série de antecedentes e experiências no campo educacional que resultou na firme opção de aprofundar um tema tão caro e de tanta importância para os educadores. Ao longo da apresentação dessas diversas motivações, serão apontadas as razões que respaldaram nossa opção.

■ **O CLIMA DE RENOVAÇÃO PEDAGÓGICA PROMOVIDO PELA REFORMA EDUCACIONAL ESPANHOLA.** A implantação da Reforma Educacional Espanhola significou uma oportunidade de revisão de quase vinte anos de experiência docente nas salas de aula. A consequência imediata foi a constatação de um acentuado contraste entre correntes pedagógicas e experiências educacionais. A busca de soluções didáticas, em suas diversas concretizações curriculares, é um constante desafio de renovação e de criatividade, se pretendemos obter soluções educacionais para problemas de formação que vamos encontrando pessoalmente e nos educandos. Os desafios impostos pelas novas competências educativas, nas quais as crianças e os jovens de hoje devem ser formados, mantiveram-nos precavidos e atentos aos estudos sobre a psicologia da aprendizagem e às novas correntes metodológicas.

As análises pedagógicas realizadas na Espanha, conforme se implantava a Reforma Educacional nesse país, destacaram uma das lacunas mais importantes da educação: o fato de ainda perdurar a falta de formação pedagógica e a carência de recursos didáticos de muitos professores. Por essa razão, a primeira solução para a qualidade e a renovação da educação está na formação e atualização permanente do professorado.

- **A ENRIQUECEDORA APROXIMAÇÃO AOS NOVOS PROGRAMAS COGNITIVOS.** A proposta de formação para os professores de uma série de reconhecidos programas foi uma valiosa orientação para que nos envolvêssemos na aplicação da Reforma Educacional Espanhola. Ao longo de duas décadas, alguns programas cognitivos para ensinar a pensar trouxeram sugestivas contribuições pedagógicas. Buscamos construtos coerentes e metodologias inovadoras na interminável produção de programas dedicados à recuperação e à solução dos mais diversos problemas implicados no fracasso escolar. Familiarizamo-nos com o Projeto de Inteligência, os escritos de De Bono, a proposta de Lipman para Filosofia para Crianças e outros programas. Começamos pouco a pouco a vislumbrar, através desses modelos, um novo paradigma metodológico. Os programas cognitivos podem ser agrupados em cinco categorias principais, conforme os objetivos almejados (ver quadro 1).

QUADRO 1. PROGRAMAS COGNITIVOS.

1. Programas que se centram no ensino de determinados processos ou habilidades cognitivas básicas, que são tidos como essenciais para a competência intelectual ou que sejam considerados componentes desta competência (Programa de Enriquecimento Instrumental (PEI), de Reuven Feuerstein, e Projeto de Inteligência (PI), de Harvard).

2. Programas que ressaltam a importância de determinados métodos a serem ensinados separadamente das matérias curriculares (Programa Cort, de Edward De Bono).

3. Programas que procuram promover o pensamento operacional formal com matérias curriculares (Programa de Compreensão Leitora).

4. Programas que abordam especialmente o uso da linguagem, entendida como meio, e não como fim (Programa de Modelagem de Linguagem Interior e Autoinstruções, de Donald Meichenbaum).

5. Programas que se concentram no pensamento como matéria de estudo (Programa de "Filosofia para Crianças", de Matthew Lipman).

■ **A EXPERIÊNCIA DE APLICAÇÃO DO PROGRAMA DE ENRIQUECIMENTO INS-TRUMENTAL (PEI).** Muitos grupos de educadores e instituições apresentaram a mesma questão, buscando uma solução para a falta de qualidade educacional, os problemas de aprendizagem e o fracasso escolar, dentro ou fora do sistema educacional: Que soluções podemos oferecer aos alunos com dificuldade de aprendizagem e com fracasso escolar? Nossa busca deparou com a então incipiente expansão do PEI.

A experiência de centenas de professores da Espanha e da América Latina com relação à formação no PEI e, sobretudo, a aplicação desse programa a três grupos de alunos da educação primária (educación primaria – EP) e da educação secundária obrigatória (educación secundaria obligatoria – ESO) implicaram uma positiva confrontação de uma metodologia inovadora com uma "modificação" pessoal no estilo de relação do professor com os educandos no processo de ensino-aprendizagem.

QUADRO 2. COMPARATIVO DA EDUCAÇÃO ESCOLAR OBRIGATÓRIA NA ESPANHA E NO BRASIL.*

Educação espanhola		Idade	Educação brasileira		
2º	Bacharelado	17	Ensino médio	3º	
1º	Bacharelado	16	Ensino médio	2º	
4º	Educação secundária obrigatória	15		1º	
3º	Educação secundária obrigatória	14	Ensino fundamental (séries finais)	9º	
2º	Educação secundária obrigatória	13	Ensino fundamental (séries finais)	8º	12 anos
1º	Educação secundária obrigatória	12	Ensino fundamental (séries finais)	7º	12 anos
6º		11	Ensino fundamental (séries finais)	6º	12 anos
5º	Educação primária obrigatória	10	Ensino fundamental (séries iniciais)	5º	12 anos
4º	Educação primária obrigatória	9	Ensino fundamental (séries iniciais)	4º	12 anos
3º	Educação primária obrigatória	8	Ensino fundamental (séries iniciais)	3º	
2º	Educação primária obrigatória	7	Ensino fundamental (séries iniciais)	2º	
1º	Educação primária obrigatória	6	Ensino fundamental (séries iniciais)	1º	
Anos		Idade		Anos	

---

* Inserido na edição brasileira. (N. E.)

A VALIOSA CONTRIBUIÇÃO DA TEORIA DA MEDIAÇÃO. Desde o primeiro contato com a teoria do professor Feuerstein, percebi a necessidade de repensar muitos dos princípios pedagógicos até agora conhecidos e tentar conferir-lhes coerência, tomando sua teoria da mediação como paradigma estrutural para trabalho posterior. Projetei suas contribuições em dois campos da educação: a) a definição da identidade do professor e sua função de mediador do processo de ensino-aprendizagem; b) o enriquecimento da ação pedagógica dos professores, por meio dos enormes recursos, técnicas e estratégias oferecidos pelo PEI, para uma renovação didática na sala de aula. Em última instância, compreendi que o paradigma de Feuerstein exigia um professor mediador, com um estilo específico de ensino que correspondesse aos princípios por ele propostos.

AS CONTRIBUIÇÕES DIDÁTICAS E METODOLÓGICAS DO PEI. Como expressão de um amplo e coerente bloco teórico-prático, o PEI seria a plataforma e a ponte de expansão de uma série de projetos de formação e de pesquisa que nos permitiria entrar em contato com as inquietações pedagógicas de millhares de professores de todos os âmbitos e níveis educacionais. A teoria do PEI havia despertado a necessidade de incorporar a riqueza da mediação ao processo de ensino-aprendizagem, estabelecer novos enfoques sobre avaliação qualitativa, saber mais sobre o psicodiagnóstico dinâmico – uma das mais valiosas contribuições de Feuerstein com sua Avaliação Dinâmica do Potencial de Aprendizagem (Learning Potential Assessment Device – LPAD) –, diante da configuração estática dos psicodiagnósticos realizados até nossos dias.

Contudo, uma das questões mais interessantes ficava ainda sem solução: a metodologia subjacente no PEI e nos poucos programas que o Ministério da Educação (Ministerio de Educación y Ciencia – MED) espanhol sugere em suas "Cajas Rojas" para responder à nova proposta didática – cognitivo-construtivista –, que irrompe na Reforma Educacional Espanhola. O embrião dessa solução encontrava-se nos passos propostos pelo professor Feuerstein no mapa cognitivo para guiar o processo de mediação.

A escassa bibliografia e os poucos programas conhecidos até os anos 1980 na Espanha exigiam abrir fronteiras e buscar soluções aplicáveis em nossa prática pedagógica. Interessava-nos uma teoria que fosse convincente e fundamentadora, mas não era menor a curiosidade em uma práxis pedagógica que tornasse possível e crível a mudança de paradigma educacional.

■ **O CONHECIMENTO, A PROXIMIDADE E AS ORIENTAÇÕES DO PROFESSOR FEUERSTEIN.** O conhecimento do PEI tornou confiável o marco teórico sobre a modificabilidade cognitiva estrutural (MCE) e a experiência de aprendizagem mediada (EAM) do professor Feuerstein. As pesquisas que ano após ano vêm se multiplicando conferem consistência a seus princípios, tanto com a permanente pesquisa no Centro Internacional para o Desenvolvimento do Potencial de Aprendizagem (International Center for the Enhancement of Learning Potential – ICELP) de Israel como com o trabalho dos mais de quarenta centros associados que difundem e estudam o seu programa em outros diversos países.

A teoria de Feuerstein surgia para complementar e elucidar muitos dos problemas pedagógicos que a Reforma Educacional Espanhola expunha ao debate: fracasso escolar, dificuldades de aprendizagem, desmotivação dos alunos, ensino de estratégias, operações mentais, etc. O bombardeio do novo vocabulário que nos chegava de Vygotski, Piaget, Bruner, Ausubel, Novak, Sternberg e do próprio Feuerstein era um desafio renovador que exigia certo tempo para formação e assimilação.

■ **BUSCAR SOLUÇÕES COMUNS COM OS PAÍSES LATINO-AMERICANOS.** Os contatos diretos com diversas universidades espanholas e latino-americanas foram uma valiosa ajuda para orientar o enfoque do presente trabalho. E isso se confirma pela constatação do impacto do PEI sobre professores que faziam os cursos de formação e pelo posterior contato com muitos deles, gratos e surpreendidos com a contribuição que o programa havia significado para sua prática pedagógica e com os resultados positivos que iam experimentando com seus alunos.

- **A NECESSIDADE DE CONCRETIZAÇÃO E DEFINIÇÃO DE UM NOVO PARADIGMA EDUCATIVO.** Do ponto de vista pedagógico, necessitávamos contrastar muitas intuições e experiências relacionadas à aplicação do PEI. Essa necessidade levou-nos a elaborar um questionário que sintetizasse as características do perfil didático do mediador (PDM) para procedermos depois a sua contrastação e análise a partir da observação da prática da mediação dos especialistas e de uma ampla amostra de professores mediadores.

Em última instância, procurávamos delinear o perfil do mediador que tem sido exigido pelo novo estilo de interação didática e explicitar as características que devem estar presentes no comportamento do mediador (ideal). Não se trata de encontrar o mediador perfeito, nem o método pedagógico definitivo, mas, sim, de poder identificar os traços mais peculiares, os recursos e as estratégias empregados pelos mediadores especialistas ao enfrentarem problemas concretos. Para definir esse professor mediador-modelo referencial, precisávamos determinar o novo paradigma que surge a partir dos princípios e da experiência de aprendizagem mediada.

DEFINIÇÃO DO PROBLEMA

A educação é uma ciência multidisciplinar. Sua complexidade exige uma permanente revisão dos princípios e métodos em vigor. As necessidades dos educandos, os ambientes familiares, sociais, afetivos, normativos e outros, em constante mudança, as carências e os desafios dos docentes, do currículo e das didáticas especiais, as novas competências exigidas pela evolução da nossa sociedade, a coerência das equipes e dos processos educativos, todos esses fatores resultam em uma lista interminável de problemáticas. Mas a ideia central do projeto recaía no tipo de educador que deve integrar todos os desafios e dinamizar todas as respostas. O motor da mudança é o educador, agora contemplado como mediador. As enormes possibilidades descobertas no pensamento do professor Feuerstein para definir o novo perfil do mediador não podiam ser silenciadas. Encontramos um esclarecimento coerente de princípios e um sistema de crenças educacionais iluminador que haveriam de ser aprofundados e compartilhados com centenas de docentes. Contudo, analisemos o problema a partir de suas múltiplas facetas.

- **PRINCÍPIOS E ESTRUTURAS EDUCACIONAIS.** A Reforma Educacional Espanhola gerou uma profunda análise dos princípios que a orientam e das mudanças pedagógicas que apresenta aos educadores e às instituições. Sua aplicação exigia uma mudança ideológica e estrutural que permitisse reformular as bases de uma educação de qualidade e pudesse responder aos desafios que têm acompanhado a vertiginosa transformação da nova sociedade do conhecimento.

  Os desajustes entre os princípios, métodos, currículo, estruturas e outros fatores têm sido reunidos em todos os tipos de relatórios, avaliações e estudos. As reformas educacionais instauradas não conseguem ajustar-se ao ritmo das mudanças que ocorrem na sociedade e ficam em "reformas de papel".[1]

  É importante justificar toda mudança com argumentos coerentes, e não apenas com razões conjunturais. À pergunta "por que surge a ideia de que a mudança é necessária?", o professor Segovia responde retomando os argumentos de Bury:

  > Queiramos ou não, vivemos a era do progresso; ou melhor, assistimos ao seu término e à *instauração da etapa de mudança contínua*. A ideia de progresso não se reduz a um conceito preciso como o de lei física, massa ou contradição lógica [...] É uma teoria que contém uma síntese do passado e uma previsão do futuro. Baseia-se em uma interpretação da história que considera o homem caminhando lentamente [...] em uma direção definida e desejável e infere que esse *progresso*

---

[1]   J. M. Esteve, *El malestar docente* (Barcelona: Laia, 1987), p. 14.

continuará indefinidamente. Isso implica que um dia ainda se alcançará uma condição de felicidade geral que justificará o processo total da civilização.[2] [...] Embora não se deva entender toda resistência à mudança de modo pejorativo, mas, sim, como forma de sobrevivência e afirmação das próprias ideias, a resistência tornar-se-ia suspeita se a instituição educacional fosse reprodutora e não inovadora, doutrinasse em vez de educar, limitando-se à aprendizagem de manutenção em vez de dedicar-se à aprendizagem inovadora.[3]

A própria dinâmica da vida impõe novas soluções aos avanços tecnológicos e à problemática gerada pelos movimentos socioculturais e econômicos.

O traço dominante nos tempos em que vivemos atualmente é a mudança rápida, radical e imprevisível que ocorre em todos os aspectos que envolvem a educação: demográficos, tecnológicos, econômicos, sociais, culturais e políticos. Tudo parece indicar que, a menos que ocorra uma catástrofe nuclear, esse *ritmo acelerado da mudança histórica continuará no futuro.*[4]

■ **CRISE SOCIAL.** Crise e educação foram dois termos que quase sempre andaram de mãos dadas, e o sistema educacional foi uma área que sempre passou por reformas recorrentes e sistemáticas. Por essa razão, Tedesco diz que a crise da educação já não é o que foi antes,

[...] mas, sim, uma expressão particular da *crise do conjunto das instâncias da estrutura social* que inclui o mercado de trabalho e o sistema administrativo, assim como o sistema político, a família e o sistema de crenças e valores. A crise, em consequência, já não provém da deficiente forma na qual a educação cumpre com os

---

[2] J. Segovia, *Investigación educativa y formación del profesorado* (Madri: Escuela Española, 1997), p. 179.

[3] *Ibid.*, p. 196.

[4] P. H. Coombs, *Cost Analysis in Education: a Tool for Policy and Planning* (Baltimore: Johns Hopkins University Press, 1987), p. 18.

objetivos sociais fixados, mas, e o que é ainda mais grave, não sabemos quais finalidades deve cumprir e para onde deve efetivamente orientar suas ações.[5]

O peso da crise provém de uma revolução social de alcances imprevisíveis. Tedesco faz referência a um artigo da revista *Newsweek* sobre as novas tecnologias:

A revolução social não fez outra coisa senão começar e já nos oprime. Deixou para trás nossa capacidade de controle, converteu em obsoletas as nossas leis, transformou nossos costumes, desorganizou nossa economia, reordenou nossas prioridades, redefiniu nossos postos de trabalho, incendiou nossas regras e mudou nosso conceito da realidade.[6]

Ideia que coincide com a tese de Toffler, para quem "o atual processo de mudança social constitui nada menos que uma *revolução global*". Desse modo, não estamos mais diante de uma mudança social profunda, mas, sim, do "aparecimento de uma nova forma de vida sobre a terra".[7]

■ **O IMPACTO DAS NOVAS TECNOLOGIAS.** A análise da indústria do conhecimento oferece-nos novos meios para identificar a característica essencial da mudança rumo à nova economia. O conhecimento tende a substituir os fatores clássicos de produção: a terra, o capital e o trabalho. Especialistas afirmam que a era da informação dirige a economia e que a origem da nova economia é o microprocessador, uma vez que a capacidade dos *chips* duplica-se a cada dezoito meses. A globalização da economia, novo paradigma do fim do século XX, é a expressão mais evidente da mudança. A *consolidação* virtual do mundo, alcançada graças à maior rapidez e ao menor custo dos

---

[5] J. C. Tedesco, *El nuevo pacto educativo: educación, competitividad y ciudadanía en la sociedad moderna* (Madri: Anaya, 1995), p. 17.

[6] *Ibidem.*

[7] A. Toffler, *Powershift* (Nova York: Bantam Books, 1990).

transportes e das comunicações, e o desaparecimento das barreiras alfandegárias são as forças econômicas mais importantes do nosso tempo. "É óbvio que uma *mudança estrutural* tão importante acarreta consequências igualmente consideráveis à educação", afirma Benegas, que, após comentar a falácia da compartimentação da educação tradicional, destaca: "Na escola do amanhã, os estudantes serão seus próprios instrutores com programas de computador como ferramenta e, além disso, deverão pensar em aceitar sua própria responsabilidade sobre a aprendizagem contínua".

Em seu renomado estudo, Delors também reflete sobre o impacto das novas tecnologias na sociedade e na educação e chega à conclusão de que "estão causando uma verdadeira revolução que afeta tanto as atividades relacionadas com a produção e o trabalho como aquelas ligadas à educação e à formação".[8]

Se a análise dos problemas é feita a partir de diferentes critérios, sociológicos ou pedagógicos, novos problemas podem ser percebidos. A referência de outros países em relação ao meio cultural espanhol, a valorização de títulos, as exigências da própria Reforma Educacional Espanhola e as competências para seu emprego, entre outros fatores, permitem-nos encontrar novas razões para uma mudança educacional e quase uma ruptura com o velho modelo de escola, como sugere o professor Mencía:

> Os princípios psicopedagógicos fundamentais, assumidos pela Reforma Educacional Espanhola, como são o conceito de aprendizagem ativa e pessoal do aluno, a necessidade de uma *pedagogia diferenciada*, adaptada para individualidades heterogêneas e que implique uma maior flexibilidade metodológica, *exigem mudanças tão profundas* na prática educacional escolar de todos os níveis que pressupõem *um novo modelo de escola*.[9]

---

[8] J. Delors, *La educación encierra un tesoro* (Madri: Santillana/Unesco, 1996), p. 198.

[9] E. Mencía, "La pedagogía de la Reforma reclama un nuevo modelo de escuela", em *Educadores*, nº 165, 1993, p. 45.

1. JUSTIFICATIVA DO PARADIGMA MEDIADOR

■ **A BAIXA QUALIDADE DA EDUCAÇÃO.** Em sua ampla análise da educação francesa, Lesourne lista as seis problemáticas relacionadas à qualidade educacional, que também continuam sem solução na educação espanhola: "O fracasso escolar, a democratização, a qualidade do ensino, o recrutamento e a formação dos docentes, a relação entre o ensino geral e o ensino técnico, o acesso ao ensino geral, ao ensino técnico e ao ensino superior".[10] Essa complexa enumeração de problemas situa-nos diante de um sistema educacional em crise, carente de flexibilidade e autonomia, para o qual Esteve busca uma resposta:

> A crítica social sobre a lentidão de mudança do sistema de ensino continuará enquanto este não obtenha maior agilidade estrutural. É impossível conseguir uma solução rápida diante das mutáveis demandas sociais, com sistemas educacionais centralizados, organizados sobre os modelos napoleônicos de um sistema unificado, que não poderá nunca gerir com eficácia tropas de professores que têm que ser contados em centenas de milhares, distribuídos por um território nacional de extensão considerável, no qual a diversificação dos problemas educacionais é cada vez maior. O grande problema da educação na próxima década é o da *qualidade do ensino*.[11]

Sobre quais hipóteses, em relação ao futuro, deveria ser elaborada neste domínio a política escolar? Contemplando apenas algumas dimensões do problema (o fenômeno das imigrações, o desemprego, a realidade multicultural, plurilíngue e multirracial dos países), Lesourne[12] responde que deveriam ser reforçados alguns aspectos da educação, como a iniciação aos direitos do homem, o destaque de valores laicos que todos os cidadãos deveriam aceitar, a aprendizagem da língua, na leitura e na escrita, e uma maior flexibilidade pedagógica nas aulas.

---

[10] J. Lesourne, *Educación y sociedad: los desafíos del año 2000* (Barcelona: Gesida, 1993), p. 88.

[11] J. M. Esteve, S. Franco, J. Vera, *Los profesores ante el cambio social* (Barcelona: Anthropos, 1995), p. 276.

[12] J. Lesourne, *Educación y sociedad: los desafíos del año 2000*, cit.

Os problemas educativos despertam as maiores inquietações, como já se destacou no documento dirigido à nação norte-americana pela Comissão Nacional para a Excelência da Educação (National Commission on Excellence in Education), com o objetivo de proporcionar soluções e, assim, contribuir para a eliminação dos problemas que afetam a educação americana. Esse estudo nos interessa porque detecta o perigo ("Estados Unidos: uma nação em risco" é o título do documento) de um medíocre desempenho educativo em uma sociedade fortemente competitiva. Como uma confissão perante a evidência e adiantando-se a uma possível calamidade, os especialistas afirmam:

> Trata-se de que este fato (medo dos países competidores) significa uma nova distribuição das capacidades e dos conhecimentos mundialmente. O conhecimento, o estudo, a informação e a inteligência especializada são as novas matérias-primas do comércio internacional e estão expandindo-se pelo mundo [...] Um alto nível de educação coletiva é fundamental para uma sociedade livre, democrática e para o desenvolvimento de uma cultura comum, especialmente em um país que se orgulha de seu pluralismo e liberdade individual.[13]

Mas o interessante é encontrar uma série de indicadores concretos do perigo e os meios propostos para livrar-se da ameaça.

■ **RESISTÊNCIA DOS PROFESSORES À MUDANÇA.** Para alguns estudiosos,[14] pensar em mudanças escolares é uma autêntica ousadia, considerando-se o peso que têm os métodos tradicionais. Muitos professores sentem pavor das mudanças de conteúdos, que lhes tiram da zona de conforto e das repetitivas programações. A informática provocou pânico em muitos deles, impotentes diante da novidade dos artefatos tecnológicos. A dedicação de tempo extra à atualização e à for-

---

[13] National Commission on Excellence in Education, "Estados Unidos: una nación en peligro. El imperativo de una reforma educativa", em *Revista de Educación*, nº 278, 1985, p. 139.
[14] G. Bouyssou, P. Rossano, F. Richaudeau, *Oser changer l'école* (Paris: Albin Michel, 1996).

mação permanentes dificultou a mudança para muitos professores que precisaram dedicar dezenas de horas em cursos que suprissem essas demandas.

- **CARÊNCIA DE ATUALIZAÇÃO METODOLÓGICA.** Mudar estratégias de aprendizagem pode ser uma tarefa fácil, mas isso não ocorre quando se trata de mudar de método. Em geral, a preparação proporcionada pelos Centros de Apoio ao Professor, na Espanha, foi mais um trâmite e uma maquilagem que uma atualização metodológica. O método integra todos os elementos do sistema pedagógico dinamizador da sala de aula. Acontece que cada professor continua utilizando os recursos de sua própria experiência de aprendiz para ensinar.

AS MUDANÇAS NECESSÁRIAS NA EDUCAÇÃO

As conquistas mais importantes da humanidade no que diz respeito à educação constituem uma série de direitos que vão se expandindo e consolidando-se incessantemente. Em razão dos diferentes processos dessas conquistas, as mudanças educacionais deverão ser entendidas em cada contexto sociocultural.

A própria sociedade, em sua dinâmica inovadora, em sua busca de soluções para os problemas que diariamente a preocupam, cria situações-limite e crises imprevistas. Com um sentido globalizante e integral dos conflitos que são gerados, toda a sociedade precisa unir forças com responsabilidade e mobilizar-se a fim de buscar soluções para uma problemática mundial de "defasagem humana", assim definida pelo Clube de Roma, para expressar "a distância existente entre a crescente complexidade e nossa capacidade para enfrentá-la". Hoje devemos enfocar todos os problemas a partir da interdisciplinaridade, pelas grandes implicações que atingem outros temas. Trata-se de

> [...] redes de velhos e novos problemas que mutuamente se reforçam. É praticamente impossível traçar um mapa dessa complicada rede de problemas. Em termos gerais, ao passo que, à primeira vista,

o progresso continua, a humanidade vai perdendo terreno e nesses momentos atravessa uma fase de declínio cultural, espiritual e ético, e talvez até mesmo existencial [...], convertendo assim a defasagem em um abismo.[15]

Ao longo do tempo, tem coexistido uma série de fatores que, na opinião do professor Delval, tornam necessárias reformas profundas na educação:

> a) fatores sociais, relacionados à conquista de sociedades democráticas, nas quais todos tenham acesso à educação e aos recursos comuns, etc.; b) ampliação dos conteúdos e dos conhecimentos transmitidos na escola; c) melhor conhecimento do mecanismo de aprendizagem e de desenvolvimento da criança a ser alcançado.[16]

Delval explicita depois as mudanças sociais, que poderiam ser resumidas em:

- inserção da escola no ambiente que a circunda, proporcionando a participação de professores, pais e outros adultos do seu meio na atividade escolar;

- mudança da atividade escolar com foco na análise da realidade, e não na transmissão de conhecimentos;

- mudança da estrutura das escolas com o objetivo de convertê-las em centros de recursos para a aprendizagem. As salas de aula devem ser transformadas em laboratórios, a partir dos quais se possa analisar a realidade.[17]

Pretender fazer uma enumeração dos problemas seria uma tarefa interminável. Por essa razão, faremos referência apenas àqueles que têm direta repercussão no âmbito educacional. Alguns têm um alcance quantitativo e outros, qualitativo. A estes refere-se Lesourne ao enumerar os seis problemas mais frequentes: "O fracasso escolar, a democratização, a qualidade do

---

[15] J. W. Botkin, M. Elmandjra, M. Malitza, *Aprender, horizonte sin límites* (Madri: Santillana, 1979), p. 15.
[16] J. Delval, *El desarrollo humano* (Madri: Siglo XXI, 1994), p. 8.
[17] *Ibid.*, p. 15.

1. JUSTIFICATIVA DO PARADIGMA MEDIADOR

ensino, o recrutamento e a formação dos docentes, a relação entre o ensino geral e o ensino técnico, o acesso ao ensino geral, ao ensino técnico e ao ensino superior".[18]

Existe todo um conjunto de limitações educativas e problemas institucionais e profissionais que implica um abandono quase total do educando, ao ser relegado a um lugar secundário entre as preocupações educativas, e que gera problemas de fracasso e lento desenvolvimento em todos os aspectos de sua vida. Toda essa série de carências básicas de ajuda, de orientação e de estímulos dá lugar a outros tantos sintomas denominados em conjunto por Feuerstein como síndrome de privação cultural ou carência de experiência de aprendizagem mediada.[19] A educação deve mudar radicalmente em duplo sentido: reconhecer o papel insubstituível do professor mediador e devolver ao educando seu total protagonismo na construção de seus conhecimentos e no seu desenvolvimento integral. A renovação educativa requer mediadores que propiciem a experiência de aprendizagem mediada e que ajudem cada aluno a despertar seu potencial adormecido, de modo que aprendam a utilizá-lo ao longo da vida com a máxima intensidade.

No livro branco da Comissão Europeia, encontramos definidas as três grandes tendências transversais ou os três impulsos motores de mudança: "a globalização dos intercâmbios, o advento da sociedade da informação e a aceleração da revolução científica e técnica".[20]

Que elementos escolares precisam ser mudados? A essa pergunta surgem as mais diversas respostas, provocadas pelas urgências e prioridades, embora subsistam determinadas metas bastante coincidentes. Grande parte das propostas de mudança é direcionada para o professor, o profissionalismo pedagógico, a práxis e a metodologia da sala de aula.[21] As mais re-

---

[18] J. Lesourne, *Educación y sociedad: los desafíos del año 2000*, cit., p. 88.

[19] R. Feuerstein *et al.*, *Instrumental Enrichment. An Intervention Program for Cognitive Modifiability* (Glenview, III: Scott Foresman and Company, 1980), p. 13.

[20] Comisión Europea, *Enseñar y aprender. Hacia la sociedad del conocimiento*, Livro branco sobre a educação e a formação (Bruxelas: Ceca, 1995), p. 22.

[21] A. E. Wise, "Professional Teaching: a New Paradigm for the Management of Education", em T. J. Sergiovanni & J. H. Moore (orgs.), *Schooling for Tomorrow: Directing Reforms to Issues that Count* (Boston: Allyn & Bacon, 1989), p. 305.

centes experiências de avaliação refletem uma carência nos processos e nas coerências metodológicas das equipes pedagógicas. Dificilmente é possível renovar a educação se não se consegue instaurar uma filosofia cooperativa e de equipe que marque processos continuados em todas as etapas da educação.

Percorreremos alguns dos problemas que requerem soluções ou mudanças em profundidade e apresentaremos sua relação com nossa proposta de um novo paradigma educacional.

As mudanças no sistema educacional

Antes de tudo, devemos perguntar-nos: "Por que a mudança ou a necessidade de um novo modelo de escola?". As tentativas de renovação da educação propõem objetivos mais ambiciosos, maiores conquistas de qualidade, eliminação das causas do fracasso ou do abandono escolar, ao mesmo tempo que se focam em atingir maiores níveis de qualidade e a ampliação do acesso a níveis mais elevados de formação entre a população. As motivações apontadas anteriormente remetem-nos a outras causas que determinam a diversidade das mudanças. O Projeto de Reforma do Ensino na Espanha, após expor a necessidade urgente e irrenunciável de aplicar determinados princípios, especialmente o da diversificação na ação educativa, afirma que sua implantação efetiva exige mudanças profundas na organização e no funcionamento da escola e esclarece depois que essas mudanças implicam "um novo modo de conduzir a aula".[22] Encontramo-nos, portanto, na tentativa de forjar um novo modelo de escola, a qual deve estar no centro da mudança.[23]

---

[22] Ministerio de Educación y Ciencia, *Proyecto para la Reforma de la Enseñanza*. Propuesta para debate (Madri: MEC, 1990), p. 90.

[23] K. A. Sirotnik, "The School as the Center of Change", em T. J. Sergiovanni & J. H. Moore (orgs.), *Schooling for Tomorrow: Directing Reforms to Issues that Count*, cit., p. 89.

Ao sintetizar as consequências da mudança educacional, o professor Mencía afirma que o novo modelo de escola implica a necessidade de romper com o velho e aponta estas três rupturas:

1. A primeira é essa ideia que hoje a maioria dos professores tem de que o mais importante na aula é o seu ensino, o que eles dizem, o que fazem, o que pensam, o que decidem, o que organizam. Ora, o professor tem que romper com essa ideia, tem que abandonar esse erro e admitir que o mais importante é a *aprendizagem dos alunos*, o que estes descobrem, o que fazem, o que pensam, o que dizem, o que projetam e organizam, com a ajuda, orientação e mediação do professor, que atua a partir de um segundo plano.

2. Os professores, os alunos e toda a sociedade precisam romper com a ideia de que o principal propósito da escola é transmitir conhecimentos.

3. É necessário romper, do ponto de vista da prática docente, com os atuais módulos organizativos de espaços, de tempos e de modos de fazer, para dar lugar à diversidade educacional e à implantação de uma pedagogia diferenciada.[24]

Coll analisa os elementos que impediram a Reforma Educacional Espanhola de produzir os objetivos para os quais foi elaborada e propõe uma série de medidas para estimular e promover um interesse social constante e melhorar a qualidade na educação:

■ definir com clareza o que a sociedade espera da educação escolar;

■ estabelecer um currículo básico para todos os alunos e determinar as condições de opção curricular;

■ assegurar uma boa formação inicial dos professores e oferecer-lhes oportunidades adequadas para continuar e aprofundar seu desenvolvimento profissional;

■ prescrever formas de organização e funcionamento dos centros escolares que sejam consistentes, ágeis e flexíveis;

---

[24] E. Mencía, "La pedagogía de la Reforma reclama un nuevo modelo de escuela", cit., p. 52.

O PERFIL DO **PROFESSOR MEDIADOR**

- assegurar a todos os centros escolares os recursos materiais, técnicos e humanos necessários;

- supervisionar o rendimento das escolas, a fim de garantir resultados satisfatórios, identificando aquelas que não funcionam ou forçando--as a melhorar;

- e, além de todas as anteriores, proteger o exercício responsável da autonomia e da liberdade de ação de todos e de cada um dos centros escolares.[25]

As mais diversas respostas foram dadas à questão referente às mudanças que devem ser feitas na escola. Diante da diversidade de problemas, sempre encontraremos situações novas e complexas. Por essa razão, Husén propõe os dois requisitos prévios a qualquer mudança educacional: "contar com *professores* competentes e comprometidos e dispor de recursos, tanto materiais como culturais, e sempre contar também com o apoio dos pais".[26]

São muitos os educadores que compartilham a convicção do professor Machado, o impulsor do Projeto de Inteligência na Venezuela, de instaurar, em cada centro, a "revolução da inteligência", para que as crianças sejam ensinadas a pensar a cada dia, como uma matéria específica.[27] A mudança que se anseia para a escola só poderá concretizar-se quando o papel do aluno nela seja mudado.

A mudança curricular

Ao tratar do currículo, damo-nos conta do ensino obrigatório, da compreensão da escolarização e dos mecanismos de seleção e planejamento dos conteúdos em relação a determinada cultura. Currículo e sociedade têm uma influência recíproca, e daí o sumo interesse que tem o estudo dos fatores determinantes dos conteúdos dos currículos em relação ao pensamento

---

[25] C. Coll, "Concepción constructivista y planteamiento curricular", em *Cuadernos de Pedagogía*, nº 188, 1991, p. 73.

[26] T. Husen, "Policy Impact of IEA Research", em *Comparative Education Review*, 31 (1), 1987, p. 29.

[27] L. A. Machado, *La revolución de la inteligencia* (Barcelona: Seix Barral, 1975), p. 118.

1. JUSTIFICATIVA DO PARADIGMA MEDIADOR

educacional e à formação básica para as profissões. Como comenta Gimeno Sacristán, citando Kemmis: "A própria organização do currículo por parte do Estado é uma forma de intervir na diferenciação entre trabalho e profissão, separando por especialidades e hierarquizando por ocupações".[28]

A nova era do conhecimento situa a educação no centro da sociedade, mas com uma ampla projeção, uma vez que a educação deve estender-se ao longo de toda a vida, como companheira do desenvolvimento incessante da pessoa. Valores e saberes devem conjugar-se em total harmonia, presidindo o amadurecimento integral de cada ser. Delors[29] resume os pilares da educação em quatro tipos de aprendizagem: a) aprender a conhecer; b) aprender a fazer; c) aprender a viver juntos, aprender a viver com os demais; d) aprender a ser.

Quais são os conteúdos da educação perante a sociedade futura? A projeção europeísta e mundial dos conhecimentos exige na atualidade uma opção curricular flexível, em conformidade com as mudanças vertiginosas dos saberes e o acesso fácil às fontes de informação. Impõe-se a abertura lógica cada vez mais ampla dos programas para que possam ter maior duração após a conclusão do período de formação. Coombs propõe que "os conteúdos curriculares prioritários devem ser aqueles que, além de serem relevantes para o futuro, promovam o desenvolvimento de habilidades básicas fundamentais e conduzam à preparação do indivíduo para a assimilação de aprendizagens polivalentes".[30] Esse autor explicita em três blocos esses conteúdos: a) no âmbito do conhecimento; b) no âmbito das habilidades; c) no âmbito das atitudes.

A revisão dos programas de ensino procura verificar a pertinência e a atualidade desses conteúdos, como projetos de formação e preparação dos educandos para sua inserção na vida social. Atualmente, são propostos quatro eixos de trabalho na reformulação dos currículos:

---

[28]   J. Gimeno Sacristán & A. Pérez Gómez, *La enseñanza: su teoría y su práctica* (Madri: Akal, 1989), p. 190.

[29]   J. Delors, *La educación encierra un tesoro*, cit., p. 96.

[30]   P. H. Coombs, *Cost Analysis in Education: a Tool for Policy and Planning*, cit., p. 18.

1. Preencher as lacunas dos programas, identificadas na prática e com o passar do tempo.

2. Repensar a estrutura dos programas: tudo deve estar articulado com coerência, evitando-se a simples justaposição, para elaborar uma nova arquitetura dos programas conforme os objetivos interdisciplinares propostos em cada etapa escolar.

3. Saber identificar o essencial: os programas tendem a coincidir naqueles elementos que oferecem o fundamental para a formação de competências, com vistas a possibilitar a mobilidade dos estudantes por diferentes centros de formação, a preparação para estudos superiores, o acesso ao trabalho e a integração do sujeito na sociedade.

4. Assegurar a aquisição de determinadas competências-chave. Ser competente consiste em saber ativar, em dada situação, os conhecimentos e as experiências adquiridos. No simpósio sobre *Competências-chave para a Europa*, é apresentado um amplo repertório (quarenta itens) em torno de habilidades genéricas como: aprender, buscar, pensar, comunicar, cooperar, empreender, adaptar-se.[31]

Redefinir os objetivos educacionais

As utopias em educação aproximam-se das realidades concretas para definir até onde querem avançar e que conquistas devem obter e avaliar. Por isso, a Pedagogia foi chamada de ciência dos objetivos. Contudo, as múltiplas realidades educacionais requerem uma adequação dos objetivos e das finalidades últimas escolhidas. Diante de uma juventude em risco, diante de certos grupos humanos excluídos, privados de cultura, em situações-limite de pobreza ou com diversas deficiências de desenvolvimento, os objetivos devem adequar-se a cada situação real.

A qualidade sempre será relativa e deverá ser medida pela conquista dos objetivos adequados às circunstâncias:

---

[31] Consejo de Europa, *Compétences clés pour l'Europe* (Strasbourg: Symposium: Dossier, 1996), p. 44.

Para enfrentar os *desafios do século XXI*, seria indispensável atribuir novos objetivos para a educação e, por conseguinte, modificar a ideia que fazemos de sua utilidade. Uma nova concepção mais ampla da educação deveria levar cada pessoa a descobrir, despertar e incrementar suas possibilidades criativas, atualizando assim o tesouro escondido em cada uma... a realização pessoal; que ela inteiramente aprenda a ser [...], aprenda a conhecer, aprenda a fazer e aprenda a viver com os demais.[32]

Atualização dos professores
Formação permanente dos educadores

Encontramo-nos diante do tema crucial para assegurar toda transformação educativa. Existe uma clara convicção nos pesquisadores de potencializar a formação dos educadores para poder garantir a qualidade do processo educativo. Como acertadamente destaca Pérez Gómez, "a função do docente e os processos de sua formação e desenvolvimento profissional devem ser considerados em relação com os diferentes modos de conceber a prática educativa".[33]

Desse modo, as perspectivas a partir das quais devemos contemplar a formação inicial e permanente do professor são diversas, dependendo de como consideramos a preparação e a expansão de uma profissão: como atividade artesanal, uma ciência aplicada e uma técnica ou, inclusive, uma atividade crítica, e o docente como um profissional autônomo que pesquisa refletindo sobre sua prática. Seguindo Pérez Gómez, observamos quatro enfoques de formação:

1. Formação acadêmica, em sua dupla vertente enciclopédica que abrange transmissão e assimilação de conhecimentos.

---

[32] J. Delors, *La educación encierra un tesoro*, cit., p. 96.
[33] A. Pérez Gómez, *apud* J. Gimeno Sacristán & A. Pérez Gómez, *Comprender y transformar la enseñanza* (Madri: Morata, 1995), p. 399.

O PERFIL DO **PROFESSOR MEDIADOR**

2. Formação técnica, vista como modelo de treinamento, como preparação para a tomada de decisões, para o conhecimento profissional. Encontramos aqui uma dimensão fundamentadora, para fazer do professor um pesquisador com bases firmes em uma formação universitária especializada.

3. Formação prática que capacite o educador a exercer uma atividade complexa, na qual interagem múltiplos agentes nos mais diversos contextos e com um processo que evolui ao longo do tempo de forma imprevisível.

4. Formação para a construção social da pessoa. Um enfoque enraizado nas próprias bases da educação e nas finalidades últimas de todo processo educativo: levar o educando a elaborar para si mesmo um projeto de vida, com atitudes, valores e habilidades que lhe permitam adaptar-se às situações de trabalho e sociais imprevistas.

No final da análise do "corpo docente em busca de novas perspectivas", Delors aponta estas pistas de formação e recomendações:

- reconhecer o trabalho dos professores, pois, considerando o fato de ser muito diversa a situação psicológica e material dos docentes, é indispensável revalorizar seu *status* para que a educação ao longo da vida cumpra sua missão-chave em nossa sociedade;

- buscar formas de multiplicar a conciliação e a associação com as famílias, os círculos econômicos, o mundo das associações e os agentes da vida cultural, a fim de obter uma noção de sociedade educativa, na qual são oferecidas múltiplas ocasiões propícias à formação;

- organizar a vida dos docentes de modo que eles tenham a obrigação de aperfeiçoar sua arte e de aproveitar as experiências realizadas nas diferentes esferas da vida econômica, social e cultural;

- é indispensável possibilitar a incorporação do professor em trabalhos de equipe que assegurem o caminho da melhora da qualidade educativa;

- favorecer a abertura e o constante enriquecimento do professor por meio dos intercâmbios e da associação entre professores e instituições;

Mudança metodológica

Aludimos à "teoria genética como fonte de inspiração de métodos de ensino", que, "partindo da concepção construtivista do conhecimento, postula a teoria genética com o objetivo de elaborar propostas relativas à metodologia da intervenção didática".[35]

Encontramos explícitas alusões aos "métodos a serem empregados na nova educação", em que se destaca a necessidade de adequar toda metodologia a determinados princípios:

1. Individualização ou personalização que assegure o acompanhamento e a tutoria* para que haja uma adaptação ao ritmo de aprendizagem e às necessidades individuais.

2. Participação que motiva e responsabiliza todos aqueles envolvidos no ato educacional e que cria vínculos enriquecedores em todo o processo.

3. Abertura à mudança de ferramentas e o reajuste dos ritmos e planos estabelecidos.

O complexo mundo das aprendizagens exige certas transformações metodológicas peculiares para cada situação e correspondentes à pedagogia diferencial e às didáticas especiais. Por isso,

> [...] a metodologia didática deve focar-se a partir da perspectiva da promoção de atitudes positivas para:

---

[34] J. Delors, *La educación encierra un tesoro*, cit., p. 176.

[35] C. Coll, *Psicología genética y aprendizajes escolares* (3ª ed. Madri: Siglo XXI, 1989), p. 34.

* A tutoria como procedimento de formação é tradicionalmente utilizada no Brasil nos cursos de medicina. Recentemente, a Unifesp-Guarulhos a introduziu no curso de pedagogia ao implantar a residência pedagógica. (N. R. T.)

- a aprendizagem continuada além da conclusão dos estudos formais;
- a inovação no próprio trabalho;
- a conexão entre a pesquisa, o desenvolvimento e as aplicações;
- o trabalho em equipe;
- a necessidade de contribuir para colocar a tecnologia a serviço da problemática social e da dignidade humana.

Tedesco aponta o desafio da colaboração e da intercomunicação entre os profissionais da educação:

> Promover a coesão entre as instituições educacionais a partir de elementos comuns presentes no projeto de cada instituição. A nova articulação entre a autonomia dos estabelecimentos e a necessária coesão entre eles é o conceito de rede. O motor da revolução atualmente em marcha [...] é um conjunto de técnicas, de modos de organização e de instrumentos relacionais.[36]

O novo perfil de professor

O professor é a peça-chave de todo o sistema educacional. O novo papel da educação e o conhecimento na sociedade implicam também a redefinição do papel dos educadores. Giroux nos adverte em nosso esforço:

> Toda tentativa de reformular o papel dos educadores deve começar com a questão geral de como se deve contemplar o propósito da instrução escolar. Pessoalmente, acredito que a necessidade de considerar as escolas como esferas públicas democráticas é central para uma pedagogia crítica viável. Isso significa que as escolas devem ser vistas como lugares democráticos dedicados a potencializar, de diversas formas, a pessoa e a sociedade.[37]

---

[36] J. C. Tedesco, *El nuevo pacto educativo: educación, competitividad y ciudadanía en la sociedad moderna*, cit., p. 156.

[37] H. A. Giroux, *Los profesores como intelectuales* (Barcelona: Paidós-MEC, 1997), p. 34.

Outra ideia-força, da qual deve partir a definição da nova identidade do professor, é oferecida por Esteve em seu conhecido estudo sobre o "mal--estar docente", apontando para uma conscientização geral da identidade do educador: "Nossa sociedade e nossos professores precisam redefinir os valores nos quais acreditam, os objetivos pelos quais trabalham e o tipo de homem que querem formar".[38]

Características indispensáveis do professor em sua ação pedagógica

A formação do professor vem sendo definida de modo cada vez mais complexo, uma vez que lhe vão sendo atribuídas missões que a sociedade ou a família deixam de assumir. Por essa razão, vão sendo acrescentadas com maior frequência características que antes se situavam em segundo plano. Encontramos diferentes repertórios de qualidades indispensáveis do educador:

- competência pedagógica;
- maturidade e estabilidade emocional;
- conhecimento da matéria que deve ensinar;
- compreensão dos processos de desenvolvimento da criança;
- preocupação e respeito para com a pessoa do aluno;
- capacidade de adaptação à equipe docente;
- conscientização da escola em seu contexto social;
- espírito aberto e dinâmico.[39]

Contudo, não basta expor listas exaustivas das virtudes que o professor deve colocar a serviço das capacidades do aluno, se não formos à essência dos problemas que mais prejudicam a identidade dos docentes: sua desmotivação, a perda de sentido e prestígio social de seu trabalho, a falta de pontos referenciais nos critérios e valores, a incerteza do futuro de suas metas atuais, entre muitos outros.[40]

---

[38] J. M. Esteve, *El malestar docente*, cit., p. 12.
[39] J. Freeman, *Pour une éducation de base de qualité* (Paris: Unesco, 1993), p. 204.
[40] J. C. Tedesco, *El nuevo pacto educativo: educación, competitividad y ciudadanía en la sociedad moderna*, cit., p. 52.

Os níveis de exigência na formação foram determinando ocasionalmente um estilo de professor acomodado, carente de inquietações e pouco criativo. Por esse motivo, a formação e a atualização psicopedagógica, como propõe Coll a respeito da formação construtivista,

> [...] fornecem novos recursos ao professor para poder comparar matérias curriculares, elaborar instrumentos de avaliação coerentes com aquilo que se ensina, elaborar unidades didáticas, etc. Paralelamente, fornecem critérios para compreender o que ocorre na sala de aula, por que um aluno não aprende, por que aquela unidade cuidadosamente planejada não funcionou, por que, às vezes, o professor não tem indicadores que lhe permitam ajudar seus alunos.[41]

Focando-nos no papel estrito de organizador das aprendizagens na sala de aula, exercido pelo professor, encontramos três funções diferenciadas: a) o modelo organizador-observador, no qual o professor é o transmissor de conhecimentos, planeja e organiza as atividades; b) o modelo observador-facilitador, que permite aos alunos escolher "o que", "como" e "quando" com relação ao processo de ensino-aprendizagem; o professor limita-se a atender às demandas de material ou de informação que se apresentem; c) o modelo observador-interventor, no qual o professor cria situações de aprendizagem com as condições necessárias para que o aluno consiga construir o conhecimento.[42]

No entanto, mais do que nos fixarmos na necessidade de um maior profissionalismo, observa Tedesco, há indícios de que seja mais oportuno identificar as principais características do trabalho docente no contexto dos novos desafios educativos. Partindo dessa consideração, o autor propõe uma série de traços definidores do educador:

- deve sentir-se plenamente envolvido na equipe docente, desde a elaboração do projeto educativo até a gestão, negociação, ensino, avaliação, pesquisa, etc.;

---

[41] C. Coll *et al.*, *El constructivismo en el aula* (3ª ed. Barcelona: Graó, 1995), p. 20.

[42] E. Martín & A. Ferrandis, *Fundamentaciones psicopedagógicas y sociológicas del Diseño Curricular Base* (Zaragoza: ICE de la Universidad de Zaragoza, 1992), p. 36.

1. JUSTIFICATIVA DO PARADIGMA MEDIADOR

- deve promover a inovação, rompendo com o imobilismo diante de compromissos concretos e demonstrando uma participação ativa nos domínios de sua especialidade;

- deve fortalecer diversos âmbitos da formação básica, a qual demanda maiores níveis de profissionalismo, especialmente pedagógico;

- a evolução acelerada do conhecimento precisará estar muito próxima de onde se produz e se utiliza esse conhecimento. É possível prefigurar dois grupos de docentes: os "docentes básicos", encarregados da formação da estrutura cognitiva e pessoal, e os "docentes especializados", responsáveis pela formação em determinados campos;

- militância e compromisso dos docentes com os objetivos da tarefa educativa. Participar na elaboração do projeto da instituição, aderir a seus princípios e dedicar-se à tarefa de formar a pessoa dos alunos no âmbito de uma proposta democrática implica assumir os valores da democracia de forma ativa.[43]

Lesourne, ao pensar na sociedade do ano 2000, acredita que "nenhum outro ofício oferece, a longo prazo, consequências tão importantes sobre o porvir da sociedade (francesa)" e arrisca uma descrição do perfil do docente esperado pela sociedade do futuro:

> Deverá ser um indivíduo recrutado tanto por seu saber como por sua capacidade de assumir plenamente a tarefa de educador. Um indivíduo que tenha tido com bastante frequência outra experiência profissional e social. Um indivíduo a quem seja oferecida uma tarefa suficientemente diversificada para ser estimulante. Um indivíduo com oportunidades de iniciativas reais, decidido a tirar proveito tanto do exercício pessoal de sua função quanto como membro da equipe pedagógica da sua instituição. Um indivíduo pronto para reconhecer que o exercício de sua profissão implica uma avaliação das atuações tanto pessoais como coletivas e assu-

---

[43] J. C. Tedesco, *El nuevo pacto educativo: educación, competitividad y ciudadanía en la sociedad moderna*, cit., p. 165.

mir as consequências que dela possam advir. Um indivíduo capaz, por meio do seu trabalho, de influenciar sua remuneração e sua carreira. Um indivíduo aberto para as múltiplas dimensões da vida social. Um indivíduo respeitado socialmente, como pessoa e como profissional.[44]

Em seu interessante e aprazível percurso pelas vicissitudes entre "mestre e aprendiz", Pozo[45] resume as cinco funções da profissão de professor e descreve com ironia esses diversos ofícios do professor:

- provedor ou fornecedor de conhecimentos;
- modelo de comportamentos a serem imitados;
- treinador de seus aprendizes;
- tutor ou guia;
- assessor de aprendizagens ou orientador de pesquisa.

A caracterização do trabalho profissional do educador deve estar inscrita no sentimento de autoestima, na autonomia, na capacidade de assumir responsabilidades, com suas múltiplas facetas de pesquisador, intelectual, crítico, criativo, transformador, etc. A realidade do sistema educativo configura essas características.

O professor ideal

Dificilmente será possível sustentar um construto que entra em conflito com a realidade da "mutável *função do professor*",[46] com as limitações impostas pela realidade e os condicionamentos de atualização e readaptações para aquisição de competências cada vez mais imprevisíveis e díspares.

Na análise da eficácia docente, porém da perspectiva que considera o ponto de vista dos alunos em relação ao professor, encontramos duas dimensões básicas da percepção do professor ideal:

1. Dimensão didática (que saiba explicar, que seja justo ao avaliar, etc.).

---

[44] J. Lesourne, *Educación y sociedad: los desafíos del año 2000*, cit., p. 319.
[45] J. I. Pozo, *Aprendices y maestros* (Madri: Alianza, 1996).
[46] N. M. Goble & J. F. Porter, *La cambiante función del profesor* (Madri: Narcea, 1980), p. 87.

1. JUSTIFICATIVA DO PARADIGMA MEDIADOR

2. Dimensão pedagógica (orientar, motivar), que confirma o perfil básico desejado pelos alunos.

Existem, além disso, cinco fatores ou dimensões no construto do professor ideal que poderiam ser considerados como o perfil diferenciador e que estão associados a certas características dos alunos (sexo, classe social, tipo de instituição, rendimento, etc.). Tais fatores ou dimensões são: físico-esportivo; pessoal e de relação; entusiasmo; imposição, exigência e organização.[47]

O ideal para Stenhouse é converter todo professor em pesquisador da própria atuação docente,[48] da escola e de seus colegas, a fim de aumentar progressivamente a compreensão do seu trabalho e o aperfeiçoamento do ensino. O educador aprende a cada dia, modifica-se à medida que quer estar no nível exigido por seus educandos, constata os achados da pesquisa sobre as experiências de ensino-aprendizagem e incorpora-os à prática docente.

Perfil do professor mediador

Ficaria incompleta a referência dos construtos revisados se não nos detivéssemos no modelo e no construto da aprendizagem mediada, desenvolvido por Feuerstein[49] por meio do PEI, no qual o paradigma da mediação determina um estilo de relação educativa, no processo de modificabilidade cognitiva estrutural dos educandos. A responsabilidade primordial do professor mediador é potencializar o rendimento do educando.

O paradigma "da mediação" (*teacher decision making*), centrado no professor, implica uma perspectiva especificamente situada mais no âmbito do ensino que no da aprendizagem.

Deixaremos para outro capítulo a detalhada explicação das características deste perfil do mediador, que constitui a opção pedagógica que nos orienta na solução para as mudanças que devem ser realizadas pelo professor que enfrenta o novo paradigma educacional. No momento, faremos apenas

---

[47] I. Egido, M. Castro, M. Lucio-Villegas, *Diez años de investigación sobre el profesorado* (Madri: Cide, 1993), p. 62.

[48] L. Stenhouse, *Investigación y desarrollo curricular* (Madri: Morata, 1991), p. 195.

[49] R. Feuerstein *et al.*, *Instrumental Enrichment: an Intervention Program for Cognitive Modifiability*, cit.

uma síntese das características do professor mediador, com base nas considerações da professora Prieto Sánchez:[50]

1. É um especialista e, como tal, domina os conteúdos curriculares, planeja, prevê problemas e soluções, revisa as fases do processo de aprendizagem.

2. Estabelece metas: favorece a perseverança, desenvolve hábitos de estudo e fomenta a autoestima e a metacognição.

3. Tem a intenção de promover a aprendizagem significativa: favorece a transcendência, guia o desenvolvimento de estratégias, enriquece as habilidades básicas superando as dificuldades.

4. Incentiva a busca da novidade: fomenta a curiosidade intelectual, a originalidade e o pensamento divergente.

5. Potencializa o sentimento de capacidade: favorece a autoimagem, cria uma dinâmica de interesse para atingir novas metas.

6. Ensina o que fazer, como, quando e por quê: ajuda a mudar o estilo cognitivo dos estudantes, controlando sua impulsividade.

7. Compartilha as experiências de aprendizagem com os alunos: potencializa a discussão reflexiva e fomenta a empatia com o grupo.

8. Considera as diferenças individuais dos alunos: elabora critérios e procedimentos para tornar explícitas as diferenças psicológicas dos estudantes, potencializa o trabalho individual, independente e original.

9. Desenvolve nos alunos atitudes positivas: promovendo vivências de determinados valores que os tornem operativos em sua conduta na sua realidade sociocultural.

Caberia somar a esse resumo de características do professor mediador a atitude automodificadora que alimenta o sistema de crenças do mediador, uma vez que ele mesmo deve adaptar-se, mudar procedimentos, planos e recursos para conseguir modificar e corrigir as funções cognitivas deficientes nos educandos.

---

[50] M. D. Prieto Sánchez, *Habilidades cognitivas y currículo escolar: área de lenguaje* (Salamanca: Amar, 1992), p. 47.

CONCLUSÃO: O CAMINHO PARA UM NOVO PARADIGMA EDUCACIONAL

A necessidade de formular um novo paradigma vem sendo considerada em razão da falta de eficácia do modelo teórico-prático utilizado até hoje em nossa prática docente. Continuamos resolvendo problemas cada vez mais complexos com o mesmo modelo pedagógico do passado. Tudo isso é o resultado de não se ter abordado e discutido, na esfera da sociedade, o tipo de homem que queremos formar, o perfil de educador que precisamos para essas conquistas e os meios de que vamos necessitar. Embora haja indícios de mudança ou da incorporação de elementos renovadores à nossa pedagogia, nossos desejos de mudar vão de encontro aos condicionamentos estruturais mais diversos. Precisamos questionar que aspectos devem mudar e qual é a nossa proposta alternativa ao paradigma que tacitamente estamos mantendo.

Em 1962, Khun introduziu o conceito de mudança de paradigma. Um paradigma é:

> [...] um padrão conceitual que oferece uma visão particular de dada realidade. É, portanto, um conjunto explícito de opiniões, crenças, valores, concepções e teorias integradoras de uma estrutura intelectual que permite compreender, interpretar e explicar uma realidade ou certos aspectos desta.[51]

Existem dezenas de paradigmas, mas interessam-nos especialmente aqueles relacionados com a cognição, a aprendizagem e a intervenção educativa.

Dada a importância do paradigma na contribuição do nosso trabalho, não podemos deixar de considerar outras definições que nos ajudem a entender seu amplo significado. Respaldando-se em seus achados, Patton define o paradigma como:

---

[51] G. Noiseux, *Traité de formation à l'enseignement par médiation: les compétences du médiateur pour réactualiser sa pratique professionnelle*. Tomo 1 (Québec: MST Éditeur, 1997), p. 147.

uma visão do mundo, uma perspectiva geral, um modo de esmiuçar a complexidade do mundo real. Como tais, os paradigmas encontram-se profundamente instituídos na socialização de dependentes químicos e de profissionais; os paradigmas dizem-lhes o que é importante, legítimo e razoável. Os paradigmas são também normativos: apontam para o profissional o que deve ser feito, sem a necessidade de extensas considerações existenciais ou epistemológicas.[52]

O termo paradigma designa um princípio, uma ideia ou um conjunto de princípios e ideias, um modelo, uma aproximação aos métodos aos quais determinado grupo concorda em aderir e nos quais decide inspirar sua atividade. Para nós, servirão de indicadores para compor a estrutura do nosso modelo pedagógico implícito.

Um paradigma mediador será, portanto, um referencial pedagógico plural, que deverá integrar os elementos dos cinco paradigmas mencionados no item "Motivação da mudança educacional" e os elementos peculiares da teoria da mediação desenvolvida no PEI.

Poderíamos resumir em que consistem os dois elementos essenciais do novo paradigma, seguindo Mencía:[53] a) em dar ao aluno o protagonismo que ele deve ter na construção das aprendizagens; b) na criação de situações escolares que correspondam às proposições de uma pedagogia diferenciada. A novidade do paradigma está, além de situar o educando no centro do processo de ensino-aprendizagem significativo, nos componentes dessa educação diversificadora:

- diversificam-se os espaços para encontrar ambientes favoráveis de estudo, dentro e fora do mesmo centro educacional;
- diversifica-se o tempo em função do tipo de trabalho e dos ritmos de aprendizagem;

---

[52] T. D. Cook & C. S. Reichart (orgs.), *Qualitative and Quantitative Methods in Evaluation Research* (Beverley Hills CA: Sage, 1986), p. 28.

[53] E. Mencía, "La pedagogía de la Reforma reclama un nuevo modelo de escuela", cit.

- diversificam-se os objetivos de formação, considerando as capacidades e as conquistas que sejam observadas sistematicamente nos educandos;
- diversificam-se os livros didáticos e o material de apoio e didático para atender aos estilos cognitivos e às possibilidades dos alunos;
- diversificam-se os projetos pessoais dos alunos, adaptando-os tanto na fase inicial como na progressiva realização e de acordo com seus ritmos e aprendizagens.[54]

Diante desse panorama, formulamos a decisiva questão: o que as escolas deverão fazer para assumir essa mudança paradigmática? A resposta antecipatória de Fogarty propõe sete caminhos de solução para esse desafio:

1. Centrar o currículo para formar habilidades de pensamento.
2. Mudar a modalidade metodológica, aproximando-a de um método cooperativo em que estejam presentes as técnicas da informática.
3. Controlar o uso dos meios eletrônicos na sala de aula.
4. Enfatizar o desenvolvimento da equipe (*staff*), para a formação em programas que almejem a qualidade.
5. Criar redes com outros centros, instituições e entidades que colaborem com a educação.
6. Reestruturar e impulsionar as experiências de aprendizagem.
7. Reconhecer que os instrumentos de hoje devem reestruturar a escola do futuro e que esse futuro deve ser preparado desde já com determinação.[55]

À guisa de conclusão sobre a mudança paradigmática que propomos, ressaltaremos a necessidade de recuperar o sentido da missão educacional de toda a sociedade. Conscientes do componente utópico da educação, a ideia de perfeição e de avanço das pessoas remete-nos à dificuldade de concretizar as metas e objetivos que devemos almejar, assim como aos limites do

---

[54] *Ibid.*, p. 54.
[55] R. Fogarty & J. Bellanca, "Capture the Vision: Future World, Future School", em A. L. Costa (org.), *If Minds Matter: a Foreword to the Future* (Palatine, Illinois: Skylight, 1992), p. 22.

trabalho educativo e aos meios para realizá-lo. Não podemos perder de vista o impacto das contribuições tecnológicas sobre o conhecimento e sobre a aprendizagem, em particular. O educando inicia uma etapa de formação que se prolongará por toda a sua vida; portanto, deve adquirir certas habilidades necessárias para aprender a aprender constantemente.

A mudança metodológica deve basear-se na aceitação do potencial de cada pessoa. As estruturas escolares devem estar em conformidade com as necessidades, os ritmos e as diversas capacidades dos alunos. Escola e sociedade devem estar mais unidas, tanto na busca dos meios para aprender, como na conquista dos objetivos últimos da educação e na incorporação dos educandos à vida social e profissional. A participação da família e das empresas nos diferentes momentos da aprendizagem deve ser cada vez maior.

2

Programa de Enriquecimento Instrumental (PEI), fundamento do novo paradigma educacional – Revisão da teoria do professor Feuerstein

INFLUÊNCIAS E ORIGEM DAS TEORIAS DE FEUERSTEIN

Podemos afirmar, sem hesitação, que Feuerstein concedeu às Ciências da Educação uma visão positiva e otimista da intervenção educativa, baseada em um sistema de crenças profundamente humano e social. Seu último livro publicado, *Don't Accept me as I am: Helping "Retarded" People to Excel* [*Não me aceite como eu sou: ajude as pessoas "com retardo" a superar essa deficiência*, ainda não publicado em português], comprova e atesta um trabalho criativo no âmbito psicopedagógico.[1] Na base de todas as influências assumidas, desde Vygotski, Piaget, A. Rey, entre outros, reside a preocupação em inserir todo ato educativo em um processo integral – a fim de ajudar e potencializar as capacidades da pessoa –, reivindicar o valor insubstituível do mediador, atribuir um sentido dinâmico e construtivo à avaliação psicométrica e criar um método eficiente de aprendizagem e desenvolvimento

---

[1] R. Feuerstein, Y. Rand, J. E. Reynders, *Don't Accept me as I am: Helping "Retarded" People to Excel* (Nova York: Plenum Press, 1988).

cognitivo. Cada uma dessas ações constitui um foco dinamizador da obra de Feuerstein.[2]

A genética não deu a última palavra, os avanços científicos possibilitam que todos os tipos de problemas humanos sejam enfrentados, as limitações e privações humanas sejam superadas quando contamos com os meios... Assim, podemos nos situar, com Feuerstein, em uma linha que excede todo determinismo e toda desesperança. Nessa proposta, deve-se abolir a atitude de considerar a pessoa incapacitada ou com necessidades educacionais especiais como alguém que se encontra em uma situação irreversível.

A intenção de Feuerstein é fazer com que nos concentremos nos comportamentos e nas condutas associadas a necessidades educacionais especiais. Ele vai buscar a etiologia dos problemas, a localização de determinadas privações ou carências, nas funções cognitivas deficientes (FCD) que comprometem todo processo de operatividade e de aprendizagem. Com essa atitude proativa modificadora, Feuerstein vê o indivíduo que apresenta tipos de necessidades educacionais especiais em seu comportamento como sujeito legítimo de uma atividade modificadora.[3]

O construto teórico de Feuerstein

Na base teórica do professor Feuerstein, pulsa uma visão antropológica e social positiva. O conceito integral da educação destaca-se com força em seus escritos. Seu sistema de crenças e o bloco teórico de sua pedagogia, no entanto, podem ser centrados em dois conceitos básicos: a modificabilidade cognitiva estrutural (MCE) e a mediação – experiência de aprendizagem mediada (EAM). Contudo, incorreríamos em uma excessiva simplificação se não ressaltássemos outros aspectos como os que serão apresentados nas seções seguintes.

---

[2] R. Feuerstein *et al.*, *Instrumental Enrichment: an Intervention Program for Cognitive Modifiability* (Glenview, III: Scott, Foresman and Company, 1980).

[3] G. Avanzini, J. Martin, G. Paravy (orgs.), *Pédagogies de la médiation: autour du PEI* (Lyon: Chronique Sociale, 1992), p. 169.

Teoria da MCE

Pode-se dizer que o sistema de crenças de Feuerstein concentra-se na ideia de que "o ser humano é modificável".[4] Ele acredita que o comportamento da pessoa com necessidades educacionais especiais ou a sua atuação lenta podem ser melhorados. Aposta em alcançar determinadas mudanças estruturais, que serão possíveis no organismo do indivíduo por meio de uma intervenção mediada. Com o entendimento de que uma mudança estrutural não é um fato isolado para a pessoa, mas, sim, um evento que, por sua própria natureza, ocorre para mudar o curso e o desenvolvimento futuro de um indivíduo pelas habilidades que desenvolveu e pelas ferramentas das quais dispõe para seu desenvolvimento autônomo,[5] Feuerstein pretende tornar um aprendiz independente, capaz de adaptar-se às mudanças e aos condicionamentos de seu ambiente cultural na sociedade, mediante a aprendizagem de estratégias e o uso adequado de suas funções cognitivas, incluindo fatores concretos, como a exploração sistemática, a comparação espontânea e a expressão controlada de seus pensamentos.[6]

A mudança permanente é uma qualidade essencial para o ser humano, como nos dirá Feuerstein. A MCE, entretanto, é uma mudança qualitativa e intencional, provocada por um processo de mediação. As crianças com necessidades educacionais especiais, com uma manifesta privação cultural, abandono escolar, carência das habilidades básicas, entre diversos outros fatores, não tiveram acesso a mediadores, ou receberam uma inadequada exposição da cultura e dos significados dos estímulos. Feuerstein indica duas grandes fontes da deterioração e, consequentemente, aquelas que apontam para a necessidade de EAM: os problemas genéticos, hereditários, congênitos e os fatores relacionados ao ambiente do indivíduo. E acrescenta

---

[4] R. Feuerstein, Y. Rand, J. E. Reynders, *Don't Accept me as I am: helping "Retarded" People to Excel*, cit., p. 5.

[5] R. Feuerstein *et al.*, *Instrumental Enrichment: an Intervention Program for Cognitive Modifiability*, cit., p. 9.

[6] R. Feuerstein *et al.*, "Intervention Programs for Retarded Performers: Goals, Means and Expected Outcomes", em L. Idol & B. Fly Jones (orgs.), *Educational Values and Cognitive Instruction: Implications for Reform* (Nova Jersey: Lawrence Erlbaum, 1991).

ainda um terceiro fator: a interrupção na transmissão cultural, pela pobreza, pelas inadequadas relações entre pais e filhos ou por transtornos afetivos e emocionais.[7]

Para Sternberg, os dois construtos-chave de Feuerstein são sua concepção da inteligência e seu desenvolvimento através da EAM. Define a EAM como "o caminho pelo qual os estímulos emitidos pelo ambiente são transformados por um agente 'mediador', geralmente os pais, tutores ou educadores". Esse agente mediador, guiado por suas intenções, cultura e empenho, seleciona e organiza o mundo dos estímulos da criança. O mediador seleciona os estímulos mais apropriados e os organiza, filtra e esquematiza; determina a presença ou ausência de certos estímulos e ignora outros. A criança adquire determinados padrões de conduta e esquemas de aprendizagem, que serão os melhores ingredientes para que sua capacidade se modifique através da exposição direta aos estímulos.[8]

Segundo Feuerstein, temos duas formas de aprender: a exposição direta aos estímulos e a EAM. Somente a EAM vai preparar e capacitar o indivíduo para se beneficiar de sua exposição direta aos estímulos. A EAM é, portanto, um ingrediente essencial para o desenvolvimento cognitivo e o melhor meio para diferenciar, qualitativamente, as pessoas em suas tarefas cognitivas. Quando realmente ocorre a modificação estrutural, ela é substancial e significativa para os esquemas e modos de interagir da pessoa, além de ser duradoura e consistente para o indivíduo.

A teoria da MCE terá seu conceito-chave na EAM, sendo o mediador o responsável por todo o processo, e o PEI, sua instrumentação concreta. O mediador definirá os meios, marcará os ritmos e dosará todo o processo modificador: sua presença é imprescindível, enquanto autêntico transformador dos estímulos que chegam até o educando.

---

[7] D. Tzuriel, "Cognitive Modifiability, Mediated Learning Experience and Affective-Motivational Processes: a Transactional Approach", em R. Feuerstein, P. S. Klein, A. J. Tannenbaum (orgs.), *Mediated Learning Experience (MLE): Theoretical, Psychosocial and Learning Implications* (Londres: Freund, 1991), p. 95.

[8] R. Feuerstein *et al.*, *Instrumental Enrichment: an Intervention Program for Cognitive Modifiability*, cit., p. 16.

Poderíamos afirmar que a MCE substitui a noção clássica de inteligência. Como sabemos, a inteligência não é o único fator determinante do rendimento escolar, pois este é condicionado por diversos fatores: afetivos, motivacionais, energéticos, ambientais e sociais, entre outros. Assim, seria mais adequado falar em comportamentos inteligentes. A inteligência não é mensurável, uma vez que não é um conceito estático. Feuerstein pretende preparar o sujeito para a capacidade de automodificação. A EAM deve conduzir à autoplasticidade do sujeito diante dos estímulos circundantes. Por isso, ao falarmos de dificuldades de aprendizagem, estamos fazendo referência à incapacidade do indivíduo de modificar-se ou beneficiar-se da exposição a certas experiências que acontecem com outras pessoas (ver quadro 3).

QUADRO 3. ESTRUTURAÇÃO DOS ELEMENTOS ESSENCIAIS DA TEORIA DE FEUERSTEIN.

MCE
↓
EAM
CRITÉRIOS DA MEDIAÇÃO
LPAD
PEI
MAPA COGNITIVO
FCD
OPERAÇÕES MENTAIS
INSIGHT

Legenda: MCE (modificabilidade cognitiva estrutural); EAM (experiência de aprendizagem mediada); Critérios da mediação – formas e enfoques da interação; LPAD (learning potential assessment device – avaliação dinâmica da propensão à aprendizagem); PEI (programa de enriquecimento instrumental); Mapa cognitivo – processo de análise do ato de aprendizagem; FCD (funções cognitivas deficientes); Operações mentais; Insight – conscientização, assimilação, generalização e elaboração de princípios.

A LPAD, mais que um psicodiagnóstico, é a metodologia que investiga o nível de propensão e disposição do indivíduo para a aprendizagem, com a ajuda do mediador.[9] Desde as primeiras interpretações da LPAD até hoje, observamos uma mudança substancial no autor. Feuerstein, em seu processo de estudo psicodiagnóstico, prefere referir-se a manifestações de aceitação da mediação, flexibilidade, resistência, modificabilidade diante das novas informações ou estratégias por parte do aluno (mencionaremos ainda os perfis de modificabilidade) a falar de potencial, termo que possui conotações mais quantitativas.

Assim, podemos afirmar que a modificação é o produto da mediação, é uma forma de flexibilidade. Expressa uma permeabilidade entre os diversos sistemas da pessoa: cognitivo, afetivo, volitivo, entre outros. Toda modificação é uma mudança qualitativa intencional. Mas uma mudança estrutural é algo que muda o repertório do indivíduo, implica uma nova tendência ou necessidade, uma nova capacidade e uma nova orientação ou direcionamento na atuação.

Se a mente cognitiva é a organizadora do mundo, no enfoque construtivista sabemos que a inteligência é uma energia relacional. E justamente por essa razão, toda modificabilidade positiva será uma capacidade de adaptarmo-nos a novas situações em nosso mundo mutável. Modificar é criar novas disposições no ser humano, é ampliar o mundo das relações, superando a percepção episódica da realidade; é criar no organismo certas disposições, novas perspectivas, novos significados. A propensão humana à modificabilidade é explicada na teoria da MCE. A área essencial da mudança estrutural deve estar nas FCD, que têm efeitos negativos nos diferentes momentos do processo de aprendizagem.

Mas, se falamos de modificabilidade cognitiva, por acaso modificamos o mundo cognitivo? Feuerstein destaca o aspecto cognitivo estrutural, como ponto de partida, pelas seguintes razões:

---

[9] R. Feuerstein et al., *Instrumental Enrichment: an Intervention Program for Cognitive Modifiability*, cit., p. 275.

- A estrutura do cognitivo é mais organizada e metodologicamente mais fácil de analisar. O autor nos oferece uma lista de funções cognitivas, baseadas no paradigma de processamento da informação, em suas três fases: input, elaboração, output. Talvez seja esta contribuição psicológica um dos elementos mais enriquecedores de sua teoria, junto com o mapa cognitivo, com o objetivo de ajudar os professores mediadores a conhecer os pontos fracos do educando no processo de ensino-aprendizagem. Ele nos fornece uma lista de operações mentais, com as quais vamos percorrer o caminho para a complexidade e a abstração crescentes.

- O mundo cognitivo é menos inibidor para o educando que o mundo afetivo. O clima afetivo é um elemento energético com carga emotiva diversificada. Ocasionalmente, a criança em sua experiência percebe na negação, na rejeição, no erro, por exemplo, formas de rejeição ou formas ameaçadoras, no contexto escolar, e por essa razão ela apresenta maior resistência ao afetivo que ao cognitivo. No entanto, partimos da convicção de que os conhecimentos e as atitudes são inseparáveis. A estrutura cognitiva do sujeito estabelece-se sobre estruturas integrais mais complexas, neurológicas, biológicas, vivenciais, etc. Todo comportamento humano é um produto final de um sistema que interage e que se manifesta em uma conduta observável.[10] Sabemos que não podemos separar os fatores cognitivos dos afetivos e que é indispensável conhecer sua interação e ter ciência de que se expressam em estilos cognitivos diferentes.[11] Há fatores não intelectivos que, muitas vezes, são mais pertinentes que aqueles especificamente cognitivos.

---

[10] G. Noiseux, *Traité de formation à l'enseignement par médiation: les compétences du médiateur pour réactualiser sa pratique professionnelle.* Tomo 1 (Québec: MST Éditeur, 1997); S. Bissonette & M. Richard, "Vers un changement du nature pédagogique: l'enseignement par médiation", em *Vie Pédagogique*, DRMME, 106, Québec, 1998.

[11] H. A. Witkin & D. R. Goudenough, *Estilos cognitivos: naturaleza y orígenes* (Madri: Pirámide, 1981).

E quais seriam esses fatores não intelectivos que devem ser considerados? O professor Tzuriel[12] elabora uma lista daqueles que afetam o funcionamento cognitivo:

1. A acessibilidade do sujeito à mediação.
2. A necessidade de competência e motivação intrínseca.
3. A tolerância às frustrações.
4. O controle da conduta.
5. O medo do erro e o desencadeamento de uma atitude defensiva.
6. A confiança e a segurança nas respostas corretas.
7. A vitalidade e a atitude vigilante e alerta do sujeito.

Se a modificabilidade representa a propensão natural de o ser humano adaptar-se a situações imprevisíveis, devemos admitir que a mudança estrutural é produzida, mas esta é também imprevisível, uma vez que não depende dos fatores que podemos controlar.

Barreiras da modificabilidade

O sistema de crenças que sustenta o paradigma da MCE de Feuerstein leva-nos a aumentar nossa confiança na ação mediadora. No entanto, o autor adverte-nos ao definir as três possíveis barreiras da modificabilidade: a) a etiologia do problema; b) a idade da pessoa; c) a severidade ou gravidade da privação e a intensidade do problema.

Embora devamos admitir idades críticas em vez de idades-limite, como barreiras intransponíveis que negam passagem à ação mediadora, não podemos aceitar fatalmente um inatismo da inteligência. Feuerstein propõe a noção de período ótimo para mediar e potencializar a capacidade do ser humano para um melhor nível de execução de atividades e uma maior possibilidade de adaptação a novas necessidades.

---

[12] D. Tzuriel, "Cognitive Modifiability, Mediated Learning Experience and Affective-Motivational Processes: a Transactional Approach", cit., p. 108.

Do ponto de vista estratégico e didático, trata-se de tomar iniciativas mais ativas para que os períodos de resistência à mudança abram caminho para etapas positivas. Podemos, até mesmo, provocar a antecipação das etapas positivas e ampliá-las. Como podemos acelerar essas mudanças? O professor pode ser mais criativo, selecionando estratégias que se adaptem ao estilo cognitivo do educando, buscando estratégias de mediação diante das tarefas mais complexas e abstratas (ver figura 1).

Condições da mudança estrutural

Para poder reconhecer a MCE, Feuerstein atribui três características à mudança estrutural:

1. Permanência, isto é, duração das mudanças cognitivas ao longo do tempo e no espaço.

2. Expansão ou processo de difusão, na qual as mudanças parciais chegam a afetar o todo.

3. Centralidade ou autonomia, para a conservação e a natureza autorreguladora da modificabilidade.

E devemos contar com estas condições para a ocorrência da mudança:

- forte coesão entre a parte e o todo. Devemos selecionar, como objetivo de nossa intervenção, um aspecto da personalidade do educando, conhecer a repercussão que outros fatores têm sobre o conjunto da personalidade. Verificar a possibilidade de identificar os efeitos observáveis com relação a outros subsistemas de conhecimento nos quais interviemos diretamente;

- propensão de envolver o educando nos processos de mudança. Os processos de conservação, cristalização, assimilação e mudança devem ocorrer simultaneamente.

O que ocorre não é um mero transformismo, mas, sim, uma reestruturação que amplia, integra e assimila de forma organizada e consciente, e não uma acumulação de âmbitos separados ou sobrepostos. A mudança estrutural somente acontece se ao mesmo tempo houver mudança e conservação

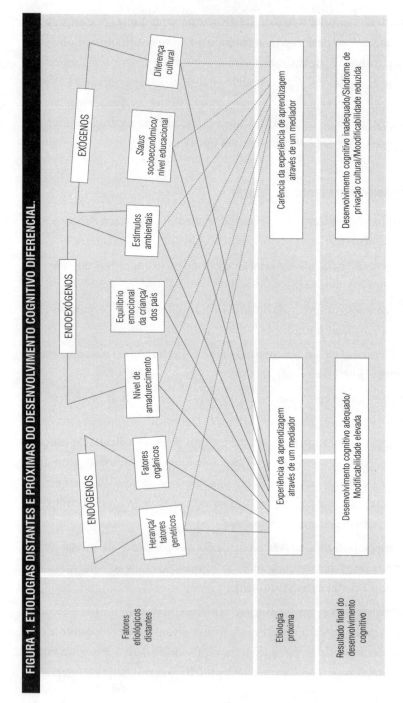

A LPAD ou psicodiagnóstico dinâmico

- A LPAD é uma bateria de testes destinados a realizar o psicodiagnóstico dinâmico. Vai além do diagnóstico estático, que situa o aluno em um lugar dentro de uma população-padrão. Os processos ajudam-nos a obter indicadores para saber como devemos intervir e como identificar as barreiras da aprendizagem.[13]

- A LPAD avalia a quantidade e a natureza da mediação que o aluno necessita, em um teste, para que possa mudar. Isso revela sua capacidade de modificabilidade cognitiva. Desse modo, uma grande qualidade da LPAD é permitir ver a relação entre a avaliação e os procedimentos que provocam a mudança. O mediador avaliador deve ser um experiente diferenciador dos níveis de modificabilidade que sua intervenção vai produzindo no aluno.

- A LPAD pretende tornar acessíveis para o aluno tarefas que a princípio são difíceis, fazendo com que as dificuldades e a necessidade de mediação venham a ser manifestas. O mediador deve provocar uma conduta desafiadora que primeiro perturbe e que depois seja fonte de satisfação. O aluno é motivado por sua experiência de sucesso, que alcança por si mesmo ou com a ajuda do mediador. A LPAD é uma relação humanística e integral, pois leva em consideração todos os componentes da pessoa.

- A LPAD busca uma mudança no processo de aprender e em seu funcionamento cognitivo; busca uma globalização: passar para o contexto e não permanecer na rigidez do teste; regula e melhora a conduta com certo rigor e exigência no repertório das operações

---

[13] R. Feuerstein & Y. Mintzker, *Mediated Learning Experience (MLE): Guidelines for Parents* (Jerusalém: ICELP, 1993).

mentais; cria um pensamento mais reflexivo, na medida em que faz com que o aluno se conscientize de sua forma de agir.

■ Na LPAD, inicia-se com tarefas difíceis, em vez de muito fáceis, e isso se justifica por várias razões: quanto mais complexa é a tarefa, maior é o número de componentes com os quais o aluno tem que lidar. A mediação o prepara, dotando-o com um maior número de funções para etapas posteriores. Além disso, criam-se as condições para melhorar a autoimagem, e o grupo também amplia a possibilidade de alcançar o sucesso.

Outros conceitos básicos de Feuerstein

■ O ORGANISMO HUMANO é um sistema aberto aos estímulos; nele, a inteligência é considerada um processo dinâmico de autorregulação, que responde às interações.[14] A falta de experiência de mediação levou o indivíduo a uma privação cultural, que por sua vez o escraviza em seu isolamento do mundo de significados circundantes. O mediador, em sua interação, não apenas se dirige à inteligência, como também aos aspectos afetivos e àqueles associados à conduta e à vivência da pessoa. Deve mudar e melhorar a pessoa por completo, não apenas a sua inteligência.[15]

■ O DESENVOLVIMENTO COGNITIVO deficiente possui uma etiologia variada. Feuerstein pretende corrigir, com seu programa, as funções comprometidas ou que tenham uma utilização deficiente. No entanto, não ignora a dificuldade de sua intervenção pelo fato de que tanto essa etiologia pode ser próxima – com agentes e situações controláveis no ato educativo –, como estes fatores etiológicos podem ser incontro-

---

[14] R. Feuerstein *et al.*, *Instrumental Enrichment: an Intervention Program for Cognitive Modifiability*, cit., pp. 2 e 70.
[15] R. Feuerstein, Y. Rand, J. E. Reynders, *Don't Accept me as I am: Helping "Retarded" People to Excel*, cit., p. 79.

láveis por estar distantes do mediador: a herança, o contexto afetivo familiar e social, as carências da infância, entre outros.[16]

■ Convém **CONHECER A REALIDADE DE CADA INDIVÍDUO**, não apenas sua situação presente, seu nível de desenvolvimento atual (NDA), saber o que é capaz de fazer sem a ajuda do mediador, mas também levar em consideração o salto que ele poderia dar ou o nível de aprendizagem a que ele poderia chegar em virtude de uma mediação controlada. Osser alerta-nos a respeito da importância do conhecimento completo do educando: conhecimento acadêmico, sociocognitivo e metacognitivo, antes de iniciar qualquer intervenção que o envolva.

■ Feuerstein deseja levar o indivíduo a uma situação de **APRENDIZAGEM CONSTRUTIVA** e, para isso, cria um modelo para ensinar a pensar, um modelo de emergência,[17] um programa de intervenção através de um processo de aprendizagem. O mediador seguirá os passos de um mapa cognitivo, em que as etapas do ato de aprender são pensadas. O educando, através desse programa, exercitará uma série de operações mentais que lhe permitam superar suas deficiências. Talvez uma das melhores soluções do propósito pedagógico de Feuerstein tenha sido esse esquema topográfico do ato mediador, no qual o educando aprende a aprender.

■ **AS FUNÇÕES COGNITIVAS** correspondem às funções mentais que são as estruturas básicas que servem de suporte para todas as operações mentais. São componentes básicos para a atividade intelectual. São capacidades que nos permitem perceber, elaborar e expressar informações. As funções são o sustentáculo do pensamento e permanecem invariáveis, embora vão sendo estruturadas, adaptadas e acomodadas nos diferentes modos de interação com o ambiente. Sua

---

[16] R. Feuerstein *et al.*, *Instrumental Enrichment: an Intervention Program for Cognitive Modifiability*, cit., p. 41.

[17] Ch. Hadji, "Education et développement cognitif: le temps de l'espérance", em G. Avanzini, J. Martin, G. Paravy, *Pédagogies de la médiation: autour du PEI* (Lyon: Chronique Sociale, 1992), p. 63.

origem está nas conexões cerebrais.[18] Da mesma maneira como as FCD determinam a qualidade do ato mental, a EAM determinará a qualidade da interação educativa. Abordaremos a EAM com detalhes ao tratar da mediação como tema central da teoria de Feuerstein.

- **AS OPERAÇÕES MENTAIS** são ações interiorizadas ou exteriorizadas; constituem um modelo de ação ou um processo de comportamento; através delas, a pessoa elabora os estímulos. São ainda o resultado de combinar nossas capacidades – conforme as necessidades que experimentamos – seguindo determinado modelo ou processo. Ao falar de metacognição, expressamos o processo cognitivo integral que tem como objeto os nossos próprios processos mentais. Significa conscientizar-se de como estamos pensando ou agindo.

- **O POTENCIAL DE APRENDIZAGEM:** toda aprendizagem é um processo reorganizador dos nossos conhecimentos, uma vez que estabelece novas relações entre eles. Todas as pessoas podem ampliar seu potencial e sua capacidade de aprender através da mediação. Vygotski criou o conceito de zona de desenvolvimento potencial (ZDP): a distância que existe entre o nível de desenvolvimento atual ou real (NDA), detectado pela resolução de problemas sem ajuda; e o nível de desenvolvimento próximo (NDP), determinado pela resolução de um problema com a ajuda de alguém. Nessa ideia, de maneira muito lógica, o autor vincula o papel da mediação potencializadora da aprendizagem ao da avaliação dinâmica de Feuerstein. Reafirma-se aqui a crença de conseguir, por meio da mediação, que sejam evidenciadas aquelas potencialidades do sujeito que estão ocultas ou que não tiveram a oportunidade de se manifestar.

- Quanto ao **CONCEITO DE INTELIGÊNCIA**, Feuerstein apresenta um modelo de inteligência dinâmico e integrador. Sua lúcida visão da inteligência está em conexão com os enfoques interacional e processual que nos permitem descobrir as causas e as condições que dão lugar

---

[18] R. Feuerstein *et al.*, "Intervention Programs for Retarded Performers: Goals, Means and Expected Outcomes", cit., p. 78.

a esses processos. O conceito triárquico da inteligência, proposto por Sternberg,[19] a hipótese das múltiplas formas de inteligência de Gardner[20] e a descrição fatorial da inteligência* procuram esclarecer como a inteligência se manifesta de maneira diferente em indivíduos e grupos.

Feuerstein parte da definição de inteligência como construção mental: "A inteligência é a capacidade do organismo de modificar suas estruturas mentais, a fim de assegurar uma melhor adaptação às realidades mutáveis às quais o organismo está exposto".[21] O conceito de adaptação é assumido por Feuerstein em sua mais ampla acepção e implica: "mudanças que o organismo sofre como resposta ao surgimento de uma nova situação que requer tais mudanças". É um processo de mudança dinâmico de um estado para outro, engendrado de forma mais ou menos consciente. É essa adaptabilidade do organismo à qual nos referimos como modificabilidade. Daí que a limitada ou escassa modificabilidade nos indivíduos seja o fator causador de suas funções cognitivas deficientes.

A teoria da modificabilidade cognitiva estrutural considera que o organismo humano é aberto e está em constante mudança e desenvolvimento. A inteligência é um constante processo dinâmico de autorregulação, que reage às interações do ambiente.

As teorias de Feuerstein sobre a inteligência formam um mosaico triádico. Esse modelo é construído pela integração destas três características:

1. A inteligência é constituída por muitos fatores.
2. Esses fatores são gerais e podem estar relacionados com toda a conduta cognitiva.

---

[19] R. J. Sternberg, *Human Abilities: an Information-Processing Approach* (Nova York: W. H. Freeman, 1985).

[20] H. Gardner, *Multiple Intelligences: the Theory in Practice* (Nova York: Basic Books, 1993).

* Trata-se de um procedimento exploratório de análise que permite identificar, agrupar e definir diferentes aptidões que levam à elaboração de diversas teorias para a explicação dos mesmos dados. Cf. L. Almeida , "As aptidões na definição e avaliação de inteligência: o concurso de análise fatorial", em *Paideia*, 12 (23), 2002, pp. 5-17. (N. R. T.)

[21] R. Feuerstein *et al.*, *Instrumental Enrichment: an Intervention Program for Cognitive Modifiability*, cit., p. 6.

3. Essa generalidade dos fatores distingue o pensamento do conteúdo, e a inteligência fluida da inteligência cristalizada.[22]

Considerando a diferenciação que Catell estabelece entre a inteligência fluida e a inteligência cristalizada, Feuerstein elabora sua teoria a partir do conceito de inteligência fluida. E essa escolha é totalmente coerente com seu sistema de crenças e com os princípios que explicam a EAM, as FCD e os elementos do mapa cognitivo. O que pretende um programa livre de conteúdos é alcançar a modificabilidade das estruturas do indivíduo. O importante não são os conteúdos, mas, sim, a estrutura que os sustenta e relaciona. Daí que seu conceito de inteligência tenha tanta correspondência com o de inteligência fluida, pois esta é conhecida como uma capacidade geral de projetar relações entre todas as áreas, diferentemente da inteligência cristalizada, que inclui todas as habilidades exigidas para dominar as relações específicas em áreas concretas.[23]

O mapa cognitivo não prepara para um conhecimento especializado; em vez disso, ajuda a saber em que fase do mapa – input (entrada), elaboração ou output (saída) – se localizam as FCD para, por meio da mediação, poder transformar essa estrutura, isto é, esse erro no processo de relações. As funções cognitivas estão envolvidas em todos os processos da aprendizagem e, por sua natureza livre de conteúdo, podem associar-se a conteúdos de qualquer matéria. Assim, a percepção distorcida e confusa durante a fase do input pode ser importante tanto para reunir a informação necessária para resolver um problema de matemática como para dirigir um carro. Desse modo, ao modificar essa função, estamos preparando o indivíduo para atuar em diferentes conteúdos ou áreas.

A inteligência é uma entidade flexível, um todo no qual cada parte adquire sentido por sua conexão com as demais. As diversas definições de inteligência que Feuerstein nos dará, referentes a sua plasticidade e flexibilida-

---

[22] A. Kozulin (org.), *The Ontogeny of Cognitive Modifiability: Applied Aspects of Mediated Learning Experience and Instrumental Enrichment* (Jerusalém: ICELP, 1997), p. 31.

[23] R. Feuerstein et al., *Instrumental Enrichment: an Intervention Program for Cognitive Modifiability*, cit., p. 111.

2. PROGRAMA DE ENRIQUECIMENTO INSTRUMENTAL (PEI), FUNDAMENTO DO NOVO PARADIGMA EDUCACIONAL

de, confluem para uma expansão e reestruturação constante dos esquemas mentais. Ele lança mão do conceito vygotskiano de mediação social para justificar a importância da experiência de aprendizagem mediada em relação aos efeitos da mudança de disposição no indivíduo, para beneficiar-se da exposição direta aos estímulos. Os conceitos de Piaget de assimilação e acomodação estão em evidente consonância com o ponto de vista de que a inteligência é um processo, e não uma entidade concreta. A definição da inteligência como

> [...] um processo – e não uma entidade fixa, imutável e concreta – carrega consigo algumas diferenças consideráveis na maneira como os componentes são percebidos. Ao descrever a dinâmica desse processo, devemos levar em consideração outros elementos responsáveis pela adaptabilidade no comportamento humano, quer sejam cognitivos, quer sejam emocionais, quer sejam sociais.[24]

QUADRO 4. DIFERENÇAS ENTRE INTELIGÊNCIA FLUIDA E INTELIGÊNCIA CRISTALIZADA.

Inteligência Fluida (IF)	Inteligência Cristalizada (IC)
• Capacidade geral para estabelecer relações em todas as áreas.	• É o produto do conhecimento aprendido por cada indivíduo.
• Inclui pensar nas estratégias, isentas de todo conteúdo específico, mas aplicáveis a qualquer conteúdo mental.	• É um conjunto de habilidades para estabelecer as relações especiais em uma área concreta.
	• Trata-se de uma conduta automatizada.
• A IF é a única base para a mudança estrutural, que é o objetivo da mediação.	• Com a IC são confrontadas as estruturas do conhecimento em diferentes âmbitos, entre os quais há pouquíssima relação.
• Catell assume que a IF é inata, não verbal e aplicável a uma ampla variedade de contextos.	• Catell diz que a IC reflete as habilidades específicas que estão em um contexto concreto e que são adquiridas por meio da aprendizagem e da experiência.

---

[24] R. Feuerstein, "La teoría de la modificabilidad estructural cognitiva", em S. Molina & M. Fandos, *Educación cognitiva* (Zaragoza: Mira, 1996), p. 34.

Os princípios epistemológicos de Feuerstein estão associados ao postulado da modificabilidade cognitiva estrutural (MCE) e a justificam. Tais princípios apresentam a inteligência como uma entidade fluida, como um conjunto de estados, mais que um mero conjunto de características. Uma vez que a teoria de Feuerstein se baseia na noção de inteligência fluida, os conceitos cognitivos nela utilizados não estão ligados a conteúdos específicos. As FCD, os critérios da EAM e os parâmetros do mapa cognitivo permitem-nos descrever os componentes do pensamento de acordo com a noção de inteligência fluida. A dependência com relação à inteligência fluida é condição necessária, mas insuficiente, para a teoria da modificabilidade, de modo que esta deve ser apresentada como um modelo e mostrar como as mudanças ocorrem na própria inteligência fluida.

A MEDIAÇÃO

A experiência nos ensinou que o ritmo das nossas aprendizagens cresce em quantidade e em qualidade quando vem marcado por bons e experientes professores mediadores. A vida é uma sucessão constante de mudanças que superamos com a ajuda dos demais. A mediação tem o objetivo de construir habilidades no sujeito, a fim de promover sua plena autonomia. A mediação parte de um princípio antropológico positivo e é a crença da potencialização e da perfectibilidade de todo ser humano. A genética não deu a última palavra. A força da mediação lança por terra todos os determinismos no campo do desenvolvimento do ser humano. Assim, devemos entender a mediação como uma posição humanizadora, positiva, construtiva e potencializadora no complexo mundo da relação educativa. Na base desse construto dinâmico encontra-se o conceito de "desenvolvimento potencial" de Vygotski.[25]

Feuerstein formula dois modos fundamentais de aprender: a exposição direta aos estímulos que recebemos do exterior e a EAM. Não podemos

---

[25] L. S. Vygotski, *El desarrollo de los procesos psicológicos superiores* (Barcelona: Crítica, 1995), p. 134.

2. PROGRAMA DE ENRIQUECIMENTO INSTRUMENTAL (PEI), FUNDAMENTO DO NOVO PARADIGMA EDUCACIONAL

controlar os fatores distantes que condicionam a aprendizagem, ao contrário dos mais próximos que, a partir da EAM, vão determinar o nível de modificabilidade do sujeito.

As duas causas mais importantes de falta de mediação ou de falta de transmissão cultural provêm da descontinuidade que é gerada no quadro do grupo cultural que abandona sua própria identidade. A privação cultural diz respeito à carência de pessoas adultas para realizar a transmissão da cultura e aos valores referenciais nos quais cada pessoa se desenvolve. Por outro lado, e com marcantes características socioculturais, a pobreza chega a ser o muro intransponível que exclui e cria a total marginalidade. A falta de mediação no âmbito familiar ocasiona as diferenças cognitivas que afetam o desenvolvimento das funções cognitivas e não intelectivas (ver figura 2).

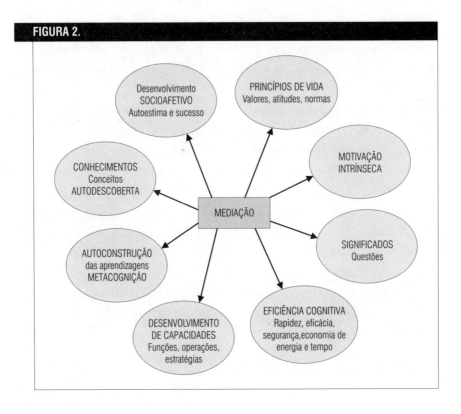

A síndrome de privação cultural

A falta de EAM revela-se como uma síndrome de privação cultural. A maior parte dos problemas de necessidades educacionais especiais, fracasso escolar e deficiências no desenvolvimento cognitivo tem uma raiz na carência de mediação nos momentos cruciais do crescimento da pessoa. Assim, podemos definir a EAM como

> [...] uma qualidade da interação ser humano-ambiente resultante das mudanças introduzidas nessa interação por um mediador humano que se interpõe entre o organismo receptor e as fontes de estímulo. O mediador seleciona, organiza e planeja os estímulos, variando sua amplitude, frequência e intensidade, e os transforma em poderosos determinantes de um comportamento em vez de estímulos oferecidos de modo aleatório [...] .[26]

É possível deduzir que, quanto mais tempo um sujeito tiver sido beneficiado com a EAM, mais ele estará em condições de aprender com sua exposição direta ao mundo que o rodeia e estará mais bem preparado para perceber os estímulos do ambiente. A EAM oferece ao educando um conjunto de pré-requisitos do pensamento para as operações mentais. Em virtude da modelagem que o sujeito vai constatando por meio do ensino direto de estratégias, das experiências de sucesso e conquista de seus objetivos, ele chegará a possuir um maior nível de funcionamento cognitivo e metacognitivo.[27]

O tipo de interação na EAM, que é responsável pela formação e pelo desenvolvimento da modificabilidade, caracteriza-se basicamente por três parâmetros: intencionalidade, transcendência e significado, qualidades das interações mediadas, presentes em todas as culturas. A mediação é a qualidade essencial da interação. É uma fonte de transmissão cultural, significativa e afetiva. Mediar é orientar o pensamento causal; é estabelecer relações,

---

[26] R. Feuerstein, "La teoría de la modificabilidad estructural cognitiva", cit., p. 38.

[27] J. Burón, *Enseñar a pensar: introducción a la metacognición* (Bilbao: Mensajero, 1996), p. 127; J. A. Bernad, *Estrategias de estudio en la universidad* (Madri: Síntesis, 1995), p. 58.

antecipar os efeitos de um ato. O mediador leva a pessoa a descobrir o significado de sua atividade, indo além das necessidades imediatas, excedendo o que nossas experiências têm de episódicas. A mediação promove um enriquecedor período de latência entre o estímulo e a resposta; nessa pausa, o educando procura organizar sua resposta, descobrindo finalidades e consequências da sua escolha (ver quadro 5).

Fundamentos da mediação

A mediação é um fator humanizador de transmissão cultural. O homem tem como fonte de mudança a cultura e os meios de informação. O mediador se interpõe entre os estímulos ou a informação exterior para interpretá-los e avaliá-los. Assim, o estímulo muda de significado, adquire um valor concreto e cria no indivíduo atitudes críticas e flexíveis. A explicação do mediador amplia o campo de compreensão de um dado ou de uma experiência, gera disposições novas no organismo e produz uma constante retroalimentação informativa (feedback). Trata-se de iluminar a partir de diferentes pontos um mesmo objeto do nosso olhar.

Charles Hadji buscou o fundamento da mediação na necessidade que temos dos outros para conseguirmos ser nós mesmos. A mediação é a ação intermediadora entre as pessoas e a realidade. Tanto as pessoas como os processos mediadores podem servir de intermediários. A mediação educativa integra estes três elementos: o educador, e toda pessoa que promove um desenvolvimento, é um intermediário entre o aluno e o saber, entre o aluno e o meio e entre o aluno e seus colegas de sala de aula.

O educador mediador regula as aprendizagens, favorece o progresso e o avalia, proporciona uma relação de ajuda facilitadora de aprendizagens e, o que é sua tarefa essencial, ajuda a organizar o contexto em que o sujeito se desenvolverá.[28]

---

[28] Charles Hadji, *apud* G. Avanzini, J. Martin, G. Paravy (orgs.), *Pédagogies de la médiation: autour du PEI*, cit., p. 64

QUADRO 5. SÍNDROME DE PRIVAÇÃO CULTURAL.

Capacidade reduzida das pessoas para modificar suas estruturas e para responder às fontes da estimulação. (R. Feuerstein)

* Carência de mediação em etapas decisivas do desenvolvimento

1. CARÊNCIA DE CULTURA

Conhecimento – Valores – Normas

2. CARÊNCIA DE IDENTIDADE CULTURAL E DE EXPERIÊNCIA DE APRENDIZAGEM MEDIADA

Estimulação pouco organizada e elaborada

3. SÍNDROME DO NÍVEL REDUZIDO DE MODIFICABILIDADE COGNITIVA

Funções deficientes

Passividade na execução de atividades

Estilo cognitivo episódico

Falta de flexibilidade mental

Falta de transcendência nos atos

4. EFEITOS

Dificuldade de leitura: percepção imprecisa

Habilidades verbais deficientes

Incapacidade de separar estímulos relevantes

Ausência de hábitos de trabalho – desorganização

Dificuldade de análise e classificação

Atitude de viver o presente sem perspectivas

Pouca sensibilidade ao que é intelectual e moral

Poucas aspirações escolares

Comportamento manipulável: pouco sentido crítico

Nível baixo de autorregulação do comportamento

Nível baixo de conduta exploratória

Carência de um sistema referencial cultural

O próprio mediador é o primeiro modificado, o que mais necessita de automodificação para poder chegar ao educando.[29] A ausência de mediação cria privação cultural e subdesenvolvimento das capacidades do indivíduo. A EAM teria como consequência direta a elevação do nível de desenvolvimento potencial (NDP) do educando. Nesse ponto, as teorias de Vygotski encontram perfeita conexão com as de Feuerstein, mencionadas no item "Outros conceitos básicos de Feuerstein". É importante ressaltar a especial importância da mediação na etapa infantil e básica, como prevenção de subdesenvolvimentos e disfunções nas crianças.

Valores básicos na mediação

- **ACOMPANHAMENTO E PROXIMIDADE.** O educando precisa de um acompanhamento diversificado ao longo de suas etapas de formação. O contexto da experiência de formação deve significar um exercício de responsabilidade intelectual para todos os educadores. O tempo de escolarização deve converter-se em uma história prazerosa na vida, fundamentada nos melhores valores e experiências de formação.

- No âmbito educativo, deve-se propiciar aos jovens **EXPERIÊNCIAS PROFUNDAS DE PAZ E ALEGRIA.** E, nesse clima, é necessário insistir naqueles elementos que constituem o encontro ou a relação profundamente humana: o afeto, a amizade e o diálogo com confiança.

- Deve-se destacar a **IMPORTÂNCIA DO AFETO** nas etapas de desenvolvimento intelectual. Emoção e cognição são duas coisas que se complementam. A conduta é um ato cognitivo-afetivo. A afetividade determina, em muitos casos, a eficácia da ação cognitiva da aprendizagem, e a cognição, por sua vez, é um determinante da natureza das emoções.

- **DESPERTAR A AUTOESTIMA.** Na base de toda a construção desse edifício vivo, maravilhoso e exclusivo que toda pessoa é está a autoestima. Todo ser humano deveria entrar e sair do limiar da sua persona-

---

[29] G. Avanzini, J. Martin, G. Paravy, *Pédagogies de la médiation: autour du PEI*, cit., p. 42.

lidade a partir de sua autoaceitação. O mediador deve desenvolver determinadas potencialidades, estimular a plena expansão das capacidades da pessoa e projetá-la no trampolim da liberdade e da responsabilidade.

- **AJUDAR A ESCLARECER E DISCERNIR AS EXPERIÊNCIAS.** Na tarefa mediadora, o indivíduo aprende a ser ele mesmo, a conscientizar-se da existência e enfrentá-la de maneira crítica, a buscar referências, analisar todo o panorama, sem perder de vista o pessoal e os valores absolutos (verdade, bem, amor, eternidade) diante das relatividades contingentes. Todo aluno deve exercitar sua capacidade de formulação de perguntas e de saber responder. As perguntas não respondidas de hoje podem ser os grandes problemas de amanhã.

- **ENSINAR A OLHAR, A CONTEMPLAR.** Certa pessoa disse que a contemplação não consistia em olhar para o divino, mas, sim, em olhar para o mundo com outros olhos, com olhos divinos. O mundo é aquilo que nosso olhar seja capaz de descobrir, aquilo que saiba projetar e, a partir dessa perspectiva, ampliar a capacidade de demonstrar surpresa e admiração diante do mistério, do saber e da própria vida.

- Mediar, expressamente no campo educativo, permite **DOTAR O EDUCANDO COM AS ESTRATÉGIAS DE APRENDIZAGEM** para a formação de habilidades cognitivas, para aprender a aprender, para um desenvolvimento pleno das potencialidades.

A EXPERIÊNCIA DE APRENDIZAGEM MEDIADA (EAM)

O desenvolvimento estrutural cognitivo é o produto da interação mediada. Superada a fórmula behaviorista E-R (estímulo-resposta), Feuerstein empresta de Piaget a fórmula do desenvolvimento cognitivo em função da interação entre o estímulo-organismo-resposta (S-O-R), incorporando-lhe a ação mediadora (H), que se interpõe entre os estímulos e o organismo e entre este e a resposta (S-H-O-H-R). E essa é uma das contribuições mais notáveis de Feuerstein. Piaget reconhecia o fator humano como um objeto entre outros, mas não considerava o valor mediador da intervenção humana tão essencial para o desenvolvimento cognitivo da criança.

A EAM é um meio de interação em que os estímulos que chegam ao sujeito são transformados por um agente mediador. "O processo mediacional, frutífero em si mesmo, é uma contínua 'interface' entre a teoria e a prática, a busca e a orientação de exame atento e a avaliação da observação e da intervenção".[30] Geralmente essa função é realizada pelos pais, pelos irmãos e pelos educadores. Esse mediador, movido por certas intenções, uma dada cultura e um tom emocional, filtra, seleciona e interpreta os estímulos da maneira mais apropriada. Sabe quando deve apresentá-los, escolhe o melhor momento, a ordem, a intensidade e a forma mais adequada.

Em virtude dessa experiência de aprendizagem mediada, a criança pode adquirir condutas apropriadas, aprendizagens, operações mentais, estratégias, significados, etc., que modificam constantemente sua estrutura cognitiva para responder, de forma adequada, aos estímulos intencionais do mediador (ver figura 3).

O desenvolvimento cognitivo da criança não é somente o resultado do processo de amadurecimento do organismo humano nem de seu processo de interação independente, autônoma, com o mundo dos objetos; é também o resultado combinado da exposição direta ao mundo com o que chamamos de experiência mediada, por meio da qual a cultura é transmitida.

CARACTERÍSTICAS DO PROGRAMA DE ENRIQUECIMENTO INSTRUMENTAL (PEI)

O PEI baseia-se em um modelo teórico que leva em consideração a estrutura da inteligência e o desenvolvimento deficiente do educando. O programa exige uma experiência de mediação; é uma experiência de aprendizagem significativa, de sucesso e de motivação intrínseca para o aluno. O PEI cria

---

[30] Y. Rand, *apud* R. Feuerstein, P. S. Klein, A. J. Tannenbaum, *Mediated Learning Experience (MLE): Theoretical, Psychosocial and Learning Implications* (Londres: Freund Publishing, 1991), p. 71.

FIGURA 3. O MODELO DE EXPERIÊNCIA DE APRENDIZAGEM MEDIADA (EAM).

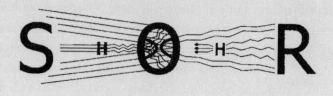

um processo de constante interação mediador-educando para a conquista de determinados objetivos concretos. A ação pedagógica com os catorze instrumentos do PEI desenvolve-se no esquema do mapa cognitivo, que deve ajudar a seguir cada uma das fases ou componentes do ato mental. Os instrumentos procuram desenvolver as operações mentais que permitam uma correção daquelas FCD que puderam ser detectadas.

Convém agora fazer uma rápida síntese dos objetivos propostos pelo PEI. Basicamente, Feuerstein[31] expõe um objetivo geral: o aumento da capacidade do organismo humano de ser modificado através da exposição direta aos estímulos e da experiência, a fim de prepará-lo para a aprendizagem autônoma nas diferentes situações da vida. Mas essa ambiciosa mudança estrutural cognitiva é alcançada mediante estes objetivos específicos:

1. Corrigir as funções cognitivas deficientes que caracterizam a estrutura cognitiva do indivíduo com carência ou privação cultural.

2. Adquirir conceitos básicos, vocabulário, operações mentais e saber projetar relações.

3. Produzir a motivação intrínseca por meio da formação.

---

[31] R. Feuerstein *et al.*, *Instrumental Enrichment: an Intervention Program for Cognitive Modifiability*, cit., p. 15.

4. Desenvolver o pensamento reflexivo, os processos de insight como resultado da confrontação dos sucessos e fracassos nas tarefas do PEI.

5. Desenvolver a conscientização, a autopercepção e a autoaceitação do indivíduo.

6. Obter mudanças na atitude do sujeito e desenvolver uma conduta cognitiva autônoma.

Podemos afirmar que o PEI é um compêndio metodológico rico, criativo e de grande contribuição para a educação curricular. O PEI ajusta-se perfeitamente às teorias psicopedagógicas cognitivistas e oferece um caminho atualizador da metodologia dos educadores, para promover qualidade educacional e uma metodologia coerente para a aprendizagem nas salas de aula.

Todo método é um caminho e é de extrema importância quando formamos as habilidades básicas dos alunos. O PEI é o caminho para construir a inteligência e alcançar aprendizagens significativas. Feuerstein foi pragmático e conseguiu expressar objetivos e princípios em um método concreto, em determinados materiais e em um programa sequenciado, ao alcance dos educadores. Estas são algumas das características que o definem resumidamente:

1. **DESTINATÁRIOS:** toda criança ou adulto, especialmente aqueles com carências de desenvolvimento ou privação cultural (fracasso escolar). As experiências atuais abrem o caminho a todo tipo de deficiências ou patologias da pessoa, jovem ou adulta. A idade ideal para iniciar o trabalho é aos 9 ou 10 anos. O trabalho é realizado em grupos, formados por seis, oito e dez alunos, que permitam um acompanhamento personalizado de seu processo de aprendizagem e superação das deficiências.

2. **CONTEÚDOS:** partem dos conhecimentos mais básicos. Inicia-se a partir das páginas mais elementares, nas quais não há elementos culturais difíceis, e o nível de complexidade e abstração vai sendo elevado progressivamente. Os instrumentos permitem realizar todo um repertório que vai desde as operações básicas àquelas mais abstratas.

O PERFIL DO **PROFESSOR MEDIADOR**

3. **MATERIAIS:** desenvolvidos em catorze fascículos, com vinte páginas cada uma. Atividades que requerem basicamente lápis e papel. Todas as modalidades são dadas: descrição verbal, figuras, desenhos, esquemas, quadros, etc. A interação mediador-aluno é o que dá vida aos instrumentos (ver quadros 6 e 7).

QUADRO 6. PEI E MODIFICABILIDADE COGNITIVA.			
1. Organização de pontos		**8.** Progressões numéricas	
2. Orientação espacial I		**9.** Relações familiares	
3. Comparações		**10.** Instruções	
4. Classificações		**11.** Relações temporais	
5. Percepção analítica		**12.** Relações transitivas	
6. Orientação espacial II		**13.** Silogismos	
7. Ilustrações		**14.** Desenho de padrões	

4. **DURAÇÃO DA APLICAÇÃO:** o programa pode durar cerca de quinhentas horas (quatro cursos), dependendo da idade, do nível de maturidade

Instrumentos	U. 1	U. 2	U. 3	U. 4	U. 5	U. 6	U. 7	U. 8
1. Organização de pontos	P, 1, E1, 2, E2	3, E3, 4	5, 6	7, 8, 9	10 a 13			
2. Orientação espacial I	P, 1	2	3, 4, 5	6, 7	8, 9, 10			
3. Comparações	P a 4	5, 6	7 a 14	15, 16				
4. Classificações	P, 1, 2, 3	4 a 10	11 a 15	16 a 18	19, 20			
5. Percepção analítica	P, 1	2, 3, 4, 5	6 a 10	11, 12	13 a 17	18, 19, 20	21, 22	23 a 25
6. Orientação espacial II	P, 1, 2	3, 4, 5	6, 7, 8	9 a 12	13 a 17	18 a 20		
7. Ilustrações								
8. Progressões numéricas	P, 1, 2	3	4, 5, 6, 7	8 a 15	16 a 19	20 a 25		
9. Relações familiares	P a 5	6, 7, 8, 9	10, 11	12 a 20	21 a 25			
10. Instruções	P a 5	6, 7, 8	9 a 13	14 a 19	20, 21, 22	23, 24	25, 26, 27	28 a 31
11. Relações temporais	P a 4	5 a 12	13, 14, 15	16, 17, 18	19 a 23			
12. Relações transitivas	P a 7	8 a 14	15 a 22	23, 24				
13. Silogismos	P a 5	6, 7, 8	9, 10	11 a 21	22 a 32	33 a 38		
14. Desenho de padrões	P a 4	5, 6	7 a 10	11 a 14	15 a 20	21 a 25		

QUADRO 7. PROGRAMA DE ENRIQUECIMENTO INSTRUMENTAL (PEI).

O PERFIL DO **PROFESSOR MEDIADOR**

e das dificuldades dos alunos. De forma intensiva, é possível aplicá-lo durante dois anos, no mínimo, com alunos mais preparados ou maduros, com duas ou três sessões semanais, entre cinquenta e sessenta minutos de duração cada uma.

5. **DIDÁTICA:** o aluno realiza sua autodescoberta, auxiliado pelo mediador. O ritmo é marcado pelo próprio aluno. Toda aula parte da definição e da realização pessoal da mesma tarefa, da busca de estratégias; o grupo compara sua forma de trabalho; os princípios ou conclusões são extraídos e buscam-se as aplicações que cada página tem para outras matérias de estudo e para a vida. O plano de uma lição pode variar da apresentação da tarefa para todo o grupo, o trabalho personalizado ou em grupo, ao compartilhamento dos achados e das dificuldades. Pode-se trocar o método indutivo pelo dedutivo, a fim de que cada aluno determine sua própria metodologia de pesquisa.

6. **AVALIAÇÃO:** por se tratar de uma aprendizagem construtiva, cada página marca o último degrau a que o aluno foi capaz de ascender. Os próprios instrumentos desenvolvem essa tarefa autoavaliativa e seletiva, à medida que aumentam sua complexidade. Somente no final de alguns instrumentos, encontramos páginas de revisão ou resumo do conteúdo aprendido.

Os objetivos da EAM no PEI no que concerne ao papel do mediador

O PEI está unido à EAM e se completa com ela. A EAM baseia-se na qualidade das interações oferecidas ao indivíduo durante a aplicação do programa.

O PEI procura estabelecer uma ponte entre o que é o programa, os exercícios que o compõem e os temas de estudo, os conhecimentos que a pessoa deve adquirir em seu trabalho, na escola ou na vida. Essa ponte permite ao indivíduo aplicar, transferir e generalizar os elementos adquiridos em outras situações diversas.

Objetivo geral

"*Aumentar a capacidade do organismo humano de ser modificado*, através da exposição direta aos estímulos e à experiência proporcionada pelos contatos com a vida e com as contribuições da aprendizagem formal e informal."

O PEI não é um programa que ensine a ler ou que ofereça determinados conteúdos escolares. É um programa vazio de conteúdos curriculares concretos. Sua meta é criar os pré-requisitos da aprendizagem necessários, para que o indivíduo aprenda tudo o que necessite.

Pretende criar na pessoa um dispositivo mental e as condições emocionais, afetivas e motivacionais que lhe permitam dominar os elementos que vai aprender. Produz disposições ideais para aprender a partir da experiência que o indivíduo tem e, além disso, ajuda a utilizar essa experiência em situações diferentes.

- Procura fazer com que a pessoa supere toda percepção episódica ou carência de relações entre a vida e as experiências novas.

- Desperta a sensibilidade nas pessoas de todas as idades.

- Cria um estado de modificabilidade tanto cognitiva como emotiva e motivacional (extrínseca e intrínseca), pela exposição direta às experiências formais e à vida.

- Cria a capacidade e a necessidade de aprender.

Objetivos específicos

São os subobjetivos ou objetivos específicos que nos ajudam a alcançar o objetivo geral.

1. Corrigir as funções cognitivas deficientes em todos os níveis.

- Muitas vezes, compensamos nossos processos de elaboração mental com processos de aprendizagem em situações pouco familiares ou complexas. As dificuldades de atenção, de coordenação motora, o uso de apenas algumas dimensões temporais ou espaciais na aquisição de novos dados, todos esses fatores geram problemas. A falta de atitude comparativa, a dificuldade de definir os problemas ou a visão egocêntrica impedem que a melhor solução para um problema seja encontrada.

- O PEI seleciona tarefas para aplicá-las às FCD e promove certos tipos de atividades que não podem ser realizadas sem que as FCD sejam corrigidas. O indivíduo carente de capacidade para focalizar a atenção, assistemático e sem a interiorização de seu esquema corporal, no instrumento "organização de pontos", por exemplo, defronta-se com esse conflito. Ele deve superar essa resistência à conscientização e à correção adequada.

- O papel do mediador consiste em ajudar e orientar o sujeito na autorreflexão sobre as condições que deve controlar para aprender com os próprios erros e experiências.

2. Adquirir conceitos básicos, vocabulário e operações mentais.

- Procura-se dotar o indivíduo com certos conhecimentos, domínio de tarefas, formas de pensamento, recursos verbais, tipos de relações, etc., de que necessitará para a resolução dos problemas que lhe serão apresentados no PEI, em outros universos e com outros conteúdos.

- Os catorze instrumentos do PEI oferecem, com a diversidade de modalidades e tarefas, um processo crescente de complexidade e abstração no exercício das operações mentais.

- Ao saber identificar e designar suas próprias atividades mentais e estar consciente do uso dos termos adequados, os sujeitos adquirem segurança e fluência no uso de suas capacidades.

3. Desenvolver a motivação intrínseca.

- É provavelmente o objetivo mais importante e específico do PEI. Para tanto, o PEI usa modalidades de pensamento apropriadas, eficazes para tornar o sujeito capaz de utilizar aquilo que aprendeu.

- Conseguir que o indivíduo utilize o que aprendeu para perceber, aprofundar, examinar as coisas com naturalidade, com uma visão ampla e espontânea. O hábito é criado com a repetição, mas de forma consciente, ampliando os esquemas de pensamento e a assimilação dos conceitos.

- A consolidação alcança sua plasticidade pela aplicação completa do programa em um processo de adaptação contínua, sem cortes nas diversas modalidades e nos diferentes níveis de complexidade das tarefas. A nova autopercepção positiva é transformadora para o sujeito e torna-o capaz de assumir maiores compromissos e maiores riscos.

- A mediação ou ajuda personalizada ao indivíduo deve criar a ponte entre a adaptação às variações de modalidade e os diversos temas que o sujeito deve aprender.

4. Criar um nível de pensamento reflexivo ou insight.

- Criar o insight, fazer com que o indivíduo se conscientize de seu processo de modificação – este é o papel mais importante do mediador.

- O mediador com intencionalidade e reciprocidade leva o sujeito a conquistar os objetivos. A reciprocidade – típica da mediação e exigida do estudante – induz o sujeito a assumir as intenções a que ele deve se propor para dominar certas tarefas e corrigir suas FCD. O aluno deve conhecer os objetivos e as intenções do mediador.

- O aluno deve entender por que usamos determinados recursos didáticos para aumentar sua independência e autonomia. Assim, ele conseguirá automediar-se. A essa mudança transformadora chamamos "mediação vicária".

- O mediador também aprende a se modificar, a ser menos necessário e a abandonar a mediação quando o sujeito adquire consciência e autonomia em sua tarefa.

- O mediador é necessário (é H, e não C=Computer, no S-H-O-H-R): transforma a informação, torna-a mais compreensível, mais significativa, mais capaz de afetar o sistema cognitivo, motivacional e emocional do indivíduo.

5. Desenvolver e fomentar a autopercepção do indivíduo.

- O PEI é uma experiência social de interação.

- O programa, apesar de sua aparente simplicidade, apresenta dificuldades progressivas que obrigam a sistematizar um processo de busca e de projeção de todos os tipos de relações.

O PERFIL DO **PROFESSOR MEDIADOR**

■ Ocorre uma tensão para manter a equilateralidade no triângulo claramente desigual de interação mediada: professor-aluno-conteúdos/objetivos.

■ Esse acompanhamento feito de perto pelo mediador permite conhecer o perfil de modificabilidade do aluno, suas aquisições, avaliar e buscar as melhores condições de ajuda.

6. Ser capaz de gerar nova informação.

■ O aluno deve produzir novas ideias, em modalidades mais complexas e em novas formas de pensar mais elaboradas.

■ O PEI deve estimular a mudança, eliminar as fobias, os erros cristalizados, as inseguranças e impotências diante de situações desafiadoras. A EAM deve recuperar os recursos esquecidos que cada um tem para aprender.

■ O mediador, por meio das diferentes modalidades de insight, da conscientização, ajuda a transformar os conflitos cognitivos em novas oportunidades para aprender.

■ Os resultados exigem um mínimo de continuidade na aplicação do PEI, para que se tenha um ritmo de integração e assimilação das aprendizagens. Com apenas quarenta horas de aplicação, não é possível perceber mudanças profundas nos sujeitos. A idade mais oportuna para iniciar a aplicação é em torno de 9-10 anos. O tempo mínimo recomendável de aplicação deve ser de duas ou três horas por semana; do contrário, não se cria a gestalt necessária para produzir novos hábitos de pensamento.

■ O PEI não pretende apenas reforçar certas estruturas existentes ou certas potencialidades. O programa foi designado para criar estruturas de pensamento e uma propensão a utilizar essas estruturas em diversas situações. Essa propensão é o fator energético do trabalho mediador, que só é alcançado por meio de uma aplicação sistemática e intensa.

UM SISTEMA DE CRENÇAS

Sistema de crenças de Feuerstein

Estas são as crenças de Feuerstein que dão consistência ao PEI:

- ele acredita no ser humano como criatura digna de alcançar plenitude e receber todos os cuidados e mediação disponíveis. Essa crença está no cerne do seu trabalho;
- toda pessoa é suscetível de ser modificada com a ajuda de um mediador;
- a inteligência pode crescer e desenvolver-se;
- é possível modificar estruturalmente a pessoa por meio de uma experiência de aprendizagem mediada;
- todo aquele que aplica o PEI deve acreditar na modificabilidade do indivíduo;
- podemos contradizer todo determinismo genético, pois não há nada no ser humano que seja definitivamente estabelecido;
- podemos elevar o potencial de aprendizagem;
- a mediação é o caminho imprescindível para a transmissão dos valores;
- podemos ensinar a pensar por meio de uma metodologia que leva em consideração critérios e leis da aprendizagem: ensino da metacognição, busca de estratégias, planejamento do trabalho, alto nível de abstração, aplicação das aprendizagens à vida, entre outros.

O PEI é uma experiência de aprendizagem significativa,[32] primeiro para o próprio educador e depois para os educandos; constitui a forma cristalizada da mediação, é o modelo, o ritmo novo da escola.

---

[32] D. P. Ausubel, J. D. Novak, H. Hanesian, *Psicología educativa: un punto de vista cognitivo* (México: Trillas, 1989).

Sistema de crenças dos professores

O estudo sobre o professor e sua iniciação ao ensino é um dos temas mais prolíficos na pesquisa pedagógica. Os programas de iniciação procuram estabelecer estratégias para reduzir ou reconduzir o denominado "choque de realidade", em razão do impacto que se produz no enfrentamento do professor novato com a crua realidade. Foram elaborados diversos modelos teóricos para analisar esses processos: a) as fases evolutivas de preocupação ou de sobrevivência pessoal, de enfoque do ensino, de preocupação com os alunos, que os professores vivenciam; b) a fase cognitiva-evolucionista, que explica as mudanças do professor em relação à nova forma de perceber o mundo; c) a etapa de socialização ou de interiorização do papel de professor, com a aquisição das estratégias próprias de sua função social.[33]

O estudo dos professores engloba a questão do autoconceito. Este é ainda um dos tópicos menos estudados.[34] Embora existam numerosos estudos sobre a eficácia docente, não é possível analisá-la sem se considerarem os seguintes pontos (em conformidade com Burns):

1. Os aspectos motivacionais do comportamento dos alunos.

2. Que o comportamento do professor e do aluno é reflexo de atitudes e valores do ambiente.

3. Que o ensino não é uma ciência ou uma atividade mecânica, mas, sim, um processo de interação suscetível de muitas interpretações.

4. Que aluno e professor não são agentes passivos de um sistema educacional, mas, sim, seres humanos com as mesmas necessidades e condicionantes observadas no mundo exterior.

Em uma revisão de estudos conduzida por Combs, concluiu-se que os bons professores podem distinguir-se claramente daqueles que não o são, em

---

[33] C. Marcelo, *Aprender a enseñar: un estudio sobre el proceso de socialización de profesores principiantes* (Madri: Cide, 1992), pp. 9-36.

[34] A. Villa Sánchez & E. Auzmendi, *Medición del autoconcepto en la edad infantil (5-6 años)*, Departamento de Investigación y Evaluación Educativa, ICE de la Universidad de Deusto (Bilbao: Mensajero, 1992).

razão das percepções que têm em relação aos outros. O bom professor gera sobre si mesmo e sobre os demais um conceito positivo.[35]

CRITÉRIOS DE MEDIAÇÃO

Os doze critérios de mediação pedagógica de Feuerstein são os enfoques da interação educativa, as tonalidades com as quais se expressa o ato mediador. Estão a serviço de toda a relação intencional que se adapta à diversidade das necessidades dos alunos. Esse calidoscópio de olhares está sempre presente no processo mediador, de modo que a relação com cada aluno pode exigir um enfoque de relação diferente: a criança impulsiva será mediada pelo autocontrole, o introvertido será ajudado para que dê respostas breves e concretas, aquele que é disperso será estimulado a concentrar-se e pensar, etc.

Os três primeiros critérios são a intencionalidade, a transcendência e a significação, que estão presentes em todas as culturas, criam modificabilidade, flexibilidade, capacitam para a mudança. Os demais critérios de mediação não existem em todas as culturas e são os que criam a diversidade cultural. O educador mediador é orientador, guia, indagador que traduz os problemas em questões e ilumina o caminho quando ele se torna escuro.

1. Mediação de intencionalidade e reciprocidade

Consiste em envolver o sujeito na experiência de aprendizagem. O mediador seleciona e organiza a informação para alcançar os objetivos, além de determinar certas mudanças na maneira de processar e utilizar a informação.

O mediador deve estabelecer metas, selecionar objetivos e procurar compartilhar com o sujeito as intenções no processo educativo; isso leva a criança a envolver-se na experiência para alcançar os objetivos. A mediação é uma interação intencional e, por isso, supõe reciprocidade:

---

[35] A. Villa Sánchez & E. Auzmendi, *Medición del autoconcepto en la edad infantil (5-6 años)*, cit., p. 86.

ensinar e aprender como um mesmo processo. A intencionalidade revela a consciência coletiva cultural da qual o mediador é transmissor. A intencionalidade só se pode expressar e perceber por intermédio do outro. Por essa razão, uma máquina não pode ser considerada um mediador.

Expressamos intenção com a proximidade: a distância ideal de relação, a proximidade, o ato de despertar interesse, modificando estados de alerta, fazendo-se entender pela adequação do vocabulário e de maneira acessível.

Procuramos envolver o sujeito na aprendizagem. Na mediação, o estímulo não é direto; é enriquecido pela intenção, pela atitude, para fazê-lo chegar ao destinatário: o tom de voz, o gesto, a expressividade, a repetição, o olhar são outros tantos veículos de intenção que promovem uma tripla mudança:

1. Mudam o estímulo para que o educando o decodifique melhor, sinta-o e avalie.

2. Mudam a atenção e a motivação do aluno para que tudo que aprenda seja significativo para ele mesmo.

3. Mudam o próprio mediador, ao falar, ao olhar e ao gesticular, para que sua mensagem seja mais bem compreendida.

2. Mediação de transcendência

É a qualidade da interação que vai além da necessidade imediata. É a mediação mais humanizadora. Convida-nos a pensar nas finalidades últimas de nossos atos; aumenta o sistema de necessidades do aluno ao transcender o aqui e agora. Chegamos àquilo que é mais distante, mais geral e mais abstrato. Trata-se de uma projeção e antecipação do futuro, e vemos a sua repercussão na vida: adivinhamos o porvir.

A criança não tem a necessidade de integrar seu breve passado e é incapaz de captar as possibilidades do futuro. Para transcender, precisa ter critérios de valor e selecionar aquilo que é essencial dos fatos: sua necessidade e utilidade, sua permanência no tempo, sua universalidade, seus componentes socioculturais. A mãe que alimenta ou veste o filho pensa além da simplicidade desse ato. Toda criança sabe entender a transcendência do ato de aprender a ler ou do trabalho, mas essa é uma tarefa do mediador.

A transcendência de um conhecimento implica relacionar uma série de atividades do passado com o futuro, a fim de generalizar nossos comportamentos e necessidades. No âmbito acadêmico, isso exige que o mediador saiba relacionar qualquer tema com outros pontos e fatos passados e futuros. Por isso, o professor destaca os processos subjacentes na atividade da aula e conscientemente indica sua aplicação a outras áreas de conteúdo (linguagem, matemática, ciências sociais), às experiências da vida real, às profissões e aos valores da vida.[36]

3. Mediação de significado

A mediação permite despertar para a recepção de mensagens. As situações de pobreza e desamparo de algumas crianças levam-nas a carências de mediação e à privação cultural. Há crianças que não possuem motivação; não sabem por que precisam ler nem por que devem esforçar-se. Do mesmo modo, há crianças com barreiras internas por carências afetivas ou conflitos vivenciais. Para algumas pessoas, a mediação torna-se urgente para decifrar significados, dar chaves de compreensão, pois a falta de mediação pode colocar em perigo os valores de continuidade de uma cultura e, consequentemente, da humanidade.

Consiste em apresentar as situações de aprendizagem de forma interessante para o sujeito, de maneira que este se envolva ativa e emocionalmente na tarefa. O significado inclui três requisitos: 1) despertar na criança o interesse pela tarefa em si; 2) dialogar com o sujeito sobre a importância que tal tarefa possui; 3) explicar-lhe qual é a finalidade almejada com as atividades e sua aplicação .[37]

---

[36] M. D. Prieto Sánchez, *Habilidades cognitivas y currículo escolar: área de lenguaje* (Salamanca: Amar, 1992), p. 37.

[37] D. P. Ausubel, J. D. Novak, H. Hanesian, *Psicología educativa: un punto de vista cognitivo*, cit.; J. Bruner, *Actos de significado: más allá de la revolución cognitiva* (Madri: Alianza, 1972).

O significado é a energia de um estímulo. Com a mediação, podemos superar o egocentrismo, ensinamos a buscar significados a partir de uma aprendizagem adaptada, coerente com seu saber, sua capacidade e suas possibilidades de aplicação. O educando deve compartilhar do porquê, para analisar a importância daquilo que diz ou faz e descobrir seu verdadeiro significado. Para que o aluno capte o significado de um estímulo, o mediador deve apresentá-lo com os três requisitos mencionados no parágrafo anterior.

4. Mediação do sentimento de capacidade

Para que a criança se sinta competente e capaz, seus sentimentos e autopercepções devem ser mediados. Ela descobre o que é capaz de fazer, supera a simples imitação e o plágio, por meio da elaboração pessoal. O educando precisa ter uma autoimagem positiva e realista de si mesmo, em um clima igualmente positivo de entusiasmo; deve ser conscientizado acerca do que pode e é capaz de realizar. Muitas crianças sentem-se fracassadas, acham que são incapazes de aprender e menosprezam-se.

A criança, antes de sentir-se competente com relação aos outros, deve sentir-se competente com relação a si mesma. O sentimento de competência é o justo conhecimento de suas capacidades, consiste em saber do que se é capaz. A autoimagem positiva é reforçada com as conquistas. Por isso, a criança precisa que acreditem nela e precisa também acreditar em si mesma. Essa mediação tem duas fases: dar à criança a possibilidade do sucesso e reconhecer o seu sucesso.

A motivação intrínseca é a energia interna que deriva do próprio achado, da satisfação que a tarefa proporciona. Não há motivo para que sejam eliminadas as outras fontes motivadoras que mantêm, vivo e em atitude alerta, o interesse pela tarefa.[38] Para Feuerstein,[39] a motivação

---

[38] J. Beltrán, *Procesos, estrategias y técnicas de aprendizaje* (Madri: Síntesis, 1993), p. 83.

[39] R. Feuerstein *et al.*, *Instrumental Enrichment: an Intervention Program for Cognitive Modifiability*, cit., p. 117.

intrínseca é um dos objetivos da aplicação do PEI. Essa tarefa tem dois enfoques: que o educando experimente a autossatisfação tanto por sua competência como pelo significado social do sucesso.

5. Mediação de autocontrole e regulação da conduta

"Um momento, deixe-me pensar" é o *slogan* do PEI para conter a impulsividade da criança em sua aprendizagem do autocontrole. Analisamos nossas decisões, buscamos os prós e os contras, para evitar falhas. O aluno deve praticar desde bem cedo a pensar "como", "por que", "quando" e "para que" atua. Essa atitude está associada com o caráter compartilhado da responsabilidade presente em nossas decisões, que envolvem os outros.

O fator acentuado de impulsividade que ocorre em toda conduta deve-se à temporalidade da nossa visão. Todo estímulo exige uma resposta imediata; não esperamos ter toda a informação, pois, do contrário, nos é impossível reunir todos os dados necessários para nos decidirmos. Existem tarefas atrativas que nos instigam a dar uma resposta imediata, instintiva, por serem conhecidas ou habituais. E há características cognitivas das pessoas temperamentais, primárias, que desconhecem a transcendência de seus atos rotineiros. A escassa formação na respon-

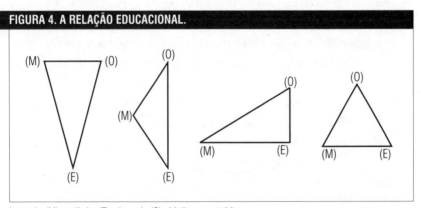

FIGURA 4. A RELAÇÃO EDUCACIONAL.

Legenda: (M) mediador (E) educando (O) objetivos, conteúdos

O PERFIL DO **PROFESSOR MEDIADOR**

sabilidade e na ética social desestrutura um mínimo autocontrole que regule os nossos atos, os quais às vezes podem tolher ou mesmo cercear a liberdade dos outros.

6. Mediação da conduta compartilhada

É marcada por um clima de constante interação entre os alunos e entre o professor e os alunos. O mediador deve situar-se no nível dos educandos. A proximidade cria a empatia e esta, uma maior riqueza de comunicação. Caminhar juntos para a resolução de um problema convida a subir os degraus com um ritmo adaptado às possibilidades daquele que é mais fraco. O triângulo equilátero (ver figura 4) de distância entre mediador-conteúdos-*educando é compreendido como a ação de promover aprendizagens significativas. O mediador estreita os laços entre os membros do grupo ou "pequena comunidade investigadora" que caminha para a autodescoberta.[40]

Na situação da sala de aula, esse parâmetro é desenvolvido com técnicas específicas para potencializar as exposições e discussões do grupo. O professor fomenta a empatia no grupo por meio de técnicas cooperativas para a resolução de problemas e conflitos e o desenvolvimento da integração cognitivo-afetiva.[41]

O trabalho cooperativo é hoje imprescindível para um processo socializador. A aceitação e a tolerância das divergências pessoais, dos diferentes ritmos e enfoques nas decisões ajudam a amadurecer a relação social. Os próprios educandos devem respeitar as descobertas dos outros e cooperar com boa vontade para o mútuo enriquecimento e busca de soluções para os problemas. Essa situação requer paciência e tato do educador mediador para acolher os acertos e relevar certos erros reiterados, situações de desmotivação ou carências dos alunos.

---

* Entende-se por conteúdos o(s) objetivo(s) contido(s) na relação educativa: cognitivos, afetivos e sociais (cf. quadro 8). (N. R. T.)

40 *Ibid.*, pp. 281 e 296.

41 M. D. Prieto Sánchez, *Habilidades cognitivas y currículo escolar: área de lenguaje*, cit., p. 39.

2. PROGRAMA DE ENRIQUECIMENTO INSTRUMENTAL (PEI), FUNDAMENTO DO NOVO PARADIGMA EDUCACIONAL

Essa participação inclui também os pais, que devem se envolver no processo educacional e conhecer sua função, os métodos educativos empregados, os níveis de exigência e as expectativas consideradas razoáveis.[42]

7. Mediação de individualização e diferenciação psicológica

Em um sistema educativo, é importante que tanto os professores como as crianças percebam-se diferentes uns dos outros. Embora seja necessário certo grau de uniformidade no grupo para manter uma disciplina de trabalho, é preciso levar em consideração certas formas que expressam diversidade de sentimentos, pontos de vista e estilos de expressão e aceitar certos tipos de experiências que devem ser impulsionadas desde a mais prematura idade.[43]

O princípio de individualização deve promover uma experiência de aprendizagem em que cada criança seja considerada e aceita com suas peculiaridades. O mediador aplica diferentes modelos de aprendizagem em função das diferenças individuais ou estilos cognitivos de seu processo pessoal. O objetivo é conseguir que o aluno reconheça as características pessoais que o diferenciam e definem.

Esse princípio consiste em elaborar critérios e procedimentos para desenvolver no sujeito uma apreciação de seus valores individuais, sem ignorar os dos outros, e sua diferenciação psicológica. Assim, no âmbito da sala de aula, o mediador deverá potencializar as respostas divergentes, estimulando o pensamento independente e original. Por isso, são contempladas no PEI atividades que exigem o trabalho individual e independente.[44]

---

[42] R. Feuerstein, Y. Rand, J. E. Reynders, *Don't Accept me as I am: Helping "Retarded" People to Excel*, cit., p. 95.
[43] *Ibid.*, p. 78.
[44] *Ibid.*, p. 61.

8. Mediação da busca, planejamento e conquista de objetivos

A educação torna-se vida ao superar necessidades e respostas imediatas. O modo de realizar a tarefa é mais importante que os seus conteúdos; para tanto, o educador deve oferecer determinados mecanismos e estratégias de planejamento para a resolução de problemas.

Essa aprendizagem tem um suporte essencial no pensamento crítico--divergente, na formulação de hipóteses e na busca sistemática. Há experiências que somente podem ser descobertas pela pessoa em um ambiente educativo, de transmissão de saberes. Uma estratégia a ser mediada é a da lembrança: a memória. Bergson atribui à memória a maior importância no ser. A capacidade de prever o futuro está em relação direta com a memória do nosso passado – "quem não conhece a história pode se ver condenado a repeti-la", diz um provérbio. Quanto mais possamos esticar a corda – para trás –, como o arco do guerreiro, maior será o impulso da flecha que lançarmos, como representado na analogia de Khalil Gibran.

A educação tradicional, conforme crítica de Bruner, favoreceu a extensão e a amplitude dos conhecimentos em detrimento da profundidade. As crianças costumam considerar a memorização como uma das tarefas de máxima prioridade, ao passo que raramente veem a importância da capacidade de raciocínio. A causa disso pode estar no fato de que aprendemos conteúdos desnecessários, não dosamos as aprendizagens e não sabemos como ensinar, por não dispormos dos métodos e das estratégias adequados.

Desse modo, na sala de aula, o mediador incentiva os estudantes a definirem metas a curto e a longo prazo. O mediador estabelece metas individuais e insiste em que os sujeitos se esforcem para alcançá-las. Isso estimula a perseverança na conquista das metas, ao mesmo tempo que favorece o desenvolvimento dos hábitos de estudo. Consequentemente, desperta no indivíduo a autonomia que o leva a planejar e avaliar o próprio trabalho.

9. Mediação do desafio: busca de novidade e complexidade

Essa mediação exige adaptação às possibilidades de cada indivíduo. O mediador deve levar em conta a disposição do educando para aprender, a maneira específica como reage aos estímulos e às situações novas de aprendizagem. A novidade tem como objeto despertar a atenção e o interesse do educando, sabendo-se, contudo, que pode envolver maior complexidade desde o momento em que mudamos a modalidade ou o número de elementos. O mediador precisa dedicar uma atenção especial quando, intencionalmente, acrescenta um novo dado ou exige um maior nível de abstração na operação mental que se realiza.[45]

Elevamos o potencial de aprendizagem desde o momento em que, alcançando o sucesso, não nos contentamos com uma situação de aprendizagem e, em vez disso, criamos uma situação desafiadora que coloca à prova novos mecanismos e novas estratégias.

10. Mediação do conhecimento do ser humano como entidade mutável

Cada indivíduo é uma existência modificável. A mudança é consubstancial ao ser humano e ao seu constante crescimento e amadurecimento. A crença na modificabilidade pode ser um fator determinante da mudança individual que mobiliza nossa vontade e nossas intenções nesse sentido de crescimento. Uma visão pessimista e determinista das limitações humanas impediria uma potencialização do ser humano.

Em associação a essas crenças básicas nas possibilidades do crescimento da pessoa, devem-se mobilizar os ambientes familiar, escolar e social, que determinam, em muitos casos, as situações concretas de mudança da pessoa.[46] O mediador, convencido das possibilidades de sua interven-

---

[45] R. Feuerstein, *et al.*, "Intervention Programs for Retarded Performers: Goals, Means and Expected Outcomes", cit., p. 45.

[46] *Ibid.*, p. 46.

ção educativa, espera a mudança próxima, mas evita qualquer predição que exceda seus meios e possibilidades.

11. Mediação da busca de alternativas otimistas

O triunfo na luta, na educação, é fruto do otimismo que desperta confiança no sucesso. O otimismo consiste em assumir uma atitude diante da vida, do porvir incerto, da suspeita de sucesso ou fracasso. Uma escolha negativa exige esforço em dobro e paralisa o organismo. A mente humana é capaz de buscar alternativas positivas em suas escolhas. Sempre existe uma escolha possível que é mais aconselhável. Para a cognição, a mediação positiva é essencial por ser motivadora, projetar relações e abrir horizontes.[47]

O educador projeta seus construtos, sua filosofia de vida, sua forma de entender o mundo circundante, para dar ânimo, para que o educando possa enfrentar outras realidades e modificá-las. No fundamento dessa perspectiva, encontramos as experiências de sucesso e as grandes expectativas diante do futuro da pessoa. Diante de um amanhã incerto, o educando precisa de esperança, otimismo na palavra e no próprio testemunho dos educadores.

12. Mediação do sentimento de pertença a uma cultura

Trata-se de um sentimento que varia de acordo com as culturas. O sentimento de pertença e de vinculação é experimentado de forma acentuada em certas sociedades que possuem longa tradição, nas quais é necessário expressar seus sentimentos de liberdade, sua individualidade e peculiaridades de sua identidade ameaçada. Hoje sentimos necessidade de enfatizar um sentido de solidariedade com a espécie humana, com as culturas que nos rodeiam ou com valores universais.

---

[47] *Ibid.*, p. 48.

2. PROGRAMA DE ENRIQUECIMENTO INSTRUMENTAL (PEI), FUNDAMENTO DO NOVO PARADIGMA EDUCACIONAL

A mediação desse sentimento é de especial interesse ao lidar com crianças que apresentam problemas afetivos, que vivem a insegurança do núcleo familiar e sentem-se desvinculadas de um modelo referencial que é vivido na infância, por motivos de emigração ou exílio.[48]

O MAPA COGNITIVO

É a exposição metodológica mais bem-sucedida de Feuerstein: trata-se da representação cartográfica das etapas nas quais transcorre o ato de aprender: um planejamento de organização do trabalho, o instrumento de análise, a forma sequenciada que determina todos os passos (sete) do processo de aprendizagem. É um plano que indica as diferentes fases do ato mental: fase de entrada da informação (input), de processamento da informação (elaboração) e de resposta ou saída (output).

É nesse campo de operações que Feuerstein se move para realizar todas as atividades de seu processo mediador: definir tarefas, planejar conduta, buscar estratégias, analisar, sintetizar, elaborar princípios, avaliar, fazer aplicações do conteúdo aprendido à realidade vital, etc.

O mapa cognitivo vai rastreando as possíveis funções cognitivas deficientes em cada fase, através das operações que vão sendo ativadas, e busca o desenvolvimento das habilidades cognitivas pertinentes. O mapa cognitivo é um recurso pedagógico que define os passos pelos quais o ato mental pode ser analisado, categorizado e organizado.[49]

As sete etapas ou parâmetros do itinerário pedagógico

1. **OS CONTEÚDOS** que focalizam o ato mental. As aprendizagens prévias, tudo o que o aluno já sabe, vão condicionar a compreensão do tema: certos conteúdos podem ser familiares e outros estranhos, em razão

---

[48]   *Ibid.*, p. 49.
[49]   R. Feuerstein *et al.*, *Instrumental Enrichment: an Intervention Program for Cognitive Modifiability*, cit., p. 105.

de sua abstração ou modalidade de apresentação. O conteúdo é uma das áreas de funcionamento cognitivo que marca as diferenças entre os indivíduos; por esse motivo, teremos diversidade de conteúdos distribuídos em todos os instrumentos, para evitar ensinar determinados conteúdos específicos e focar-nos mais na descoberta e no ensino das relações. Definimos o PEI como um programa vazio de conteúdos, não porque não aborda nenhum tema, mas, sim, porque não segue um conteúdo curricular específico; cada página desenvolve um tema ou conteúdo concreto, pois as operações mentais não podem ser ativadas no vazio.

2. **AS MODALIDADES OU LINGUAGENS** em que o ato mental se expressa. As modalidades podem ser verbais, numéricas, simbólicas, gráficas, pictóricas e uma combinação de outros códigos. Cada modalidade provoca um esforço diferente nos educandos, dependendo de sua familiaridade e capacidade de abstração e elaboração. A mudança de modalidades, para o mediador, será um desafio permanente em sua tentativa de adaptar os conteúdos às capacidades e ao estilo cognitivo dos alunos.

3. **FASES DO ATO MENTAL E AS FUNÇÕES COGNITIVAS** ativadas nas diferentes fases. O processo de análise e de interação do mediador concentra-se em detectar o funcionamento cognitivo do educando no processo do ato mental que transita em cada uma das três fases: input ou entrada da informação, elaboração ou assimilação do conteúdo e output ou fase de resposta. Essas fases estão interconectadas, e a função de cada uma deve ser considerada em relação com as demais. O mediador deverá detectar as falhas e os erros em cada uma dessas fases através de diálogo e interação constante com o educando. As respostas situam e revelam o momento, a quantidade e a qualidade da disfunção. O mediador parte dessa análise para ministrar o tempo e o modo de sua mediação, conhecendo a fonte das respostas inadequadas.[50]

---

[50] R. Feuerstein *et al.*, *Instrumental Enrichment: an Intervention Program for Cognitive Modifiability*, cit., p. 73.

4. **AS OPERAÇÕES COGNITIVAS** solicitadas no ato mental. Uma operação mental pode ser entendida como uma atividade mental interiorizada, organizada e coordenada para elaborar uma informação proveniente de fontes exteriores ou interiores. Feuerstein estabelece um processo racional de ascensão no tipo de operação que vai praticar nos instrumentos do PEI. Uma aprendizagem baseia-se sempre no que já foi aprendido; por isso, as operações, embora progressivas, exigem-se e ampliam-se mutuamente. É necessário conhecer os pré-requisitos de cada uma das operações mentais e sua aplicação. Nas operações mentais são avaliados os graus de complexidade e abstração.[51]

5. **NÍVEL DE COMPLEXIDADE.** Faz referência ao número de elementos ou unidades de informação com os quais produzimos um ato mental concreto. A complexidade leva em consideração a quantidade de fontes de informação com as quais trabalhamos, a fadiga que provocam, o grau de novidade, a estranheza ou familiaridade da matéria ou conteúdo. A complexidade tem grande importância por suas implicações didáticas na preparação dos materiais de trabalho.

6. **NÍVEL DE ABSTRAÇÃO.** Expressa a distância entre o ato mental que realizamos e o objeto ou matéria com que se atua. Toda atividade baseada na percepção ou na manipulação de um objeto requer menor abstração do que aquela que é exclusivamente verbal ou simbólica, que exige uma codificação e representação mental que escapam aos nossos sentidos. Os níveis de abstração têm grande importância no momento das generalizações e da aplicação dos conhecimentos à vida.

7. **NÍVEL DE EFICÁCIA DO ATO MENTAL.** É determinado pela rapidez e pela precisão na execução. É possível incrementá-lo pela quantidade de esforço e investimento de energia. Ainda que a eficiência – o número de resultados válidos – possa ser um critério objetivo, não podemos nunca esquecer a infinidade de fatores: sentimentos, afetos e motivações que intervêm no ato de aprender. A eficácia também pode ser

---

[51] *Ibid.*, p. 106.

entendida como rapidez na aquisição, persistência e cristalização de um processo de aprendizagem. A aprendizagem significativa exige a experiência de sucesso do educando, a comprovação de sua eficiência.

FUNÇÕES DO MEDIADOR NA INTERAÇÃO DA APRENDIZAGEM MEDIADA

A teoria da mediação é a base de três sistemas de intervenção construídos a partir da teoria da modificabilidade cognitiva estrutural, que usam a mediação para criar no indivíduo as mudanças cognitivas estruturais necessárias para sua adaptação: a) o método de avaliação dinâmica da propensão à aprendizagem (LPAD); b) o programa de enriquecimento instrumental (PEI), cuja meta é fazer com que o indivíduo se torne modificável; c) a formação de ambientes modificadores.

O estilo mediador desenvolve-se em um sistema aberto de interações; portanto, ao estabelecer a relação educativa, o mediador deverá ter a convicção de quem sabe que sua ação é orientada para a formação integral dos educandos (ver figura 5).

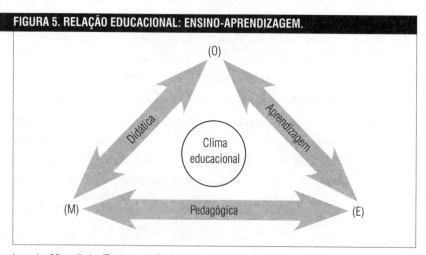

Legenda: (M) mediador (E) educando (O) objetivos, conteúdos

2. PROGRAMA DE ENRIQUECIMENTO INSTRUMENTAL (PEI), FUNDAMENTO DO NOVO PARADIGMA EDUCACIONAL

Mas não podemos nos esquecer de que um dos objetivos primordiais de todo processo educativo é promover plenamente a autonomia e o amadurecimento do educando. A reciprocidade nas relações educativas deve levar o educando a interiorizar os modelos de comportamento que foi assimilando no processo de mediação. Essa reciprocidade deve levar também à interiorização do ato da mediação e ser a origem de uma mediação vicária: o indivíduo deverá chegar a ser seu próprio mediador e adquirir uma total autonomia e independência em relação ao professor mediador.

Tanto a experiência do PEl como a da LPAD procuram averiguar como o educando é sensível à mediação de aprendizagem e como vai assimilando modelos de aprendizagem que o motivam e o encaminham para o sucesso. De um amplo repertório de comportamentos observáveis nos mediadores, resumimos suas funções a estas que seguem.

1. **FILTRAR E SELECIONAR OS ESTÍMULOS OU EXPERIÊNCIAS.** O mediador determina a quantidade e a intensidade adequadas de informação que melhor se ajusta à capacidade, ao ritmo e às possibilidades do sujeito. Inclusive cuida para que outros estímulos não interfiram na tarefa. Esse comportamento é a antítese da exposição aberta aos estímulos. O mediador está expressando claramente sua intencionalidade de tornar os estímulos acessíveis ou situá-los no nível de compreensão do educando.

2. **ORGANIZAR E ENQUADRAR OS ESTÍMULOS** e experiências no contexto espaço-temporal. Isso faz referência a um âmbito cada vez mais amplo no qual as experiências são contextualizadas. O mediador faz o possível para não perder de vista o todo, para transcender às limitações da realidade presente e ajudar, assim, a projetar novas relações que ampliem a visão localista de um dado evento. Feuerstein aconselha-nos a encontrar situações nas quais a percepção episódica da realidade apareça como um dos efeitos mais frequentes da carência de mediação.

3. **ISOLAR OS ESTÍMULOS SELECIONADOS** e assim assegurar-se de que aparecem com suficiente frequência. O mediador deve interpor-se para

conter o fluxo de estímulos, isolá-los e fazer com que a criança focalize sua atenção, concentre-se e aproveite seu impacto. Ocasionalmente, o mediador pode repetir o estímulo de diversas formas, a fim de promover uma melhor assimilação. As crianças hiperativas e aquelas que apresentam déficits de atenção precisam dessa focalização para superar a dispersão e a imprecisão do olhar.

4. **REGULAR A INTENSIDADE, A FREQUÊNCIA E A ORDEM DE APARECIMENTO DOS ESTÍMULOS.** A criança é submetida atualmente a um bombardeio de estímulos sem controle. Muitos deles despertam precocemente a sua atenção: tanto um som ensurdecedor como um símbolo ou uma sequência inusitada exigiriam da criança uma preparação e uma capacidade incomuns. O mediador oferece uma ordem, um número adequado, uma modalidade acessível e organiza os estímulos, integra-os e relaciona-os para que a criança domine seu campo de atuação.

5. **RELACIONAR OS NOVOS ESTÍMULOS E EXPERIÊNCIAS,** acontecimentos do passado e outros do futuro. Cabe ao mediador apenas realizar esse nexo, antecipando-se às experiências e às vivências da criança. Muitos dos exemplos que o mediador propõe pretendem antecipar o futuro e abrir o panorama para outras situações e experiências possíveis. Inclusive, muitos exemplos podem servir para resgatar do esquecimento certos dados dispersos, alojados em uma memória de longo prazo.

6. **ESTABELECER RELAÇÕES DE CAUSA-EFEITO, MEIO-FIM, IDENTIDADE, SEMELHANÇA, DIFERENÇA, EXCLUSIVIDADE,** etc., entre os estímulos percebidos. Às vezes, a ajuda oferecida ao sujeito serve-lhe para criar novas relações e prevenir percepções episódicas. Ele pode descobrir as causas dos erros cometidos, expor os porquês. O pensamento hipotético estimula o educando a adiantar-se às consequências de muitos de seus comportamentos.

7. **REGULAR E ADAPTAR AS RESPOSTAS DA CRIANÇA** aos estímulos aos quais ela é exposta. O mediador é um filtro humano e não simplesmente técnico ou instrumental. Ele deve se assegurar de que o educando

2. PROGRAMA DE ENRIQUECIMENTO INSTRUMENTAL (PEI), FUNDAMENTO DO NOVO PARADIGMA EDUCACIONAL

assimila os estímulos e que estes o ajudam a regular seu comportamento. As novas respostas, as novas interpretações e a visão mais ampla inevitavelmente acabam por levar a criança a controlar melhor seus impulsos e a cometer menos erros. Regular tanto pode significar refrear e conter, como desinibir e estimular. Desse modo, compreendemos que mediar competência é também preparar para uma situação de maior nível de dificuldade, que exige maior esforço, como incentivar e estimular para empreender uma atividade que implica desgaste ou maior risco.

8. **FOMENTAR A REPRESENTAÇÃO MENTAL E A ANTECIPAÇÃO**, com relação às possíveis respostas a um estímulo. Na didática explícita das estratégias, o mediador pretende fornecer uma bagagem de imagens, mapas representativos, símbolos, fórmulas, códigos, etc., que tornam o educando mais hábil e mais apto a lançar mão desses recursos, a fim de integrar e reestruturar os conceitos com maior clareza.

9. **INTERPRETAR E ATRIBUIR UM SIGNIFICADO E UM VALOR.** Trata-se de atribuir um valor aos estímulos percebidos, sejam afetivos, sejam sociais, sejam culturais. Mas o que é atribuir significado? Antes de tudo, é transcender a realidade, superar e ampliar o sistema de necessidades atuais do sujeito. É preciso saber distinguir as necessidades imediatas, prioritárias e instrumentais daquelas consideradas finais. Embora em educação o foco esteja nas finalidades mediadoras, entendemos quais são as últimas: dizemos que o indivíduo deve ser livre, deve saber escolher, mas para isso deve antes aprender a ler, contar, comparar, etc. Quando dizemos: "Isso vai ajudá-lo a aprender melhor", estamos falando de mediações instrumentais. Transcendência e significado estão associados ao axiológico. Ao mediar ou interpretar certos resultados, o mediador atribui um significado motivador, porque pode ajudar a mudar a autoimagem e conferir um novo valor às conquistas. Assim ingressaríamos no âmbito da metacognição, um nível de consciência ao qual sempre devemos tender.

10. **OBTER A MOTIVAÇÃO, O INTERESSE E A CURIOSIDADE**, que se relacionam e respondem a vários estímulos. Os problemas cognitivos, afetivos e motivacionais são inseparáveis e estão inter-relacionados no comportamento humano. Como interpretar as mudanças sem obter um aumento da motivação? Não podemos ignorar a força dos fatores não intelectivos. A mediação efetiva garante a eficácia, regulando os três fatores que intervêm no processo: os estímulos, o educando e o mediador (ver quadro 8).

QUADRO 8. ELEMENTOS INTEGRADORES DA RELAÇÃO EDUCATIVA.

Ambiente
Social: família, colégio, colegas
Afetivo: pais, família, amigos
Cultural: artístico, meios de
comunicação de massa
Referencial: costumes, valores

Objetivos (O) conteúdos
Cognitivos: conceitos-procedimentos-atitudes
Afetivos: motivações-sentimentos
Sociais: éticos

Mediador (M)
Sistema de crenças: EAM-MCE
Formação profissional
Método: estilo educativo
Potencializa, motiva, estimula

Educando (E)
Pessoa: vivências, expectativas
Conhecimentos prévios
Capacidades: FCD
Estilo cognitivo
Colaboração-autonomia

3

O perfil didático do professor mediador

RUMO A UM NOVO MODELO COGNITIVO CULTURAL DE AÇÃO PEDAGÓGICA

De uma perspectiva sistêmica, a educação é um processo integral que implica um novo paradigma baseado em um conceito dinâmico de inteligência e na experiência mediada, com vistas a possibilitar a conquista de um nível de desenvolvimento potencial (NDP) correspondente às capacidades de cada educando.

De acordo com esse novo paradigma, a concepção de uma nova escola instaura-se em um processo enriquecedor e potencializador que integra todas as forças tanto do ambiente escolar como do clima educativo interno da sala de aula. As sinergias educativas devem dirigir-se, todas, para os mesmos objetivos. O ato mediador escolar corre o risco de não gerar fruto transcendente se não for amparado pelos outros mediadores da instituição e pela família do educando. O processo modificador exige um planejamento intencional e coerente, no qual confluam todas as mediações.

Feuerstein distancia-se de forma explícita dos modelos psicanalítico e behaviorista. É surpreendente a diferença do Programa de Enriquecimento Instrumental (PEI) com relação ao Projeto de Inteligência Venezuela-Harvard (PI), em um aspecto essencial como o controle da conduta impulsiva no PEI e a aceitação da conduta de busca por ensaio e erro no PI. A filosofia do silêncio para pensar antes de fazer, que se pressupõe no PEI ("Um momento, deixe-me pensar"), impregna de um clima de reflexão e conscientização (metacognição) todos os processos que se desenvolvem e que, por fim, passarão a fazer parte da estrutura mental do educando. Feuerstein procurou evitar dois riscos em seus materiais: a repetição e a monotonia. Os exercícios que aparentemente são semelhantes, na verdade, possuem uma diferença e uma progressão visíveis, a fim de levar à cristalização das operações mentais e ao desafio de contemplar o tema a partir de ópticas diferentes.

A *motivação intrínseca* que estimula o envolvimento e o desafio é o primeiro pilar dessa mudança significativa e reestruturadora da mente do educando. Mas o mediador, que atua como vigia alerta, é quem constata os progressos ou avanços do aluno quando consegue superar ou corrigir suas funções cognitivas para torná-lo consciente de seus próprios processos. Este é um dos pontos mais inovadores que consolidam o PEI como modelo cognitivista e construtivista.

O PEI pode ser considerado um construto gerador de um modelo pedagógico cognitivo cultural. Contém todos os elementos necessários para constituir-se em um modelo pedagógico e inspirar muitas outras aplicações didáticas eficazes, como a experiência vem demonstrando.

Se a avaliação dinâmica da propensão à aprendizagem (learning potential assessment device – LPAD) é o meio essencial para diagnosticar e enfocar processos cognitivos, o PEI é a alavanca que move a vida do educando, é seu meio concreto de modificação, que adota a forma de exercícios cristalizados. A ação mediadora do PEI pretende criar na criança condutas, enfoques e condições favoráveis à mudança. O meio pelo qual se elabora todo o processo modificador é a mediação, a experiência de aprendizagem mediada (EAM). Feuerstein acredita que os professores deveriam conhecer a LPAD, o método de exploração dinâmica, para que possam selecionar e orientar os instrumentos de acordo com as necessidades e as potencialidades concretas de seus alunos. Ele também acredita que a atividade instrucional diária prepara o professor e o treina para ser até mesmo melhor mediador que um psicólogo. Esse posicionamento a favor do professor pretende destacar a habilidade do docente de conhecer as micromudanças dos alunos, por meio de seu constante contato com estes e de sua experiência diária na sala de aula.

Na aquisição das habilidades de pensamento intervêm múltiplos fatores, mas o que determina o desenvolvimento cognitivo, em última instância, é a presença ou a ausência de um mediador. Este é um fator próximo determinante. Existem outros fatores distantes, que geralmente escapam ao nosso controle, que não são os determinantes definitivos da aprendizagem.

PERFIL DO MEDIADOR DOS PROGRAMAS COGNITIVOS

É evidente que em nenhum dos programas cognitivos propostos oferece-se um perfil concreto que defina o professor ou o mediador desses programas, mas há em todos eles alusões metodológicas que exigem um determinado estilo docente dos educadores.

Nossa referência constante será o professor mediador de educação infantil, primária e secundária,* especialmente.

Perfil do mediador na Reforma Educacional Espanhola

É justo frisar que os educadores se sentem interpelados como primeiros protagonistas de uma reforma, e chegam a receber o impacto benéfico de sua atualização profissional.

No estudo da Lei Espanhola de Organização Geral do Sistema Educacional (Ley de Ordenación General del Sistema Educativo – LOGSE), vamos nos concentrar no perfil do professor, esboçado ao longo de suas normas. A renovação educacional espanhola baseia-se em um enfoque psicológico que aponta especialmente para o educador. Por essa razão, a maior parte de seus princípios coincide com aqueles dos programas cognitivos que as "Cajas Rojas" citam para uma atualização dos educadores. Não em vão aludem a

---

* Veja o quadro comparativo da educação escolar na Espanha e no Brasil no capítulo 1, "Justificativa do paradigma mediador". (N. R. T.)

Feuerstein, Lipman, De Bono, Meichenbaum e a outros autores inspiradores de um novo vocabulário da psicologia cognitiva.

A preparação do professor será a pedra angular sobre a qual se alçará um dos principais objetivos da Reforma Educacional Espanhola: a qualidade da educação. Os próprios projetos curriculares apoiam-se em um professorado competente e atualizado, disposto e com vocação para o ensino. A diversidade de tarefas que são incumbidas aos professores testifica a própria confiança e a responsabilidade que recaem sobre eles. Seus propósitos contribuem para reforçar a imagem do professor como profissional insubstituível, que deve tomar uma infinidade de decisões, para as quais requer recursos materiais e formação adequada. Prescreve-se aos professores a tarefa coletiva e pessoal da concretização dos projetos curriculares (o segundo e o terceiro nível).*

Identidade do professor: mediador

A LOGSE oferece uma clara definição do professor como *mediador*: "*o professor é o mediador* entre os conhecimentos que a criança possui e aqueles que se pretende que ela adquira, é o guia na construção de conhecimentos do próprio aluno".[1] Essa especificidade continua sendo atual com a Lei Orgânica Espanhola de Qualidade da Educação (Ley Orgánica de Calidad de la Educación – LOCE).

A mediação é uma forma de interação que engloba todos os âmbitos da vida dos educandos. Os mediadores são todas as pessoas que organizam com intencionalidade sua interação e atribuem significados aos estímulos que o educando recebe.

Ao selecionarmos os estímulos, escolhermos as estratégias, estruturarmos uma informação, classificarmos os temas ou conteúdos com uma finalidade

---

* Os níveis de concretização curricular estão relacionados às instâncias de decisões. O primeiro nível é definido pelo Ministério da Educação. No Brasil, o segundo nível diz respeito às Propostas Curriculares locais (estados e municípios). O terceiro nível corresponde à elaboração curricular de cada instituição escolar, e o quarto nível refere-se à atuação em sala de aula. (N. R. T.)

[1] Ley de Ordenación General del Sistema Educativo (LOGSE), educação primária, Espanha, Lei Orgânica nº 1, 3 de outubro de 1990, p. 412.

determinada, estamos atuando como mediadores. O ato educativo educacional é um ato intencional, possui significações concretas, pretendendo determinadas metas.

Mediar também é transmitir valores, é conectar vivências e elementos culturais, é superar a ignorância e a privação cultural, abrindo ao outro um mundo novo de significados. Ao mediar vamos além das necessidades imediatas, transcendemos o presente, buscamos um mundo de relações que antecipam o futuro ou apresentam outras situações inesperadas. A mediação é um fenômeno vital; não acontece somente na escola, é uma realidade em toda a vida.

Segundo a professora Prieto, "O contato da criança com o seu meio não se produz de forma direta; existem agentes que intervêm, manipulam, filtram, selecionam e, em última instância, mediam esse contato, dando forma ao contexto a partir de certas premissas culturais".

Atitudes do professor

O mediador é um educador que assume, a todo momento, a completa responsabilidade de seu trabalho educativo. De acordo com sua ética profissional, envolve-se na formação integral dos educandos, sabendo que nenhum aspecto formativo lhe é alheio. Dele são solicitadas, portanto, atitudes de empatia e acolhimento, de permanente interação, de críticas positivas da cultura e vivência dos valores que pretende transmitir: "O pensamento do professor e *suas atitudes* são fatores básicos que facilitam ou bloqueiam a aprendizagem global dos alunos".[2]

> *A interação entre o professor e os alunos* na sala de aula é a situação comunicativa mais real que existe.[3]
>
> *O incentivo, a tolerância* e o fato de *evitar a crítica destrutiva*, por parte do professor, são fatores essenciais para que a aprendizagem seja efetiva. É óbvio que, para o aluno adquirir uma *atitude positi-*

---

[2] LOGSE, educação secundária obrigatória II, cit., p. 521.

[3] *Ibid.*, p. 457.

va em relação à disciplina, o professor deverá mostrar também uma atitude positiva e um *gosto pela matéria* que possa transmitir aos alunos.[4]

O professor é quem guia e gradua o processo. Guia porque conhece melhor que os alunos os referentes culturais e os conteúdos selecionados para serem ensinados; e gradua porque conhece o que seus alunos sabem e podem relacionar de alguma maneira com os novos conteúdos de aprendizagem.[5]

Funções do professor nos documentos da Reforma Educacional Espanhola

Se até o presente o professor se preocupou com que os alunos assimilassem certos conteúdos e acumulassem saberes, agora o objetivo principal é levá-los a aprender a aprender e aprender a pensar. O aluno deve ser o protagonista de suas aprendizagens, tanto pela mediação como pela autodescoberta. O mediador será um assistente que arruma a presa e a coloca no alvo, enquanto o aluno é o autêntico caçador, aquele que dispara e sente a satisfação de conseguir sua própria presa.

O professor deve voltar sua atenção para cada educando, buscar o crescimento incessante de cada um, elevar seu potencial de aprendizagem. Para tanto, vai elevando cada vez mais o nível das exigências – segundo o ritmo das conquistas nas aprendizagens –, garantindo sempre uma diversificação nas modalidades. O mediador está atento ao processo de amadurecimento de cada aluno, do fluxo do mundo relacional ao da autonomia e da personalização. As tarefas escolares devem fazer com que o aluno cresça em responsabilidade. O professor é mediador tanto dos conteúdos e dos métodos como do que diz respeito às pessoas e à pequena comunidade escolar.

As funções ficarão mais elaboradas em cada uma das formas de interação no processo das aprendizagens curriculares. Na etapa da educação secundária, a tutoria e a orientação são imprescindíveis para o educando. O me-

---

[4] *Ibid.*, p. 462.
[5] LOGSE, educação secundária obrigatória, cit., p. 98.

diador deve ajudar a dar respostas aos novos problemas e dúvidas que o amadurecimento da pessoa propicia.

> O professor deve permanecer atento e utilizar os meios necessários para, através das diferentes atividades e manifestações da criança, verificar em que medida vai incorporar as aprendizagens realizadas a novas propostas de trabalho e a outras elaborações da vida cotidiana. Nesse sentido, deve estabelecer um *intercâmbio de informações com os pais* sobre o processo de ensino e aprendizagem de cada uma das crianças.[6]

Interação com o aluno

A interação que se estabelece entre o professor e os alunos é de importância capital, pois determina que a ação pedagógica pode vir a ser uma ajuda real para que os alunos edifiquem a construção de seus conhecimentos. A ajuda do adulto vai forjando uma positiva autoimagem e desperta o senso de realidade das próprias capacidades e limitações. O mediador é quem vai estabelecer um processo de crescimento que evite tanto a precocidade como a paralisia da instrução do conhecimento. O tato pessoal para adaptação dos conteúdos às capacidades de cada aluno não deve fazer com que a dinâmica do grupo seja colocada em segundo plano.

> São os próprios sujeitos que aprendem, que, *em interação com o meio, com outras pessoas ou por mediação da cultura*, constroem seus conhecimentos, o que não implica necessariamente nem a invenção nem a descoberta, mas, sim, a apropriação ativa do saber, a assimilação e a sucessiva elaboração de novos conhecimentos. Isso exige uma intensa atividade intelectual por parte do aluno, atividade que, apesar de ser, em última instância, própria e individual, não se produz isoladamente, mas, sim, mediante a *interação com o adulto* e com colegas mais ou menos capazes .[7]

---

[6]   LOGSE, educação primária, cit., p. 92.

[7]   *Ibid.*, p. 75.

O professor busca intencionalmente determinados objetivos

A intencionalidade do educador manifesta-se ao programar e selecionar a ordem e a dificuldade dos conteúdos. Sabe quando e com que meios pode provocar as mudanças mais adequadas no processo de aprendizagem. "A atividade do aluno deve ser levada em consideração como parte essencial do processo de ensino e aprendizagem. Por conseguinte, *o professor deverá buscar os procedimentos que o envolvam em todo o processo*".[8]

Esse critério em Feuerstein está sempre associado à reciprocidade, como efeito da mútua interação e resposta do educando aos estímulos do mediador. A reciprocidade é a forma de explicitar uma intenção implícita e torná-la volitiva e consciente para o educando.

O professor educa na transcendência

A mediação excede o momento do ato educativo e abre a mente da criança para o horizonte da sua vida. Cada ato sustenta o degrau seguinte que deverá ser construído nos conhecimentos. Antecipar as consequências das aprendizagens é um salto complexo e abstrato, porque supera a experiência e a capacidade de previsão da criança. O desafio permanente do educador é dar a mão para o educando para que veja além das montanhas de dificuldades presentes e entenda a causa e a finalidade de seus esforços.

> *O professor é o mediador* entre os conhecimentos que a criança possui e aqueles que se pretende que ela adquira, é o guia na construção de conhecimentos do próprio aluno. Para tanto, tem que ajudar a criança a estabelecer *relações substantivas entre o que já conhece e o que aprende*, bem como a refletir sobre o conteúdo, pesquisando, discutindo suas ideias e registrando por escrito aquilo que descobriu.[9]

---

[8] LOGSE, educação secundária obrigatória, cit., p. 57.
[9] LOGSE, educação primária, cit., p. 412.

3. O PERFIL DIDÁTICO DO PROFESSOR MEDIADOR

O professor leva em consideração a individualização e as diferenças psicológicas

A educação não pode propor a implantação da uniformidade. E nesse ponto reside uma das tarefas diárias mais exigentes para o professor. Cada pessoa tem capacidades, ritmos de trabalho e interesses distintos. A proximidade do mediador permitirá ao aluno reconhecer as características pessoais que o definem e diferenciam dos demais. Dar a cada um a dose de mediação que precisa põe à prova a capacidade do mediador.

> Um dos desafios mais importantes para o professor será a *atenção adequada a diversidade de interesses, motivações e capacidades dos alunos*. Independentemente das fórmulas utilizadas para tratar a diversidade, é imprescindível que haja uma certa mudança em algumas atitudes dos professores. É essencial que eles comecem a avaliar positivamente as diferenças entre os alunos, que se habituem a *considerar o progresso particular de cada aluno em relação a ele próprio*, e não diante de um padrão externo.[10]
>
> Um problema fundamental é o que faz referência aos diferentes ritmos de trabalho e aprendizagem dos alunos. Uma forma de lidar com *diferentes ritmos e capacidades dos educandos é a diversificação de atividades*, realizando todos os tipos delas, não se limitando àquelas que sejam mais simples. A diversificação de tarefas, às quais se atribui a mesma avaliação, aumenta a autoestima dos alunos, uma vez que eles podem comprovar os tipos de tarefas nos quais são mais eficazes.[11]
>
> O professor não formula a situação de ensino e aprendizagem como uma oferta geral à qual alguns alunos terão acesso *individualmente de forma diferente*; em vez disso, concebe o grupo/sala de aula, *assumindo a diversidade como algo que define seu fazer pedagógico* e, em virtude dessa concepção, compromete a organização, a metodologia

---

[10] LOGSE, educação secundária obrigatória II, cit., p. 339.
[11] LOGSE, educação secundária obrigatória I, cit., p. 160.

O PERFIL DO **PROFESSOR MEDIADOR**

e a própria estrutura, com as diferentes capacidades, interesses, ritmos pessoais e estilos de aprendizagem de seus alunos.[12]

O professor deverá *graduar as dificuldades dos conteúdos*, a fim de estabelecer, por exemplo, quais seriam os mais apropriados para determinado momento da etapa ou quais seria conveniente retomar com diferentes níveis de complexidade.[13]

O professor medeia a busca, o planejamento e a conquista de objetivos

O objetivo final da formação acadêmica é fazer com que o aluno conquiste uma mentalidade científica. Mas essa finalidade passa por uma série de mediações concretas: o gosto pelo trabalho benfeito, a autonomia, saber impor metas a curto e a longo prazo a si mesmo, conscientizar-se acerca de seu próprio método e das estratégias que se devem empregar para cada problema.

> *A metodologia adotada* pelo professor atenderá aos diferentes ritmos de aprendizagem, às estratégias mais apropriadas para cada conteúdo, à sua própria preparação e aos recursos dos quais disponha, atuando sempre com flexibilidade.[14]
>
> O professor deve propor *atividades diversificadas e utilizar diferentes técnicas de trabalho*, de acordo com o momento em que a tarefa se encontre.[15]

O professor medeia a busca de novidade e a complexidade nas aprendizagens

O professor deverá ser criativo na busca de fórmulas que despertem o interesse na lição. Os meios didáticos exigem uma atualização permanente. Todo conteúdo é suscetível de mudar de modalidade: verbal, pictórica, gráfica, numérica, etc. O mediador elabora situações novas e estimulantes, bem como promove a criatividade, a curiosidade e o desafio da linguagem

---

[12] LOGSE, educação secundária obrigatória, cit., p. 655.
[13] LOGSE, educação secundária obrigatória I, cit., p. 159.
[14] LOGSE, educação primária, cit., p. 412.
[15] LOGSE, educação secundária obrigatória II, cit., p. 523.

simbólica. Se o aluno for capaz de algo mais, o professor mediador indagará fórmulas e tarefas novas que potencializem cada individualidade.

A intervenção do professor deve ser orientada para ajudar os alunos a captarem a estrutura das ideias científicas e a estabelecerem conexões entre os diferentes conceitos. O professor deverá graduar *as dificuldades* dos conteúdos, a fim de estabelecer, por exemplo, quais serão os mais apropriados para determinado momento da etapa ou quais seria conveniente retomar com *diferentes níveis de complexidade.*[16]

O professor medeia o sentimento de capacidade dos alunos

É importante que o educador saiba em que cada aluno se sente mais capaz. A motivação se estabelece sobre o êxito. Normalmente, ninguém empreende atividades nas quais existe um evidente risco de fracasso. O êxito leva ao êxito. É preferível que a autoimagem da criança seja edificada sobre situações de conquista, para que pouco a pouco possa atingir novas e mais complexas metas.

O professor ajuda os alunos a se tornarem conscientes do que aprendem. O professor atuará gerenciando e organizando todos os aspectos da atividade da aula, de maneira que a atividade dos alunos possa ser realizada com *maior aproveitamento* de meios e situações.[17]

O professor não deve permitir que os alunos experimentem fracassos repetidos.[18]

É importante que os *progressos do estudante* sejam considerados mais em relação à sua própria situação do que em função de uma programação ideal.[19]

Durante a realização das atividades, as sugestões dadas pelo professor – orientando, prestando a ajuda individual necessária e evitan-

---

[16] LOGSE, educação secundária obrigatória, cit., p. 159.
[17] LOGSE, educação primária, cit., pp. 371-372.
[18] *Ibid.*, p. 411.
[19] LOGSE, educação secundária obrigatória, cit., p. 401.

O PERFIL DO **PROFESSOR MEDIADOR**

do, a todo momento, emitir juízos de valor sobre as atuações dos alunos – contribuirão para criar um ambiente de maior tranquilidade que favorecerá a aprendizagem.[20]

É fundamental que o professor ajude o aluno a ter uma visão mais ponderada possível de suas *potencialidades*, sem esquivar-se da reflexão sobre as próprias limitações[21]

O professor medeia o controle do comportamento dos educandos

O aluno deve aprender, lentamente, a ter controle de sua própria conduta. Sabemos que a impulsividade prejudica o comportamento nas aprendizagens. A difícil tarefa do controle da vontade exige um paciente trabalho do mediador.

A conquista de certo *controle sobre o próprio pensamento* pressupõe, entre outras coisas, ir além dos fatos e das experiências imediatos e interagir com os demais.[22]

A responsabilização pelo próprio processo de aprendizagem fará o aluno chegar à convicção de que o importante não é o que o professor ensina, mas, sim, o que ele aprende.[23]

É fundamental que o aluno, na ESO, adquira habilidades e atitudes ligadas à *realização e à responsabilização de seu trabalho pessoal* e em grupo. A intervenção do professor, nesse âmbito, orienta-se no sentido de que o aluno possa construir critérios sobre as próprias habilidades e competências em campos específicos do conhecimento e em sua própria tarefa como estudante.[24]

A observação na sala de aula é uma forma eficaz de o professor melhorar sua prática docente. *O professor e os alunos convertem-se em investigadores de sua própria atuação.* A observação na sala de aula

---

[20] *Ibid.*, p. 159.
[21] LOGSE, educação secundária obrigatória I, cit., p. 101.
[22] LOGSE, educação primária, cit., p. 75.
[23] LOGSE, educação secundária obrigatória II, cit., p. 467.
[24] LOGSE, educação secundária obrigatória I, cit., p. 99.

contribui para que os alunos se sintam envolvidos no processo de sua própria aprendizagem, como também corresponsáveis por ele, e para que reflitam sobre esse processo. O professor, por sua vez, pode obter uma grande riqueza de opiniões e sugestões, compartilhar sua responsabilidade com os alunos e adaptar sua forma de dar aula às necessidades e às preferências deles.[25]

O professor medeia o sentimento de compartilhar

Entre os aspectos formativos que atravessam toda a educação, como eixos transversais, a atitude aberta em relação aos outros é o que cria o clima de relações, por excelência. O mediador deve fomentar o desejo de compartilhar, propiciando situações de trabalho em comum e a mútua aceitação dos diferentes pontos de vista de cada um. Se é preciso fugir da aprendizagem competitiva, não menos necessário é distanciar-se do individualismo.

> O trabalho fundamental do professor consiste em fornecer as condições adequadas para que a aprendizagem seja produzida; seu trabalho, portanto, será *ajudar os alunos a aumentarem sua competência comunicativa*. Do mesmo modo, contribuirá para que eles sejam responsáveis por sua aprendizagem, analisem seus problemas e cheguem a soluções com a ajuda dos colegas e com a deles mesmos.[26]
>
> Os *trabalhos em grupo* implicam um forte estímulo, mas é preciso desenvolver a responsabilidade individual em cada tarefa, de modo que cada aluno deve ter sua própria *autonomia e responsabilizar-se por ela perante o grupo.*[27]
>
> Convém evitar a motivação baseada na competitividade e potencializar o desenvolvimento de uma *atitude cooperativa*. Isso auxiliará no melhoramento da sociabilidade e facilitará a compreensão dos

---

[25] LOGSE, educação secundária obrigatória II, cit., pp. 466-467.
[26] *Ibid.*, pp. 461-462.
[27] LOGSE, educação secundária obrigatória I, cit., p. 160.

conteúdos científicos a partir do contraste de suas ideias com as dos outros colegas.[28]

A interação entre iguais é fonte de desenvolvimento e estímulo para a aprendizagem. A *capacidade de adotar o ponto de vista do outro*, com o objetivo de chegar a uma coordenação entre ambos, permite obter ainda mais benefícios com os efeitos positivos da interação. As relações vão sendo criadas e desenvolvidas entre colegas e amigos e configuram os modelos relacionais que o aluno vai assimilando e que, mais tarde, guiarão seus intercâmbios em diferentes contextos, conformando um estilo pessoal de relacionar.[29]

O professor medeia otimismo nos seus alunos

A tarefa educativa deve ser atrativa e gratificante. É possível conseguir aprender com prazer, descontração e até mesmo com diversão? Se o professor nutre estima por seu trabalho e pelas matérias que ministra, transbordará entusiasmo. O mediador deve estar consciente da necessidade que os educandos têm de uma imagem positiva e estimuladora para suas referências. O crescimento do educando requer um clima de otimismo que o ajude a superar os obstáculos e seus próprios erros.

> O professor procurará criar um ambiente de respeito mútuo, de calma e serenidade para abordar a realização de projetos novos, evitando que, por esperar resultados espetaculares imediatos, que são difíceis de conseguir, a criança *deixe de desfrutar* e aprofundar aquilo que vai conquistando paulatinamente.[30]
>
> O professor deve propiciar um ambiente de *trabalho agradável e estimulante*. Uma atmosfera de *sucesso* – na qual o professor formula perguntas construtivas e sugere alternativas conforme a pertinência e

---

[28] *Ibidem.*
[29] LOGSE, educação primária, cit., p. 76.
[30] *Ibid.*, p. 208.

na qual se avaliam *positivamente os avanços e se aprende com os erros* – é outro dos fatores imprescindíveis para a motivação dos alunos.[31] O professor fomentará as atitudes positivas com relação à matéria, à colaboração dos alunos uns com os outros e com ele mesmo, a fim de criar o clima adequado, uma vez que os fatores emocionais são de grande importância no processo de aprendizagem.[32]

O professor: mediador de aprendizagens

O mediador estrutura sua atuação docente de acordo com os princípios da aprendizagem significativa e construtivista, em que os educandos são os protagonistas de sua própria aprendizagem.

> O professor atuará *estimulando, sugerindo, orientando, controlando o risco, avaliando, propondo outras soluções, etc., mas o aluno deve ser o protagonista.*[33]

A aprendizagem significativa não é apenas o resultado de uma atividade individual. Nela desempenham um importante papel tanto a interação entre iguais (aluno-aluno) como a interação aluno-professor. É o *papel condutor do professor que dá sentido à aprendizagem* realizada, para não só assegurar ao mesmo tempo o contato com os conhecimentos anteriores, mas também ampliar as possibilidades de desenvolvimento do aluno e reforçar a construção de novos esquemas de conhecimento com *maiores níveis de organização* e poder de explicação da realidade. O professor promoverá desafios e problemas, *oferecerá informação e fornecerá estratégias* para resolvê-los.[34]

---

[31] LOGSE, educação secundária obrigatória II, cit., p. 523.
[32] *Ibid.*, p. 462.
[33] LOGSE, educação primária, cit., p. 240.
[34] *Ibid.*, p. 132.

Valores, atitudes

O professor deve estar consciente dos *valores, das normas e das atitudes* que expõe na aula e da relação que esses elementos têm com os conteúdos conceituais e procedimentais que deseja ensinar; esses são, portanto, aspectos que devem ser especialmente considerados.[35]

A educação deve promover, positivamente, o desenvolvimento em direção a uma maior autonomia moral, *atitudes de cooperação e tolerância* em relação a outros pontos de vista, consolidação da consciência da própria identidade e das tarefas por meio das quais essa identidade pessoal é construída.[36]

O professor deve estudar as relações que são estabelecidas, seguir sua evolução e intervir para propiciar a análise e a resolução dos conflitos pessoais ou do grupo, em um *clima de aceitação, ajuda mútua, cooperação e tolerância.* Trata-se de conseguir que o aluno tenha oportunidades para conhecer a si mesmo – indo além de lugares-comuns e tabus – e desenvolver sua racionalidade e autonomia diante da crença subordinada a normas e valores.[37]

Estímulos

O professor deve direcionar seu trabalho de modo que obtenha motivação e cooperação dos alunos em relação aos objetivos que programar. Ao mesmo tempo, deverá procurar selecionar e organizar os estímulos de forma adequada, para que os alunos sejam capazes de perceber seu significado, após a pertinente mediação. Ao assegurar a variação da modalidade dos estímulos, provocando certo estranhamento e novidade ao mesmo tempo que enriquece o educando, o mediador se libera da rotina e da monotonia ameaçadora da sala de aula.

---

[35] *Ibid.*, p. 35.
[36] *Ibid.*, p. 76.
[37] LOGSE, educação secundária obrigatória I, cit., p. 102.

O professor atuará *estimulando, sugerindo, orientando, controlando o risco, avaliando, propondo outras soluções*, etc., mas o aluno deve ser o protagonista.[38]

Em todo esse processo, o professor atua como *mediador*. É ele que, conhecendo as concepções iniciais do aluno sobre determinados temas, planeja atividades de aprendizagem para modificá-las, ajudando as novas construções a terem um maior grau de amplitude, profundidade e riqueza que as anteriores.[39]

O professor deve intervir no processo de aprendizagem, proporcionando um ambiente que permita a expressão livre e a manifestação de ideias e sentimentos.[40]

Estratégias

É importante uma boa atitude do professor com relação à área, a fim de tornar possível que a aproximação dos alunos a ela se faça de forma *criativa, lúdica e prática*. A atitude do professor e o clima criado na aula condicionarão tanto a eficácia desse ensino como a metodologia que possa ser utilizada.[41]

O professor estará atento aos momentos em que houver uma queda do interesse do aluno, a fim de *oferecer-lhe novas possibilidades, informações que o orientem*, pontos de vista diferentes e sugestões que o motivem para que persista na busca de *estratégias pessoais e soluções* que lhe permitam, de forma gratificante, conseguir o efeito comunicativo que tenha sido proposto.[42]

A metodologia adotada pelo professor atenderá aos diferentes ritmos de aprendizagem, às *estratégias* mais apropriadas para cada

---

[38] LOGSE, educação primária, cit., p. 240.
[39] LOGSE, educação secundária obrigatória I, cit., p. 98.
[40] LOGSE, educação primária, cit., p. 195.
[41] *Ibid.*, p. 293.
[42] LOGSE, educação secundária obrigatória, cit., p. 192.

conteúdo, à própria preparação e aos recursos dos quais disponha, agindo sempre com flexibilidade.[43]

O professor deve propor *atividades diversificadas e utilizar diferentes técnicas de trabalho*, de acordo com o momento em que a tarefa se encontre.[44]

Estilo educacional: método

O professor mediador situa-se na dinâmica do processo educativo, superando a segmentação e os resultados isolados. A cristalização e a assimilação das estratégias e os próprios conhecimentos exigem um sequenciamento de projetos integrados. Cada projeto seria uma espécie de implementação sobre uma zona de desenvolvimento potencial (ZDP) que o aluno é capaz de ultrapassar.

O estilo do educador entra em conflito se desde o primeiro momento não for alcançada a coerência necessária entre método e objetivos. O mediador deverá fazer uma autoavaliação e uma autocorreção para adaptar sua metodologia às necessidades dos alunos. No entanto, poderá transitar de um método diretivo e expositivo a outro personalizado e autônomo, do trabalho personalizado para o trabalho em grupo.

> A intervenção do professor deve ser orientada para ajudar os alunos a captarem a estrutura das ideias científicas e a estabelecerem *conexões entre os diferentes conceitos*.[45]

Avaliação: autoavaliação

A avaliação é um elemento essencial no processo de aprendizagem. Remete o professor aos objetivos que ele propõe. Se a educação é a ciência dos projetos, estes devem seguir um controle para reorientar os objetivos cons-

---

[43] LOGSE, educação primária, cit., p. 412.
[44] LOGSE, educação secundária obrigatória II, cit., p. 523.
[45] LOGSE, educação primária, cit., p. 159.

tantemente ou encontrar os meios para corrigir, pois os erros em educação podem ser irreparáveis e de consequências imprevisíveis.

> *A autoavaliação dos professores* tem o objetivo de promover a reflexão crítica sobre o processo educacional, favorecendo a independência e o conhecimento de si mesmo, suas possibilidades e limitações.[46]
>
> O professor e o aluno só podem avaliar as aprendizagens de maneira qualitativa, mediante *a observação, o diálogo, o intercâmbio constante.*[47]
>
> Se o mais importante é o processo, o professor deve acompanhar o aluno para controlar esse processo, e não tanto para averiguar 'aquilo que ele sabe'. Dessa maneira, a avaliação concretiza-se em uma *autoavaliação* do professor, que observará continuamente o que o aluno aprende de um passo para o outro, para que possa, de acordo com essa progressão, *fazer as adaptações que sejam mais convenientes.*[48]
>
> Levará em consideração os *processos de elaboração, e não apenas os resultados,* o que permitirá a cada aluno desenvolver sua capacidade a partir das próprias possibilidades.[49]
>
> *Autoavaliação* por parte do professor e dos alunos. Cada um precisa saber onde está e o que está conquistando. A avaliação e, sobretudo, a autoavaliação proporcionam ao aluno *consciência do que está conquistando,* e isso reforça a sua capacidade crítica[50]
>
> O professor não é a única pessoa que deve avaliar o processo. Cada aluno deve estar consciente de seu próprio progresso e de suas deficiências. *Acostumar os alunos a avaliarem* seus próprios trabalhos e os de seus colegas será uma estratégia muito eficaz para que se tornem paulatinamente independentes do professor e, consequen-

---

[46]   LOGSE, educação secundária obrigatória II, cit., pp. 407-408.
[47]   *Ibid.*, p. 421.
[48]   *Ibid.*, p. 580.
[49]   LOGSE, educação primária, cit., p. 194.
[50]   LOGSE, educação secundária obrigatória I, cit., p. 269.

temente, tenham maior autonomia, o que constitui o objetivo final do processo de ensino e aprendizagem.[51]

Perfil do mediador no PEI

A identidade do mediador configura-se pela assimilação de todo um sistema de crenças e princípios psicopedagógicos. Todas as características que Feuerstein deseja que o mediador possua são como pré-requisitos para que estes quatro objetivos possam ser alcançados:

1. Compreensão e assimilação da teoria do PEI.

2. Domínio dos instrumentos do programa.

3. Ensinar conforme a didática do PEI.

4. Formar para o insight, a aplicação ou transferência das aprendizagens através de um processo bem estruturado.[52]

Antes de tudo, o sistema de crenças do mediador é orientado para que ele se conscientize e assuma seu papel de orientador e guia dos processos cognitivos de cada educando. Ao mediador é atribuída uma grande responsabilidade: controlar seus próprios processos cognitivos e formadores, a fim de que possa agir com tato nas funções cognitivas deficientes (FCD) ou na formação de estratégias em seus alunos. Como sabemos, Feuerstein pede que o mediador seja, primeiro, um modelo do que exige dos demais e que tenha consciência das mudanças que se operam em sua própria pessoa, para que, posteriormente, possa entender os processos que o educando vivencia em sua modificabilidade ou na correção de suas funções deficientes.

Feuerstein dirige-se a todos os tipos de professores, não especificamente a psicólogos ou pedagogos. Ele mantém a crença de que o bom professor está disposto a ser um experiente analista dos processos de modificação dos alunos, uma vez que está em contato com os educandos em muito mais situações de aprendizagem que os profissionais da psicologia. Por isso, o

---

[51] LOGSE, educação secundária obrigatória II, cit., p. 477.

[52] R. Feuerstein *et al.*, *Instrumental Enrichment: an Intervention Program for Cognitive Modifiability* (Glenview, III: Scott Foresman and Company, 1980), p. 293.

professor pode possuir um domínio da experiência mediadora que se aproxime mais da forma de ser do educando e ser capaz de perceber as micromudanças que vão sendo produzidas nos alunos.

O mediador deve ser um investigador de sua própria ação modificadora, que pode abranger todos os tipos de problemas de aprendizagem, desenvolvimento, adaptação social, etc. O trabalho de um mediador, portanto, não pode ser compreendido isoladamente de outros mediadores com os quais confronta e discerne seus problemas. Os primeiros passos costumam ser de busca, ensaio e erro, dúvidas sobre a pertinência de certas formas de entender cada um dos elementos da teoria da modificabilidade cognitiva estrutural (MCE). A prática ensina a dominar e diferenciar as funções cognitivas deficientes (FCD) e as operações mentais que são ativadas em cada uma das sessões do PEI.

As diferentes características que podemos encontrar na figura do mediador[53] podem ser resumidas nos tópicos a seguir.

Características da personalidade do mediador

É sociável em suas relações interpessoais: desperta confiança por sua maturidade e autocontrole. Cria empatia, é acolhedor, próximo e compreensivo. É responsável: manifesta coerência entre suas palavras e os fatos, entre o que exige e o que é capaz de dar. Sabe organizar-se e planejar suas tarefas.

Destaca-se por sua empatia e liderança ao mesmo tempo; é capaz de orientar e guiar com segurança. É cooperador: está sempre disposto ao trabalho em equipe. É criativo: inovador, aberto à mudança, flexível às novidades.

Competência profissional do mediador

Tem conhecimentos atualizados de seu trabalho docente. Possui competência psicopedagógica: é capacitado para a orientação/tutoria. Conhece os métodos de trabalho, estratégias e técnicas de estudo adequadas aos alunos, além de programas de intervenção educativa, e é capaz de interpretar rela-

---

[53]   *Ibid.*, pp. 293-324.

tórios. Conhece as dificuldades de aprendizagem. Demonstra preocupação científica e investigadora e tem interesse em sua formação permanente.

Estilo mediador

Com relação ao educando:

- tem conhecimento pessoal, familiar e social dos alunos: suas necessidades, deficiências cognitivas, carências e limitações. Conhece as capacidades e as expectativas de cada um, seu nível motivacional e emotivo. Leva em consideração os diferentes ritmos de aprendizagem e as diferenças individuais. Sabe envolver o educando na construção de suas aprendizagens significativas;

- assegura a participação do aluno tanto no nível pessoal como em grupo. Ensina a compartilhar. Respeita seu ritmo e autonomia, bem como sua interiorização. Ajuda a criar atitudes de flexibilidade, modificabilidade e mudança. Preocupa-se com a formação integral da pessoa e com a educação em relação a valores. Desperta e mantém a motivação intrínseca e extrínseca, assegura sua competência, o sucesso e uma atitude otimista e de superação;

- ajuda o aluno a criar uma imagem positiva de si mesmo. Atribui significação e sentido aos seus trabalhos. Valoriza seus esforços. Educa para o controle da impulsividade e para a formação de sua vontade. Cria no grupo/classe um clima de relações respeitosas e de mútua ajuda. Mantém um relacionamento constante com os pais e tutores dos educandos.

Com relação aos conteúdos:

- estrutura os conteúdos e as matérias conforme as capacidades;

- prioriza o processo educativo e não a mera aquisição de conhecimentos. Gradua as dificuldades e exigências conforme os ritmos de cada aluno. Projeta relações interdisciplinares nos conteúdos, nos procedimentos e nas atitudes. Enriquece o vocabulário;

- busca precisão e exatidão. Cria uma mentalidade científica. Avalia positivamente sua elaboração, o saber e o esforço no trabalho. Fomenta atitudes positivas em relação à matéria que ministra.

3. O PERFIL DIDÁTICO DO PROFESSOR MEDIADOR

Com relação ao método:

- planeja e programa sua tarefa: guia e regula o processo de aprendizagem;
- fomenta a participação do aluno tanto no nível pessoal como em grupo;
- fomenta o cultivo da metacognição: ajuda a analisar os processos de aprendizagem. Procura promover o autoquestionamento e a elaboração de hipóteses. Apresenta as tarefas com novidade e criatividade: modifica a modalidade dos conteúdos e preserva a flexibilidade mental. Oferece uma formação baseada em uma atitude planejada e investigadora para a conquista de objetivos. Ensina a buscar e a modificar as estratégias de aprendizagem;
- estimula o potencial de aprendizagem dos educandos: ativa as operações mentais. Eleva o nível de complexidade e abstração. Ajuda a buscar princípios e conclusões correspondentes ao seu nível e a elaborar uma síntese;
- cria transcendência nas aprendizagens: superação das necessidades presentes;
- procura aplicar os conhecimentos em outras matérias escolares. Transfere as aprendizagens a diversas situações da vida do aluno;
- avalia o processo de aprendizagem e os resultados. Ensina a aproveitar os erros. Faz autoavaliação, avaliação contínua e formativa dos programas. Revisa seus programas e métodos, a fim de conquistar seus objetivos da melhor forma possível.

Embora estejamos conscientes do nosso empenho, aos sermos guiados pelos resultados da experiência prática própria e de muitos colegas, não queremos ir além de nossas limitações e solicitar ao PEI outros efeitos. Barthélemy[54] conclui que o PEI somente obterá seus efeitos plenos quando as práticas escolares mudarem e passarem a considerar o desenvolvimento e a valorização de hábitos e atitudes, que são centrais na prática desse programa.[55]

---

[54] A. Barthélemy, "Médiation: les ambigüités díun succès. La polysémie de la notion dans le cadre du P.E.I", em *Revue Université de Lille*, Spiral, UIFM, 1996.

[55] CH. Hadji, "La evaluación de los efectos a largo plazo de la educación cognitiva", em J. M. Martínez, J. Leeber, R. Garbo, *¿Es modificable la inteligencia?* (Madri: Bruño, 1997), p. 60.

O PERFIL DO **PROFESSOR MEDIADOR**

QUADRO 9. QUESTIONÁRIO SOBRE O PERFIL DIDÁTICO DO MEDIADOR

Leia cuidadosamente a escala e expresse seu grau de acordo ou desacordo com os quesitos apresentados, circulando a pontuação escolhida.

ESCALA

1. Completamente em desacordo. Nunca ajo assim. **2.** Em desacordo. Poucas vezes ajo assim. **3.** Às vezes. Dentro do normal. **4.** De acordo. Costumo agir assim. **5.** Completamente de acordo. Sempre ajo assim.

1. Costumo planejar e programar os objetivos e as tarefas educativas de cada aula.	1 2 3 4 5
2. Busco a informação necessária para conhecer as dificuldades de aprendizagem dos alunos, bem como suas causas e efeitos.	1 2 3 4 5
3. Procuro identificar as funções cognitivas deficientes (FCD) dos meus alunos, a fim de torná-las objeto da minha tarefa educativa.	1 2 3 4 5
4. Antes de iniciar a tarefa, certifico-me de que os alunos compreenderam com clareza e precisão a informação dada.	1 2 3 4 5
5. Fomento a participação de cada aluno tanto pessoal como grupal, favorecendo a mútua cooperação e a interação.	1 2 3 4 5
6. Ao começar um tema ou matéria, tento averiguar os conhecimentos prévios dos alunos e o vocabulário básico que conhecem.	1 2 3 4 5
7. Provoco nos alunos a necessidade de independência na busca e na descoberta de estratégias e soluções para os problemas propostos na lição.	1 2 3 4 5
8. Graduo e adapto os conteúdos segundo as capacidades dos alunos.	1 2 3 4 5
9. Seleciono e combino as estratégias de aprendizagem à medida que vão sendo conhecidas e assimiladas.	1 2 3 4 5
10. Ajudo os alunos a descobrirem os objetivos, a intencionalidade e a transcendência das minhas intervenções para envolvê-los nas tarefas.	1 2 3 4 5
11. Presto atenção em cada aluno, para que ele aumente o controle da impulsividade e conquiste maior autodomínio.	1 2 3 4 5
12. Prevejo as dificuldades de aprendizagem que os alunos vão encontrar na lição, assim como me adianto a elas.	1 2 3 4 5
13. Seleciono os critérios de mediação e meu modo de interação, segundo as necessidades dos educandos.	1 2 3 4 5
14. Concedo o tempo necessário para a busca e a pesquisa individual das respostas às questões propostas, para que os alunos aprendam a trabalhar com autonomia.	1 2 3 4 5
15. Procuro promover a elaboração de perguntas e de novas hipóteses, a fim de conseguir aprofundar a reflexão e a metacognição dos alunos.	1 2 3 4 5
16. Busco mudanças de modalidade e novidade na apresentação dos conteúdos e nas atividades.	1 2 3 4 5

(cont.)

3. O PERFIL DIDÁTICO DO PROFESSOR MEDIADOR

17. Analiso com os alunos seus processos de busca, planejamento e conquista de objetivos, para que possam adquirir consciência de suas mudanças e progressos.	1 2 3 4 5
18. Ajudo os alunos a descobrirem novas relações e os aspectos positivos e otimistas dos temas propostos.	1 2 3 4 5
19. Aumento gradualmente o nível de complexidade e de abstração das atividades, a fim de potencializar as capacidades dos alunos.	1 2 3 4 5
20. Apresento modelos de atuação e adapto as dificuldades à aprendizagem, a fim de assegurar a aprendizagem significativa dos alunos menos dotados.	1 2 3 4 5
21. Alterno o método indutivo com o dedutivo, a fim de criar desequilíbrios e conflitos cognitivos que ativem diversas operações mentais.	1 2 3 4 5
22. Faço os alunos verbalizarem as aprendizagens, a fim de comprovar se de fato compreenderam e assimilaram os conteúdos ensinados.	1 2 3 4 5
23. Ao finalizar um tema ou lição, acostumo os alunos a fazerem uma síntese do que foi tratado.	1 2 3 4 5
24. Proponho atividades que exijam maior esforço de abstração e interiorização, a fim de comprovar a capacidade de compreensão e assimilação dos alunos.	1 2 3 4 5
25. Ajudo os alunos a descobrirem valores e a elaborarem princípios e conclusões generalizadoras no que diz respeito àquilo que foi estudado.	1 2 3 4 5
26. Cuido da mediação do sentimento de pertença e estima à cultura em que os alunos vivem.	1 2 3 4 5
27. Oriento os alunos a encontrarem utilidade nas aprendizagens e a aplicá-las em outras matérias curriculares e na vida.	1 2 3 4 5
28. Proponho, com frequência, que os alunos façam a autoavaliação e a autoanálise de seu processo de aprendizagem.	1 2 3 4 5
29. Ajudo os alunos a buscarem e a compreenderem as causas dos acertos e dos erros e os oriento a aprender com eles e a ter um conhecimento equilibrado de si mesmos.	1 2 3 4 5
30. Motivo os alunos para a autoexigência, a precisão, a exatidão e o trabalho benfeito, segundo sua capacidade de esforço.	1 2 3 4 5
31. Fomento a criatividade e a diversidade na realização de trabalhos, a fim de dar oportunidade para cada um manifestar suas potencialidades.	1 2 3 4 5
32. Reviso e modifico o sistema de trabalho, segundo os resultados da avaliação e os objetivos alcançados nas programações anteriores.	1 2 3 4 5

O PERFIL DO **PROFESSOR MEDIADOR**

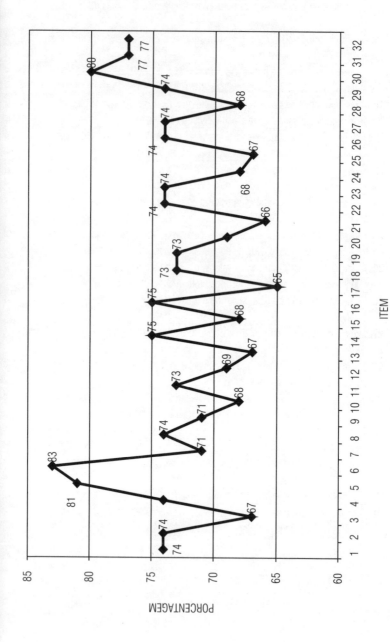

GRÁFICO 1. PERFIL DIDÁTICO DO MEDIADOR (PDM).

3. O PERFIL DIDÁTICO DO PROFESSOR MEDIADOR

TABELA 1. TABULAÇÃO DO QUESTIONÁRIO SOBRE O PERFIL DIDÁTICO DO MEDIADOR

Item	Pontuação acumulada	Média 3,3	Sigma* 0,91	Variação 0,83	% N = 346
1	1287	3,7	0,86	0,78	74
2	1282	3,7	0,89	0,80	74
3	1166	3,4	1,05	1,11	67
4	1413	4,1	0,83	0,65	81
5	1435	4,1	0,85	0,64	83
6	1317	3,8	0,87	0,76	76
7	1222	3,5	0,87	0,76	71
8	1286	3,7	0,95	0,91	74
9	1235	3,6	0,93	0,87	71
10	1176	3,4	0,99	0,98	68
11	1261	3,6	0,92	0,84	73
12	1198	3,5	0,89	0,79	69
13	1164	3,4	1,02	1,03	67
14	1292	3,7	0,86	0,74	75
15	1180	3,4	0,91	0,84	68
16	1298	3,8	0,87	0,76	75
17	1123	3,3	0,98	0,96	65
18	1253	3,6	0,87	0,76	73
19	1260	3,6	0,92	0,86	73
20	1207	3,5	0,88	0,77	70
21	1137	3,3	0,91	0,84	66
22	1261	3,6	0,97	0,95	73
23	1264	3,7	1,01	1,02	73
24	1177	3,4	0,91	0,83	68
25	1159	3,4	1,06	1,12	67
26	1277	3,7	0,96	0,93	74
27	1281	3,7	0,93	0,87	74
28	1169	3,4	1,02	1,04	68
29	1272	3,7	0,89	0,79	74
30	1381	4,0	0,83	0,69	80
31	1334	3,9	0,84	0,70	77
32	1326	3,8	0,90	0,82	77
	$\bar{X} = 1252$				$\bar{X} = 72$

* Sigma = média estatística. (N. R. T.)

4

Proposta metodológica de interação

INTERAÇÃO MEDIADA: PLANO DE TRABALHO NA SALA DE AULA E ESTILO DE MEDIAÇÃO

A atividade didática tem sua justificativa e seu sentido na construção do conhecimento. A aprendizagem entendida como construção do conhecimento exige compreender sua dimensão como um produto e o caminho que o aluno deverá percorrer para elaborar os conhecimentos, como um processo. Desse modo, o aluno deve ser protagonista, o ator envolvido em sua própria construção, ao passo que a didática deve cumprir "a função de construir o limite para que a atividade mental dos alunos ocorra em determinado nível e a função de facilitar que esta última seja orientada no sentido de alcançar os objetivos educativos no desenvolvimento de capacidades".[1]

Desde o aparecimento da obra de Feuerstein, em 1980, os olhares se voltaram para a experiência de aprendizagem mediada (EAM) como paradigma inspirador de uma mudança pedagógica. Muitos professores aproximaram-se do Programa de Enriquecimento Instrumental (PEI) com o propósito de conhecê-lo e tentar renovar-se em alguns aspectos metodológicos. Podemos partir de uma constatação reiterada ao longo dos cursos de formação: a maioria dos professores reconhece não ter um método definido de trabalho.

---

[1] C. Coll *et al.*, *El constructivismo en el aula* (3ª ed. Barcelona: Graó, 1995), p. 74.

Para esses professores, o ponto de partida motivador na introdução do PEI foi, em linhas gerais, apresentá-lo como um programa que, além de ensinar os processos de aprender a aprender e aprender a pensar, iria propor-lhes um método de trabalho capaz de renovar e transformar seu método atual. Em muitos cursos, solicitamos respostas escritas para esta simples questão: Quais são os elementos, os parâmetros ou os pontos essenciais que caracterizam o método de trabalho com seus alunos? Defina-os brevemente e o modo como os apresentaria aos pais dos seus alunos ao explicar-lhes seu método pedagógico. Gallifa introduz sua proposta mediadora definindo "o *status* empírico do PEI como método de ensino de habilidades de pensamento",[2] que deve se ajustar a determinadas condições mínimas, já explicadas, e que são resumidas em: a) a formação esmerada dos mediadores na teoria e no método do PEI, aliada à interação esclarecedora com o formador; e b) a adequação do número de instrumentos e do número de horas de aplicação.

Além dessas constatações prévias relacionadas à experiência, devemos afirmar que não existem respostas simples. Esta é a sábia resposta de Sternberg à oportuna pergunta-chave deste tópico, tomada de Maclure: "Suponhamos que um docente (ou um gestor de escola) se aproxime de nós e diga: 'Essa ideia me interessa. Acredito que deveríamos procurar ensinar a pensar. E o que eu tenho que fazer? Que métodos ou enfoques são recomendáveis?'".[3] Esta é uma pergunta que, segundo Sternberg, é feita com bastante frequência. E sua resposta é: "Não existe um programa que seja melhor para todos e em todos os lugares [...] Temos que aprender os princípios do pensamento e dos programas disponíveis [...] e depois decidir, com muito cuidado, qual funcionará melhor em um dado ambiente.[4]

---

[2] J. Gallifa, *L'enriquiment instrumental segons R. Feuerstein: vers la caracterització d'un model d'acció pedagògica per a l'adquisició d'habilitats de pensament*, tese de doutorado (Barcelona: Universidad de Barcelona, 1989), p. 177.

[3] R. J. Sternberg, *apud* S. Maclure & P. Davis, *Aprender a pensar, pensar en aprender* (2ª ed. Barcelona: Gedisa, 1998), p. 224.

[4] *Ibidem*.

Justificativa e implicações da mudança metodológica

As razões da mudança educativa podem nos ser úteis para reafirmar uma renovação metodológica, uma vez que são encontradas em todas as análises da pedagogia atual, ainda que sejam poucas as mudanças concretas. Ainda assim, são de nosso interesse as justificativas que impulsionam a renovação, porque serão esses os motivos que nos permitirão entender de onde procedem os critérios de ação pedagógica do professor mediador.

- **O NOVO CONCEITO DE EDUCAÇÃO E DE PESSOA**, que representa o aspecto integral, globalizante e interdisciplinar da educação, exige um estilo coerente de interações no processo de ensino-aprendizagem. A pessoa deve avançar na direção de comportamentos autônomos, críticos e cooperativos. O clima educativo em que as aprendizagens são realizadas deve ir configurando esse estilo de pessoa.

- **A COMPREENSÃO ATUAL DO PROCESSO DE ENSINO-APRENDIZAGEM** tem um enfoque construtivista da mente, não priorizando o mero armazenamento de conhecimentos. O educando estabelece-se como protagonista e construtor do seu saber, em um processo de reconstrução permanente de seus esquemas cognitivos. Essas metas demandam novas formas nos objetivos, nas estratégias e nos processos de aprendizagem.

- **O CONCEITO DE POTENCIAL DE APRENDIZAGEM** permite ver em cada aluno um ser em crescimento constante, um ser que deve desenvolver todas as suas capacidades. A educação deve promover um clima em que floresçam todas as possibilidades de cada pessoa. Esse princípio ativará a criação de campos de mediação, a incorporação de meios atuais e a diversidade de atenção a todos os estilos e capacidades dos alunos.

- **O CONCEITO DINÂMICO DE INTELIGÊNCIA**, de inteligências diversas, permite-nos entender a educação de forma integral e aberta, enfocada no desenvolvimento das habilidades cognitivas e no crescimento do pensamento formal. Cada indivíduo possui seus próprios estilos cognitivos e possibilidades que devem ser dinamizados com todos os meios. Mas não basta elevar um quociente intelectual (QI) monolítico, nem reduzir o crescimento intelectual a certas habilidades matemáticas ou linguísticas; em vez disso, deve-se gerar uma inteligência fluida em uma mente bem estruturada e disposta às adaptações que as mudanças constantes exijam no âmbito cognitivo, social ou profissional e nos níveis cada vez mais elevados do pensamento formal e interiorizado.

- **A CONCEPÇÃO DA APRENDIZAGEM TECNOLÓGICA, GLOBAL E COOPERATIVA** fornece uma perspectiva interdisciplinar e dependente de outros saberes. Essa implicação tem conotações nos hábitos e nas experiências em grupo, em que o educando atual e futuro vai crescendo. Todos os alunos devem experimentar a necessidade das aprendizagens pessoais e em equipe, oferecendo e recebendo dos outros suas descobertas, como antecipação de uma forma de trabalho cada vez mais grupal e interdependente dos saberes dos outros, a fim de enfrentar a complexidade dos novos saberes, envolvidos em redes cada vez mais densas de relações.

- **A APRENDIZAGEM CENTRADA NO ALUNO** exige implicação e que ele seja o protagonista de seus próprios avanços. O próprio fato de oferecer a cada aluno uma experiência de aprendizagem significativa, de sucesso motivador, requer um estilo de trabalho baseado na atenção à diversidade, aos estilos e ritmos de aprendizagens dos educandos. Essa mudança de perspectiva resulta extremamente coerente, porém árdua quanto a sua aplicação.

- **A FUNÇÃO SOCIAL DAS APRENDIZAGENS** é determinada pela globalização e pela multiplicação das comunicações e dos conhecimentos. Cada indivíduo precisa se formar para a liberdade, a autonomia e o senso crítico, que lhe permitam ter acesso pessoal a sua formação constante, para saber selecionar suas aprendizagens e organizá-las no seu próprio ritmo. A pessoa é hoje ameaçada por incessantes formas de alienação e exploração. A educação deve formar para a vida, para situações descontextualizadas, nas quais se deve estar preparado para enfrentar as circunstâncias mais desafiadoras e imprevisíveis de risco. A sala de aula deve ser o laboratório da vida.

4. PROPOSTA METODOLÓGICA DE INTERAÇÃO

■ **A MUDANÇA DE PARADIGMA EDUCACIONAL** exige do educador mediador outro estilo de comportamento pedagógico, que se expresse com naturalidade. O mediador é insubstituível: nenhuma máquina pode sobrepujá-lo, pois a relação humana, afetiva, motivadora, intencional e transcendente faz de seu trabalho uma tarefa social de primeira grandeza, de apoio à genuína tarefa dos pais. Sua disponibilidade e proximidade aos diferentes ritmos dos educandos e sua capacidade para conhecer os processos de aprendizagem dos alunos determinam um novo papel, mais próximo, mais organizador e orientador das aprendizagens, especialista em estratégias e contribuições didáticas, a fim de preparar cada aluno para ser o mediador-vicário de seus próprios processos.

A sociedade da mudança educativa aponta, especialmente, para uma renovação didática que traduza, em um estilo pedagógico, todas as contribuições atuais da antropologia, da epistemologia, das novas tecnologias, das exigências sociais, etc. Muitos críticos das reformas educacionais contemporâneas enfatizaram a urgência e a necessidade dessa mudança pedagógica, mas não faltaram céticos, como Handy, que sugeriu que "teria mais fé em um plano de estudos em âmbito nacional se este estivesse mais interessado no método que no conteúdo".[5]

Pesquisadores, como Delacôte, propõem essas três linhas de melhora da educação:

> A primeira linha é a de um melhor conhecimento psicopedagógico para um maior domínio dos processos cognitivos e sociocognitivos da aprendizagem. A segunda procura investir nossas capacidades em criar ambientes de aprendizagem interativos, simuladores, desafiadores, cognitivamente eficazes e economicamente razoáveis. E a terceira linha é a da organização das instituições e dos sistemas educacionais.[6]

---

[5] C. Handy, *apud* D. Lawton, *Aprender para el futuro: nuevo marco de la tarea docente* (Madri: Fundación Santillana, 1998), p. 133.

[6] E. G. Delacôte, *Savoir apprendre: les nouvelles méthodes* (Paris: Odile Jacob, 1996), pp. 257-281.

Duas são as características mais importantes da sociedade moderna, na opinião de Tedesco: "a) a velocidade que a produção de conhecimentos adquiriu; b) a possibilidade de ter acesso a um enorme volume de informações".[7] Essa nova realidade social exige uma análise do papel que a escola deve exercer, a fim de promover a educação total da pessoa. Os educandos possuem meios muito diversos para ter acesso ao conhecimento, de modo que a escola não pode ser um ambiente que reproduza meramente esses mesmos meios; seu trabalho profissional deve ser de complemento, estruturação e cristalização dos saberes. Veremos alguns elementos transcendentes que fogem totalmente das intenções culturais da sociedade. Por essa razão, a mudança de estilo educativo está exigindo um novo modelo de escola,[8] no qual a mudança pedagógica possa acontecer.

A maioria dos diversos ensaios metodológicos restringe-se a uma base construtivista,[9] com enfoque globalizante,[10] ressaltando o papel insubstituível do professor como mediador do processo de ensino-aprendizagem, que deve adaptar-se aos diferentes ritmos dos educandos.[11] As mudanças nas escolas podem ter a clara finalidade de favorecer os alunos com poucos recursos educativos.[12]

Critérios ou referências essenciais para uma proposta metodológica

Muitos professores indagam-se sobre o método concreto de caráter construtivista, mediador, etc. Não podemos ceder à tentação de estabelecer algumas pautas metodológicas genéricas. A complexidade e as múltiplas variáveis que intervêm nos processos de ensino-aprendizagem desaconselham essa simpli-

---

[7] J. C. Tedesco, "Profesores de enseñanza secundaria: papel de futuro", em Fundación Santillana, *Aprender para el futuro: nuevo marco de la tarea docente*, cit., p. 170.

[8] E. Mencía, "La pedagogía de la Reforma reclama un nuevo modelo de escuela", em *Educadores*, nº 165, 1993, pp. 45-63.

[9] L. Viña & I. Civera, *Una alternativa educativa: el proyecto curricular de centro* (Valencia: Nau Libres, 1994), p. 124.

[10] A. Zabala, "El enfoque globalizador", em *Cuadernos de Pedagogía*, nº 168, 1989, p. 24.

[11] M. Miras, "Educación y desarrollo", em *Infancia y Aprendizaje*, nº 54, 1991, p. 26.

[12] M. Ben-Hur, *On Feuerstein's Instrumental Enrichment* (Palatine, III: IRI/Skylight T & P, 1994), p. 234.

4. PROPOSTA METODOLÓGICA DE INTERAÇÃO

ficação. No entanto, embora não sejam prescritas formas determinadas de ensino, os princípios que viemos elaborando fornecem-nos elementos para a análise e a reflexão sobre a prática, de modo que poderemos elaborar uma série de critérios referenciais que nos permitam saber quando uma forma de intervenção educacional é apropriada ou corresponde ao estilo mediador.

A questão central do nosso trabalho nos confronta com as razões que temos para justificar as diferentes formas que empregamos para ensinar, e a concepção mediadora da aprendizagem permite-nos determinar quais são as estratégias e os métodos de ensino mais adequados. As diversas formas de ensinar são justificadas pela complexidade dos conteúdos, dos destinatários e dos próprios mediadores. Entretanto, "a falta de pertinência dos métodos ocorre porque não temos um mesmo referencial ou determinados objetivos com relação à ideia de aprender e ensinar".[13] O que pretendemos é conhecer os critérios que nos permitam decidir sobre os elementos que constituem uma sequência de ensino apropriada. Os critérios exigidos devem remeter ao que se pretende fazer e aos meios que podem facilitar a consecução desse objetivo. Os instrumentos que devem nos indicar os critérios valiosos para determinarmos as atividades mais apropriadas às finalidades educativas escolhidas foram sintetizados por Zabala ao discriminar dois referenciais básicos para a análise da prática educativa:

1. "A função social do ensino e

2. a concepção dos processos de aprendizagem: dois referentes básicos para a análise da prática educativa".[14]

Encontramos, assim, dois eixos ou critérios básicos que facilitarão uma tomada de decisão sobre a pertinência do nosso método pedagógico.

No primeiro critério, encontramos uma referência ao papel do ensino: que tipo de pessoa nos propomos formar, o que se pretende que os alunos façam, o que se deseja que aprendam, que competências, valores, etc. esperamos que assimilem, seguindo a linha ideológica e os objetivos explícitos do

---

[13] A. Zabala, "Los enfoques didácticos", em C. Coll, *et al.*, *El constructivismo en el aula*, cit., p. 126.
[14] *Ibidem*.

projeto educativo. Essa perspectiva complementa-se, no segundo critério, com a concepção dos processos e das atividades de aprendizagem, do modelo de processamento da informação, da interação social e da interação das condutas, nos quais também intervêm os conteúdos: fatos, princípios, conceitos, procedimentos, normas, valores, atitudes, etc., sequenciados e organizados de forma coerente para alcançar os objetivos finais da educação.

Raths vai mais longe ao propor doze princípios para guiar o professor na concepção das atividades de aprendizagem:

> Em condições iguais, uma atividade é preferível a outra se ela:
>
> 1. Permite ao aluno tomar decisões razoáveis em relação a como desenvolvê-la e ver as consequências de sua escolha.
> 2. Atribui ao aluno um papel ativo em sua realização.
> 3. Exige do aluno uma investigação de ideias, processos intelectuais, eventos ou fenômenos de ordem pessoal ou social e estimula-o a ter comprometimento nessa tarefa.
> 4. Obriga o aluno a interagir com a sua realidade.
> 5. Pode ser realizada por alunos de diversos níveis de capacidade e com interesses diferentes.
> 6. Obriga o aluno a examinar, em um contexto novo, uma ideia, um conceito, uma lei, etc. que já conheça.
> 7. Obriga o aluno a examinar ideias ou eventos que, normalmente, são aceitos pela sociedade sem questionamentos.
> 8. Coloca o aluno e o professor em uma posição de sucesso, fracasso ou crítica.
> 9. Obriga o aluno a reconsiderar e revisar seus esforços iniciais.
> 10. Obriga-o a aplicar e dominar regras significativas, normas e disciplinas.
> 11. Oferece ao aluno a possibilidade de planejá-la com os outros, participar em seu desenvolvimento e comparar os resultados obtidos.
> 12. É relevante para os propósitos e interesses explícitos dos alunos.[15]

---

[15] L. E. Raths, *¿Cómo enseñar a pensar?* (Buenos Aires: Paidós, 1980).

4. PROPOSTA METODOLÓGICA DE INTERAÇÃO

Encontramos diferentes listas de critérios que orientam os passos que o professor deve seguir para "fazer com que o aluno e a aluna aprendam os conteúdos escolares".[16]

1. No tocante à informação, é necessário que:

    a) exista um nexo entre o que o aluno conhece e o que deve aprender;

    b) os conteúdos sejam organizados de modo lógico, haja uma estruturação das ideias gerais e daquelas mais específicas;

    c) haja um nível de abstração adequado às capacidades dos alunos;

    d) a quantidade de informação nova seja apresentada em doses adequadas;

    e) os alunos estejam em condições de utilizar recursos ou técnicas de elaboração e organização da informação (resumos, quadros, esquemas, mapas conceituais, etc.) e dispostos a superar as dificuldades de compreensão que surjam no processo de aprendizagem;

    f) a nova informação seja apresentada em termos funcionais para o aluno, em situações e contextos de solução de problemas que sejam próximos à vida cotidiana.

2. Em relação às atividades de descoberta, estas devem ser de âmbito exploratório restrito, para que o aluno identifique facilmente as variáveis que devem ser levadas em consideração.

3. Os professores devem planejar no processo de aprendizagem atividades de análise e síntese.

4. Os professores devem facilitar a verbalização dos conceitos.

5. Os professores devem confiar no esforço dos alunos e ajudá-los, sugerindo-lhes caminhos para pensar.

6. É importante apresentar atividades de avaliação, nas quais seja possível atribuir a conquista da aprendizagem a causas internas, modificáveis e controláveis.

---

[16] T. Mauri, *apud* C. Coll *et al.*, *El constructivismo en el aula*, cit., p. 89.

Não se pode prescrever nenhuma forma concreta de ensino, em coerência com a complexidade das variáveis que intervêm no processo educativo. No entanto, chegamos a propor um plano concreto, a determinar uma série de passos que os mediadores comprovaram que podem levar a conquistas dos objetivos, dentro da coerência teórica do paradigma mediador.

Partes ou elementos da proposta metodológica de interação mediada

Zabala propõe uma série de "variáveis que constituem determinada metodologia ou forma de ensinar: tempos, grupos, espaços, organização dos conteúdos, papel do professor, papel dos alunos, etc.".[17]

Buzan propõe o método funcional de aprendizagem, baseado na "pedagogia da descoberta", contraposta à "pedagogia da esponja", em que o sujeito recebe uma imensa quantidade de informações através das disciplinas curriculares, que deve absorver como uma esponja, exigindo-se que aprenda e retenha a maior quantidade de dados. Nessa nova técnica, em vez de ensinar ao indivíduo fatos relacionados às disciplinas, devem ser ensinados fatos que estejam relacionados a ele próprio, como seus mecanismos de aquisição de conhecimentos, pensamento, memorização, criatividade, resolução de problemas, etc. O autor nos oferece uma série de verbos de ação com os quais operacionalizamos as aprendizagens dos conteúdos curriculares: "pensar, memorizar, compreender, fazer, aprender e adquirir".[18] Não se deve enfatizar a matéria ensinada, mas, sim, o indivíduo e a forma como seleciona e integra a informação que lhe interessa. Buzan apela à nossa consciência sobre os mecanismos que ativamos para aprender:

> Devemos conhecer o trabalho que os nossos olhos efetuam quando lemos, o funcionamento da nossa memória, do nosso pensamento; como podemos aprender com maior eficácia, como podemos estruturar nossas anotações, resolver problemas e, de modo geral, utilizar melhor nossas aptidões em qualquer disciplina.[19]

---

[17] A. Zabala, "Los enfoques didácticos", cit., p. 149.
[18] T. Buzan, *Une tête bien faite* (2ª ed. Paris: Les Ed. d'Organisation, 1998), p. 128.
[19] *Ibidem.*

Avaliação da atividade didática do mediador

Foi constatada certa resistência dos professores à mudança metodológica.[20] Um dos aspectos mais chamativos dessa rejeição é a avaliação – ponto-chave para constatar as falhas de todo sistema pedagógico –, entendida como fiscalização do trabalho do professor e forma de controle pessoal.

O efeito do PEI modifica e enriquece, significativamente, a visão que o professor tem da tarefa educadora (ver quadro 10).

QUADRO 10. PARADIGMAS DE AVALIAÇÃO.	
Velho paradigma de avaliação	**Novo paradigma de avaliação**
1. Todos os alunos são basicamente iguais e aprendem do mesmo modo; portanto, a instrução e a avaliação devem ser padronizadas.	**1.** Não existe um tipo padrão de estudante. Cada pessoa é única; portanto, a instrução e a avaliação devem ser variadas e individualizadas.
2. A norma e o critério referencial por meio de provas ou pontos são o melhor e mais preciso indicador do conhecimento e da aprendizagem do estudante.	**2.** O comportamento e a avaliação direta, com várias formas de controle, oferecem uma informação completa, precisa e clara do conhecimento e das aprendizagens do aluno.
3. As provas escritas são a única forma válida de avaliação acadêmica de progresso.	**3.** O acompanhamento e o acúmulo de dados e provas fornecem-nos uma visão geral do progresso do estudante.
4. A avaliação deve ser separada do currículo e da instrução; existem momentos, lugares e métodos especiais de avaliação.	**4.** Currículo e avaliação caminham juntos. A avaliação é um processo diário dentro do ensino-aprendizagem.
5. Apenas os exames e as provas nos dão a informação objetiva do conhecimento e da aprendizagem.	**5.** O fator humano e o ambiente que cerca o estudante nos dão as chaves para compreender os processos.
6. O estudante deve conhecer e ser capaz de recordar o programa de conteúdos estabelecido.	**6.** Um dos objetivos da educação é ensinar como aprender, como pensar e como ser inteligente das mais diversas formas, para saber aprender ao longo da vida.

(cont.)

---

[20] Instituto Nacional de Calidad y Evaluación, *La profesión docente*, Estudios e informes nº 3 (Madri: Ince, 1997), p. 102.

Velho paradigma de avaliação	Novo paradigma de avaliação
7. Se algo não pode ser objetivamente avaliado de forma padronizada, não merece ser ensinado nem aprendido.	**7.** O processo de aprendizagem é tão importante quanto o conteúdo curricular. Nem todas as aprendizagens podem ser objetivamente avaliadas de forma padronizada.
8. O estudante é um aprendiz passivo: um recipiente vazio que se deve encher.	**8.** O estudante é ativo e responsável, envolvido com o professor em todo o processo de aprendizagem.
9. O currículo e as metas escolares devem ser controlados com provas e pontuações.	**9.** Os objetivos do currículo e da escola devem tender a potencializar a inteligência e as capacidades de cada aluno.
10. A *curva do sino*,* utilizada para classificar segundo a média, sucesso ou fracasso por meio de pontos obtidos em controles, representa prova confiável de seus conhecimentos.	**10.** O gráfico de resultados é uma forma de mostrar o crescimento e as habilidades de conhecimento.
11. As provas com exercícios verbais e de lógica matemática constituem a única forma que possui efetiva validade e significação.	**11.** As provas devem ser diferentes, baseadas nas diversas inteligências; são o que melhor revela as potencialidades de cada aluno.
12. Os educadores devem usar modelos behavioristas para entender o desenvolvimento humano.	**12.** Os educadores usam um modelo humanista de avaliação para entender todo o processo de desenvolvimento.
13. Todos os alunos deveriam ser avaliados no mesmo momento, com o mesmo instrumento e os mesmos critérios.	**13.** Cada educando passa por etapas diferentes de desenvolvimento. As provas devem ser individuais e apropriadas para potencializá-lo integralmente.
14. A eficácia de uma prova está na facilidade de sua aplicação e de sua pontuação.	**14.** Nas provas, importa conhecer os avanços da aprendizagem dos alunos, para atender a suas necessidades e potencializar sua vida, e não comprovar a eficácia de um teste.
15. A avaliação deve ser usada para mostrar os erros do estudante, compará-lo com outros para que conheça seu lugar na sala de aula.	**15.** A avaliação serve para aprofundar o conhecimento do educando, potencializar suas capacidades e prepará-lo para a vida.
16. Dominar os conteúdos do currículo e armazenar dados deve ser o propósito essencial do ensino-aprendizagem.	**16.** O processo de ensino-aprendizagem deve auxiliar no desenvolvimento das habilidades mentais e na compreensão das relações dinâmicas entre os conteúdos e a vida.

(cont.)

---

* Curva do sino é o mesmo que curva normal ou curva de Gauss. Trata-se de uma estatística: representação da variação que ocorre em um processo controlado. (N. R. T.)

Velho paradigma de avaliação	Novo paradigma de avaliação
17. O progresso acadêmico e o sucesso poderiam ser medidos usando-se critérios e instrumentos padronizados.	**17.** O progresso acadêmico deve ser medido com critérios e meios que levem em consideração as peculiaridades de cada pessoa e todos os tipos de fatores.
18. Aprender significa apropriar-se de informações, dados, fatos, processos, fórmulas, figuras e métodos.	**18.** Aprender é um processo de amadurecimento e desenvolvimento integral da pessoa em relação ao mundo.
19. O sucesso da aprendizagem consiste em preparar o estudante para superar, com êxito, os instrumentos de controle de seus conhecimentos.	**19.** O sucesso da aprendizagem consiste em preparar o educando para que alcance a realização pessoal, aplique aquilo que aprendeu e continue aprendendo durante toda a vida.

Fonte: Síntese baseada em D. Lazear, *Multiple Intelligence Approaches to Assessment* (Tucson: Zephyr Press, 1994).

O estilo de interrogação

Reiteradamente viemos insistindo na importância da interação pedagógica, elemento que, na metodologia que propomos, tem lugar prioritário. Seu recurso fundamental é a pergunta. A arte socrática tem, portanto, absoluta importância no estilo didático de todo mediador.

Nesse tópico, devemos considerar dois aspectos: o âmbito da pergunta e as formas de interrogar.

No primeiro aspecto – o âmbito da pergunta –, tomamos consciência, seguindo os aspectos apontados por Flavell:[21] do próprio sujeito, do conteúdo do nosso trabalho e do método e das estratégias empregados na resolução do problema.

Os mediadores usam esse estilo pedagógico, de forma geral, ao longo das etapas do trabalho do PEI na sala de aula.

A seguir, apresentamos uma síntese de diferentes tipos de perguntas.

---

[21]   J. H. Flavell, *El desarrollo cognitivo* (Madri: Aprendizaje Visor, 1985), p. 158.

1. Perguntas sobre o processo. Trata-se de questões destinadas mais propriamente a saber como o indivíduo realiza o trabalho do que a descobrir o que ele conseguiu:
   - Que estratégia você usou?
   - Como encontrou o resultado ou a resposta?

2. Perguntas para reforçar a necessidade de precisão e exatidão.
   - O que você encontrou?
   - Em que lugar da página, em que exercício?

3. Perguntas que levam a mais de uma resposta.
   - Como você resolveu o problema?
   - Alguém o resolveu de outra maneira?
   - Qual é o melhor caminho a ser seguido para chegar ao final?

4. Perguntas sobre estratégias alternativas.
   - Alguém utilizou uma estratégia diferente?
   - De que formas podemos iniciar a resolução de um problema?

5. Perguntas que levam a uma atividade fundamentada e pensada.
   - Você ofereceu uma resposta, mas já observou isso antes?
   - Como você pensou nisso ou com o que você o associou?
   - Por que encontramos várias respostas para uma mesma questão?

6. Perguntas de comprovação da hipótese.
   - Por que você começou por esse dado ou elemento?
   - O que aconteceria se você fizesse ou começasse por outro caminho?
   - Se repetirmos essa sequência, obteremos o mesmo resultado?

7. Perguntas que levam a processos de generalização.
   - O que você faz quando compara?
   - Em que situações da vida você compara?

8. Perguntas que estimulam a reflexão e o controle da impulsividade.
   - Você resolveu o problema. Deu certo. Mas que passos você deu?
   - Se não deseja repetir os mesmos erros que por acaso tenha cometido, como vai controlar todo o processo?

9. Questões de esclarecimento.
   - O que você disse?

4. PROPOSTA METODOLÓGICA DE INTERAÇÃO

- Poderia repeti-lo com outras palavras?
- Poderia dar um exemplo?

10. Perguntas de conhecimento crítico.

- Por que você diz isso?
- Que razões você tem para fazer essa afirmação?
- Por que você se sente assim depois do esforço realizado, do sucesso ou do fracasso?

11. Perguntas de relação.

- Como você compararia essa forma de classificar com a de tal página?
- Com que outra situação, tema, etc. você associa essa questão?

12. Perguntas de previsão.

- A quais conclusões ou generalizações você chegou?
- O que conseguiremos com essa estratégia ou realizando tal ação?

13. Perguntas de extrapolação.

- Em quais outras situações você vê esse processo repetido?
- Onde poderemos aplicar essa estratégia ou esse princípio?

14. Perguntas de resumo ou síntese.

- Que etapas você seguiu nesse trabalho?
- De tudo o que você aprendeu nessa página, o que é mais importante?
- Que ideia sintetiza melhor tudo o que estudamos?
- Quais são os elementos essenciais desse tema?

15. Perguntas instigadoras.

- Você não acha que existem diferenças entre isso e aquilo?[22]
- Onde se refletem os elementos essenciais desse tema ou seção?

---

[22] J. Gallifa, *L'enriquiment instrumental segons R. Feuerstein: vers la caracterització d'un model d'acció pedagògica per a l'adquisició d'habilitats de pensament*, cit., p. 102.

A MEDIAÇÃO ATRAVÉS DOS ELEMENTOS DO MAPA COGNITIVO

O mapa cognitivo é uma descrição topográfica dos passos que o mediador deve seguir para detectar os elementos responsáveis pelo processo de aprendizagem e permite uma melhor compreensão dos objetivos gerais do PEI. Trata-se de uma proposta didática das diferentes etapas ou fases que conduzem à formação da mente. É, talvez, uma das contribuições mais interessantes de Feuerstein à metodologia, que ajuda o mediador a controlar seus avanços na EAM. Seguindo os sete parâmetros (tratados no item "O mapa cognitivo" do capítulo 2), com os quais analisamos os diversos componentes do programa, chegamos a realizar uma análise minuciosa das particularidades que caracterizam o estilo cognitivo do aprendiz e as deficiências do funcionamento mental e que permitem regular todos os elementos intervenientes no processo de ensino-aprendizagem. "A construção dos materiais do PEI, assim como a didática de sua aplicação, baseia-se no mapa cognitivo, que ajuda a categorizar e definir os componentes dos atos mentais".[23]

Sua contribuição ultrapassa os limites do próprio PEI. Assim, esse modelo didático pode ser utilizado como "modelo para o planejamento de qualquer conteúdo escolar, na medida em que ajuda o professor e o próprio estudante a enfocar a aprendizagem nas atividades muito específicas, ao mesmo tempo que permite realizar um resumo esquemático daquilo que foi aprendido".[24]

Interessa-nos contrastar as noções de mapa cognitivo com as de mapa conceitual dadas por Novak & Gowin:

> Mapa cognitivo é o termo com o qual designamos a representação do que acreditamos ser a organização dos conceitos e das proposições na estrutura cognitiva de determinado estudante. Os mapas

---

[23] R. Feuerstein *et al.*, *Instrumental Enrichment: an Intervention Program for Cognitive Modifiability* (Glenview, III: Scott, Foresman and Company, 1980), p. 105.

[24] M. D. Prieto Sánchez, *Habilidades cognitivas y currículo escolar: área de lenguaje* (Salamanca: Amar, 1992), p. 48.

cognitivos são idiossincráticos, enquanto os mapas conceituais devem representar uma área do conhecimento da maneira que é considerada válida pelos especialistas no tema.[25]

Assim, Novak & Gowin oferecem-nos uma definição mais restrita de mapa cognitivo que a de Feuerstein:

> Existe um mapa-padrão que podemos utilizar para construir os mapas cognitivos dos estudantes. A partir da transcrição da entrevista e com base no padrão do mapa original constrói-se um mapa cognitivo que reflete os conceitos e as proposições revelados por cada estudante durante a entrevista.[26]

Portanto, podemos concluir que

> [...] o mapa cognitivo não descreve o sujeito, mas, sim, as tarefas e seus requisitos. A análise das tarefas, segundo o mapa cognitivo, contribui para o ensino de outras matérias curriculares. Chega a ser uma poderosa diretriz para decidir a escolha de determinado tipo de tarefa, modos de apresentação ou as sequências seguidas para alcançar os objetivos.[27]

Revisaremos os aspectos didáticos que encontramos na observação dos mediadores em cada um dos sete parâmetros do mapa cognitivo.

O conteúdo

Trata-se de um dos aspectos de funcionamento cognitivo que mais diferencia os sujeitos uns dos outros, em razão de seus conhecimentos prévios ou de suas bases culturais. Cada ato mental é realizado através de um conteúdo

---

[25]   J. D. Novak & D. B. Gowin, *Aprendiendo a aprender* (Barcelona: Martínez Roca, 1984), p. 168.

[26]   *Ibidem.*

[27]   M. Ben-Hur, *On Feuerstein's Instrumental Enrichment*, cit., p. 37.

O PERFIL DO **PROFESSOR MEDIADOR**

específico (geografia, história, matemática, linguagem, etc.) que coloca em funcionamento as operações mentais.[28]

Por meio dos instrumentos – vazios de conteúdo –, ressalta-se a evolução dos conteúdos, partindo das relações que o sujeito é capaz de encontrar, sem insistir no conteúdo da modalidade geométrica aparente do primeiro instrumento. Porque o próprio Feuerstein adverte-nos de que "o conteúdo é uma das áreas do funcionamento cognitivo que diferenciam significativamente as pessoas".[29] Por isso, o PEI não pretende evitar o ensino específico de conteúdos curriculares. O programa tem a intenção de adequar-se à problemática dos alunos, não provocar inicialmente os erros, mas, sim, reforçar seus escassos conhecimentos básicos e estimular uma positiva autoimagem, aumentando também a motivação dos educandos.

É importante conhecer as bases neurológicas da aprendizagem, que devem orientar-nos na seleção de linguagens e conteúdos que assegurem o desenvolvimento cognitivo dos educandos. A aprendizagem converte-se na pedra angular do desenvolvimento. Embora partamos da realidade de alguns processos cerebrais complexos, nos quais se produz uma total interconexão de redes ou sistemas neuronais, surgem determinadas bases estruturais com funções específicas. Para que o cérebro consiga elaborar uma conduta, é preciso previamente ser capaz de analisar toda a informação sensorial que recebe. A atividade dos hemisférios cerebrais é especializada no processamento da informação simbólica e analítica, por exemplo: [do lado esquerdo] a compreensão da linguagem e da aritmética ou do cálculo. A atividade do hemisfério direito, por exemplo, está relacionada com a percepção espacial da informação visual, auditiva e somatossensorial.[30] Nessa perspectiva de visão de mosaico que localiza funções no cérebro, não podemos ter plena segurança nessa localização[31] dos processos cerebrais. Esse mesmo autor

---

[28] R. Feuerstein *et al.*, *Instrumental Enrichment: an Intervention Program for Cognitive Modifiability*, cit., p. 105.
[29] *Ibid.*, p. 127.
[30] A. Damasio, *El error de Descartes* (Barcelona: Drakontos, 1996), p. 26. ·
[31] V. Fonseca, *Aprender a aprender: a educabilidade cognitiva* (Lisboa: Notícias, 1998), p. 108.

4. PROPOSTA METODOLÓGICA DE INTERAÇÃO

[V. Fonseca] apresenta-nos um mapa de especialização hemisférica neurológica de subsistemas para o processamento dos conteúdos de informação:

- os conteúdos não verbais são processados pelo hemisfério direito, que está ligado a integração motora e postural, discriminações perceptivas, imagens, pintura, figuras, eventos sonoros, musicais, orientação espacial, gestos, atividades interpessoais sociais e a síntese, entre outros;

- os conteúdos verbais são processados, preferencialmente, pelo hemisfério esquerdo, especializado na linguagem, na comunicação, nos pensamentos e na conceitualização. A lista é completada por: a palavra, a análise, a lógica, a sequência, as praxias, etc.[32]

De acordo com os subsistemas neuronais para o processamento da informação, o PEI é graduado em dificuldade crescente e dividido, genericamente, em dois grandes grupos de instrumentos, com tarefas progressivamente mais complexas em seus conteúdos: os não verbais, acessíveis a crianças com privação cultural, analfabetos, crianças com lesões neurológicas, como agnosias, afasias, apraxias e outras; e os verbais, que requerem certos conhecimentos e um desenvolvimento de compreensão verbal que prepare para a aprendizagem.

A modalidade ou linguagem

A modalidade é a forma como se apresentam a informação e o conteúdo das atividades: verbal, numérica, figurativa, pictórica, simbólica ou a combinação entre essas modalidades.[33] Os mediadores comprovam no PEI a riqueza das diversas modalidades das atividades dos diferentes instrumentos, concernentes à modalidade verbal na qual normalmente o ensino é ministrado. A riqueza é percebida não só por tornar a informação acessível aos estilos cognitivos dos alunos, mas também por adaptar-se à sua capacidade.

---

[32] L. Verlee, *Aprender con todo el cerebro* (Barcelona: Martínez Roca, 1986); A. Damasio, *El error de Descartes*, cit.

[33] R. Feuerstein *et al.*, *Instrumental Enrichment: an Intervention Program for Cognitive Modifiability*, cit., p. 107.

O PERFIL DO **PROFESSOR MEDIADOR**

A eficácia das diversas modalidades de comunicação está relacionada às diferentes culturas, nas quais as pessoas desenvolvem diversas formas e estilos de funcionamento cognitivo. Esse aspecto é um dos temas de maior interesse para muitos mediadores: quando se sabe bem um tema, quando se sabe explicar um conceito com competência, recorre-se a diversas formas de apresentação. Ao preparar suas aulas, muitos mediadores, insatisfeitos com os aspectos repetitivos dos textos, mostram-se mais criativos, lançando mão de outras formas de apresentação dos conteúdos na sala de aula: analogias, quadros, diagramas, esquemas, símbolos, etc.

Essa mudança de modalidade representa um salto para a complexidade, que os mediadores sabem perceber, uma vez que provoca o conhecido conflito da mudança de linguagem, da dificuldade somada a uma modalidade nova ou estranha. A modalidade é sempre o fator desafiador da criatividade do mediador, como bom pedagogo que sabe a linguagem que cada educando domina melhor.

As operações mentais

As operações devem ser entendidas como um conjunto de ações interiorizadas, organizadas e coordenadas, que elaboramos a partir da informação de fontes externas ou internas que chega até nós.[34] A operação é a energia dinamizadora das funções mentais. A operação ativa a capacidade do sujeito para colocar em funcionamento suas habilidades e desenvolver suas potencialidades. As operações mentais vão cristalizando as sinapses neuronais em virtude do exercício repetitivo dos atos, até chegar a automatizar muitas habilidades e criar hábitos de trabalho intelectual.

Muitos mediadores encontram na escala progressiva das operações mentais (enumeramos dezenove, as quais se encontram no quadro 11) uma descrição construtivista do desenvolvimento das capacidades dos educandos, que será acompanhado na aplicação do PEI. Trata-se de uma experiência pedagógica que ajuda a identificar como a mente se estrutura, do mais sim-

---

[34] *Ibid.*, p. 106.

ples ao mais complexo e abstrato. Grande parte dos mediadores encontrara nessa ascensão lenta, mas esclarecedora, um instrumento a ser desenvolvido no processo de desenvolvimento potencial dos alunos. Cada degrau fundamenta-se no anterior, que o prepara e fortalece para os novos desafios da construção das aprendizagens.

Muitos dos instrumentos desenvolvem especificamente algumas dessas operações mentais. No entanto, levamos sempre em consideração o processo de crescimento que se constrói mediante o retorno aos conhecimentos prévios, o uso inconsciente das estratégias e das noções aprendidas anteriormente.

Embora devamos realizar a definição e a revisão das operações mentais partindo da perspectiva do mediador, muitas das observações sobre os recursos e as estratégias didáticas na sala de aula podem ser esclarecedoras (ver quadro 11). Apontaremos em cada uma das operações o seu aspecto relacional.

QUADRO 11. OPERAÇÕES MENTAIS: ESTRATÉGIAS E TÉCNICAS DE ATIVAÇÃO.

1. Identificação	Observar, sublinhar, enumerar, contar, somar, descrever, perguntar, procurar no dicionário.
2. Comparação	Medir, sobrepor, transportar.
3. Análise	Procurar sistematicamente, ver detalhes, enxergar prós e contras, dividir, descobrir o que é relevante, o que é essencial.
4. Síntese	Unir partes, selecionar, abreviar, globalizar.
5. Classificação	Escolher variáveis, selecionar princípios, esquemas, matrizes.
6. Codificação	Usar símbolos, sinais, escalas, mapas, reduzir.
7. Decodificação	Dar significados, usar outras modalidades, sinônimos, novas expressões.
8. Projeção de relações virtuais	Relacionar, descobrir os elementos comuns, procurar os elementos implícitos.
9. Diferenciação	Discriminar, focar a atenção, comparar, usar vários critérios.
10. Representação mental	Abstrair, associar, interiorizar, imaginar, substituir imagens, elaborar, estruturar.

(cont.)

O PERFIL DO **PROFESSOR MEDIADOR**

11. Transformação mental	Acrescentar ou retirar elementos. Propor novas hipóteses, novas modalidades.
12. Raciocínio divergente	Pensamento lateral, adotar outra posição, colocar-se no lugar dos outros, mudar o ponto de vista. Dar um tratamento novo ou diferente a determinada questão.
13. Raciocínio hipotético	Novas condições, imaginar novas possibilidades e situações. Tentar prever. Modificar algum elemento. Buscar novas relações.
14. Raciocínio transitivo	Inferir informações implícitas. Codificar e representar os dados ordenados. Extrair novas conclusões. Fazer leitura reversível.
15. Raciocínio analógico	Buscar a relação entre os elementos: causa e utilidade. Estabelecer vínculos ao comparar qualidades ou variáveis.
16. Raciocínio	Associar, realizar multiplicação lógica, integrar, oferecer novo enfoque e aplicação.
17. Raciocínio lógico	Buscar premissas particulares e universais: – Indutivo: do particular ao geral. – Dedutivo: do geral ao particular.
18. Raciocínio silogístico	Argumentar usando premissas e conclusões. Representação codificada em Diagrama de Venn. Formar conjuntos, subconjuntos, interseção. Ordenar proposições.
19. Raciocínio inferencial	Relacionar e extrair novas informações a partir dos dados obtidos. Transferir, generalizar.

■ **IDENTIFICAÇÃO:** é reconhecer as características essenciais e transitórias que definem os objetos. A riqueza léxica condiciona nossa identificação, assim como a busca e a relação entre todas as partes do elemento que estudamos.

■ **COMPARAÇÃO:** é relacionar os objetos, elementos ou dados quaisquer, a fim de encontrar semelhanças e diferenças entre eles. Procuramos formar a conduta comparativa espontânea que explore todas as características para compará-las de maneira sistemática.

■ **ANÁLISE:** com essa operação, separamos as partes de um todo, buscamos suas relações e extraímos inferências. Precisamos de uma precisão e de um detalhamento cada vez maiores para que possamos discriminar as características. Para a análise científica são necessários meios especiais de precisão.

■ **SÍNTESE:** é a operação que integra, descobre as relações entre todas as partes de um conjunto. A síntese faz referência aos elementos essenciais, que dão sentido, resumem ou representam melhor as partes do todo.

■ **CLASSIFICAÇÃO:** relacionamos ou agrupamos os elementos de um todo com base em determinados critérios. Esses critérios surgem de nossas necessidades ou interesses, mas sempre a partir das características compartilhadas pelos objetos que temos em estudo. Para classificar, usamos estratégias e meios que representam as relações internas entre os dados: quadros, matrizes, tabelas, diagramas.

■ **CODIFICAÇÃO:** substituímos os objetos por símbolos convencionais, a fim de facilitar a manipulação e economizar tempo e esforço na elaboração da informação. Os códigos mais fáceis são os numéricos e os verbais. Cada disciplina usa certos códigos específicos com determinados significados concretos.

■ **DECODIFICAÇÃO:** é a operação inversa à codificação. Procuramos fornecer o significado ou a tradução do código. Essa relação é determinada pelos significados e pelos valores dos símbolos usados.

■ **PROJEÇÃO DE RELAÇÕES VIRTUAIS:** a partir dos nossos conhecimentos e das nossas imagens mentais, descobrimos certas relações por meio dos estímulos que chegam até nós, e que organizamos, atribuindo-lhes uma forma ou significado explicitamente conhecido para nós. Ao ver quatro pontos, ninguém pode identificar um quadrado se não conhecer as propriedades que relacionam os quatro pontos para ser um quadrado, e não um losango.

■ **DIFERENCIAÇÃO:** surge da atividade de comparar. Descobrimos nessa relação as características que não são comuns, tanto relevantes como irrelevantes. A capacidade de discriminação dependerá da nossa atenção, busca sistemática e nível léxico para definir essas diferenças.

O PERFIL DO **PROFESSOR MEDIADOR**

■ **REPRESENTAÇÃO MENTAL:** é a operação mental que interioriza as imagens mentais dos nossos conhecimentos. Realizamos uma transformação e abstração dos objetos conhecidos a partir das qualidades essenciais que recordamos. As representações cognitivas consistem em estruturas interiorizadas nas quais se organizam relações, funções e transformações em um esquema globalizante. As representações mais significativas são as imagens e as proposições.[35]

■ **TRANSFORMAÇÃO MENTAL:** consiste na elaboração mental de um conceito que sofre uma mudança ou transformação, conservando, porém, seu significado profundo. Pode supor uma mudança ou modificação das características do objeto interiorizado.

■ **RACIOCÍNIO DIVERGENTE:** é o pensamento lateral ou criativo que encontra novas relações, novas formas de representação, significados e outras aplicações possíveis. É uma ampliação do campo das hipóteses, que vai além daquilo que é conhecido e liga-se a outros tipos de pensamento: analógico, inferencial, dedutivo, indutivo, etc.

■ **RACIOCÍNIO HIPOTÉTICO:** elaboração mental para antecipar situações e soluções para os problemas. Gera-se uma relação criativa entre os elementos conhecidos e as situações previsíveis ou previstas nas hipóteses. São as novas possibilidades, antecipações do futuro.

■ **RACIOCÍNIO TRANSITIVO:** é a elaboração mental que se deduz a partir de duas proposições dadas para determinar as conclusões lógicas. Trata-se de um pensamento lógico formal, submetido às leis de transitividade, por meio das quais selecionamos a informação conforme um mesmo parâmetro, a organizamos, estabelecemos o meio-termo e tiramos conclusões. As deduções lógicas têm sua direção e reversibilidade: A>B>C, etc.

■ **RACIOCÍNIO ANALÓGICO:** é uma operação relacional na qual comparamos os atributos de dois elementos dados, a fim de verificar sua re-

---

[35] G. S. Halford, *Children's Understanding: the Development of Mental Models* (Nova Jersey: Erlbaum, 1993), pp. 21-36.

lação com um terceiro e induzir a conclusão. Trata-se de averiguar a relação de quantidade, distância, causa, etc., para determinar a dedução pela relação de semelhança ou proporção encontrada.

- **RACIOCÍNIO LÓGICO:** é o processo mental baseado em normas que regem as conclusões do nosso pensar. É indutivo se parte do particular para o geral; e dedutivo se partimos de certos princípios gerais que aplicamos a casos particulares. Em sua elaboração intervêm vários tipos de raciocínio: analógico, hipotético, inferencial, transitivo, silogístico, etc.

- **RACIOCÍNIO SILOGÍSTICO:** é a elaboração lógica formal baseada em proposições. Fundamenta-se nas leis silogísticas para chegar a conclusões lógicas. Dadas duas premissas, sendo uma tomada em sua maior extensão e a outra em sua menor extensão, chegamos a uma conclusão, na qual não intervém o meio-termo, dado nas duas premissas. Seu alto nível de abstração, codificação e significação, assim como suas diversas formas, situa-no no ápice da lógica formal.

- **RACIOCÍNIO INFERENCIAL:** é a atividade mental que nos permite elaborar informação nova a partir da informação dada. Baseia-se nos significados implícitos das nossas definições. A inferência é o pensamento oculto que se deve descobrir entre os dados explícitos.

Funções cognitivas nas fases do ato mental

As fases do ato mental

Este parâmetro procura apresentar didaticamente a análise do processo cognitivo e situar o ato mental no momento em que ele tem sua maior importância. Embora separemos as três fases genéricas (input ou entrada da informação, elaboração ou processamento e output ou fase da resposta), estas estão intimamente relacionadas, e a função de cada uma delas deve ser levada em consideração em relação às outras.[36]

---

[36] R. Feuerstein *et al.*, *Instrumental Enrichment: an Intervention Program for Cognitive Modifiability*, cit., p. 108.

O controle de cada uma das funções, atribuídas a cada fase, representa o desafio pedagógico para muitos mediadores. O PEI tem nesse ponto um acentuado aspecto metodológico clínico. No entanto, para muitos mediadores é extremamente fácil conhecer e localizar as funções cognitivas deficientes (FCD), por causa do conhecimento pessoal dos alunos, ao qual se chega pelo constante e intenso clima de interações. O que começa parecendo algo extraordinário para muitos mediadores torna-se depois uma rotina, que até os próprios alunos chegam a aprender. Em algumas salas de aula, os mediadores penduram na parede painéis que descrevem as FCD, as quais vão sendo identificadas pelos alunos paulatinamente.

A dificuldade concentra-se nos alunos que apresentam grande número de deficiências. A frequência e a quantidade dos erros cometidos tornam difícil discernir a causa de tais falhas. O processo questionador do mediador acaba por encontrar-se com a etiologia concreta de tais problemas. Mas não se deve esquecer de que as funções cognitivas possuem certas

> [...] qualidades que definem o sistema cognitivo humano: a) sua totalidade (como um conjunto integrado de elementos); b) sua interdependência (uma função cognitiva é uma *gestalt*, um bloco harmonizado com a inter-relação de suas partes); c) sua hierarquia (que pressupõe uma complexidade crescente de subsistemas); d) sua autorregulação e controle (orientados a certos fins e governados por suas regras de adaptação); e) equilíbrio (desenvolvendo uma constante homeostase, uma reorganização sistemática); f) sua adaptabilidade (adequando as mudanças a certos sistemas hierarquizados) e g) resultado final (resultados de mudança em um sistema complexo e aberto).[37]

Nível de complexidade

É determinado pela quantidade e pela qualidade das unidades de informação para elaborar determinada tarefa. Desempenha um papel importante na

---

[37] V. Fonseca, *Aprender a aprender: a educabilidade cognitiva*, cit., p. 67.

adaptação da tarefa à capacidade do educando. Muitos alunos com nível baixo de funcionamento cognitivo preferem tarefas simples, pois, em razão de sua falta de mediação, percebem a realidade global de forma episódica.

Feuerstein afirma que "a novidade é o que se deve aprender, e a complexidade deve ser dominada". Os alunos independentes crescem com o desafio imposto pela complexidade das tarefas.[38] Nas experiências da avaliação dinâmica da propensão à aprendizagem (learning potential assessment device – LPAD), tende-se a colocar o aluno em situações de conflito e desafio para que ele nos ofereça o mais alto grau de sua potencialidade. Esse desafio aparece com insistência na teoria da mediação, para pôr o educando frente a frente com suas próprias possibilidades, as quais são as causas de sua motivação e desejo de superação.

A complexidade se dá pelo nível de estranhamento, novidade e falta de familiaridade com os estímulos. A mesma modalidade utilizada para apresentar a informação pode significar um nível maior ou menor de complexidade, pois o estilo cognitivo e as experiências culturais condicionam os sujeitos a perceberem os dados estranhos ou infrequentes. A falta de amplitude mental de muitos alunos faz com que uma tarefa que remeta a várias fontes de informação seja de excessiva complexidade.

Entretanto, o desafio para os mediadores está em elevar progressivamente o nível de complexidade, em todos os matizes indicados, até conseguirem que os alunos saibam dominar tarefas cada vez mais complexas. É uma forma de evitar as naturais atitudes de rejeição das crianças ou a desmotivação produzida pela simples impressão de que determinada tarefa é difícil (ainda que seja bastante simples) por lhes parecer estranha.

Delacôte orienta-nos didaticamente ao ensinar-nos o primeiro mecanismo para aprender a enfrentar a complexidade com o controle da complexidade da tarefa, que pode ser gerada em várias direções, por exemplo, na leitura: vocabulário difícil, sintaxe incomum, conceitos abstratos, argumentação confusa. O autor propõe estas soluções: a) ir do que é mais simples ao que

---

[38] K. H. Greenberg, *COGNET: Cognitive Enrichment Network. Teacher Workbook* (Knoxville: University of Tennessee, 1989), p. 178.

é mais complexo; b) empregar processos de ajuda ao aluno para que este encare atividades mais complexas; c) organizar as tarefas com uma variedade crescente, indicando sequências e estratégias cada vez mais complexas.[39]

Nível de abstração

Devemos definir o nível de abstração no sentido operacional piagetiano, como a distância entre o ato mental e os seus componentes. Piaget fala da distância zero entre o ato mental ou conduta e a realidade pela qual se vê afetado. A distância zero é entendida como a interação entre uma estrela e aquilo que o olho vê. Essa interação é limitada pela experiência sensorial e, por isso, a distância, em termos de abstração, é zero.[40] Assim, definimos o nível de abstração como o salto ou a distância entre o objeto, o estímulo ou o acontecimento e a atividade mental que é realizada.

As diferentes modalidades do conteúdo exigem uma atividade que vai desde a motora ou manipulativa à totalmente interiorizada, a qual requer uma minuciosa representação mental de todos os dados. A formação na abstração economiza tempo e esforço na maioria das atividades mentais.[41] A prática reiterada chega a automatizar certas operações que permitem saltar outras operações mentais mais simples, por exemplo, a simplificação, a substituição ou o reagrupamento dos dados. A um maior nível de operações lógico-formais corresponde um maior nível de abstração.

Esse parâmetro é de suma importância no momento de escolher um programa e determinadas atividades para alunos com dificuldades. Às vezes, confundem-se atividades de alto nível de complexidade – como pode ser o caso de aprender a usar o computador, que consiste em uma repetição mecânica de normas e memorização de certos processos lineares – com a autêntica noção de abstração, na qual entra o conceito de distância na elaboração do sujeito com relação ao estímulo.

---

[39] E. G. Delacôte, *Savoir apprendre: les nouvelles méthodes*, cit., p. 163.
[40] R. Feuerstein *et al.*, "Intervention Programs for Retarded Performers: Goals, Means and Expected Outcomes", em L. Idol & B. Fly Jones (orgs.), *Educational Values and Cognitive Instruction: Implications for Reform* (Nova Jersey: Lawrence Erlbaum, 1991), p. 171.
[41] M. Ben-Hur, *On Feuerstein's Instrumental Enrichment*, cit., p. 42.

Nível de eficácia

A qualidade dos nossos atos mentais é medida pelo grau de eficácia ou acerto que possuem. Nos níveis educativos inferiores, ocorre uma relação inversa entre o maior nível de complexidade e de abstração e o menor nível de eficácia. Outros critérios que medem a eficácia são a rapidez, a precisão, a quantidade de esforço necessário, ainda que possa existir uma medida qualitativa e outra quantitativa. O alto grau de familiaridade com um tema ou uma tarefa produz um maior nível de eficácia.[42] Do mesmo modo, devemos analisar tanto as causas da eficácia como as da ineficácia: de um lado podemos observar a automatização e a cristalização das operações mentais, e, do lado negativo, a ansiedade, a falta de motivação e de controle em nosso processo de realização.

A falta de habilidade dos mediadores para distinguir a eficácia da capacidade é, para Feuerstein, uma importante fonte de erros na avaliação dos resultados. Muitas das deficiências podem estar associadas a outros parâmetros do ato mental.[43] A motivação intrínseca é um dos primeiros efeitos, e um dos mais estudados, e é produzida pela experiência de eficácia no trabalho. É o fruto que os mediadores imediatamente descobrem na aplicação do PEI. Mas não nos damos por satisfeitos, já que a ineficácia ou as causas dos erros podem estar tanto no início como no final do processo. E é nessa busca que os mediadores demonstram sua habilidade.

A pedagogia do sucesso defende a eficácia mediante a evitação do erro. Comenius, em sua *Didáctica Magna* (1632), já resumia a eficácia do processo de ensino-aprendizagem nestes quatro princípios: segurança, facilidade, estabilidade e rapidez. O denominador comum, tanto nas abordagens científicas como nas programações docentes, é a eficácia, entendida como relação entre objetivos, meios e resultados.

---

[42] R. Feuerstein *et al.*, *Instrumental Enrichment: an Intervention Program for Cognitive Modifiability*, cit., p. 110.

[43] J. Gallifa, *L'enriquiment instrumental segons R. Feuerstein: vers la caracterització d'un model d'acció pedagògica per a l'adquisició d'habilitats de pensament*, cit., p. 89.

MODELO DE PLANEJAMENTO DE UMA LIÇÃO: DEZ PASSOS
As fontes

A partir da análise do mapa cognitivo e dos diferentes métodos ou propostas didáticas, apresentamos um modelo integrado de dez parâmetros. Cada um deles é um passo imprescindível em todo o processo mediador, que reúne uma série de interações correspondentes ao que viemos deduzindo nos diversos campos do nosso estudo.

Não encontramos uma proposta metodológica que satisfizesse nossa intenção didática elucidativa para os professores que desejam conhecer detalhadamente todos os passos do processo mediador. Por essa razão, apresentamos um quadro comparativo das distintas propostas trabalhadas em outros programas e pesquisas que guardam uma relação direta com a teoria cognitivista e construtivista que está implícita na mediação.

Estamos convencidos do pensamento de Piaget, que Barth retoma: "O fato não é que as crianças não entendem a matéria; o que elas não entendem é a forma como a matéria lhes é ensinada".[44] Por isso, pretendemos explicar minuciosamente cada um desses passos propostos. Não se trata de um método – como entendem alguns autores – no estilo do modelo sintetizador que Maclure nos oferece: "Instrução direta, modelagem, aprendizagem cooperativa, metacognição (elemento comum a todos os métodos) e perguntas/interrogações".[45] Presseissen afirma que a característica que todos os métodos têm em comum é que implicam "uma mudança no clima da sala de aula que apoie a mente crítica e reflexiva de maneira cuidadosa no primeiro passo".[46] Glaser, por outro lado, destaca o aspecto interativo: "Os métodos de indagação interativa são ferramentas poderosas para ensinar a pensar no contexto das matérias".[47] Já a conclusão de Voutilainen no programa Formal Aims of Cognitive Education (Face) é esta: "O objetivo do método é ajudar os docentes a compreender a natureza da cognição e revi-

---

[44] B. M. Barth, *apud* S. Maclure & P. Davis, *Aprender a pensar, pensar en aprender*, cit., p. 156.
[45] S. Maclure & P. Davis, *Aprender a pensar, pensar en aprender*, cit., p. 230.
[46] B. Z. Presseissen, *apud* S. Maclure & P. Davis, *Aprender a pensar, pensar en aprender*, cit., p. 264.
[47] R. Glaser, *apud* S. Maclure & P. Davis, *Aprender a pensar, pensar en aprender*, cit., p. 264

4. PROPOSTA METODOLÓGICA DE INTERAÇÃO

sar seus próprios métodos de ensino. Reconhece-se que é mais importante aumentar as capacidades de pensar antes de ensinar informação concreta".[48]

Definimos todos os aspectos didáticos de cada uma das etapas da proposta, remetendo-nos àqueles aspectos pedagógicos amplamente analisados em cada um dos tópicos da EAM e do PEI. Aqui nos concentraremos em explicar a ação do professor mediador.

Em nosso esquema de modelos de planejamento (ver quadro 12), fazemos menção explícita a sete programas. Como a lista das propostas metodológicas poderia ser infinita, faremos menção apenas aos autores principais e às fontes onde suas propostas podem ser localizadas.

Eis os programas diretamente comparados e analisados para nossa proposta:

1. R. Feuerstein *et al.*, *Instrumental Enrichment: an Intervention Program for Cognitive Modifiability* (Glenview, III.: Scott, Foresman and Company, 1980).

2. Adey – Shayer: CASE. P. Adey & M. Shayer, *Really Raising Standards: Cognitive Intervention and Academic Achievement* (Londres: Routledge, 1994), pp. 60-79.

3. Doyle – Nadal: "Programa Ecológico Escolar", em J. G. Gimeno Sacristán & A. Pérez Gómez, *Comprender y transformar la enseñanza* (Madri: Morata, 1995), pp. 92ss.

4. A. Zabala, "Los enfoques didácticos", em C. Coll *et al.*, *El constructivismo en el aula* (3ª ed. Barcelona: Graó, 1995), pp. 149-161.

5. K. H. Greenberg, *COGNET: Cognitive Enrichment Network. Teacher Workbook* (Knoxville: University of Tennessee, 1989), pp. 33ss.

6. Polya – Bransford: IDEAL. G. Polya, *How to Solve it* (Londres: Penguin, 1990); J. Bransford & B. S. Stein, *The Ideal Problem Solver: a Guide for Improving Thinking, Learning and Creativity* (Nova York: W. H. Freeman, 1993), pp. 19-50.

7. Hernández – Garcia: PIME-3. P. Hernández & L. A. García, *Psicologia y enseñanza del estudio* (Madri: Pirámide, 1991).

---

[48] V. Voutilainen, *apud* S. Maclure & P. Davis, *Aprender a pensar, pensar en aprender*, cit., p. 256.

O PERFIL DO **PROFESSOR MEDIADOR**

QUADRO 12. MODELOS DE PLANEJAMENTO DE UMA LIÇÃO – ELEMENTOS DO ESTILO PEDAGÓGICO MEDIADOR.

Nossa proposta METODOLÓGICA	FEUERSTEIN	ADEY – SHAYER	DOYLE – NADAL	ZABALA	GREENBERG	POLYA – BRANSFORD	HERNÁNDEZ – GARCIA
Mediador	Mapa cognitivo	CASE	Ecológico-escolar	Construtivista	COGNET	IDEAL	PIME-3
1. Objetivos. 2. Critérios de mediação. 3. Conteúdos: modalidade, conhecimentos prévios. 4. Planejar estratégias. 5. Atividades: operações – funções. 6. Trabalho pessoal. 7. Interação grupal. 8. Insight: generalização, transferência e aplicação. 9. Avaliação. 10. Síntese: conclusão.	1. Objetivos – conteúdos. 2. Modalidade. 3. Operações. 4. Funções Cognitivas Deficientes. 5. Nível de complexidade. 6. Nível de abstração. 7. Nível de eficácia.	1. Preparação: vocabulário, instrumentos, grupos de discussão. 2. Textos. 3. Conflito cognitivo: resultados, experiências, mediações. 4. Operações formais. 5. Construção de ZDP: atividades.	1. Tarefas escolares: objetivos, conteúdos. 2. Operações Meios-tarefas. 3. Estrutura da atividade. Configuração da sala de aula. Tipos de atividade. 4. Tempo. 5. Sistema de avaliação. Técnicas.	1. Papel do professor: interação, seguir processos, relações, modelagem. 2. Organizar os conteúdos: globalidade e interdisciplinaridade. 3. Organização social da sala de aula: simultânea, em grupo, personalizada. 4. Distribuição de espaço-tempo. 5. Material curricular. 6. Estratégias, adaptações. 7. Avaliação: inicial, formativa, somativa-final.	1. Objetivos para cada lição. 2. Adaptação dos conteúdos. 3. Conseguir empatia nas interações. 4. Planejar estratégias. Autocontrole regulador. 5. Envolver os alunos: questões, metacognição. 6. Usar mediação para a reflexão. 7. Discutir os conteúdos, buscar conexões com a vida. 8. Relacionar as partes do conteúdo. 9. Avaliar a execução. 10. Insigth. 11. Transferência. 12. Compartilhar planejamento.	1. Identificar o problema. 2. Definir os objetivos. 3. Explorar as estratégias: analisar, representar, dividir o todo. 4. Antecipar resultados e atividades. Autoavaliação. 5. Revisar e aprender. Aprendizagem da experiência.	1. Identificar: definir, descrever, exemplificar. 2. Classificar: agrupar, dividir. 3. Inter-relacionar: comparação, causas, consequências, circunstâncias. 4. Argumentar: generalizar, avaliar, problematizar. 5. Avaliação: 21 questões.

Etapas do modelo de planejamento

Um dos nossos objetivos na presente proposta é poder oferecer uma contribuição didática coerente. No quadro 13, observamos as dez etapas do modelo de planejamento e sua relação com os 32 itens do perfil didático do mediador (PDM), mencionados no quadro 9 do capítulo 3. O mediador, portanto, desenvolverá seu processo didático por meio desses dez elementos. Em cada um deles, explicaremos as diferentes atuações regidas pelos itens correspondentes, dando riqueza à tarefa mediadora.

O modelo pedagógico mediador faz alusão direta a alguns parâmetros do mapa cognitivo. Nossa referência girará em torno da explicitação de cada um deles nos diversos itens relacionados. Nos correspondentes estudos anteriores registramos a autenticidade da significação que atribuímos aos conceitos utilizados, especialmente de FCD, operações mentais, critérios de mediação, etc.

QUADRO 13. ETAPAS DO MODELO DE PLANEJAMENTO DE UMA AULA E SUA RELAÇÃO COM OS 32 ITENS DO PDM.	
Etapas do modelo de planejamento	Itens do PDM
1. Objetivos	1, 10, 17
2. Critérios de mediação	2, 13, 26
3. Conteúdos: modalidade, conhecimentos prévios	6, 8, 12, 16, 19, 22
4. Planejamento: estratégias	3, 18, 21
5. Tarefas: funções e operações mentais	9, 19
6. Trabalho pessoal: interação mediada	4, 7, 11, 14
7. Interação em grupo	5, 15, 20
8. Insight: generalização e aplicação-transferência	24, 25, 27, 30, 31
9. Avaliação	28, 29, 32
10. Síntese: conclusões	23

Objetivos: capacidades-conceitos-procedimentos-atitudes

O professor mediador deve definir, de modo claro e pontual, seus objetivos: a que metas são dirigidas todas as etapas de uma lição ou tarefa na sala de aula? Convém que os objetivos sejam poucos e controláveis, isto é, avaliáveis. Intencionalmente optamos por definir os objetivos, incorporando em sua definição tanto as finalidades últimas como as finalidades mediadoras, que poderíamos explicitar em capacidades, conhecimentos, procedimentos, atitudes e valores.

Os mediadores conhecem os objetivos gerais e particulares do PEI. Contudo, a avaliação, que minuciosamente realizarão em cada sala de aula, ajustar-se-á a certos objetivos operativos e instrumentais, capazes de ser controlados de forma qualitativa e quantitativa. Esses objetivos deverão estar sempre relacionados às FCD para os quais foram propostos, às operações mentais que ativam, às estratégias que usam e aos resultados concretos que esperam. A taxonomia oferecida por Bellanca & Fogarty,[49] inspirada em Bloom, referente a cada uma dessas etapas, pode ser de grande valor na orientação do desenvolvimento final de habilidades. Por exemplo:

- conhecimentos específicos: definir, reconhecer, identificar, entender, mostrar;

- compreensão: traduzir, interpretar, extrapolar, explicar, demonstrar;

- análise: relacionar, diferenciar, classificar, organizar, ligar, separar;

- síntese: combinar, construir, deslocar, imaginar, compor, criar hipóteses;

- aplicação: solucionar, experimentar, mostrar, relacionar;

- avaliação: interpretar, julgar, criticar, decidir.

Critérios de mediação

É necessário que o professor mediador saiba focalizar sua interação, seu estilo de relação mediadora, no que concerne aos problemas que conhece e a outros que vai detectando no grupo e em cada um dos educandos em particular.

---

[49] R. Fogarty & J. Bellanca, *Patterns for Thinking, Patterns for Transfer* (Illinois: Skylight Pub, 1991), p. 276.

4. PROPOSTA METODOLÓGICA DE INTERAÇÃO

Os critérios de mediação definem uma forma de interação para ajudar o aluno a alcançar seus objetivos da melhor maneira possível. Poderíamos sintetizar, em quatro, os diversos problemas, falhas ou necessidades educacionais:

1. **EXTROVERSÃO, HIPERATIVIDADE E FALTA DE CONTROLE DA PRÓPRIA IMPULSIVIDADE:** diante desses sintomas frequentes em um ou em vários alunos, o mediador pode adotar, como forma de interação, algumas estratégias:

   a) falar de forma pausada, evitando qualquer precipitação, assegurando-se de que seu ritmo de expressão moderada pode ser um modelo que corrija as expressões precipitadas e impulsivas;

   b) não solicitar respostas imediatas. Pedir a compreensão das perguntas lançadas e a explicação de como eles chegaram à resposta;

   c) não indicar um tempo concreto para a realização dos exercícios, insistindo na ideia de que cada indivíduo possui um ritmo diferente de trabalho.

2. **INCOMUNICAÇÃO OU DISTANCIAMENTO DOS DEMAIS:** os alunos fecham-se em si mesmos por razões muito diversas: medo de se expor ao ridículo, para esquivar-se do esforço, por autodepreciação, etc. Nesse caso, o mediador deve:

   a) promover ocasiões para que todos participem. Deve desejar escutar a opinião e as respostas de todos;

   b) propor uma ordem em que todos respondam;

   c) procurar ocasiões propícias de interesse e motivação para aqueles alunos que tenham mais necessidades;

   d) perguntar primeiro aquilo que imagine que vão acertar, evitando as perguntas difíceis ou que induzam ao fracasso.

3. **FALTA DE PLANEJAMENTO:** muitos alunos não chegam a interiorizar a sequência do plano ou método de trabalho. Nesses casos, é possível ajudá-los da seguinte maneira:

O PERFIL DO **PROFESSOR MEDIADOR**

a) perguntar pelos passos que estão seguindo na resolução de um problema;

b) indagar a respeito das perguntas que eles se fazem ou das estratégias que encontraram para ajudá-los;

c) pedir que escrevam as etapas seguidas pelos outros e as que empregaram em outras atividades, a fim de levá-los a descobrir a relação e a organização de sua conduta.

4. **FALTA DE ACEITAÇÃO E RESPEITO DAS DIFERENÇAS PESSOAIS:** muitos educandos necessitam da mediação das diferenças enriquecedoras dos demais, ressaltando seus aspectos personalizadores e positivos:

a) destacar a diversidade de respostas e pontos de vista;

b) ressaltar os diferentes sentimentos de cada um diante de um mesmo acontecimento;

c) respeitar os ritmos de trabalho e de tempo para dar as respostas. Respeitar as questões e interesses de cada educando.

Conteúdos, modalidade e conhecimentos prévios

Ausubel resumiu de forma sucinta o grande princípio da aprendizagem: "O fator mais importante que influencia na aprendizagem é aquilo que o aluno já sabe. Averigue isso primeiro e ensine depois".[50] Os conteúdos escolares sempre chegam ao educando selecionados e envolvidos por roupagem que são o reflexo da posição ideológica que os mediadores adotam e da ênfase educativa que determina seu sistema de crenças. Esta é a chave quando se fala de currículo oculto ou implícito. Em nossa proposta, a pessoa do educando é central, ainda que nunca possamos excluir os traços pessoais que orientam e motivam cada mediador.

Antes de tudo, deveríamos nos concentrar na significatividade dos conteúdos e na sua adaptação às capacidades e aos interesses dos educandos para

---

[50] D. P. Ausubel, J. D. Novak, H. Hanesian, *Psicología educativa: un punto de vista cognitivo* (México: Trillas, 1989).

4. PROPOSTA METODOLÓGICA DE INTERAÇÃO

> [...] desenvolver habilidades cognitivas, habilidades e procedimentos técnicos, conhecimento de saberes socialmente construídos e aceitos como fundamentais, técnicas e métodos profissionais, formação em valores éticos e morais, atitudes, etc., pois a consolidação dos conteúdos de aprendizagem é a expressão da concepção social que se atribui ao ensino.[51]

Já nos referimos à inter-relação entre aprendizagens e valores de forma integral, para formar a pessoa e o cidadão socialmente comprometido, com o intuito de conectar interessantes estudos e prospectivas de futuro.[52]

A organização dos conteúdos implica uma estruturação e uma relação. A necessidade de que as atividades de ensino garantam que as aprendizagens sejam o mais significativas e funcionais possível, que tenham sentido e desencadeiem a atitude favorável para realizá-las, que permitam o maior número de relações entre os diferentes conteúdos que constituem as estruturas do conhecimento, etc., permite-nos afirmar que a forma como os conteúdos devem ser organizados deve tender para um *enfoque globalizante*. Isso significa que

> [...] as unidades didáticas, ainda que sejam de determinada disciplina, têm como ponto de partida situações globais (conflitos ou questões sociais, situações comunicativas, problemas de qualquer ordem, necessidades significativas), nas quais os diferentes conteúdos de aprendizagem são necessários para sua resolução ou compreensão.[53]

Um conceito não existe isolado, mas, sim, dentro de um contexto conceitual. A organização do nosso conhecimento anterior determina a forma como integramos o conhecimento novo. O conhecimento deve integrar-se em uma complexa estrutura de relações. A função do mediador poderia ser resumida, nesse sentido, em ajudar seus alunos na estruturação pessoal do conhecimen-

---

[51] A. Zabala, "Los enfoques didácticos", cit., p. 131.
[52] J. Delors, *La educación encierra un tesoro* (Madri: Santillana/Unesco, 1996).
[53] A. Zabala, "Los enfoques didácticos", cit., p. 154.

to, em vez de oferecê-lo já pronto. Os conflitos nos proporcionam o caminho rumo à reestruturação dos conhecimentos e dos esquemas mentais.

> A ideia do *conflito cognitivo* deverá ser entendida pela existência de pontos de vista diferentes ao se tentar coordenar as próprias ações e ideias. Um *desequilíbrio* pode ser considerado ótimo para a mudança de esquemas de conhecimento se aquilo que constitui um conflito para suas ideias não se apresenta muito distante daquilo que se conhece e não implica um desafio exagerado.[54]

Na análise da melhora da instrução, devemos deter nossa atenção nos estilos cognitivos, um dos avanços mais significativos da psicologia educacional dos últimos quinze anos, uma vez que as evidentes repercussões didáticas na adaptação às peculiaridades dos alunos exigem do mediador um esforço para adequar os modelos de instrução, os conteúdos, o meio e as interações às possibilidades reais dos educandos.[55]

Atividades: funções e operações mentais

A concepção construtivista adverte-nos de que toda aprendizagem é uma construção pessoal que o aluno realiza graças à ajuda que recebe de outras pessoas. Essa construção implica atribuir significação aos conteúdos do ensino, mas também implica uma contribuição muito pessoal de quem aprende, de seu interesse, de seus conhecimentos prévios, de sua experiência e atitudes. Nessa situação, desempenha um papel conscientizador o professor mediador, que ajuda a despertar interesse, focalizar a atenção, detectar a defasagem ou o conflito inicial entre o que o aluno sabe e a novidade do conteúdo de aprendizagem. O papel dinamizador do mediador estimula o educando de diversas formas: propõe novos desafios, fornece estratégias eficazes, descobre a utilidade das aprendizagens, aprofunda-se na consciência dos próprios processos, ajuda a aprender a aprender e saber

---

[54] *Ibid.*, p. 82.
[55] S. de la Torre & J. Mallart, "Estilos cognitivos y currículo: un modelo de análisis para mejorar la instrucclón", em *Bordón*, 43 (1), 1991, pp. 39-53.

o que se pode aprender por si mesmo, descobre as causas dos erros e dos acertos, dá consistência à autonomia do educando, potencializa a abstração, projeta aplicações dos saberes à vida, etc.

Zabala[56] propõe uma série de perguntas ou questões que permitem caracterizar as atividades que devem configurar uma unidade de intervenção educativa, na qual devem ocorrer ações:

1. Que nos permitam averiguar os conhecimentos prévios dos alunos em relação aos novos conteúdos de aprendizagem.

2. Nas quais os conteúdos sejam expostos de tal modo que sejam significativos e funcionais para meninos e meninas.

3. Que possamos inferir que sejam adequadas ao nível de desenvolvimento dos alunos.

4. Que apareçam como um desafio acessível para o aluno, ou seja, que levem em consideração suas competências atuais e que o façam avançar com a ajuda necessária; que permitam criar zonas de desenvolvimento próximo e intervir nelas.

5. Que provoquem um conflito cognitivo e promovam a necessária atividade mental do aluno para que ele estabeleça relações entre os novos conteúdos e os conhecimentos prévios.

6. Que fomentem uma atitude favorável, isto é, que sejam motivadoras, no que concerne à aprendizagem dos novos conteúdos.

7. Que estimulem a autoestima e o autoconceito com relação às aprendizagens que lhe sejam propostas, isto é, que o aluno possa sentir que, com elas, aprendeu em algum grau, que seu esforço valeu a pena.

8. Que ajudem o aluno a adquirir progressivamente habilidades relacionadas com o aprender a aprender e que lhe permitam ser cada vez mais autônomo em suas aprendizagens.

O valor de um modelo não reside em seu grau de verdade, mas, sim, em sua capacidade de melhorar nossa compreensão e, portanto, nossas ações.

---

[56] A. Zabala, "Los enfoques didácticos", cit., p. 135.

Planejamento: estratégias

O professor mediador deve saber definir seu próprio plano de trabalho, de busca, de pesquisa e de ensino de estratégias, tanto cognitivas como metacognitivas. Nossa proposta concreta justifica-se pela grande dificuldade dos professores em renovar seu método de ensino curricular. Para poder modelar, ensinar aos educandos um plano de estudo, o mediador deve partir da própria experiência pedagógica. A organização do nosso trabalho propõe uma forma de entender e organizar nosso microcosmo. O método e o plano ajudam-nos a conquistar os objetivos de aprendizagem e nos poupam energia e tempo, de modo que a eficácia pode ser obtida mais rapidamente. Pede-se esforço e constância para chegar a cristalizar e automatizar uma série de passos que levem o educando a ter seu próprio estilo e programa de trabalho.

Os alunos devem conseguir ser especialistas estratégicos na resolução das tarefas e dos problemas diários. O mediador deve ensinar estratégias e técnicas de estudo e aprendizagem, em que sejam levados em consideração:

- a projeção de relações;
- a estrutura global do plano das atividades;
- os métodos: indutivo e dedutivo;
- a representação visual e mental do conteúdo ou do problema;
- a didática deve ser composta de modelagem e de exemplos constantes: "A função dos exemplos é multiplicar as experiências com o conhecimento em sua forma concreta".[57]

Trabalho pessoal – interação mediada

É imprescindível haver a confrontação pessoal com a tarefa. Os alunos seguiram determinados passos que os levam agora à sua própria resolução do trabalho, à assimilação pessoal dos conteúdos e à elaboração de suas próprias questões e respostas. A primeira atitude que se deve fomentar é a

---

[57] B. M. Barth, *apud* S. Maclure & P. Davis, *Aprender a pensar, pensar en aprender*, cit., p. 162.

de saber enfrentar os problemas. E, diante de qualquer problema, desdobramos uma série de reações ou mecanismos: nos fazemos uma série de perguntas, como autoinstruções sobre o conteúdo, o significado, nossos conhecimentos prévios sobre ele, que meios vamos empregar para resolvê-lo, que estratégias, etc. Uma vez encaminhados, inicia-se o controle do nosso processo, necessário para ter consciência de como organizamos o tempo e o espaço e de como lançamos mão de outros recursos para sermos donos do trabalho que devemos realizar.

Na sala de aula, os mediadores devem ter preparado este momento de autonomia para evitar a frustração e a perda de tempo. Os alunos devem pedir explicações sobre o conteúdo e sobre o que se solicita na tarefa concreta. A partir desse momento, começa um processo de extrema atenção do mediador para controlar os processos pessoais de cada aluno. Surgem os bloqueios, os erros, as perguntas concretas, os conflitos. Novamente, devem-se repetir as instruções, os procedimentos e as estratégias que os alunos vão usar.

Os alunos devem estar conscientes dessa aprendizagem de autonomia, que será um dos momentos que posteriormente compartilharão para alcançar uma aprendizagem mútua de erros e acertos.

Nesse momento, o aluno deve interiorizar o plano de trabalho, o método e o planejamento, orientados pelo mediador.

Interação em grupo

A mediação entre iguais, o compartilhamento das conquistas, os processos, os sentimentos e as vivências têm que ter um tempo privilegiado. Os alunos devem ter um tempo de expressão e de confrontação de suas ideias e experiências pessoais. O que ensinam com sua formulação proximal é um tipo de mediação inestimável. A aprendizagem do respeito e da flexibilidade, das diferenças e dos diferentes ritmos, bem como da sensibilidade, é de grande valor formativo em todas as idades. O trabalho cooperativo pode, em determinados trabalhos, preparar essa integração em grupo e aprofundá-la.

[...] o papel do docente é ajudar os alunos a perceberem os vínculos e estimular a formação, a verificação e a reformulação. O diálogo permite revelar o raciocínio. Quando o mediador pensa em voz alta com os alunos, oferece-lhes uma experiência real de um processo abstrato.[58]

Insight: generalização, transferência e aplicação

O segundo objetivo do PEI é estimular a propensão à generalização dos conhecimentos, a elaboração de princípios e conclusões lógicas e, ao mesmo tempo, conseguir a transferência ou a aplicação das aprendizagens, como uma dimensão dos processos de aprendizagem.

Ao colocar-se entre os aprendizes e suas tarefas, o mediador ajuda-os na análise e na resolução de seus problemas. O mediador interpreta para os aprendizes o significado dos processos e o modo como estes podem ser aplicados em uma variedade de situações. O insight capacita os aprendizes a reconhecerem que as funções aplicadas em uma tarefa concreta são relevantes e aplicáveis em outras. O insight é orientado à descoberta, através de processos reflexivos, das classes de mudanças produzidas na própria estrutura cognitiva. Isso virá a ser uma fonte de estratégias. Assim, o insight será efetivo e potente instrumento para produzir a reflexão nos alunos mais impulsivos; aumentará a capacidade para a transferência dos elementos aprendidos e a generalização a outras situações diferentes.[59] A mecânica da transferência tem sua base no raciocínio analógico e no estabelecimento de relações entre diferentes situações.[60]

O processo de transferência consiste em fazer perguntas de conteúdos bastante diversos (Por que isso aconteceu? Como você fez essa atividade? Por que você está cometendo esses erros? Por que você aprendeu ou é mais

---

[58] *Ibid.*, p. 163.
[59] H. Sharron, *Changing Children's Mind: Feuerstein's Revolution in the Teaching of Intelligence* (Londres: Souvenir Press, 1989), p. 98.
[60] J. Tardif, *Le transfert des apprentissages* (Québec: Les éditions Logiques, 1999), p. 8.

eficiente?) e também criar certas orientações nas atividades mentais dos sujeitos. Em resumo, poderíamos definir o insight como uma atividade metacognitiva que orienta os indivíduos para a busca do processo mental na execução das tarefas. Essa atividade metacognitiva implica autorreflexão e controle para ativar uma variedade de atos cognitivos produzidos pelas aprendizagens.[61]

O professor mediador deve tender sempre a um maior nível de interiorização das atividades de aprendizagem.[62] Está em jogo a potencialização das capacidades dos educandos, de modo que a compreensão e a significatividade das aprendizagens permitirão dar o salto para a generalização e as aplicações.[63] Portanto, os conceitos não podem ser repetitivos, e as situações e as experiências devem ser diversificadas, para que o educando entenda todos os aspectos do problema e todas as possibilidades de especificação ou de extrapolação.

A primeira forma didática está nos exemplos ou na modelagem do mediador. A partir da compreensão e da visão globalizante de uma lição, devem--se fornecer exemplos de princípios, frases curtas e frases incompletas que iniciam um pensamento e terminam na meta almejada.[64] Flavell[65] simplifica os três campos de aplicação dos princípios e das conclusões no processo de ensino-aprendizagem: sobre o próprio sujeito, sobre o conteúdo e sobre o método ou estratégias empregados.

Sternberg descreve a transferência como "a questão fundamental no ensino do pensamento".[66]

Perkins & Salomon apresentam dois tipos de transferência:

---

[61] R. Feuerstein *et al.*, "Intervention Programs for Retarded Performers: Goals, Means and Expected Outcomes", cit., p. 151.

[62] J. Boeyens, *Learning Potential: a Theoretical Perspective* (Pretoria: Human Sciences Research Council, 1989), p. 14.

[63] J. A. Bernad, *Estrategias de estudio en la universidad* (Madri: Síntesis, 1999), p. 246.

[64] M. Ben-Hur, *On Feuerstein's Instrumental Enrichment*, cit., p. 20.

[65] J. H. Flavell, *El desarrollo cognitivo*, cit.

[66] R. J. Sternberg, *apud* S. Maclure & P. Davis, *Aprender a pensar, pensar en aprender*, cit., p. 271.

O PERFIL DO **PROFESSOR MEDIADOR**

1. **TRANSFERÊNCIA POR VIA BAIXA**, que é como um disparo automático de esquemas muito bem praticados, como quando se aplica a habilidade de dirigir um carro em dirigir um ônibus. Depende das semelhanças perceptuais, já que, se vemos duas situações como próximas ou distantes, isso é em parte uma questão de percepção.

2. **TRANSFERÊNCIA POR VIA ALTA** é uma escolha de ação mais consciente; implica a descontextualização ativa e a reestruturação deliberada de um princípio e sua aplicação em um contexto diferente. Envolve o pensamento abstrato e a direção metacognitiva do nosso pensamento: dirige-se para a frente, ao ter como objetivo a previsão e a antecipação. Para conseguir a transferência maximizada, recomenda-se ensinar a transferência por via baixa; isso se faz mostrando os vínculos, as aplicações e os exemplos em todos os casos que seja possível. Ao armar pontes (*bridging*), o docente "medeia nos processos necessários de abstração e estabelece relações para auxiliar na transferência por via alta, destacando os princípios e estimulando os estudantes a fazerem generalizações".[67]

No estudo de Baker, encontramos três níveis de aplicação (*bridging*):

1. **HORIZONTAL OU APLICAÇÃO A CURTO PRAZO:** Trata-se de fazer uso semelhante ao aprendido na sala de aula; buscam-se relações nas áreas curriculares que sejam do mesmo sentido.

2. **VERTICAL OU APLICAÇÃO A LONGO PRAZO:** ocorre quando os alunos tentam usar as habilidades em futuras ocasiões, com o objetivo de obter o sucesso. A memória teve que elaborar novas disposições e estratégias.

3. **RADIAL OU APLICAÇÃO ESPONTÂNEA:** realiza-se de forma autônoma e as habilidades são usadas em uma ampla gama de atividades e matérias.

A função crucial da transferência é fazer conexões de maneira automatizada e com a velocidade com que usamos estratégias interiorizadas.[68]

---

[67] D. N. Perkins & G. Salomon, *apud* S. Maclure & P. Davis, *Aprender a pensar, pensar en aprender*, cit., p. 271.

[68] D. R. Baker, "Predictive Value of Attitude, Cognitive Ability, and Personality to Science Achievement in the Middle School", em *Journal of Research in Science Teaching, 22* (2), 1987, p. 80.

Alguns clássicos falam do paradoxo da transferência, pois resulta aparentemente contraditório que a transferência não se produza quando desejamos e apareça quando não esperamos.[69] Os diversos estudos sobre a transferência oferecem-nos interessantes conclusões, como as de Beasley, que afirma que "a *repetição* facilita a compreensão dos problemas e a transferência; também a *complexidade* das tarefas é o maior determinante da transferência, independentemente da idade".[70] A justificativa decorre da atenção que ajuda a perceber um maior número de detalhes e da experiência com atividades que produzem respostas semelhantes diante de estímulos diferentes.

O trabalho de Martín Bravo[71] apresenta três tipos de estratégias de treinamento para potencializar diversos tipos de insight em pessoas talentosas. Seguindo a teoria triárquica da inteligência de Sternberg, nos aproximamos do treinamento de habilidades de criatividade e invenção:

1. Tarefas de insight de **CODIFICAÇÃO SELETIVA**, isto é, de uso da informação relevante de um problema; capacidade de encontrar coisas interessantes e valiosas.

2. Tarefas de insight de **COMBINAÇÃO SELETIVA**, que buscam como concatenar os aspectos relevantes da informação. Em muitos desses casos, são aplicadas estratégias de busca a partir de diferentes ângulos e explorando todas as possibilidades.

3. Tarefas de insight de **COMPARAÇÃO SELETIVA**, que supõem relacionar a informação recebida com a armazenada. São tarefas analógicas. Muitas estratégias podem ser relacionadas com aquelas usadas por De Bono no pensamento lateral, que o diferenciam do *pensamento vertical* ou lógico (ver pensamento divergente no anexo 3). Aqui não se pergunta "o que as coisas são", mas "o que as coisas poderiam ser", em uma tentativa de sair das fronteiras usuais.

---

[69] J. Beltrán *et al.*, Intervención psicopedagógica (Madri: Pirámide, 1993), p. 301.

[70] F. P. Beasley, *An Evaluation of Feuerstein's Model for the Remediation of Adolescents Cognitive Deficits*, tese de doutorado (Londres: University of London, 1984), p. 57.

[71] C. Martín Bravo (coord.), *Superdotados: problemática e intervención* (Valladolid: Universidad de Valladolid, 1997), pp. 741-747.

Encontramos uma ampla bibliografia sobre o insight, com abundante referência à sua relação com a gestalt. Stevenson[72] apresenta-nos os exemplos de Kohler para levar-nos ao entendimento de que o insight ocorre espontaneamente, sem um esforço consciente, com uma série de processos implícitos, como uma repentina reorganização dos dados em nossa mente, que nos levam à total luz da compreensão.

O ensino da transferência preocupa os professores mediadores. Beltrán acredita que o ponto central está na seguinte questão: se os professores podem ensinar habilidades, conhecimentos e, ao mesmo tempo, ensinar transferência reflexiva. O segredo da transferência está na habilidade de enxergar amplas categorias inclusivas cujos elementos tenham dimensões comuns, embora se constate que o ponto central da transferência seja o da relação entre conhecimentos e inteligência. Concretamente, explica Beltrán, "se nos perguntarmos quais habilidades podemos ensinar para a transferência, diríamos o autocontrole, que tem conotações metacognitivas básicas, e o autoconceito e a motivação".[73]

Nickerson, em sua interessante descrição da transferência a partir de três metáforas ou teorias (da pastora incauta, da ovelha perdida e do bom pastor), conclui que há uma falta de espontaneidade na transferência das aprendizagens. Seguindo as conclusões dos estudos de Anne Brown, resume como se deve ensinar a transferir:

> É mais provável que se produza a transferência nos seguintes casos: 1) quando o conhecimento que deve ser transferido se encontra em uma relação de causa-efeito; 2) quando, durante a aprendizagem, se enfatizam a flexibilidade e a possibilidade das múltiplas aplicações do conhecimento; 3) quando se faz a tentativa de extrair determinado princípio de seu contexto inicial de aprendizagem.[74]

---

[72] R. J. Stevenson, *Lenguage, Thought and Representation* (Nova York: J. Wiley & Sons, 1993), p. 218; M. Velmans, "Consciousness and the 'Casual Paradox'", em *Behavioral and Brain Sciences*, 19 (3), 1996, 132.

[73] J. Beltrán *et al.*, *Intervención psicopedagógica*, cit., p. 310.

[74] D. N. Perkins, *La escuela inteligente: del adiestramiento de la memoria a la educación de la mente* (Barcelona: Gedisa, 1997), p. 127.

Avaliação

"A avaliação pode padecer de limitação positivista",[75] um dos defeitos da avaliação didática do contexto cultural segundo um de seus estudiosos.

Embora os diversos métodos existentes não proponham uma forma rígida de ensino – já que, em todos os casos, estão presentes elementos implícitos e muitas variáveis são ignoradas –, não podemos deixar de considerar a complexidade do ato educativo. Por isso, para que possamos avaliar nosso comportamento pedagógico de maneira consistente, vale a pena recordar duas perguntas para entender a importância da avaliação: "Quais são os critérios que nos permitem reconhecer quando uma forma de intervenção é apropriada? Que razões temos para justificar as diferentes formas que utilizamos ao ensinar?".[76] As discrepâncias no momento de estabelecer critérios universais que nos orientem nas linhas da avaliação são um ponto imprescindível para seu enfoque e utilidade. Zabala[77] sugere que devamos levar em consideração os dois princípios que determinam as atividades apropriadas aos fins educacionais na análise da prática educativa:

1. Qual é a função social que atribuímos ao ensino?
2. Qual é a concepção dos processos de aprendizagem?

De todos os elementos que se inter-relacionam no processo de ensino--aprendizagem na sala de aula,[78] vamos nos deter apenas nos aspectos didáticos. A unidade de análise será "o conjunto organizado de atividades estruturadas e articuladas para a consecução de um objetivo educativo, com relação a um conteúdo concreto".[79] Essa unidade de análise tem os seguintes componentes:

1. Os conteúdos da aprendizagem.
2. O objetivo educacional correspondente.

---

[75] A. I. Pérez Gómez, "Paradigmas contemporáneos de investigación didáctica", em J. Gimeno Sacristán & A. I. Pérez Gomez, *La enseñanza, su teoría y su práctica* (Madri: Akal 1989), p. 426.

[76] A. Zabala, "Los enfoques didácticos", cit., p. 125.

[77] *Ibid.*, p. 129.

[78] J. Gimeno Sacristán & A. Pérez Gómez, *Comprender y transformar la enseñanza* (Madri: Morata, 1995), p. 150.

[79] A. Zabala, "Los enfoques didácticos", cit., p. 147.

3. O papel que é conferido ao professor.

4. O papel que o aluno desempenha.

5. Os materiais curriculares e a forma como serão usados.

6. Os meios, momentos e critérios para a avaliação.

Os professores mediadores encontram, em seu processo de acompanhamento, a fonte de toda a informação acumulativa e formativa. No entanto, pode-se considerar ainda mais essencial a forma como se usa essa informação com os colegas, com os tutores e com os pais, a fim de conseguir os melhores resultados no trabalho com os alunos.

> A avaliação final situa-se em três níveis: significado (atributos), símbolo (a palavra) e a produção de exemplos pessoais (transferência). Essa avaliação assegura que a aquisição não permaneceu no nível da associação verbal (reconhecimento de alguns poucos exemplos em resposta a um estímulo), mas deslocou-se para o nível de conceitualização (capacidade de generalizar, de estender os critérios observados a toda uma categoria).[80]

Síntese: conclusões

O final da tarefa em sala de aula deve reservar um tempo para a revisão e a síntese de tudo o que o aluno pôde realizar (ver quadro 14). Podem ser considerados os seguintes temas fundamentais:

- Conscientização da própria realização dos resultados alcançados.
- Quais foram as novas aprendizagens conquistadas.
- Como sua experiência pessoal foi enriquecida.
- Para que, onde e como poderá usar as aprendizagens.

A controvérsia entre os adeptos de ensinar cursos independentes sobre as técnicas de pensamento e aqueles que optam pelo desenvolvimento do

---

[80] B. M. Barth, *apud* S. Maclure & P. Davis, *Aprender a pensar, pensar en aprender*, cit., p. 165.

4. PROPOSTA METODOLÓGICA DE INTERAÇÃO

pensamento no âmbito do ensino das matérias convencionais pode ter um desfecho eclético. Pensar não consiste em aplicar um repertório de técnicas. Como Nickerson recomendou: "O ensino do pensamento e as estratégias de aprendizagem devem estar intimamente unidos ao ensino do conteúdo do material convencional". A maior parte das opiniões dos autores que Maclure cita (De Bono, Glaser, Ennis, Sternberg, Nickerson, Resnick e outros) pode ser sintetizada do seguinte modo:

> O bom pensamento depende do conhecimento específico, mas muitos aspectos do pensamento eficaz são compartilhados em todas as disciplinas e situações. É improvável que um esforço para ensinar a pensar tenha toda a efetividade que poderia ter se não combinar ambos os enfoques. O programa de instrução mais proveitoso provavelmente será aquele que combine os melhores elementos dos diversos enfoques.[81]

QUADRO 14. MUDANÇA PEDAGÓGICA: DA APRENDIZAGEM TRADICIONAL À APRENDIZAGEM MEDIADA.

Parâmetro	Aprendizagem tradicional	Aprendizagem mediada
1. Princípios	Conduta, repetitivo.	Cognitivista-neopiagetiano (Piaget, Vygotski, Ausubel, Feuerstein). Construtivista.
2. Objetivo	Aprender, conhecer, saber.	Aprender a aprender, a pensar, a conviver, fazer, ser. Adquirir competências.
3. Método	Ativo, dedutivo, expositivo.	Indutivo, dedutivo, participativo. Resolução de problemas. Investigador, científico.
4. Centrado em	Conteúdos e programas.	Necessidades do educando. Processos, estilo cognitivo. Desenvolvimento potencial. Atenção à diversidade.
5. Aprendizagem	Por memorização. Conhecimentos. Dados.	Construção do conhecimento. Descoberta de relações, técnicas, estratégias. Reestruturação de esquemas. Aprendizagem significativa.

(cont.)

---

[81] S. Maclure & P. Davis, *Aprender a pensar, pensar en aprender*, cit., p. 273.

O PERFIL DO **PROFESSOR MEDIADOR**

Parâmetro	Aprendizagem tradicional	Aprendizagem mediada
6. Professor	Programa, ensina, explica, avalia.	Mediador: orienta, guia, motiva, organiza processos, eficaz, adapta níveis a necessidades concretas. Estimula, potencializa, analisa erros. Generaliza e aplica aprendizagens. Realiza diagnóstico e prognóstico.
7. Aluno	Receptor, passivo, armazena dados.	Protagonista, demonstra envolvimento. Motivado, elabora, constrói. Autônomo. Estilo pessoal.
8. Conteúdos	Programa, currículo.	Conceitos, procedimentos, atitudes. Capacidades e estruturas mentais. Vivências de valores, cultura. Crítico, ter critérios próprios.
9. Técnicas	Verbais, de estudo, exames.	Processos, autodescoberta, perguntas. Elevar níveis: complexidade-abstração. Conflito cognitivo, estratégias. Esquemas mentais, abstração. Uso de métodos técnicos, computador.
10. Trabalho	Grupal, pessoal.	Pessoal, grupal. Cooperativo.
11. Lugar	Dentro e fora da sala de aula.	Sala de aula, pequeno grupo pessoal, tutoria.
12. Tempo	Horário letivo.	Letivo, ocasional. Momentos especiais de mediação.

5

Contribuições da mediação

MEDIAÇÃO DOS CRITÉRIOS DA MEDIAÇÃO

QUADRO 15. CRITÉRIOS DA MEDIAÇÃO	
1. Intencionalidade e reciprocidade.	8. Busca, planejamento e conquista de objetivos.
2. Transcendência.	
3. Significado.	9. Mudança: busca de novidade e complexidade.
4. Sentimento de capacidade.	
5. Regulação e controle da conduta.	10. Conhecimento do ser humano como entidade mutável.
6. Conduta compartilhada.	11. Busca de alternativas otimistas.
7. Individualização e diferenciação psicológica.	12. Sentimento de pertencimento a uma cultura.

Feuerstein[1] entende a experiência de aprendizagem mediada (EAM) como uma qualidade da interação entre o ser humano e seu meio, que resulta das mudanças introduzidas nessa interação por um mediador humano que se interpõe entre o organismo receptor e as fontes do estímulo. Por isso, o mediador converte-se no organizador e no planejador do universo de

---

[1] R. Feuerstein, P. S. Klein, A. J. Tannenbaum, *Mediated Learning Experience (MLE): Theoretical, Psychosocial and Learning Implications* (Londres: Freund, 1994), p. 15.

interações que conduzem à modificabilidade cognitiva estrutural (MCE) do educando. Os critérios de mediação são as formas e estilos concretos de interação que orientam a conduta do mediador no processo educativo. A escolha de uma forma concreta de interação é determinada pelas necessidades que o mediador descobre nos educandos e está relacionada com o propósito de tornar determinado estímulo acessível para o receptor.

Feuerstein reúne essas formas de interação em dois blocos. No primeiro deles encontram-se os três primeiros estilos de relação que são inerentes a toda forma de educação. Poderíamos afirmar que todo ato educativo é um ato intencional, no qual se dá a reciprocidade como um eco natural nas relações educativas; tem um significado e é transcendente. O segundo bloco inclui as nove formas restantes de interação que modulam o estilo de mediação, conforme os objetivos que se espera conseguir dos educandos.

Por meio da mediação desses critérios, podemos propor que os educandos sejam aprendizes independentes. Embora a meta a ser conquistada no processo de amadurecimento do educando seja a plena autonomia, aqui nos interessa especialmente suas contribuições didáticas.

Conhecemos algumas tentativas de classificação dos critérios da mediação. Barthélémy traz a que foi proposta por Alain Moal, baseada em classificar os critérios em torno de três grandes funções do mediador:

- **DESCOBERTA**, que integra os três primeiros critérios: o mediador é capaz de fazer compartilhar objetivos, superar os significados imediatos de uma situação e dar sentido a uma prática relacionando-a com um sistema de valores.

- **RESTAURAÇÃO NARCISISTA**, que compreende outros quatro critérios: o mediador permite que seu interlocutor se conscientize de suas capacidades e de sua identidade individual; suscita o desejo de envolver--se nos novos desafios e de descobrir a própria evolução.

- **REGULAÇÃO DA TAREFA**, que associa os quatro critérios restantes: o mediador ajuda o educando a ajustar sua energia às características da tarefa, trabalhar em colaboração, elaborar as etapas de resolução de problemas e formular um projeto e tomar decisões.[2]

■ Debray[3] acrescenta uma quarta função: a **SOCIALIZAÇÃO**, que corresponde ao comportamento compartilhado e à transcendência.

Os critérios de mediação supõem uma forma peculiar de relação que tende às finalidades próprias desse comportamento. Esclareceremos o sentido de cada um desses critérios e as formas mais comuns que os mediadores utilizam para exercer sua interação com o objetivo de promover a modificabilidade nos educandos.

1. Intencionalidade e reciprocidade

A mediação da intencionalidade é a primeira forma de interação de caráter transitivo, de modo que a todo ato intencional deve corresponder uma resposta ou reação do destinatário. O comportamento condiciona a reciprocidade. A intencionalidade é expressa criando-se um sentimento de empatia, confiança e competência no sujeito, mas ao mesmo tempo despertando envolvimento e desejo de conquista das metas propostas. Daí que o mediador tenda à transformação dos estímulos, à positiva mudança de intensidade e do modo de apresentação para conseguir transmitir o seu propósito. Essa mudança é percebida pelo tom da voz, pela expressividade, pelos gestos que acompanham a fala, pelas repetições, pela proximidade, pelo contato visual, etc. A intencionalidade está diretamente condicionada aos componentes da mediação: provocar estado de alerta, o desequilíbrio, a seleção de estímulos que induzem à mudança, a novidade, a escolha do momento mais adequado, etc.

O mediador deve fazer tudo o que for possível para que a interação ocorra, despertando interesse e curiosidade. Se o aluno conhece os objetivos e as metas, o mediador assegura a reciprocidade. A experiência

---

[2] A. Barthélémy, "Médiation: les ambigüités d'un succès. La polysémie de la notion dans le cadre du P.E.I.", em *Revue Université de* Lille, Spiral, UIFM, 1996, p. 185.

[3] R. Debray, *Apprendre à penser. Le Programme de R. Feuerstein: une issue à l'échec scolaire* (Paris: Georg Eshel, 1989), p. 32.

de aprendizagem mediada move o indivíduo em direção aos objetivos que lhe são propostos.

E como despertamos curiosidade no educando?

1. Ao conhecer e levar em consideração suas necessidades e seus interesses.

2. Ao buscar conteúdos atrativos: temas afetivos, relacionados com suas experiências, que sejam de interesse formativo e útil.

3. Ao oferecer algum elemento à sua capacidade de experiência de motivação intrínseca.

4. Ao criar situações desequilibradoras, provocando inquietações, descobrindo erros.

Como o professor manifesta intencionalidade?

1. Ao selecionar a matéria e o conteúdo da atividade.

2. Ao justificar o tema e a modalidade da tarefa.

3. A cada vez que motiva os alunos apresentando-lhes a atividade.

4. Ao despertar curiosidade e expectativas positivas com relação à tarefa.

5. Ao criar situações de desequilíbrio (absurdos, contradições, erros), a fim de despertar o interesse.

6. Ao aumentar as dificuldades no processo de aprendizagem, incitando assim a demanda de mediação do aluno.

7. Ao orientar e ajudar os alunos a entenderem, progressivamente, os elementos de uma atividade.

8. Ao colocar em prática, diante de seus alunos, algumas estratégias que lhe servem de parâmetro de conduta.

9. Ao repetir certas atividades para fixar determinada conduta e a formação de hábitos de trabalho.

10. Ao tentar interpretar seus alunos, quando estes têm dificuldades de verbalizar suas reações e respostas.

11. Ao estimular, verbalmente ou de outro modo, o comprometimento e envolvimento dos alunos em uma tarefa proposta.

12. Ao mudar de atividade, estímulo ou modalidade, a fim de conseguir aumentar a motivação dos alunos.

Encontramos uma extensa relação de atividades para cada critério da mediação na obra de Sharron, que faz referência direta à Egozi).[4] Com essas interações, o mediador expressa seu papel modelador, de orientador e potencializador das capacidades dos alunos. Estes são alguns dos itens propostos por esse autor:

- O professor expressa seu interesse pelos estudantes e por suas tarefas.

- O professor manifesta sua satisfação quando os estudantes acertam e realizam progressos.

- O professor está disposto a explicar novamente quando algo não foi entendido.

- O professor tem especial interesse em ajudar os aprendizes com maior dificuldade e passivos.

2. Transcendência

A transcendência expressa a qualidade da interação entre o mediador e o mediado. Isso propicia que o objeto da interação não fique no âmbito externo do ato educativo, mas, sim, que descubra sua possibilidade de projeção de futuro e a aplicação das aprendizagens a outros saberes e à vida. As mediações transcendentes vão além da necessidade imediata.

A transcendência deve antecipar o futuro, prever novas situações, descontextualizar e generalizar os conhecimentos. O que transcende é aquilo que é essencial, o que perdura. E como determinamos o que é essencial? Por seu caráter necessário e útil, pela permanência ao longo

---

[4] H. Sharron, *Changing Children's Mind: Feuerstein's Revolution in the Teaching of Intelligence* (Londres: Souvenir Press, 1989), pp. 196-200.

O PERFIL DO **PROFESSOR MEDIADOR**

do tempo, por sua universalidade, pelos componentes culturais, sociais e afetivos que integra.

Eis como se realiza a mediação da transcendência:

1. O mediador indica a relação entre a atividade atual e as experimentadas anteriormente pelos alunos.

2. O mediador indica como aplicar alguns elementos da atividade em outras circunstâncias de tempo, lugar, etc.

3. O mediador extrai os elementos essenciais da atividade e formula-os por meio de princípios e generalizações.

4. O mediador fornece a seus alunos critérios para distinguir os elementos essenciais daqueles que não são essenciais.

5. O mediador se guia pelas necessidades dos alunos e pelos objetivos que transcendem a tarefa atual.

6. O mediador apresenta exemplos e situações hipotéticas para levá-los a compreender a relação entre o aqui e agora e o futuro.

7. O mediador apresenta tarefas que requerem um raciocínio hipotético e antecipatório.

8. O mediador procura ampliar os sistemas de necessidades dos seus alunos, com orientações que não são familiares nem habituais.

3. Significado

O significado representa o determinante energético do processo de mediação. Os fatores afetivos e motivacionais levam o outro a captar o significado dos nossos atos. A criança deve perceber os significados e os valores de todo ato educativo. Em nossa sociedade, a busca dos significados foi empobrecida por uma cultura consumista e trivializadora dos valores. Poucos jovens fazem perguntas ligadas a questões significativas. Revela-se um grande contraste entre os jovens apáticos e os jovens de culturas pobres maravilhados diante de todas as coisas. Tanto a incapacidade do aluno como a falta de qualidade na mediação podem impedir

5. CONTRIBUIÇÕES DA MEDIAÇÃO

que o significado seja captado. A privação cultural impede que certos valores sobrevivam. É necessário repetir certas mediações, realizá-las lentamente, certificando-se de que o tom, o momento e a modalidade são adequados.

É importante que o educando capte a importância de entender e desenvolver o significado de tudo o que aprende, já que só assim sua motivação intrínseca e a construção de suas aprendizagens serão sustentadas. Do mesmo modo, essa apropriação do significado será imprescindível para que o indivíduo transfira suas aprendizagens a outras diversas situações. A mediação deve ajudar a superar o egocentrismo, a analisar os processos cognitivos, a criar um grau de consciência acerca do que fazemos e do motivo pelo qual o fazemos, explicando aos alunos as palavras e os processos, a extrapolação e a generalização, ampliando assim seu mundo de relações e significados.

A mediação ajuda a situar diversos níveis de valores, a ampliar os matizes e a distingui-los e avaliá-los. Os valores têm uma grande implicação cultural; deve-se saber universalizá-los e relativizá-los no que concerne ao lugar e ao tempo. A educação deve tender a desenvolver a sensibilidade para saber ler e discernir significados e valores em seu contexto.

Algumas formas de mediação do significado:

1. O mediador atribui aos conceitos e aos objetos outros significados adicionais ao significado concreto do texto.

2. O mediador busca novos significados dos fatos em diferentes contextos.

3. O mediador transcende o que é conhecido, propondo novas situações e contextos que ampliem o campo mental do educando.

4. O mediador fornece meios para ajudar a diferenciar o que é subjetivo daquilo que é universal.

5. O mediador ajuda a descobrir novos significados afetivos em diferentes objetos e situações.

6. O mediador atribui valores sociais e culturais a diferentes fenômenos.

O PERFIL DO **PROFESSOR MEDIADOR**

7. O mediador transmite de diversos modos suas atitudes e sentimentos em relação a diferentes objetos e eventos.

8. O mediador destaca os significados dos objetos e dos eventos que os alunos encontram em outros contextos.

9. O mediador incentiva os alunos a indagar os significados dos fenômenos que encontram.

10. Se os alunos não chegam a dar a resposta desejada, o mediador sabe representá-la e relacioná-la com as descobertas deles.

Outras mediações concretas:

1. Perguntar à criança por que ela quer aprender aquilo que está trabalhando.

2. Explicar por que é importante para ela querer aprender.

3. Ajudá-la a identificar alguns aspectos da tarefa dos quais ela não gosta e outros pelos quais ela tem especial interesse.

4. Conceder tempo ao aluno para que ele explique suas interpretações pessoais de um relato.[5]

4. Sentimento de capacidade

Progressivamente, a criança vai identificando as coisas benfeitas ou malfeitas. Seus mecanismos de compreensão vão fornecendo a ela parâmetros de julgamento com relação a suas ações. No ser humano, desperta-se facilmente o sentimento de incompetência diante da natureza, da morte, dos outros, etc. A mediação permite-nos superar esse sentimento.

É necessário que cada educando conheça suas habilidades e utilize-as. Nessa autoanálise, deve-se superar a inconsciência ou a negligência, uma vez que é importante elevar a autoestima e a autoimagem e, ao mesmo tempo, desenvolver um maior nível de autoconfiança e de motivação para a aprendizagem. As expectativas sobre um aluno devem ser

---

[5] K. H. Greenberg, *COGNET: Cognitive Enrichment Network. Teacher Workbook* (Knoxville: University of Tennessee, 1989), p. 149.

5. CONTRIBUIÇÕES DA MEDIAÇÃO

baseadas no conhecimento de suas capacidades. Um bom mediador reconhece as enormes possibilidades abertas pela atitude de suscitar altas expectativas – efeito Pigmaleão –, nivelando exigências com possibilidades. Por outro lado, sabemos que a atitude desmotivada e a negligência costumam ser causadas pela falta de conhecimento das próprias capacidades. Devem ser solicitadas aos alunos tarefas desafiadoras, evitando-se as situações frustrantes. Os elogios não são suficientes para levar os alunos a se sentirem competentes, se estes não chegam a demonstrar suas capacidades quando aprendem superando as dificuldades.

Poderíamos sintetizar, da seguinte maneira, as formas de mediação do sentimento de capacidade:

1. Mediar um feedback explicitador dos processos de conquista, em vez de reafirmar o sucesso alcançado pelo aluno.

2. Demonstrar com quais tipos de comportamento os alunos mostraram suas competências.

3. Selecionar cuidadosamente as tarefas que estimulem e desafiem os alunos, acompanhando-os para evitar situações frustrantes.[6]

Outras formas de mediação:

1. O mediador seleciona tarefas adaptadas ao que os alunos sabem e ao esforço exigido para alcançar o sucesso.

2. O mediador controla todas as reações dos alunos, a fim de poder interpretar e avaliar suas respostas.

3. O mediador valoriza as conquistas dos alunos, de acordo com o esforço investido ou exigido pela tarefa.

4. O mediador analisa o processo mental que conduz os alunos ao sucesso.

5. O mediador intrepreta o valor e o significado do sucesso do aluno.

6. O mediador fornece aos alunos critérios apropriados para que possam avaliar as próprias conquistas.

---

[6] K. H. Greenberg, *COGNET: Cognitive Enrichment Network. Teacher Workbook*, cit., p. 159.

7. O mediador destaca o uso dos fatores que ajudaram a alcançar o sucesso ou que exigiram maior esforço.

5. Regulação e controle da conduta

A regulação é um fenômeno que se aproxima da metacognição. Trata-se de um processo de homeostase por meio do qual aceleramos ou retardamos uma conduta, a fim de restabelecer um equilíbrio na atuação. O autocontrole exige reflexão antes da decisão. Sendo a reflexão o objeto de regulação da nossa conduta, é preciso submetê-la a determinadas normas interiorizadas, para obter maior eficácia.

Na realidade, essas formas de comportamento são o acesso para nos introduzir em um comportamento metacognitivo. É necessário fazer os educandos compreenderem que todas as grandes obras exigiram grandes esforços. Seus ídolos e os mitos de hoje, geralmente, alcançaram o sucesso atravessando um árduo caminho de preparação e de constante autoexigência.

O controle da conduta cognitiva inicia-se evitando a precipitação e tomando o tempo necessário nas atividades da fase de input, ao reunir toda a informação necessária. A autorregulação é condicionada pela familiaridade da tarefa, pela complexidade, pelas formas de trabalhar e pelo nível de abstração em que sejamos capazes de nos movermos. É necessário considerar os diferentes ritmos das pessoas.

Na mediação, não se pode negligenciar a atitude de incentivar e convidar o aluno a compartilhar as estratégias que emprega para regular seu comportamento. Do mesmo modo, deve-se ajudá-lo a entender que, para conquistar o autocontrole, ele deve saber que a velocidade é condicionada pela complexidade, pela familiaridade, pela modalidade e pela abstração da tarefa. Ele pode também seguir algum plano de autoquestionamento que lhe permita um progressivo autocontrole. O melhor método para ajudar as crianças a entenderem e usarem a metacognição no processo de autocontrole baseia-se em levá-las a perguntar-se antes e durante uma lição: O que eu sei antes da lição? O que eu não sei? O que eu sei depois da lição?

Somente ao conscientizar-se de seu próprio conhecimento, a pessoa pode decidir-se por um ou outro tipo de conduta. Seguindo o modelo de Kendal e Braswell, Greenberg[7] reúne cinco passos que os educandos podem seguir para desenvolver a autorregulação da conduta:

1. Perguntar-se: O que acho que devo fazer?

2. Dizer-se: Busco todas as possibilidades.

3. Pensar em que vai se concentrar.

4. Buscar uma resposta.

5. Comprovar a resposta e, se ela estiver correta, parabenizar-se por ter feito a coisa certa.

Há também outras mediações. Por exemplo, ao apresentar a tarefa, o mediador alerta quanto ao seu nível de complexidade e dificuldade:

1. O mediador focaliza a atenção de seus alunos ao mostrar que estes têm capacidade de superar a complexidade da tarefa.

2. Quando antecipa uma reação impulsiva ou inadequada de seus alunos, o mediador tende a protelar e orientar as respostas.

3. O mediador alerta os alunos a se certificarem de que tenham buscado tudo o que a pergunta pedia.

4. O mediador assegura-se de que os alunos estão preparados para enfrentar as demandas da tarefa.

5. O mediador acompanha as reações dos alunos com uma avaliação e com um constante feedback.

6. Conduta compartilhada

Nossa vida é relação, é compartilhar sentimentos, afetos, opiniões, conhecimentos. Nós, seres humanos, somos seres sociais e nos realizamos

---

[7] *Ibid.*, p. 154.

O PERFIL DO **PROFESSOR MEDIADOR**

na convivência. Este é um fenômeno natural primário. É justamente mediante o diálogo que chegamos ao monólogo e à interiorização. Ao criar modelos de solilóquios desde a fase infantil, ajuda-se a criança a pensar, a falar consigo mesma. O mediador é um treinador dos comportamentos sociais.

A aprendizagem é um fenômeno sociocultural. Aprendemos com as experiências dos outros e com os outros. A comunicação de nossos pensamentos proporciona maior consciência de nós mesmos e maior clareza no pensar. O ato de compartilhar é determinado pela necessidade de estarmos unidos aos outros. A necessidade de compartilhar ajuda a pessoa a pensar com maior clareza, a organizar a informação e a explicitar os pensamentos implícitos.

Há muitas formas de compartilhar nossa conduta, nossos conhecimentos, nossas estratégias, acertos ou erros, oralmente e por meio da escrita. É importante promover a mediação constante da pergunta para que esta possa ser uma forma de conduzir os conteúdos e os objetivos da aula, sem desviar, contudo, o foco do compartilhamento das respostas.

Algumas formas de mediação:

1. Chamar a atenção para a mútua ajuda quando compartilhamos nossas ideias e formas de trabalho.

2. Discutir as estratégias que nos permitem compartilhar com maior proveito.

3. Fazer os alunos se conscientizarem dos momentos em que se ajudam e se enriquecem com os outros.

4. Dar oportunidades aos alunos para que possam compartilhar de forma oral e escrita, ressaltando a importância do silêncio e da escuta respeitosa.[8]

5. Incentivar os alunos a ajudarem uns aos outros.

6. Ajudar os alunos a aprenderem escutar uns aos outros.

---

[8]   *Ibid.*, p. 175.

7. Organizar a participação nas atividades do grupo.

8. Incentivar os estudantes a compartilharem suas experiências.[9]

7. Individualização e diferenciação psicológica

Toda pessoa tem o direito de ver as coisas de forma diferente. A empatia é algo bom, mas devem preceder o sentimento de identidade pessoal e a aceitação legítima de pensar diferente. O processo de amadurecimento de cada educando deve ajudá-lo a conscientizar-se de sua individualidade e impulsioná-lo a desenvolver todas as suas potencialidades. Contudo, não podemos esquecer que a atenção às diferenças, aos estilos cognitivos diversos, obriga-nos a adotar ritmos adaptados às necessidades que vão se tornando manifestas. Cada aluno deve ir reconhecendo suas diferenças quanto à forma de aprender, expressar-se, sentir e agir, como um caminho de aceitação e respeito às diferenças mútuas, que são fonte de riqueza.

Se toda educação deve ser baseada no conhecimento de cada aluno, não basta conhecer a situação presente, mas também suas experiências passadas e as bases de seus conhecimentos atuais. O mediador deve conhecer os pontos fortes e fracos de cada aluno, bem como seu estilo cognitivo, seja perceptivo (manifesta um uso preferencial dos sentidos no momento de captar a informação), seja cognitivo (com uma aprendizagem sequencial, organizada e simultânea ou com visão globalizante dos conteúdos). Muitos autores aconselham que os alunos utilizem diferentes estilos de aprendizagem que os capacitem para enfrentar diferentes tipos de problemas.

O mediador deve conhecer as peculiaridades cognitivas de cada educando. Na psicopedagogia, destaca-se a atenção aos estilos de aprendizagem, como formas de expressão das diferenças de cada aluno às quais a metodologia das diversas matérias deve adaptar-se. "Os estilos

---

[9] H. Sharron, *Changing Children's Mind: Feuerstein's Revolution in the Teaching of Intelligence*, cit., p. 199.

O PERFIL DO **PROFESSOR MEDIADOR**

de aprendizagem são os traços cognitivos, afetivos e fisiológicos que servem como indicadores relativamente estáveis de como os discentes percebem, interagem e reagem em seus ambientes de aprendizagem".[10]

Feuerstein aponta-nos a necessidade de manter um progressivo distanciamento que evite a excessiva dependência do educando com relação ao mediador. Este deve promover o total envolvimento e o protagonismo do educando em seu processo de desenvolvimento.

Algumas formas de mediação:

1. Mostrar como os alunos aprendem, diferenciando os diversos estilos de aprendizagem.

2. Expressar a aceitação de todos os estilos de aprendizagem, destacando a individualidade de cada educando.

3. Estimular cada aluno a esforçar-se para realizar todas as suas potencialidades.[11]

4. Estar disposto a aceitar as diferentes respostas dos alunos.

5. Estimular as atividades de pensamento independente e original.

6. Ajudar os estudantes a serem responsáveis em seu trabalho.

7. Distribuir tarefas de responsabilidade entre os alunos.

8. permitir que os alunos intervenham nas atividades da aula;

9. Incentivar, de maneira positiva, as expressões de pluralismo cultural.

10. Etimular o uso diversificado do tempo entre os estudantes.

11. Respeitar o direito dos alunos de serem diferentes.[12]

---

[10] C. M. Alonso, D. J. Gallego, P. Honey, *Los estilos de aprendizaje* (2ª ed. Bilbao: Mensajero, 1995), p. 48.

[11] K. H. Greenberg, *COGNET: Cognitive Enrichment Network. Teacher Workbook*, cit., p. 171.

[12] H. Sharron, *Changing Children's Mind: Feuerstein's Revolution in the Teaching of Intelligence*, cit., p. 199.

8. Busca, planejamento e conquista de objetivos

Na vida, devemos nos tornar conscientes de nossos interesses, possibilidades e objetivos, sabendo diferenciar entre o que é possível e o que é real. Mesmo nós, adultos, caímos na superficialidade, na rotina e na precipitação, ao iniciarmos ações sem saber por que as empreendemos. O mediador deve sentir essa forma de intervir como prioritária para ele mesmo, a fim de, depois, poder exigi-la dos educandos. O ensino efetivo implica propor certos objetivos concretos e alcançáveis, compartilhá-los, buscá-los conjuntamente e avaliar as conquistas. Somente essa modelagem quase diária ensinará os alunos a estabelecer objetivos concretos na vida. O planejamento será orientado à consecução dos objetivos.

A mediação deve propor ao educando situações reais, que façam com que aprenda a discernir situações antagônicas. Vivemos não apenas do real, mas herdamos também um passado e avançamos em direção ao futuro. Temos capacidade para viver para além dos sentidos imediatos desenvolvendo nossas capacidades, descrevendo prioridades, formulando projetos de vida.

Eis algumas formas concretas de mediação:

1. Estimular os alunos na descoberta dos objetivos para que eles se envolvam em sua consecução.

2. Acompanhar os educandos na elaboração de um plano e explicar-lhes por que isso é necessário para poder alcançá-los.

3. Compartilhar os objetivos com a sala de aula e explicar aos alunos por que tais objetivos foram selecionados, e não outros, e que tipo de ajuda receberão para alcançá-los.[13]

4. Ser constante em seus esforços para alcançar os objetivos.

5. Pedir que os alunos se esforcem para conquistar as metas.

6. Exigir dos alunos perseverança, paciência e diligência para que eles alcancem os objetivos que se propõem.

---

[13] K. H. Greenberg, *COGNET: Cognitive Enrichment Network. Teacher Workbook*, cit., p. 164.

7. Incentivar os alunos a estabelecerem objetivos reais, que possam ser alcançados.

8. Suscitar nos alunos a necessidade e a habilidade de planejar a forma de conquistar os objetivos.[14]

9. Mudança: busca de novidade e complexidade

A mediação prepara o indivíduo para a mudança, para saber adaptar--se sem que se sinta dominado pelo meio que o rodeia. Cada estímulo requer respostas adequadas. E quais são as condições que atuam sobre as mudanças individuais? O mediador deve saber quais são as necessidades do educando, a fim de ajudá-lo a aprender a adaptar-se às diversas situações da vida. O organismo cria dois tipos de defesa:

- **ALOPLASTICIDADE:** capacidade de mudar o outro, de defender-se ou escapar do perigo, modificar o sistema e vencer as condições impostas pela vida.

- **AUTOPLASTICIDADE:** ao não poder modificar as fontes do perigo, surgem os reflexos, os recursos pessoais ou a automodificabilidade. É a resposta às diferentes necessidades; o indivíduo desenvolve sua capacidade para a mudança, conforme as exigências de cada situação. As operações cognitivas são recursos de sobrevivência. Para mudarmos ou mudar os outros, precisamos de uma preparação tanto cognitiva como afetiva.

A mudança pode ser considerada um desafio, uma vez que a aprendizagem exige um esforço de superação quando situações novas e mais complexas são abordadas. A novidade e a complexidade geram desafio. As crianças e os adolescentes precisam encontrar situações de desafio e autoestímulo que lhes propiciem motivação intrínseca e a descoberta de suas possibilidades. Para Feuerstein, a novidade deve ser aprendida e a complexidade, controlada. É imprescindível o acompanhamento nas

---

[14] H. Sharron, *Changing Children's Mind: Feuerstein's Revolution in the Teaching of Intelligence*, cit., p. 199.

5. CONTRIBUIÇÕES DA MEDIAÇÃO

primeiras fases de mudança, para que o aluno descubra os passos que vai dando em seu processo de aprendizagem, garantindo o sucesso e evitando o fracasso nas situações de maior risco e desafio.

A atitude de enfrentar o que é pouco familiar e o desconhecido exige uma capacidade de adaptação a um mundo estranho. Trata-se de preparar o educando para desenvolver mecanismos novos e habilidades que o capacitem para enfrentar o novo. O prazer de conhecer, vencer e conquistar o desconhecido é atualmente exigido pela cultura da mudança, do desafio e da constante novidade.

Algumas mediações mais frequentes:

1. Adaptar os processos aos ritmos que os alunos são capazes de assimilar.

2. Ao familiarizar-se com certas estratégias, os alunos adquirem segurança e perdem o temor diante dos novos desafios.

3. Criar um conflito cognitivo resolúvel capacita o aluno, de forma natural, para enfrentar as abordagens dos problemas complexos.

4. Propor situações desafiadoras permite exigir dos alunos tudo o que eles são capazes de realizar. Fazer com que os alunos estabeleçam limites elevados, objetivos exigentes e difíceis de serem alcançados.

5. Ajudar a segmentar uma situação complexa em outras mais fáceis de dominar.

6. Levar os alunos a conscientizarem-se dos processos (e não ir em busca apenas do produto) prepara-os para somar novos passos na solução de problemas complexos.

Sharron[15] acrescenta ainda estas atividades:

1. Estimular a curiosidade intelectual do educando.

2. Incentivar a originalidade e a criatividade dos alunos.

3. Propor tarefas e atividades imprevistas aos estudantes.

4. Incitar os alunos a iniciarem uma discussão.

---

[15] *Ibid.*, p. 200.

10. Conhecimento do ser humano como entidade mutável

O ser humano caracteriza-se por sua permanente situação de mudança, crescimento e desenvolvimento. As fontes de mudança são a cultura, os sistemas de informação e as experiências de mediação. O importante é conseguir que cada pessoa esteja consciente de como a mudança vai sendo produzida e por que certas mudanças nos causam transtornos e problemas. Mas, à medida que o crescimento vai ocorrendo, deve-se produzir um sentimento de competência e segurança pessoal. As falhas e os erros devem integrar-se como limitações naturais à nossa busca do saber, da verdade e da felicidade. Não é fácil perceber as micromudanças somáticas, intelectuais, afetivas e de atitudes que experimentamos, por serem imperceptíveis e inconscientes. Certas mudanças despertam a responsabilidade porque nos colocam diante dos outros e nos vão dando a experiência proveniente das nossas diferenças.

Formas de mediação:

1. Ajudar a constatar as mudanças internas e externas que são geradas em todos. Fazer uso de um caderno de notas e promover o intercâmbio de experiências e a discussão sobre o que se vai aprendendo são atitudes de grande utilidade.

2. Fazer os alunos compreenderem que as mudanças não fazem de nós pessoas diferentes.

3. Acompanhar os educandos para que assumam a responsabilidade das mudanças em sua personalidade e conquistem plena autonomia e liberdade.[16]

11. Busca de alternativas otimistas

Diante dos dilemas que a vida nos coloca, a escolha de uma alternativa mobiliza esforço em dobro, pela suspeita e pelo temor de um futuro difícil e incerto. A mediação positiva para buscar os meios e as estratégias

---

[16] K. H. Greenberg, *COGNET: Cognitive Enrichment Network. Teacher Workbook*, cit., p. 184.

adequados favorece e potencializa a cognição, assim como as escolhas negativas podem paralisar toda a motivação. Diante dos prognósticos negativos, desaparecem as razões para aplicar esforços. Criar oportunidade de escolhas otimistas nos torna ativos, dispostos e esforçados. Se nessa busca todo o grupo participa, todos os seus integrantes se tornam mediadores e amplificadores do processo.

Na mediação otimista convém o enfoque do aperfeiçoamento. Podemos nos perguntar: como podemos fazer melhor o que estamos fazendo? Existe uma forma melhor de realizar uma tarefa com perfeição e qualidade? Nas respostas podemos nos deparar com mediações criativas e tecnológicas e também relacionadas às atitudes. Pode-se mediar uma atitude positiva, alegre, entusiasta, que supere todos os problemas; do mesmo modo pode-se mediar uma solução técnica: fazer um trabalho no computador multiplica as facilidades e eleva o grau de perfeição e a rapidez. A mediação com o objetivo de obter maior qualidade está nas tarefas feitas em equipe: as contribuições dos outros conferem maior consistência a um projeto, podem atenuar as deficiências de um elemento e garantir o sucesso.

Formas de mediação:

1. Comparar situações e alternativas possíveis, analisando aquelas que permitam uma resposta mais positiva e enriquecedora.

2. Valorizar as respostas dos alunos destacando as propostas mais criativas, que exijam menos riscos ou dão melhor rendimento.

3. Ajudar a buscar as razões positivas que motivem os alunos e os envolvam em um maior esforço em sua formação.

12. Sentimento de pertencimento a uma cultura

Nossos laços com o passado são formados ao longo da história e no seio de uma cultura. As primeiras vivências são impregnadas de afetos, sentimentos religiosos, folclóricos e patrióticos. Os vínculos de sangue e terra criam significados profundos, marcados pelo afeto e pelas relações personalizadoras da família. A pessoa encontra sentido para a existência na experiência de acolhimento e crescimento no seio de uma família.

Daí que a própria identidade adquire sentido assim que passa a ter referentes concretos.

A vida da pessoa tem sentido em razão da mediação de uma cultura, de certos valores que a enchem de significado. Poderíamos afirmar, parafraseando Feuerstein (conforme capítulo 2, no item "Mediação de significado"), que a falta de transmissão cultural ou, em outras palavras, a falta de mediação colocaria em perigo os valores de continuidade da humanidade. A mediação só pode ser realizada no ambiente da família e do grupo. A falta de união na família reduz seu valor mediador, e daí a importância de ajudar e formar os pais para que perdure e continue em seus filhos esse grande privilégio de mediar.

A mediação do sentimento de pertença tem hoje duas facetas opostas: a potencialização dos valores locais e autóctones, o mimetismo e desarraigamento dos imigrantes e pessoas que se deslocaram por motivos de sobrevivência ou de trabalho. A continuidade das formas culturais e religiosas nos pequenos grupos se vê ameaçada pela escassez de meios em alguns grupos majoritários ou de pressão. A integração em uma cultura costuma acarretar o abandono da própria cultura de origem. A exclusão, a rejeição das minorias e o pragmatismo com vestes de adaptação à realidade vão eliminando outros laços culturais e outros vínculos afetivos e religiosos.

Formas de mediação:

1. Apresentar os valores e traços culturais como uma realidade identificadora da nossa forma de ser.

2. Cultivar atitudes de estima e apreço à própria cultura e a todas as demais, como expressão das riquezas da humanidade plural.

3. Despertar atenção à diversidade e à riqueza de nos sentirmos diferentes.

4. Celebrar e revitalizar os valores peculiares das culturas mais próximas.

5. Conhecer, respeitar e expressar nosso interesse por tudo o que exalta o pluralismo e a essência de cada cultura.

Podemos concluir que os critérios da mediação configuram um perfil de mediador imensamente mais rico no que diz respeito ao estilo de interação na sala de aula (ver figura 6).

5. CONTRIBUIÇÕES DA MEDIAÇÃO

FIGURA 6. OS DOZE CRITÉRIOS DA MEDIAÇÃO.

Fonte: R. Feuerstein, adaptada por P. Audy & G. Charest.

A MEDIAÇÃO DIDÁTICA DAS FUNÇÕES COGNITIVAS DEFICIENTES (FCD)

A teoria da modificabilidade cognitiva estrutural (MCE) é uma teoria em construção[17] do desenvolvimento, que envolve elementos estruturais e dinamizadores dos processos mentais. O mapa cognitivo é uma das mais

---

[17] Y. Rand, "Deficient Cognitive Functions and Non-cognitive Determinants: an Integrating Model. Assessment and Intervention", em R. Feuerstein, P. S. Klein, A. J. Tannenbaum, *Mediated Learning Experience (MLE): Theoretical, Psychosocial and Learning Implications* (Londres: Freund Publishing, 1994), p. 71.

preciosas contribuições de Feuerstein à psicopedagogia, em uma tentativa de representar os passos percorridos pelo ato de aprender. Além disso, é uma apresentação didática minuciosa de todo o complexo processo de aprendizagem, através de quatro elementos: input, elaboração, output e componentes afetivo-motivacionais. Desse modo, ao estudar as funções cognitivas, não podemos nos esquecer de que, ainda que a cognição seja a vida consciente do ser humano, ela e a vida afetiva são inseparáveis.[18] Não se pode desprezar a importância dos fatores afetivo-motivacionais (como a motivação intrínseca, a curiosidade, a autoconfiança, a autodeterminação, o otimismo, entre outros) nos processos cognitivos.

As funções cognitivas são estruturas psicológicas interiorizadas. Elas possuem um componente duplo: a) estático: que confere consistência e previsibilidade à conduta; b) dinâmico: componente energético, essencial para sua estrutura, que cria a propensão a transformar o ambiente (aloplástico) e a si mesmo (autoplástico).[19] As funções cognitivas deficientes (FCD) fornecem um construto didático que permite explicar e localizar a causa das falhas nos processos cognitivos. Esses mesmos processos são enriquecidos pela contínua confrontação da teoria com a práxis clínica. Feuerstein afirma que as disfunções devem-se à carência de experiência de aprendizagem mediada (EAM). Daí que as FCD estejam intrinsecamente relacionadas com a EAM. Quando aparecem as disfunções, o objetivo da intervenção mediada orienta-se a:

- elaborar as estratégias adequadas para corrigir essa disfunção;
- detectar os déficits nas diferentes fases do ato mental;
- definir o tipo de aprendizagem necessário para corrigir essa deficiência.

O pensamento é interativo e, por essa razão, é muito difícil estabelecer limites ao desenvolvimento de uma função cognitiva que se propaga nas três fases do ato mental. As disfunções cognitivas possuem componentes

---

[18] A. Damasio, *El error de Descartes* (Barcelona: Drakontos, 1999).
[19] R. Feuerstein, P. S. Klein, A. J. Tannenbaum, *Mediated Learning Experience (MLE): Theoretical, Psychosocial and Learning Implications*, cit., p. 14.

5. CONTRIBUIÇÕES DA MEDIAÇÃO

básicos que interagem uns com os outros. A relação de FCD procede das observações clínicas com pacientes. Feuerstein acredita na possibilidade de definir novas FCD à medida que seja possível ressaltar novas necessidades. As funções cognitivas são configuradas com base nos três componentes a seguir.

1. **CAPACIDADES:** o potencial de possibilidades ou habilidades de atuação. É a característica inata ou adquirida que possibilita a realização de uma tarefa. Essa potencialidade deve ser acompanhada do processo de amadurecimento e de acúmulo de experiência. A EAM potencializa as capacidades humanas induzindo novas condutas, novos métodos, novas estratégias e reforçando as habilidades.

2. **NECESSIDADES:** são os elementos energizantes psicológicos de uma função. Sua intensidade e potencial constituem o principal fator determinante da atividade do sujeito. O sistema de necessidades das pessoas é condicionado pela qualidade dos estímulos, pela gratificação e pela sensibilidade do sujeito. Em muitos casos, substitui a motivação profunda do indivíduo.

3. **ORIENTAÇÃO:** representa o processo mental para proporcionar as metas e as finalidades às quais se dirige a ação. É um componente direcional da função. Determina a escolha do conteúdo, a meta, o âmbito ao qual se dirigem os esforços, o método e as estratégias selecionadas para solucionar um problema.[20]

Ao lado das FCD, devemos situar as operações mentais (OP) como conteúdo energizante e condutas interiorizadas ou processos coordenados de elaboração dos estímulos. As operações mentais são os elementos dinamizadores ou ativadores das capacidades através da energia do sujeito.[21] É essa energia que modifica a estrutura do indivíduo, reforçando seu conjunto unificado de estruturas cognitivas. As OP corrigem as FCD e aumentam o potencial de aprendizagem, criando conexões neuronais sólidas e am-

---

[20] Y. Rand, "Deficient Cognitive Functions and Non-cognitive Determinants: an Integrating Model. Assessment and Intervention", cit., pp. 71-93.

[21] J. H. Flavell, *El desarrollo cognitivo* (Madri: Aprendizaje Visor, 1985).

FIGURA 7. FCD.

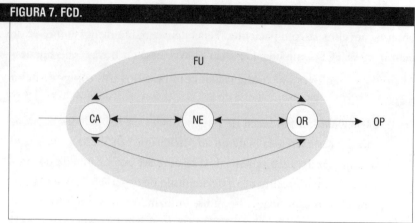

FU: Função; CA: Capacidade; NE: Necessidade; OR: Orientação; OP: Operação

Fonte: Y. Rand, "Deficient Cognitive Functions and Non-Cognitive Determinants: an Integrating Model Assessment and Intervention", em R. Feuerstein *et al.*, *Mediated Learning Experience (MLE): Theoretical, Psychosocial and Learning Implications* (Londres: Freund Publishing, 1994), pp. 71-93.

pliando novas estruturas mentais. A avaliação dos resultados é a nossa única forma de detectar as inter-relações desses processos ou representações mentais.

As funções cognitivas são compostas de uma habilidade natural, uma história de aprendizagem, atitudes em relação à aprendizagem, motivos e estratégias. Em virtude dessa composição, seus elementos são intelectivos e afetivos. "As funções cognitivas devem ser adquiridas por meio da aprendizagem, pela interação do educando com seu ambiente e através de um processo chamado EAM".[22]

Na teoria de Feuerstein, as FCD são um elemento essencial, uma vez que fazem referência aos "modos de organizar, manipular e atuar mentalmente sobre a informação proveniente de fontes externas e internas".[23] As funções cognitivas subjazem ao pensamento operacional do indivíduo e, junto às

---

[22] H. C. Haywood & H. N. Switzky, "Ability and Modifiability: What, Who, and How Much?", em *Advances in Cognition and Educational Practice*. vol. 1, 1992, p. 60.

[23] R. Feuerstein *et al.*, *Instrumental Enrichment: an Intervention Program for Cognitive Modifiability* (Glenview, III: Scott, Foresman and Company, 1980), p. 16.

5. CONTRIBUIÇÕES DA MEDIAÇÃO

variáveis afetivo-motivacionais, explicam o sucesso ou o fracasso do desempenho cognitivo das pessoas. As FCD são o pré-requisito do pensamento operacional. Esses fatores influenciam todo o processo e estão relacionados às atitudes e ao sistema de motivação aprendidos, que incidem sobre o indivíduo quando este tem de enfrentar certas tarefas e situações da vida.[24]

Portanto, as funções cognitivas podem operar de modo eficiente ou deficiente. Feuerstein define-as habitualmente em termos de déficit, pois, como observa Lidz, "propõe não uma teoria da inteligência, mas um enfoque para sua melhora". Foi feito um inventário do número de FCD que revela não ser um elemento totalmente ausente no repertório cognitivo; mais propriamente, trata-se de funções frágeis cuja mobilização fracassa em certas circunstâncias, em razão da "ausência de um sistema de necessidades ou de uma inadequada orientação ou enfoque em relação a um objetivo alcançável".[25] Entende-se, portanto, que o desempenho insuficiente dessas funções é o resultado de experiências inadequadas ou insuficientes de instrução ou de EAM, e não a expressão de uma incapacidade estrutural.

É de extrema importância para o mediador a localização de cada uma dessas deficiências no processo trifásico do ato mental, a fim de determinar em que momento se localiza sua etiologia e poder mediar sua solução. Esse procedimento vai nos oferecer o meio para entender e diagnosticar as razões do nível baixo de comportamento cognitivo do indivíduo, assim como para dosar a aplicação do Programa de Enriquecimento Instrumental (PEI) e prognosticar a correção das disfunções e o correspondente desenvolvimento das capacidades.[26] Contudo, o desafio para o mediador reside na posterior utilização dessa informação imprescindível para:

- ◼ dosar a quantidade e a qualidade dos conteúdos;

---

[24] E. Goikoetxea, *La ejecución de niños gitanos en las matrices progresivas en color de Raven, tras recibir instrucciones adicionales*, tese de doutorado (Bilbao: Universidad de Deusto-Bilbao, 1993).

[25] R. Feuerstein *et al.*, *Instrumental Enrichment: an Intervention Program for Cognitive Modifiability*, cit., p. 72.

[26] J. Gallifa, *L'enriquiment instrumental segons R. Feuerstein: vers la caracterització d'un model d'acció pedagógica per a l'adquisició d'habilitats de pensament*, tese de doutorado (Barcelona: Universidad de Barcelona, 1989), p. 55.

- adaptar o momento e o estilo de interação conforme o estilo cognitivo do educando;
- graduar o ritmo e o nível de exigência na mediação;
- adequar o nível de complexidade e de abstração das tarefas;
- buscar a estratégia de aprendizagem mais adequada;
- levar em consideração as micromudanças que vão sendo produzidas em cada passo da EAM.

A FUNÇÃO CONSTRUTIVISTA DA MEDIAÇÃO

Todo ser humano constrói-se em um processo de interação social (ver gráfico 2). O professor realiza uma insubstituível missão de agente mediador entre o indivíduo e a sociedade.

QUADRO 16. DIFERENÇAS FUNDAMENTAIS ENTRE AS AVALIAÇÕES DINÂMICA E ESTÁTICA DA INTELIGÊNCIA.		
Parâmetros	**Avaliação dinâmica**	**Avaliação estática**
1. O objetivo	**1.** Apreciar o nível de potencial de aprendizajem, FCD e modificabilidade do sujeito: zona de desenvolvimento potencial (ZDP). **2.** Identificar quanta mediação precisa ser investida para que possa promover mudanças. **3.** Conhecer o estilo cognitivo.	**1.** Situar o sujeito em uma população-padrão. **2.** Medidas fixas que precisam de apoios para prever. **3.** Apenas nível de inteligência manifestada, quantificada.
2. A estrutura do instrumento	**1.** Teste, mediação, pós-teste. **2.** Revela mudanças no processo: micromudança. **3.** Questões referentes ao sujeito, à tarefa e ao método de trabalho.	**1.** Componentes cognitivos de diferentes níveis de complexidade. **2.** Avalia apenas resultados. **3.** Sem mediação nem intervenção durante a prova.

(cont.)

5. CONTRIBUIÇÕES DA MEDIAÇÃO

Parâmetros	Avaliação dinâmica	Avaliação estática
3. Orientação do teste	**1.** Orientado para o processo de aprendizagem e automodificação. **2.** Descobrir o que acontece na mente da criança. **3.** Detectar reações às formas de mediação.	**1.** Produto final quantificado. **2.** Posição do educando em seu nível e na população adequada.
4. Situação e clima de aplicação	**1.** É necessário criar condições ótimas que favoreçam a atuação do aluno. **2.** Obter empatia e envolvimento. **3.** Obter todo tipo de informação complementar, qualitativa. **4.** Se criamos condições para a mudança, devemos provocar um maior nível potencial. Exigimos maior esforço.	**1.** Avaliar em um clima neutro. **2.** Reunir dados gerais e pessoais. **3.** Todos os sujeitos avaliados com iguais regras e escalas.
5. Interpretação de resultados	**1.** Oferece uma análise detalhada de todo o processo avaliativo. **2.** A atividade central é a elaboração das respostas e suas mudanças. **3.** São analisados os processos mentais subjacentes ao produto. **4.** O resultado final é um indicador adicional, não definitivo. **5.** Podemos prognosticar futuras mudanças.	**1.** Generalização dos resultados. **2.** Faltam dados qualitativos que contrastem os resultados. **3.** Elaboração e correlação de dados fatoriais. **4.** Conhecer posições e desvios referentes à população-padrão.

Desse modo, devemos admitir que o desenvolvimento humano, como afirmaram numerosos autores, é um desenvolvimento cultural, contextualizado. Por isso, devemos reconhecer, em concordância com Bruner, que "dizer que uma teoria do desenvolvimento é independente da cultura não é uma informação incorreta, mas, sim, absurda [...]".[27] Assim, considera-se que a complexa tarefa do professor projetar-se-á em ambas as direções:

---

[27] J. Bruner, *apud* C. Coll *et al.*, *El constructivismo en el aula* (3ª ed. Barcelona: Graó, 1995), p. 11.

A concepção construtivista do ensino e da aprendizagem, a educação escolar, é um duplo processo de individualização, ou seja, construção da identidade pessoal, e de socialização, isto é, de incorporação a uma sociedade e a uma cultura. São as duas vertentes de um mesmo processo: aquele por meio do qual nos desenvolvemos como pessoas.[28]

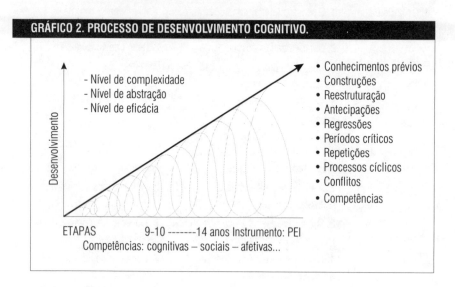

GRÁFICO 2. PROCESSO DE DESENVOLVIMENTO COGNITIVO.

O que é o construtivismo?

A educação precisa redefinir constantemente sua função social, seus objetivos e seus métodos, pelo fato de deparar-se sempre com obstáculos e ter que adaptar-se às vertiginosas mudanças que ocorrem em nossa sociedade. Os avanços que vêm acontecendo nas diversas disciplinas deveriam constituir alguns dos elementos que ajudassem a encontrar a justificativa e a fundamentação teórica para a complexa tarefa de educar nos dias de hoje. A mudança pedagógica impulsionada pelas reformas educacionais é lenta

---

[28] *Ibid.*, p. 17.

5. CONTRIBUIÇÕES DA MEDIAÇÃO

e, às vezes, parece até mesmo ser contraditória e impossível. Talvez a causa disso esteja na falta de clareza ou na confusão dos princípios inspiradores dessa mudança e na sua assimilação pelos profissionais da educação.

Os princípios psicopedagógicos nos quais se fundamentam grande parte das reformas educacionais, realizadas nas três últimas décadas, e os novos currículos delas derivados enquadram-se em uma concepção construtiva da aprendizagem. Essa concepção não se identifica concretamente com nenhuma teoria, mas chega a constituir uma série de princípios, integrando o pensamento de vários autores, como Vygotski, Piaget, Ausubel, Bruner, Feuerstein, Lipman, De Bono, entre outros.

O construtivismo não será a panaceia que resolverá os complexos problemas da educação, mas é um importante referencial teórico que merece nossa atenção. Como as teorias partem de suposições diferentes, deve-se apontar que o construtivismo mescla o ponto de vista epistemológico com o pedagógico. Por isso, Carretero propõe três enfoques do construtivismo, que em síntese são: a) a aprendizagem é uma atividade solitária; b) com amigos aprende-se melhor; c) sem amigos não se pode aprender. Encontramos uma mescla de posturas, mas não se distinguem as condições exteriores que provocam a aprendizagem dos processos que ocorrem no interior daquele que aprende.

O foco do construtivismo não está na discussão que questiona se o conhecimento é transmitido ao sujeito ou se o sujeito o elabora; antes, ocupa-se do que ocorre na pessoa para que ela pode apropriar-se do conhecimento. A finalidade da concepção construtivista não é explicar o desenvolvimento e a aprendizagem humana. Seu propósito é outro: configurar um esquema de conjunto orientado a analisar, explicar e compreender os processos escolares de ensino-aprendizagem. Para tanto, nutre-se, em boa parte, das teorias construtivistas do desenvolvimento e da aprendizagem. Ficam para trás as correntes behavioristas, que baseiam o controle das motivações na manipulação das necessidades básicas, por meio de recompensas e castigos. Quando o que induz à aprendizagem é uma motivação intrínseca, o prazer de aprender, o desejo de conhecer algo novo e seus efeitos sobre os resulta-

O PERFIL DO **PROFESSOR MEDIADOR**

dos obtidos parecem ser mais sólidos e consistentes do que quando a aprendizagem é movida por motivos mais externos. Exceto quando se produz de modo explícito, a aprendizagem associativa tende a basear-se em sistemas motivacionais extrínsecos, enquanto os motivos intrínsecos ou o desejo de aprender, tipicamente, vinculam-se mais a uma aprendizagem construtiva, à busca do significado e do sentido daquilo que fazemos.[29]

Embora o modelo teórico do construtivismo seja diversificado, encontramos esta elucidativa afirmação de Greeno, Collins e Resnick : "Os autores que estudam a cognição geralmente estão de acordo com o caráter construtivo da aprendizagem. Todos coincidem na consideração de que as pessoas que aprendem são as construtoras do seu próprio conhecimento".[30] O construtivismo não é uma corrente pedagógica, mas, sim, uma teoria sobre a formação do conhecimento cujo objetivo consiste em tornar explícitos os processos que levam à construção do conhecimento, e não prescrever o que deve ser ensinado e de que forma deve ser ensinado. Não é, portanto, uma composição caótica, em que cabem todas as ideias e teorias sobre a aprendizagem. Como saber então se nossa opção pedagógica, o ensino realizado na sala de aula, é construtivista? Que condições ou características a definem?

Em sua origem, o construtivismo é uma teoria epistemológica, isto é, que trata dos problemas do conhecimento. Piaget é o pesquisador que, no século XX, abordou e desenvolveu o construtivismo de forma mais clara. Antes dele, observamos outras correntes: os inatistas, que afirmam que o homem nasce com a capacidade de conhecer, e os empiristas, que dizem que o conhecimento é adquirido por meio da experiência. Piaget[31] faz a síntese de ambas as teorias e afirma que as formas que nos servem para organizar os conhecimentos não são inatas, mas, sim, aprendidas mediante o desenvolvimento das capacidades lógico-matemáticas e de sua interação com a realidade. Os processos de aprendizagem são resultantes da nossa organização da informação através das categorias kantianas *a priori* (espaço, tempo,

---

[29] J. I. Pozo, *Aprendices y maestros* (Madri: Alianza, 1996).

[30] J. G. Greeno, A. M. Collins, L. B. Resnick, "Cognition and learning", em D. C. Berliner & R. Calfee (orgs.), *Handbook of Educational Psychology* (Nova York: MacMillian, 1996), p. 189.

[31] J. Piaget, *Psicología y epistemología* (Barcelona: Ariel, 1971).

5. CONTRIBUIÇÕES DA MEDIAÇÃO

causa). Nossas capacidades permitem-nos desenvolver nossa inteligência e, através dela, adquirimos o conhecimento da realidade.

Piaget defende uma concepção construtivista da aquisição do conhecimento, caracterizada pelas seguintes proposições:

- Entre o sujeito e o objeto de conhecimento existe uma relação dinâmica. O sujeito é ativo diante da realidade e interpreta a informação.

- Para construir conhecimento, não basta ser ativo perante o ambiente. O processo de construção é reestruturador, e cada novo conhecimento é gerado a partir dos conhecimentos prévios. O que é novo baseia-se no que já foi adquirido e o transcende.

- É o sujeito que constrói o seu próprio conhecimento. Sem uma atividade mental construtiva, dentro das peculiaridades do desenvolvimento evolutivo de cada pessoa, o conhecimento não é gerado.

A chave do construtivismo

A originalidade do construtivismo consiste em procurar explicar a formação do conhecimento situando-se no interior do sujeito que aprende. O conhecimento existe, mas interessa-nos saber como o sujeito o adquire. Desde o nascimento, todo ser humano começa a interagir com a realidade, sem que tenha consciência nem de si mesmo nem da realidade que o cerca. Piaget estudou minuciosamente como os conhecimentos vão sendo formados e conservados. O construtivismo procura saber como a pessoa adquire o conhecimento, como realiza sua atividade, o que acontece no interior do educando quando aprende, embora não nos explique por que alguns sujeitos aprendem e outros não, já que são múltiplas as causas desse fato.

A construção do conhecimento é um produto de interações entre diversos processos cognitivos de aprendizagem e desenvolvimento, tanto de natureza acumulativa ou associativa, como estrutural ou construtivista. Nosso interesse pelo construtivismo resume-se às respostas que oferece ao explicar o aprender e o conhecer, pois, ao fazê-lo, explica-nos como se constroem os conhecimentos. Por isso, é válido apresentar sua definição para estes dois conceitos:

1. Aprender é essencialmente construir, representar ou esquematizar a realidade. É dar lugar à reestruturação das representações do sujeito.

2. Conhecer consiste em manipular essas representações. As mudanças de estruturas cognitivas devem-se a processos de assimilação e acomodação do sujeito no ato de conhecer. A acomodação é um processo ativo de adaptação do sujeito à realidade ou ao dado que quer conhecer; o sujeito acomoda-se ao objeto para que o possa perceber, ler, entender e representar. E a assimilação é a incorporação do que foi aprendido às nossas estruturas, aos nossos esquemas anteriores.

Contudo, da perspectiva construtivista entendemos que todo conhecimento novo que uma pessoa adquire é produto de um processo construtivo. Isso significa que se baseia nos conhecimentos que já se possui e supõe uma atividade por parte do aprendiz.

Quais são as características essenciais do construtivismo?

O extenso e complexo processo da formação do conhecimento pressupõe os seguintes elementos:

- O conhecimento é uma atividade adaptativa, estruturadora e organizadora. Não é uma cópia da realidade, mas, sim, um processo dinâmico e interativo.

- O sujeito ativo vai desenvolvendo suas capacidades, interage, assimila e incorpora novos conhecimentos, acomodando-os aos novos esquemas mentais que elabora.

- A realidade é conhecida através dos mecanismos internos de cada sujeito.

- O conflito cognitivo é o que estimula a transformar os esquemas existentes em outros novos que incorporem as novas aprendizagens. O aprender ocorre através da resistência que a realidade oferece à ação do sujeito.

- As representações mentais são nossos modelos interiorizados da realidade. São uma forma de sintetizar e organizar as ideias na nossa mente.

5. CONTRIBUIÇÕES DA MEDIAÇÃO

O ensino baseado na aprendizagem construtiva defende que os alunos devem estar ativamente envolvidos para que estejam conscientes e reflitam sobre sua própria aprendizagem, superem os conflitos cognitivos que surjam e realizem inferências lógicas. Assim, desenvolvimento e aprendizagem são basicamente o resultado de um processo de construção, pois o conhecimento não entra na mente como em uma caixa vazia, mas, sim, através de referências prévias conhecidas. O quadro a seguir de Pozo[32] sintetiza em seus principais parâmetros as diferenças da aprendizagem como processo associativo e construtivo.

QUADRO 17. PRINCIPAIS DIFERENÇAS DA APRENDIZAGEM COMO PROCESSO ASSOCIATIVO E CONSTRUTIVO DA APRENDIZAGEM.

	Associacionismo	Construtivismo
1. Unidade de análise	Elementos	Estruturas
2. Sujeito	Estático	Dinâmico
	Reprodutivo	Produtivo
3. Origem da mudança	Externa	Interna
4. Natureza da mudança	Quantitativa	Qualitativa
5. Aprendizagem por associação	Associação	Reestruturação

Quais são os princípios construtivistas da ação educativa?

A educação é uma prática social que deve buscar os meios mais adequados para alcançar seus propósitos. Os problemas atuais da educação estão relacionados à redefinição de seus objetivos. Os resultados da educação dependem de diversos fatores, mas especialmente do estilo de interação e da metodologia que orientem o processo de construção das capacidades dos educandos.[33] Os princípios inspiradores do modelo construtivista são:

- individualização;
- atividade intelectual do aluno;

---

[32] J. I. Pozo, *Aprendices y maestros* (Madri: Alianza, 1996), p. 63.
[33] J. Delval, "Hoy todos somos constructivistas", em *Cuadernos de Pedagogía*, nº 257, 1997, p. 78.

- autonomia;
- respeito à diversidade;
- acompanhamento do processo de construção dos conhecimentos;
- atenção aos conhecimentos prévios do aluno;
- estabelecimento de todo tipo de relações entre os conteúdos;
- formulação de perguntas;
- globalização das aprendizagens, aprendizagem significativa;
- criação de um clima de empatia, respeito, aceitação mútua e ajuda;
- planejamento, controle e reformulação de objetivos;
- possibilidade de generalizar e transferir os conhecimentos para outros contextos.

Por que a aprendizagem é um processo construtivo?

O construtivismo é uma noção vinculada ao desenvolvimento cognitivo, mas confere à linguagem um importante papel como mediadora de significados sociais e à interação social uma valiosa função no processo de equilibração das aprendizagens, além de reconhecer a importância das demais formas de mediação nos processos pedagógicos. Há três fatores que influenciam, de modo especial, a construção do conhecimento:

1. Os conhecimentos prévios ou iniciais, entendidos como a bagagem acumulada nas experiências da vida, e não só da sala de aula.

2. As estratégias aprendidas que acumulam habilidades aplicáveis a todos os tipos de aprendizagem e à própria vida.

3. A disponibilidade para aprender, oriunda da motivação intrínseca de reconhecer-se cada vez mais capaz de aprender.

O construtivismo funde a dupla contribuição do individual e do social nos processos de aprendizagem significativa, com a carga afetivo-motivacional que toda aprendizagem implica e a contextualização e a transferência dos conhecimentos para a vida. O construtivismo pode ajudar a entender uma parte do processo educativo, mas não prescreve o que deve ser feito nem no

5. CONTRIBUIÇÕES DA MEDIAÇÃO

âmbito pedagógico nem no sociocultural. No entanto, é evidente que bases teóricas, como as do construtivismo, podem levar-nos a revisar a função tanto dos conteúdos da aprendizagem como do professor na escola.[34]

A mudança metodológica construtivista: o paradigma mediador

A mudança cognitiva constitui um processo individual e social. Na sala de aula, o conhecimento constrói-se graças a um processo de interação entre os alunos e o professor, em torno de determinados conteúdos. O triângulo de interações só pode ser entendido em um clima de forças ou sinergias que devem ser canalizadas para o pleno desenvolvimento do educando. O paradigma mediador explicita as peculiaridades de cada um dos três elementos integrados. Solé[35] oferece uma série de parâmetros para a ação educativa, os quais indicam que o professor mediador deve:

- estar ciente dos conhecimentos prévios dos alunos e permitir que estes exerçam uma participação ativa, formulem perguntas e elaborem todo tipo de projeção com os novos conteúdos;
- dar oportunidade para os alunos exercitarem suas competências de forma autônoma. Deve haver plasticidade de intervenção diferenciada do professor, segundo as necessidades e os diferentes ritmos de aprendizagem dos alunos;
- criar um clima de confiança, segurança, afeto e respeito mútuos que propicie uma comunicação fácil e eficiente na sala de aula;
- organizar e planejar as sequências didáticas que permitam a previsão dos objetivos e meios para se alcançar as metas propostas;
- ajustar a estrutura de cada tarefa às possibilidades de cada aluno;
- observar e conhecer o processo que permita assegurar um alto nível de participação dos educandos. A construção pessoal da criança desponta no âmbito das relações sociais que ela estabelece com outras pessoas e, no caso da escola, com seus colegas e com o professor.

---

[34] J. A. Bernad, *Estrategias de estudio en la universidad* (Madri: Síntesis, 1994), p. 79.
[35] C. Coll & I. Solé, "Aprendizaje significativo y ayuda pedagógica", em *Cuadernos de Pedagogía*, nº 168, p. 33.

O professor é o agente mediador imprescindível no processo educativo. Como destaca Coll, o que caracteriza o mediador é "sua perícia, sua maestria em atuar como mediador, razão pela qual sua função consiste essencialmente em criar – ou recriar, conforme o caso – situações e atividades especialmente pensadas para promover a aquisição de determinados saberes e formas culturais por parte dos alunos".

A ação educativa adquire uma dimensão imensamente rica ao ser entendida a partir dos critérios mediacionais propostos pelo professor Feuerstein. Em concordância com Coll, afirma que

> [...] a educação escolar tem como característica ser uma atividade intencional, sistemática e planejada, e, embora essa característica possa ser encontrada, de certo modo, em praticamente qualquer tipo de atividade educativa, somente no caso da educação escolar sua ausência é inimaginável.

O olhar do educador muda de perspectiva quando assume em cada um de seus atos educativos a intencionalidade que promove uma interação profunda com o educando, transmite certos significados e transcende o próprio ato de ensinar, buscando uma reflexão reestruturadora e organizadora nos esquemas mentais da criança. Nesse ponto, figuram os demais critérios e estratégias que o mediador ativa para motivar, envolver e conquistar aprendizagens significativas em cada um dos educandos. O paradigma mediador é nosso melhor referencial nos dias de hoje; remetemos a ele todo educador, pois nele encontramos plena coerência com relação aos processos mencionados, uma vez que integra, de maneira minuciosa, cada uma das fases essenciais na construção do conhecimento.[36]

No triângulo interativo, tanto por meio do paradigma mediador como da concepção construtivista, mostra-se a aprendizagem como o resultado de um complexo processo de intercâmbios de funções que se estabelecem entre os três componentes: a) o aluno que aprende; b) o conteúdo que é obje-

---

[36] M. de Vega, *Introducción a la psicología cognitiva* (Madri: Alianza, 1998), p. 21.

5. CONTRIBUIÇÕES DA MEDIAÇÃO

to da aprendizagem; c) o professor mediador. Assim, uma função essencial atribuída ao mediador consistirá em assegurar um encadeamento adequado entre a atividade mental construtiva dos educandos e os significados sociais e culturais que os conteúdos escolares refletem, de acordo com certos elementos psicopedagógicos selecionados.

Se ninguém pode suprir o aluno em seu processo de construção pessoal, ninguém pode substituir a ajuda que considera a intervenção pedagógica para que essa construção se realize.

EXPERIÊNCIAS DA MEDIAÇÃO (ESTUDOS, RELATOS E CONCLUSÕES)

O paradoxo: querer mudar o educando sem que nada mude ao seu redor

Na presente situação, verificamos um conceito central: os mediadores sentem-se entusiasmados com os recursos pedagógicos e esquecem as finalidades últimas da modificação cognitiva estrutural (MCE). Se Feuerstein destaca a importância dos elementos que levam à consecução da mudança peculiar do ser humano, ele não deixa de apontar um dos mais essenciais: a modificação do ambiente em que o educando se encontra. Muitas experiências não mudaram absolutamente nenhum elemento que circunda a vida dos alunos: professores, colegas, falta de expectativas, desprestígio, desmotivação, castigos, gritos, horários sobrecarregados, etc. É imprescindível concentrar esforços, conseguir o apoio necessário de pais, professores e colegas, a fim de criar um clima autenticamente modificador que ofereça expectativas positivas. Os grupos de alunos devem ser reduzidos e mudar o tipo de relação, de trabalho e de sistema de interação.

O construto do ambiente da aprendizagem é mais amplo do que se entende por clima da sala de aula. O ambiente da aprendizagem maximiza as oportunidades mútuas e recíprocas para a instrução. Um ambiente positivo inclui informação estimulante dos sentimentos, das disposições e vivos mo-

O PERFIL DO **PROFESSOR MEDIADOR**

delos de estratégias cognitivas. Na obra compiladora de Ben-Hur, reúnem-se os oito elementos essenciais que Presseissen propõe para ajudar-nos a reestruturar o ambiente da aula:

1. Desenvolver o potencial de cada educando, elevando seu nível de eficiência cognitiva.

2. Promover a progressiva autonomia dos educandos e a capacitação para que possam continuar aprendendo durante toda a vida.

3. Prestar atenção nos processos cognitivos e metacognitivos, bem como no estilo pessoal e cooperativo dos alunos em seus trabalhos.

4. Desenvolver nos alunos um espírito de curiosidade intelectual que os ajude a construir seu mundo de conhecimentos, respeitando seus estilos cognitivos.

5. Estimular a interação com o ambiente, assegurando-se da personalização, do sentido e do pleno desenvolvimento da experiência cognitiva do educando.

6. O professor deve ser mediador dos processos de amadurecimento de cada aluno, coordenando a influência coerente e positiva de outros professores.

7. Propiciar as relações na sala de aula, indo além dos limites da instituição, da comunidade educativa, dos pais e de outros agentes.

8. Reestruturar constantemente o ambiente para integrar as aprendizagens e dinamizar os aspectos educativos das tarefas diárias.[37]

Sem dúvida, a meta da modificabilidade cognitiva é bastante elevada. Tentamos chegar ao cerne da teoria, mas alcançamos apenas a sua superfície. Isso explica por que são exigidas as mudanças e por que elas se cristalizam, sem ter criado o clima adequado para produzir frutos. É frequente ouvir que o estudante deve adaptar-se ao professor e à escola, mas esta permanece inalterada. Pede-se flexibilidade aos sujeitos, mas não às estruturas,

---

[37] B. Z. Presseissen & A. Kozulin, "Mediated Learning: the Contributions of Vygotsky and Feuerstein in Theory and Practice", em M. Ben-Hur, *On Feuerstein's Instrumental Enrichment* (Palatine, III: IRI/Skylight T & P, 1994), p. 204.

sabendo-se que a responsabilidade dos fracassos educativos está mais re-lacionada com o sistema educativo que com o educando. Mesmo sabendo que, como afirma Feuerstein, a "modificabilidade é o traço comum a todos os seres humanos", atribui-se à cognição um papel importante na adapta-ção do indivíduo, sem deixar de lado nem desprezar o mundo afetivo, pois cognição e afetividade são como as duas faces de uma mesma moeda trans-parente: um elemento estrutural, o cognitivo, e outro energético, o afetivo:

> O comportamento do ser humano é dominado por uma combi-nação de elementos favoráveis à orientação no tempo, no espaço e pela necessidade de distinguir os estímulos externos e internos. Mas consideramos também o fator cognitivo como estruturador dos ele-mentos emotivos e afetivos. Falamos da necessidade de aumentar a motivação do indivíduo, mas, se fazemos isso sem oferecer-lhe as ferramentas necessárias para a compreensão do tema da motivação, criamos as condições para a frustração, que implica o risco de de-sencadear o resultado oposto ao que buscávamos. É possível estar motivado para algo que não se conhece, que não se compreende?[38]

Experiência mediadora dos pais com os filhos

1. Mediação de intencionalidade e reciprocidade

- ■ Conseguir que a criança entenda o conteúdo das mensagens.
- ■ Aceitar suas respostas e reações.
- ■ Instruir a repetir as mensagens com clareza.
- ■ Oferecer modelos de expressão e de comportamento.
- ■ Estabelecer contato visual, proximidade e contato físico.
- ■ Explicar com clareza conceitos e palavras novas.
- ■ Colocar ênfase e expressividade na fala ao dirigir-se a ela.
- ■ Oferecer estímulos novos e atraentes.
- ■ Criar ambientes estimulantes e agradáveis.

---

[38] *Ibid.*, p. 122.

- Regular respostas conforme as necessidades da interação.
- Controlar a reciprocidade em casos de conflito cognitivo.

2. Mediação de transcendência

- Ajudar a ir além das necessidades presentes (aqui e agora).
- Fazer perguntas e solicitar respostas às causas e finalidades (por que e para quê).
- Exigir responsabilidade e competência (foco no trabalho benfeito).
- Desenvolver sua agilidade, equilíbrio; levá-la a concluir as ações.
- Ensinar a extrair princípios e conclusões de sua atuação.
- Ativar suas funções cognitivas: criar relações.
- Levar a imaginar, representar mentalmente as coisas, criar sequências, etc.
- Expressar a relação causa-efeito, fazer analogias.
- Ensinar a relacionar o todo e as partes.
- Ajudar a desenvolver habilidades, coordenação motora, controle.

3. Mediação de significado

- Consolidar seus valores, crenças, sentimentos e atitudes.
- Fazer crescer suas motivações, objetivos, aspirações.
- Inculcar o valor das aprendizagens e estima da educação.
- Fazer entender o porquê das ações ou dos comportamentos.
- Explicar o significado dos bons exemplos e das condutas positivas.
- Preservar o bom clima de relações afetivas.
- Usar formas de comunicação não verbal.
- Ser expressivo, dramatizar, provocar interesse.
- Criar uma antecipação positiva às experiências de futuro.
- Ensinar a ter consciência da diversidade de elementos que a vida envolve.

4. Mediação do sentimento de competência

- Elevar o sentimento de autoaceitação, autoestima e confiança dela mesma.

- Ocasionar experiências de sucesso e acerto que venham a melhorar a autoimagem.
- Ajudar a criança a fazer uma autoavaliação de suas competências.
- Evitar complexos ao comparar-se com os colegas e com os adultos.
- Criar as condições de sucesso e domínio da situação.
- Planejar uma aprendizagem graduada de estratégias.
- Propor problemas adequados, evitando a excessiva complexidade.
- Desenvolver e consolidar as habilidades dominadas.
- Solicitar maior nível de funcionamento cognitivo, precisão e rapidez.
- Saber interpretar e aplaudir os êxitos que exigem esforço dela.

5. Mediação da regulação e do controle da conduta

- Ajudar a planejar e organizar a conduta.
- Exigir respostas adequadas aos estímulos recebidos.
- Solicitar respostas diferenciadas: fortes/fracas, rápidas/lentas, etc.
- Criar intervalos de espera entre a pergunta e a resposta.
- Conceder tempo para pensar e processar bem a informação.
- Controlar a impulsividade.
- Adiar a gratificação imediata aos estímulos.
- Elevar progressivamente o nível de complexidade e planejamento de tarefas.
- Oferecer mais fontes de informação e solicitar maior nível de atenção.
- Ajudar a avaliar o próprio processo de aprender.
- Examinar a natureza e exigência das diversas tarefas.
- Controlar todas as informações possíveis antes de agir.
- Avaliar as próprias informações.
- Conscientizar-se quanto à precisão e à exatidão das ações.
- Ensinar autodisciplina e o sentido socializador da conduta.
- Ensinar a corresponder à confiança e às expectativas dos outros.

6. Mediação de conduta compartilhada

- Desenvolver sentimentos positivos em relação às outras pessoas.

O PERFIL DO **PROFESSOR MEDIADOR**

- Sentir-se próximo, mediando condutas diversas.
- Ensinar a ouvir e aceitar as opiniões dos outros.
- Ajudar a superar o egocentrismo.
- Brincar, dialogar, imitar sons, gestos.
- Estar envolvido nos acontecimentos familiares, vivê-los e comentá-los.
- Participar dos eventos familiares (festas, refeições) e em sua preparação.
- Ensinar habilidades de comportamento social: cortesia, respeito.
- Tomar iniciativas: fazer convites, organizar eventos, viagens.
- Mediar cooperação e respeitar a vez de atuação de cada um; não exigir recompensas.

7. Mediação de individualização e diferenciação psicológica

- Mediar a autoaceitação, autonomia e responsabilidade pessoal.
- Ensinar a reconhecer e aceitar as diferenças, sem nutrir sentimentos de inveja.
- Evitar situações que criem dependência dos outros.
- Mostrar extremo respeito em relação à criança.
- Demonstrar interesse por suas opiniões, perguntas e respostas.
- Não impor as ideias de maneira violenta, mas, sim, envolver a criança ao apresentá-las.
- Não falar mal dela com outras pessoas.
- Exigir responsabilidade nas decisões assumidas.
- Ajudar a encontrar as atividades que desenvolvam o seu interesse.
- Evitar tanto a superproteção como a independência prematura.
- Evitar o excesso de autoritarismo.
- Não negar o apoio afetivo e emocional exigido.
- Propiciar situações para que a criança se programe, economize, compre, troque, etc.

8. Mediação de busca e conquista de objetivos

- Ensinar a formular e estabelecer objetivos alcançáveis.
- Propor objetivos de conquista, a longo prazo.

- Mediar processos de controle e conquista.
- Ensinar a superar conflitos e ambientes hostis.
- Ajudar a optar por condutas alternativas e prioritárias.
- Formar habilidades que exijam análise e alto nível de abstração.
- Ensinar a dividir as tarefas em etapas realizáveis.
- Ensinar a avaliar a natureza e a qualidade dos objetivos.
- Modelar certas condutas novas e complexas.
- Criar situações de autodesafio e seleção de metas.
- Ajudar a selecionar, organizar e classificar a conduta.

9. Mediação de desafio diante da novidade e da complexidade

- Despertar interesse e disposição para enfrentar diversas tarefas.
- Acompanhar e dar segurança diante do que é incerto, difícil e desconhecido.
- Evitar a excessiva ansiedade e resistência diante do que é novo.
- Ajudar a ser flexível e adotar estratégias novas e desafiadoras.
- Mediar sentimentos positivos e atitudes de crescimento.
- Evitar a superproteção e a atitude de esquivar-se ao risco.
- Dar um significado positivo às tarefas novas e complexas.
- Provocar entusiasmo e curiosidade pelo resultado esperado.
- Ampliar exemplos de tarefas exigentes na vida.

10. Mediação de consciência de mudança no ser humano

- Ajudar a compreender que todo ser humano cresce e modifica-se.
- Aceitar a modificabilidade como fonte de potencialidade.
- Ter atitude positiva para superar com esforço as limitações.
- Apresentar mensagens positivas para acreditar na mudança e esforçar-se por ela.
- Promover ambiente e clima positivos diante de toda tentativa de mudança.
- Levar a criança a perceber as mudanças como um acúmulo de pequenos esforços e conquistas lentas em um processo perseverante.

- Criar expectativas positivas de conquista.
- Fazer despertar a consciência da mudança e criar autoconfiança.
- Ajudar a elevar o sentido de interioridade e representação mental.

11. Mediação da busca de alternativas otimistas
- Ajudar a buscar outras soluções possíveis e a superar obstáculos na resolução de problemas.
- Apoiar novas relações e elaborações mentais.
- Criar novas expectativas que eliminem a passividade.
- Estimular a desenvolver novas estratégias.
- Desafiar a encontrar uma solução criativa para os novos obstáculos.
- Ajudar, com razões e motivos, a encarar os problemas.
- Ajudar a ter iniciativas diante dos novos problemas.
- Apresentar modelos de decisão da vida real, do cinema e da história.

12. Mediação do sentimento de pertença a uma cultura
- Divulgar os valores da própria história, arte e cultura.
- Ensinar o sentido das nossas festas religiosas e patrióticas.
- Mostrar o significado dos monumentos das cidades.
- Conhecer museus, catedrais, edifícios e monumentos simbólicos.
- Destacar os elementos que nos identificam: leis, bandeiras, etc.
- Conhecer o mundo referencial que dá sentido à nossa vida: família, escola, religião, valores, sentimentos comuns, direitos.

A experiência de mediação na integração das minorias étnicas à escola

O problema da integração das minorias tem entrado em conflito com os princípios da multiculturalidade e da globalização. Vários países vêm amenizando e liberalizando suas leis relacionadas aos imigrantes por diversas circunstâncias, seja pela origem, seja pela mão de obra, seja pela formação.

5. CONTRIBUIÇÕES DA MEDIAÇÃO

Em todas as partes do mundo, tende-se a evitar a discriminação dos integrantes de minorias étnicas, a prevenir problemas educacionais em grupos minoritários e a promover a integração social, por mais dificuldades que se apresentem. Trata-se de romper todas as barreiras da exclusão. Nenhuma criança deve ficar sem receber uma ajuda que lhe permita potencializar suas capacidades.

Ao falar de imigrantes, estamos fazendo referência àquelas pessoas que se integram a uma cultura dominante que não é a sua; no entanto, ao estabelecer essa designação, encontramos duas dificuldades. Os imigrantes podem ser classificados em duas categorias:

1. **O INDIVÍDUO CULTURALMENTE DIFERENTE:** é aquele que já possui uma cultura diferente daquela à qual deverá adaptar-se. As diferenças são marcadas pelas culturas mais influentes. E a cultura tem poder de moldar. É possível estabelecer a diferença entre a cultura de origem e a nova cultura à qual devemos nos adaptar. As diferenças podem ser inúmeras e ao mesmo tempo minuciosas. Há pessoas que procedem de outros países, outras culturas, que falam outros idiomas e que podem possuir elementos idiomáticos semelhantes e só precisam transportar os conceitos de um idioma para o outro. Aprender um novo idioma exige ir a níveis quase infantis de aprendizagem, nos quais frases elementares são elaboradas. Se o adulto não se flexibilizar, indo a níveis quase extremos de adaptação – para que possa assumir essa aparente regressão, não como sinal de fraqueza, mas como fenômeno de modificabilidade –, sua integração será traumática. Aceitar a dinâmica da integração exige que se dê um passo para trás a cada dois passos para a frente. Os códigos de aprendizagem cultural são diversos: idioma, comida, costumes, etc.

   Em determinadas ocasiões, o imigrante tem necessidade de subir no trem em movimento. As crianças de 9 anos, no entanto, não estão preparadas para dar semelhantes saltos. Não se pode negar à criança o desenvolvimento de suas potencialidades. Devem-se elaborar técnicas para preparar o imigrante para o seu salto: as salas de aula

O PERFIL DO **PROFESSOR MEDIADOR**

instruem e preparam o indivíduo para obter recursos. No caso dos imigrantes, a *descontinuidade geracional*, isto é, a diferença entre as gerações provoca lacunas. As crianças chegam a ser muito diferentes dos seus pais, e estes deixam de ser mediadores de seus filhos, considerando-se incapazes de introduzi-los na nova cultura que os envolve.

Essa incapacidade pode transformar-se numa autêntica tragédia diante das anomias sociais, a falta de respeito à lei. Abrem-se então brechas profundas. Ninguém deve morrer no deserto da imigração, em vez disso deve-se assegurar que a família seja um lugar significativo onde a criança receba a interação mediada com toda a ênfase necessária na transmissão de afetos e valores. Deve-se procurar criar, de todas as formas, condições para que os lares não sejam destruídos e a alienação social não produza disfunções irreversíveis nas crianças e nos jovens. É preciso evitar o diagnóstico errôneo de disfunções. Não se deve avaliar apenas o que a criança é capaz de fazer hoje, mas, sim, o que é capaz de aprender com ferramentas diferentes.

2. **PESSOAS PRIVADAS DE CULTURA:** é necessário mediá-las, a fim de ajudá-las a aprender. Deve-se cuidar das crianças privadas de cultura, uma vez que essa atenção será o sustento de seu crescimento na sociedade. Não existe cultura que prive o ser humano, mas, sim, indivíduos carentes dentro de sua cultura. Não se trata de um fenômeno privativo de uma cultura: existem pessoas que não se beneficiaram da cultura que lhes foi oferecida, simplesmente porque esta não lhes foi oferecida da maneira adequada ou porque havia barreiras internas que impediam sua apropriação. Esse é um fenômeno que ocorre em todas as sociedades. Os pais não exercem a mediação porque não têm tempo, e muitos professores não são mediadores de transmissão cultural. Por carecerem de capacidade para mediar a si mesmos, por motivos sociais, genéticos ou familiares, muitos indivíduos abandonam as salas de aula tão necessitados como quando chegaram a ela (Síntese de conferências do professor R. Feuerstein: Jerusalém-Shoresh, julho de 1999).

5. CONTRIBUIÇÕES DA MEDIAÇÃO

AS FUNÇÕES DO PROFESSOR MEDIADOR
A profissionalização do docente

Encontramo-nos diante de uma delicada questão no âmbito da educação. Os professores vivem com tensão uma série de mudanças sociais que, mais que favorecer sua tarefa, têm um impacto imprevisível nos conteúdos, nos métodos, nos educandos, no estilo de relação e nas novas funções que lhes são exigidas. O grande impacto do terremoto da globalização, da mundialização, do pensamento único e das novas tecnologias é de uma imensa transcendência educativa[39] e cria transtornos na cultura dos docentes, que veem sua função social menosprezada, subestimada, saturada de tarefas e de responsabilidades profissionais. Por sua vez, esse abalo social tem produzido uma mudança traumatizante das funções do docente.

Os atuais estudos sobre a profissão docente revelam-nos essa situação crítica do professor e apresentam-nos uma imagem indefinida da identidade profissional dos educadores, em especial quanto à diversidade de sua formação e das motivações de sua escolha.[40] Deparamo-nos então com o paradoxo entre o serviço social e a transcendência da educação, bem como com o pouco prestígio e a escassa valorização da profissão docente. Nessas circunstâncias, não será fácil encontrar o professor ideal, buscador da verdade, o " antiprofessor" que, apesar de sua alta ciência, relativiza seu saber e reconhece que "não sabe nada".[41]

Entretanto, deveríamos considerar uma série de fatores básicos que configuram a profissão docente e que explicam, de modo coerente, os traços e propósitos que lhe devem ser peculiares. Estes poderiam ser: sua formação, as condições de seu trabalho, a valorização social que recebem e suas perspectivas profissionais.[42] A razão dessa análise consiste em perceber que

---

[39] I. Ramonet, *A tirania da comunicação* (Porto: Campo das Letras, 1999), p. 76.

[40] J. M. Esteve, *El malestar docente* (Barcelona: Laia, 1987); C. Marcelo, *Aprender a enseñar: un estudio sobre el proceso de socialización de profesores principiantes* (Madri: Cide, 1992).

[41] C. Tejedor Campomanes, *Una antropología del conocimiento* (Madri: Universidad Pontificia de Comillas, 1984), p. 40.

[42] A. Marchesi, *Controversias en la educación española* (Madri: Alianza, 2000), p. 112.

O PERFIL DO **PROFESSOR MEDIADOR**

muitas funções do professor são inerentes à sua identidade. Caberia aqui entender a importância de vincular na formação a teoria e a prática, assim como a dimensão transcendente do ensino, que não é mera transmissão de conhecimentos, mas, sim,

> [...] uma vocação de desenvolvimento de potencialidades dos alunos, com os quais se mantém uma relação pessoal, reconhecendo-se como responsável pela formação de seu caráter. Quando se pretende ignorar os objetivos éticos do ensino, os professores sentem que suas raízes são secadas e deixam de exercer qualquer tipo de autoridade moral em suas salas de aula [...].[43]

Os estudos sobre a profissão docente orientam-nos sobre os compromissos esperados dos educadores e permitem distinguir uma série de indicadores da indefinição de sua imagem social, de sua desprofissionalização. Mas, diante dessas análises, encontramos as propostas oportunas ou os indicadores por meio dos quais se reconhece a profissionalização dos docentes. Tanto a formação como a pesquisa e a confrontação das funções profissionais vão despertando o educador para buscar sua identidade e sua função específica na sociedade. Estes são os traços ou indicadores de profissionalização universalmente aceitos:

> *Saber técnico* específico – não trivial – de certa complexidade e dificuldade de domínio, que distingue/separa os membros de uma profissão daqueles que não a exercem.
>
> Um *progresso contínuo* de caráter técnico, de ritmo variado, de acordo com a diversidade das profissões, em correspondência com as contínuas mudanças nas necessidades e nas possibilidades de serviço para o conjunto da sociedade.
>
> Uma *fundamentação crítico-científica*, na qual a progressiva mudança técnico-profissional apoie-se e encontre justificativa e possibilidades.

---

[43] Instituto Nacional de Calidad y Evaluación, "La profesión docente", em *Estudios e Informes*, nº 5 (Madri: Ince, 1997), p. 114.

A *autopercepção positiva* do profissional, que venha a identificar-se com precisão e certo grau de satisfação (autorrealização, orgulho, etc.) profissional, no nosso caso, do ensino.

Certo nível de institucionalização referente à organização regulamentada do exercício da atividade em questão (legislação, associação profissional, etc.).

Reconhecimento social do serviço que os profissionais prestam aos cidadãos, podendo chegar a níveis praticamente ilimitados de maior ou menor prestígio, em relação a outras profissões socialmente reconhecidas.[44]

Naturalmente, de cada um desses seis traços podem derivar outras tantas obrigações que identificam o profissional da educação de forma precisa. A sociedade volta o olhar aos profissionais da educação como último recurso para compensar as limitações observadas nas diversas instituições de acolhimento da pessoa. Somam-se à missão dos educadores os papéis que a família e a própria sociedade deixam de cumprir ou nos quais encontram maior obstáculo. Assim, os educadores são hoje submetidos à pressão e a uma sobrecarga de funções que devem exercer para promover a formação integral dos alunos.

O impulso educativo dependerá da concepção que os profissionais tenham da educação.

Três concepções da função docente

Identificamos três enfoques ou concepções da função docente em Pérez Gómez[45] que apresentam outros modos de interpretar a tarefa educativa:

1. **ENFOQUE PRÁTICO-ARTESANAL DO ENSINO:** fundamenta-se em uma experiência educacional acumulada, por sucessão e intercâmbio de prá-

---

[44] M. Fernández Pérez, *La profesionalización del docente* (3ª ed. Madri: Escuela Española, 1999), pp. 2 e 116.

[45] A. I. Pérez Gómez, *La cultura escolar en la sociedad neoliberal* (Madri: Morata, 1998), pp. 184-188.

tica. Não requer muito conhecimento teórico-profissional, mas, sim, imersão na cultura da escola. Trata-se de um enfoque conservador, reprodutor de hábitos, ideias, valores e tradições. Proporciona poucos meios favoráveis à mudança e sua atividade é mais continuísta que profissional e inovadora;

2. **ENFOQUE TÉCNICO-ACADEMICISTA:** a intervenção didática elege e ativa os meios adequados aos objetivos. O conhecimento especializado não surge da prática, mas transforma em competência e rotinas técnicas os conhecimentos científicos de outros. Os problemas humanos são reduzidos a problemas técnicos;

3. **ENFOQUE REFLEXIVO E DE INVESTIGAÇÃO DA AÇÃO:** são considerados os processos de ensino-aprendizagem. O conhecimento pedagógico do professor é construtivo e elaborado com base em experiências e crenças estáveis. O docente é artista, clínico e intelectual, que transforma o conhecimento pedagógico baseado na investigação.

E, se olharmos mais especificamente para as diferentes formas de manifestação da cultura de uma escola, o estilo ou enfoque educativo, poderemos perguntar-nos, como Marchesi, quais são os traços configuradores do desempenho profissional ou os elementos que determinam um modo peculiar na práxis educativa. Marchesi[46] propõe os seguintes elementos: a) a formação do educador; b) as condições do seu trabalho; c) a valorização social; d) suas perspectivas profissionais.

As competências dos educandos

Com relação à função (exemplar) do docente, podemos fazer ainda outra análise com foco nas competências que devem ser geradas nos educandos. A longa lista de competências da comissão de especialistas, dedicada a pensar na construção da Europa, resume-se em:

- comunicar: compreender e falar várias línguas;
- controlar as divergências e os conflitos;

---

[46] A. Marchesi, *Controversias en la educación española*, cit., p. 211.

5. CONTRIBUIÇÕES DA MEDIAÇÃO

- empreender: demonstrar solidariedade;
- exercer o espírito crítico sobre temas de evolução da sociedade;
- adaptar-se: saber utilizar as novas tecnologias da informação;
- pensar: relacionar os acontecimentos passados com os presentes;
- saber lidar com a incerteza e a complexidade;
- saber cooperar e trabalhar em equipe;
- adaptar-se: manifestar flexibilidade diante da rapidez das mudanças;
- comunicar: saber escutar e considerar o ponto de vista do outro.[47]

Naturalmente, não podemos definir todas as funções essenciais que incidem em tão complexa tarefa. A base deontológica e a referência essencial dos educadores e pedagogos é "o aluno, o educando em geral, em seus aspectos de aprendizagem e formação integral como pessoa"; seu compromisso se justifica porque: "a função educacional, enquanto focada em promover o crescimento dos educandos em todos os aspectos formativos, como indivíduos e como seres sociais, configura uma das profissões mais significativas e valiosas da sociedade". Os deveres dos educadores desenvolvem-se em seis campos, com relação: a) aos educandos; b) aos pais e aos tutores; c) à profissão; d) a outros educadores; e) à instituição escolar; f) à sociedade. Os deveres que se referem à própria profissão são os que mais coincidem com as suas funções educacionais:

- dedicar-se ao trabalho docente com plena consciência do serviço que se presta à sociedade;
- promover o desenvolvimento profissional com atividades de formação permanente e de inovação e pesquisa educativa, considerando que essa questão constitui um dever e um direito do educador;
- contribuir para a dignificação social da profissão docente e assumir de forma correta as responsabilidades e competências próprias da profissão;
- defender os direitos inerentes à profissão educativa e esforçar-se para que sejam respeitados;

---

[47] M. W. Hutmacher, *apud* Consejo de Europa, *Compétences clés pour l'Europe*, Strasbourg, Symposium Dossier, 1996, p. 15.

O PERFIL DO **PROFESSOR MEDIADOR**

- contribuir, de acordo com as próprias possibilidades, para uma prática solidária da profissão;
- esforçar-se para adquirir e potencializar as qualidades que configuram o caráter próprio e que são necessárias para o melhor cumprimento dos deveres profissionais: autocontrole, paciência, interesse, curiosidade intelectual, etc.;
- manter um domínio permanente dos princípios básicos de sua matéria ou área, esforçando-se para incorporar à sua didática os avanços científicos, pedagógicos e didáticos oportunos;
- Manter uma atitude crítica e reflexiva permanente em relação à própria atuação profissional, a fim de garantir um constante aperfeiçoamento em todas as suas atividades profissionais.[48]

Sem a pretensão de sermos exaustivos, queremos destacar todas as funções que correspondem a um estilo mediador e que desenvolvem o paradigma da mediação, com relação ao processo de ensino-aprendizagem.

Funções com relação ao sistema de crenças do professor mediador

■ O professor mediador, por definição, deve ser pensador, reflexivo e crítico. Deve manifestar em todas as situações competência e senso profissional, além de uma visão positiva, apreço e alta estima no que concerne à educação.[49]

■ As atitudes e o comportamento do mediador devem ser coerentes. A ação educativa desenvolve-se em âmbitos muito diversos, de maneira que não pode haver discrepâncias entre o que o professor mediador faz e o que diz, sobretudo, há que considerar a intuição dos alunos, que buscam segurança e referência nas quais possam justificar seus argumentos e detectam com grande sensibilidade os diferentes níveis de uma mensagem. É chamado para ser um modelo referencial.

---

[48] Código Deontológico de los Profesionales de la Educación, Consejo General de Colegios Oficiales de Doctores y Licenciados en Filosofía y Letras y en Ciencias, Oviedo, janeiro de 1996.

[49] R. Feuerstein *et al.*, *Instrumental Enrichment: an Intervention Program for Cognitive Modifiability*, cit., p. 302.

- A ação pedagógica tem de ser fundamentada em princípios científicos confrontados, que integrem o estilo educativo que confere uniformidade a certas normas e a determinada forma de trabalho. O professor mediador entende que sua didática, suas estratégias de aprendizagem e sua interação educativa preservam a unidade que é guiada por um paradigma sólido.[50]

Funções com relação aos objetivos da EAM

Antes de tudo, o professor mediador tem consciência de que na conquista dos objetivos educativos intervêm diversos fatores, surgem variáveis imprevistas e que as relações de causa-efeito não podem ser identificadas. O processo educativo flui em um clima envolto na dimensão ética e social dos comportamentos e pela sensibilidade diante dos valores. Em alguns casos, formamos uma consciência respeitosa, em outros, a dimensão social e democrática dos nossos atos,[51] e em outros, ainda, nos aprofundamos na colaboração, na cooperação ou no compromisso. Impõe-se então uma atitude flexível, sobretudo quanto à segurança e à decisão com as quais os indivíduos devem conduzir-se, a fim de adaptar-se às dificuldades e aos problemas que lhes impeçam de alcançar seus objetivos. Conquistar uma meta, promover mudanças e modificar os outros são ações que exigem mudanças de estratégias, ritmos e tempos.[52]

- O professor mediador se vê desafiado pela automodificação, tanto pessoal como profissional, ao exercer de duas formas seu papel mediador em um ambiente educacional:

  1. **A AUTOPLASTICIDADE:** flexibilidade, controle das próprias emoções e sentimentos, mudança na visão que se possui de um problema ou situação;

---

[50] J. I. López Ruiz, *Conocimiento docente y práctica educativa* (Archidona: El Aljibe, 1999), p. 105.

[51] M. Lipman, A. M. Sharp, F. S. Oscanyan, *La filosofía en el aula* (Madri: De la Torre, 1992).

[52] R. Feuerstein *et al.*, *Instrumental Enrichment: an Intervention Program for Cognitive Modifiability*, cit., p. 344; M. D. Prieto Sánchez, *Habilidades cognitivas y currículo escolar: área de lenguaje* (Salamanca: Amar, 1992).

2. A ALOPLASTICIDADE: contextualização, adaptação das circunstâncias que permitam alcançar, da melhor forma possível, determinados objetivos.

■ Precisa conhecer cada aluno, suas dificuldades e problemas de aprendizagem, bem como as causas de seus fracassos. Observa as diferenças individuais dos alunos, com um conhecimento personalizado e um acompanhamento pontual das mudanças (micromudanças) que vai descobrindo em suas capacidades.[53]

■ Motiva os alunos, acolhe com afeto cada um deles, despertando o interesse, a curiosidade e a vontade de aprender. Estabelece metas alcançáveis, cria expectativas realistas, favorece a perseverança, desenvolve hábitos de estudo e fomenta a autoestima e a mútua aceitação com respeito. Envolve o educando, tornando-o protagonista de seu processo formativo.

■ Potencializa o sentimento de autoestima e a capacidade de cada aluno. Atentando-se às possibilidades individuais, leva os alunos a alcançarem experiências de sucesso. Desenvolve neles atitudes de desafio e de autossuperação.

■ Forma para a autonomia, atribui responsabilidades e convida ao compromisso, ao esforço e à autoexigência. Mas, em nenhum momento, abre mão de orientar as mudanças e os processos que permitam alcançar os objetivos últimos. Do mesmo modo, interessa-se por conhecer o tipo de vínculo e envolvimento de cada aluno na vida e nas atividades estudantis, assim como sua responsabilidade e nível de compromisso com outros grupos sociais.

Funções com relação ao estilo de mediação do professor

Segundo Marchesi, "sua principal tarefa consiste em suscitar questionamentos, orientar a busca de respostas, ajudar a relacionar, aprofundar e

---

[53] C. Coll & I. Solé, "Aprendizaje significativo y ayuda pedagógica", cit., p. 33.

5. CONTRIBUIÇÕES DA MEDIAÇÃO

sintetizar [...] Ensinar, então, converte-se na arte de criar situações que despertem o interesse e desafiem a atividade mental dos alunos".[54]

Para conquistar a empatia imprescindível para as relações pessoais, o mediador desenvolve duas formas de interações com os educandos. Ele não perde de vista a consciência de que é um treinador de aprendizes. Diante de tão amplo panorama de referências de aprendizagem, Marchesi vê um desafio positivo e conclui: "Atrevo-me a afirmar que a função do professor se amplia e se enriquece continuamente".[55]

O mediador domina o planejamento e a organização das tarefas pedagógicas. Seleciona todos os meios de acordo com a consecução de determinados objetivos. Ele deve dominar, pela experiência, os conteúdos curriculares, antecipando-se aos problemas dos alunos e revisando as fases do processo de aprendizagem. Ensina o que fazer, como, quando e por quê.[56]

Considera os diferentes enfoques (critérios) da mediação para dar pleno sentido e orientação ao seu trabalho e ao dos alunos (significado, transcendência e intencionalidade-reciprocidade, etc.).

O mediador presta atenção constantemente nos processos que vão proporcionando maturidade aos alunos:

- **PROCESSO COGNITIVO:** ajuda o aluno a tomar consciência daquilo que aprende, como e por que aprende, assim como de suas dificuldades e erros. Exercita o uso do autoquestionamento e o conflito cognitivo, a fim de ajudar os educandos a se conscientizarem do próprio processo de aprendizagem.

- **PROCESSO AFETIVO-MOTIVACIONAL:** sabe tornar consciente a mudança na própria autoestima, no nível de satisfação e no interesse que os saberes despertam em cada aluno.[57]

- **PROCESSO SOCIALIZADOR:** leva o aluno a ter consciência de que aprendemos tudo com os outros e através dos outros. Compartilha expe-

---

[54] A. Marchesi, *Controversias en la educación española*, cit., p. 254.

[55] *Ibidem.*

[56] J. I. López Ruiz, *Conocimiento docente y práctica educativa*, cit., p. 141.

[57] M. Fernández Pérez, *La profesionalización del docente*, cit., p. 106.

riências de aprendizagem com seus alunos e desenvolve experiências de trabalho cooperativo e em grupo. O mediador deve conhecer as situações, os ambientes que envolvem a vida dos educandos, especialmente a família, os amigos e o meio social. "Quando dizemos que o professor é mediador, estamos nos referindo à sua atitude de ajudar e dirigir; ajuda porque torna as aprendizagens acessíveis e mais fáceis e dirige porque as aprendizagens são pautadas em determinados conteúdos curriculares".[58]

O mediador torna o aluno *consciente da construção do conhecimento* a partir da reestruturação dos esquemas mentais e da representação das aprendizagens. O mediador deve estimular e promover a aprendizagem significativa. "Na promoção do aprender a aprender existe um papel do ensinador orientado a ensinar no sentido de transmitir informação e aconselhar. As definições, as regras e as máximas podem servir para permitir que os estudantes sejam os próprios preparadores. O aprender a aprender potencializa-se com a capacidade de reflexão".[59]

Funções com relação ao estilo didático da aprendizagem, referente aos sete elementos do mapa cognitivo

O professor mediador:

- Seleciona os conteúdos de aprendizagem. Ao ter uma visão global dos conteúdos do currículo, o professor sabe adaptá-los aos ritmos e às capacidades dos alunos.

- Apresenta os conteúdos em diversas modalidades ou linguagens (verbal, simbólica, numérica, gráfica, icônica, etc.). Trata-se de saber adequar a matéria ao estilo cognitivo dos alunos e desenvolver outras formas de ler e interpretar os problemas. O mediador deve

---

[58] J. Escaño & O. M. Gil de la Serna, *Cómo se aprende y cómo se enseña* (Barcelona: ICE-Orsori, 1997), p. 54.

[59] G. Claxton, *Educar mentes curiosas: el reto de la ciencia en la escuela* (Madri: Visor, 1994), p. 129; R. Feuerstein *et al.*, *Instrumental Enrichment: an Intervention Program for Cognitive Modifiability*, cit., p. 25.

incentivar a busca da novidade e garantir a variedade das tarefas, antecipando-se às dificuldades e à diversidade plural com que os problemas são apresentados e ajudando, assim, na autossuperação das potencialidades dos alunos.

- Sabe detectar e identificar as funções cognitivas deficientes que se revelam nas dificuldades dos alunos nas diferentes fases do ato de aprender.

- Seleciona as operações mentais que podem ativar e desenvolver da melhor forma as capacidades até os níveis alcançáveis por cada aluno.

- Eleva progressivamente o nível de complexidade. O mediador encontra um constante desafio na busca, na seleção, na elaboração e na adaptação progressiva dos conteúdos aos níveis de amadurecimento dos educandos.

- Potencializa adequadamente o nível de abstração, a fim de tentar obter um alto nível de interiorização e elaboração nos processos mentais.

- Assegura, em geral, um alto nível de eficácia na resolução dos problemas das atividades pedagógicas desenvolvidas na sala de aula, para a maioria dos alunos.[60]

Funções com relação ao insight nas aprendizagens

O professor mediador:

- Certifica-se de que os alunos elaborarão princípios generalizadores que incluam tanto a própria experiência e os conteúdos, como as estratégias e os procedimentos aprendidos.

- Ajuda os alunos a aprenderem a transferir e aplicar as aprendizagens em outros contextos, disciplinas e situações da vida, nos quais pos-

---

[60] R. Feuerstein *et al.*, *Instrumental Enrichment: an Intervention Program for Cognitive Modifiability*, cit., p. 105.

O PERFIL DO **PROFESSOR MEDIADOR**

sam estimar a utilidade do que se aprendeu.[61] Nessa visão de expandir as aplicações das aprendizagens, há uma atitude de adiantar-se ao futuro, uma antecipação das experiências previsíveis e a apresentação das imensas possibilidades que o educando talvez nem tenha podido imaginar, em razão de sua inexperiência ou pouca idade. Nesse âmbito, seria possível ampliar a transferência com relação à funcionalidade das aprendizagens[62] e à aplicação das aprendizagens às competências.

■ Leva sempre em consideração a metacognição e a conscientização dos processos das aprendizagens dos alunos. Ajuda a controlar os diversos fatores que intervêm para alcançar um objetivo, a fim de analisar as etapas que levam a um resultado.

■ Faz a avaliação de cada um dos passos dos processos por meio dos quais cada aluno vai desenvolvendo suas capacidades.

■ Oferece uma orientação ética e de valor ao analisar os comportamentos e os resultados das tarefas escolares.

■ Integra a realidade do ambiente em que os educandos interagem, para que sua visão seja cada vez mais global e integradora, criando assim um contexto sociocultural. "O professor é um mediador cultural e é necessário seu trabalho de ajuda ao aluno e de direção de todo o processo de ensino e aprendizagem escolar. Processo este que é caracterizado e explicado como o resultado da interação da atividade do professor, do aluno e dos demais colegas que formam o grupo da sala de aula".[63]

■ Ajuda na difícil aprendizagem da tomada de decisões. Esta, assim como a ajuda para a resolução de problemas, situa os alunos no mais alto nível de complexidade das aprendizagens. O professor mediador

---

[61] D. P. Ausubel, J. D. Novak, H. Hanesian, *Psicología educativa: un punto de vista cognitivo* (México: Trillas, 1976), p. 157.

[62] I. Gómez & T. Mauri, "La funcionalidad del aprendizaje en el aula y su evaluación", em *Cuadernos de Pedagogía*, nº 188, 1991, p. 32.

[63] J. Escaño & O. M. Gil de la Serna, *Cómo se aprende y cómo se enseña*, cit., p. 59.

não pode evitar nem silenciar uma orientação em critérios éticos. Não pode desprezar a importância da formação ética que orienta a tomada de decisões em cada um dos alunos, para que o nível de expectativas e a vivência de valores não entrem em contradição entre teoria e prática.

■ Precisa conhecer as expectativas familiares e pessoais que estão orientando a vida de cada educando em direção a um futuro de estudos ou de trabalho.

Funções com relação à formação permanente e ao caráter investigador do professor mediador

O professor mediador:

■ Possui consciência de seu vínculo com uma equipe e com um projeto que exigem concentração de esforços, atualização e formação permanente. O educador deve estar disposto a aprender a ensinar e a ensinar a aprender.[64] Cabe a cada professor estar atento aos diversos colegas de equipe ou de sala de aula, que tenham uma repercussão direta na vida estudantil, levando em consideração os diversos níveis de exigências, circunstâncias, tipos de avaliação e estilos de relação.

■ Responde constantemente aos novos desafios da mundialização, aos avanços dos meios informáticos e técnicos que ajudam ou condicionam a melhora da qualidade da educação, com uma atitude positiva de formação permanente.

■ Manifesta uma abertura para investigar e para assumir, com sentido crítico, as contribuições e as obrigações que toda mudança produz nas pessoas e na sociedade.[65] O mediador deve ser: "Assessor de aprendizagens ou orientador de pesquisa".[66]

---

[64] N. Winitzky & D. Kauchak, "Learning to Teach: Knowledge Development in Classroom Management", em *Teaching and Teacher Education*, 11 (3), 1995, p. 215.

[65] J. I. López Ruiz, *Conocimiento docente y práctica educativa*, cit., p. 146.

[66] J. I. Pozo, *Aprendices y maestros*, cit., pp. 332-336.

Funções com relação ao uso das novas tecnologias

Hoje, e provavelmente no futuro imediato, as funções do professor mediador aparecerão associadas a fortes condicionamentos e complexas ações exigidas da escola. O professor sofre atualmente numerosas contradições; seus papéis estão entrando em conflito: "A profissão docente esteve sempre determinada por seu caráter de ofício mediador. O professor é um intermediário entre a ignorância e a cultura, entre a infância e os adultos, entre o passado e o futuro, entre a escola e a sociedade".[67] Seu papel não pode deixar de ser humanizador, mas ao mesmo tempo deve ser *técnico*, isto é, deve permitir-lhe controlar a gestão didática e guiar, como especialista, as aprendizagens e as competências mais atuais, relacionadas com as novas tecnologias.

O primeiro desafio está no abandono de sua função tradicional de fonte do saber: nenhum professor será mais competente que as redes de memória para transmitir o saber estabelecido, nem mais competente que as equipes interdisciplinares para criar novas situações e por meio delas estudar o uso da informação. O ensino poderá ser confiado a máquinas de memória e a terminais inteligentes. Sem discursos nem pretensões metacurriculares, a pedagogia reduzir-se-á, então, ao estudo de novas linguagens e das ferramentas de arquivo e consulta. A informação terá um alcance mais amplo e poderá ser mais manipulável do que o é agora. Sua abundância, elaboração, qualidade, cor e variedade crescerão.

O educador mediador tem, portanto, uma função social de enorme transcendência: criar um ambiente cultural e educativo no qual o desenvolvimento das novas tecnologias da informação e da comunicação (TIC) diversifique e aproxime todas as fontes do conhecimento e do saber, fomente a análise crítica dos produtos midiáticos que sejam ao mesmo tempo libertadores. Os mediadores devem enfatizar ainda mais a ação de estimular o amadurecimento dos estudantes e conseguir que eles adquiram o próprio método de aprendizagem, que aprendam a aprender, que cheguem a

---

[67] A. Escolano, "El maestro ante la irrupción de la nueva técnica", em *El Magisterio Español*, 15-1-1997, p. 2.

converter-se em estudantes autônomos. O mediador deve fazer da escola um espaço educacional novo, onde cada aluno se relacione e interaja com iguais, onde compareça para adquirir saberes, valores e competências e onde se dirija a seleção de conteúdos e informação. É aqui que a necessidade antropológica de liberação, através do acesso ao conhecimento, à aprendizagem e à socialização, de desenvolver a competência emocional e social, de interação positiva com iguais permanece inalterável.

Avaliação e valorização da qualidade do trabalho do professor mediador

O professor mediador assume a avaliação como um meio imprescindível no controle dos processos de aprendizagem. Preocupa-se em fazer uma constante autoavaliação e assegura que cada um de seus alunos também o faça; essa autoavaliação, por sua vez, deve garantir a conscientização e o aumento do sentido crítico imprescindíveis para o crescimento e a qualidade educacional.

Na pesquisa do Instituto Nacional de Qualidade e Avaliação (Instituto Nacional de Calidad y Evaluación – Ince), pertencente ao Ministerio de Educación y Ciencia (MEC), são apresentados alguns aspectos, segundo a importância atribuída pelos professores, que permitem julgar a qualidade do seu trabalho profissional. Esta é a ordem de preferência que o estudo espanhol apresenta:

QUADRO 18. QUALIDADE DA TAREFA ESCOLAR.			
Aspectos para julgar a qualidade da tarefa escolar	Nada/um pouco	Bastante/ muito	Média (0-4)
1. Estratégias de ensino-aprendizagem	8%	92%	3,32
2. Melhora do clima da sala de aula	10%	91%	3,23
3. Espírito inovador e criativo	15%	86%	3,17
4. Rendimento dos alunos	25%	75%	2,93
5. Disponibilidade diante das demandas da instituição	27%	72%	2,89
6. Iniciativa nas relações com as famílias	37%	63%	2,72

O PERFIL DO **PROFESSOR MEDIADOR**

Fizemos uma avaliação minuciosa de cada uma das características do perfil do professor mediador, de cada uma das funções especificadas nesta seção, nos graus ou níveis de avaliação dos objetivos propostos (acumulativa, processual, formativa, qualitativa, quantitativa, etc.), que sejam mais convenientes em cada circunstância.

Podemos concluir com a mesma reflexão do professor Marchesi em suas *Controversias*:

> É preciso valor para educar e para enfrentar dia a dia as contradições e os paradoxos do ensino. Não se deve esperar tranquilidade nos tempos futuros. Por isso, é preciso que os professores se armem de valor e de valores e enfrentem com coragem e paixão a tarefa interminável de ensinar as novas gerações de alunos. Mas este não é um desafio de pessoas isoladas, por mais moral que mantenham. É necessário um esforço conjunto, em que alguns responsáveis educacionais mais conscientes e decididos, ou algum grupo de professores organizado com maior visão de futuro, tomem a iniciativa e estabeleçam as bases de uma mudança profunda e responsável a serviço dos alunos e da profissão docente e, consequentemente, de toda a sociedade.[68]

Não podemos deixar de mencionar o desafio que as mudanças tecnológicas impõem à presença do professor mediador diante da aprendizagem técnica e a distância. Trata-se de uma mediação tecnologizada, uma mediação compartilhada e complementada com as soluções dos meios técnicos, inclusive interativos. Copresença, ambiente cooperativo assistido por computador, equipes ou grupos de iguais, especialistas, conferências multimídia (sons, gráficos, animação, documentos), *chats*, tutoria, etc. O equilíbrio entre a individualização e a imprescindível ação do mediador deve ser considerado em cada circunstância, uma vez que será através da interação social que os educandos vão elaborar os processos cognitivos de sua aprendizagem.[69]

---

[68] A. Marchesi, *Controversias en la educación española*, cit., p. 255.
[69] D. Clément, *Quel type de médiation dans l'apprentissage coopératif à distance?* (Lille: Spirale, 1996), p. 118.

5. CONTRIBUIÇÕES DA MEDIAÇÃO

Funções ou ajudas, ambas serão as duas faces de uma mesma moeda ou estilo de interação, nas quais podemos nos deter e avaliar as diversas manifestações esperadas do professor mediador no processo interativo de ensino-aprendizagem, na sala de aula. A função de ajuda possui formas muito variadas de manifestação e pode ser expressão das funções atribuídas à sua tarefa de planejador pedagógico, orientador, facilitador das aprendizagens e, em última instância, incentivador e colaborador na conquista dos objetivos educacionais, conforme o que cada educando procura. Organizamos todas as ajudas em cinco campos: pedagógico, cognitivo, afetivo--motivacional, social e ético-moral, sem pretender ser exaustivos, mas limitando-nos às formas de intervenção didática do professor mediador (ver quadro 19).

QUADRO 19. CATEGORIAS DE AJUDA DO PROFESSOR MEDIADOR NOS PROCESSOS DE ENSINO-APRENDIZAGEM.	
Categorias de ajuda	Formas de ajuda
1. Pedagógica	Organizar e planejar detalhadamente as atividades da aula.
	Selecionar e adaptar os objetivos, conteúdos e estratégias.
	Ensinar um método adequado ao nível de maturidade.
	Manter um estilo educativo de interação e participação.
	Conscientizar quanto aos processos de aprendizagem.
	Graduar as exigências segundo as possibilidades dos alunos.
	Conhecer e respeitar os estilos cognitivos dos alunos.
	Propiciar experiências e formas de aprendizagem.
	Favorecer o uso da informática e de novas tecnologias na sala de aula.
	Avaliar com rigor os processos e os resultados.
	Selecionar atividades que estimulem a novidade e a criatividade.

(cont.)

O PERFIL DO **PROFESSOR MEDIADOR**

Categorias de ajuda	Formas de ajuda
2. Cognitiva	Descobrir os conhecimentos prévios dos alunos.
	Prestar atenção nos processos cognitivos que são ativados.
	Apresentar estruturas e esquemas cognitivos com clareza.
	Projetar novas relações entre os conteúdos e os saberes.
	Ativar as operações mentais e a interiorização.
	Fomentar as questões e conflitos cognitivos.
	Elevar o nível de complexidade e abstração mental.
	Promover uma conscientização (metacognição) das capacidades.
	Exigir um nível crítico e científico no trabalho.
3. Afetivo-motivacional	Demonstrar ter conhecimento de cada aluno e interesse por ele.
	Manter relações de proximidade e confiança.
	Despertar motivação, interesse e vontade de aprender e superar-se.
	Envolver, exigir autocontrole e altas expectativas de cada aluno.
	Ajudar a aumentar a autoestima de cada aluno.
	Promover autonomia, protagonismo e responsabilidade.
	Despertar sentimentos de empatia com os mais necessitados.
4. Social	Criar situações de mútua ajuda, cooperação e solidariedade.
	Exigir relações respeitosas e de aceitação de todos.
	Criar um clima de segurança e de confiança mútua.
	Propiciar a vivência de valores sociais.
	Buscar situações de mediação entre iguais.
	Fomentar o apreço aos valores do patrimônio cultural.
	Diversificar as atividades e estimular a interação.
	Aproximar o trabalho da sala de aula ao meio social e vice-versa.
5. Ético-moral	Manifestar coerência com os valores ensinados.
	Adotar normas que colaborem para a convivência saudável.
	Ensinar a tomar decisões e a cumpri-las.
	Despertar o sentido crítico e o juízo equitativo com todos.
	Apresentar casos e dilemas que ensinem critérios de valor.
	Saber impor objetivos e cumprir com as próprias obrigações.
	Criar hábitos de autocontrole e de autoavaliação.

5. CONTRIBUIÇÕES DA MEDIAÇÃO

PERFIS DE MODIFICABILIDADE
Introdução

A teoria da MCE desenvolve uma sensibilidade especial no que diz respeito à transformação humana, tida como critério existencial. O ser humano possui duas necessidades essenciais. A primeira delas é existir, ser hoje o que fui ontem, ter uma espécie de identidade que continua e que poderá dar unidade ao ser, independentemente das variáveis externas. Essa existência é uma sensação muito importante. Aqueles que perdem a sensação de existir não mais se reconhecem e são conduzidos a sérios problemas. Trata-se de uma alteração patológica grave que consiste em sentir que a todo momento é outra pessoa; nessa circunstância imprevisível, o sujeito não pode se ver nem se observar como um ser constante. A outra necessidade inerente ao ser humano é sentir que vivemos, apesar das mudanças às quais o nosso ser é submetido.

Como integrar essa essência além das mudanças percebidas? Esta é uma faculdade integradora do nosso eu profundo. Existimos além das mudanças percebidas. A experiência de mudança é fundamental no ser humano, e esse processo de mudança está a favor da adaptação às circunstâncias mutáveis, tanto em si mesmo como no ambiente. A modificabilidade é o objetivo mais importante que provocamos no ser humano: transcender é desenvolver a capacidade de adaptação. A modificação, por sua vez, é a expressão final da capacidade de adaptar-se, como resposta às necessidades sentidas dentro e fora de si mesmo.

Que tipos de mudança tem que realizar um atleta que deixou de ser atleta, para manter seu eu, apesar das mudanças experimentadas? Estimulamos os níveis e as estruturas de funcionamento biocognitivo e dos sentimentos, criamos certos elementos exigidos pela nova situação. Em outras palavras, trata-se de buscar elementos novos psicodinâmicos ou procurar modos de converter o indivíduo em um ser mais sensível, mais flexível, mais capaz de beneficiar-se de oportunidades de aprendizagem. E como atuamos para que esse ser humano se torne mais capaz de responder adequadamente, adaptando-se à mudança que experimenta dentro ou fora de si mesmo?

A modificabilidade como qualidade do ser humano é mais importante que muitos conhecimentos. O que podemos fazer com todos os conhecimentos acumulados e que, em um dado momento, são apenas um valor histórico ou arqueológico, mas não adaptativos? Devemos mudar para saber adaptar--nos, responder às mudanças experimentadas para continuarmos existindo, poder continuar sendo nós mesmos, apesar das mudanças vividas.

A posição central de Feuerstein na MCE é a de que as mudanças neurológicas do ser humano – consequência de estímulos e interações, dentro e fora de si mesmo – geram sentimentos de angústia. Essas mudanças levam-nos à seguinte indagação: o que fica de nós mesmos quando usamos os processos cognitivos como meio de mudança?

Algumas das questões essenciais no processo de interação com crianças ou adultos que devem experimentar certas mudanças especiais são: como avaliamos ou estimamos as mudanças que ocorreram no sujeito como consequência da nossa mediação e interação? O sujeito permaneceu igual ao que era antes? O que mudou e de que maneira essas mudanças manifestam-se na conduta do indivíduo? Devemos detectar, registrar e avaliar essas informações. Para tanto, foi desenvolvido um perfil de modificabilidade. Que tipos de mudança ocorreram no sujeito que experimentou a interação? Que critérios nos permitem classificá-los?

Formulamos então três questões principais:

1. Quais são os âmbitos ou as áreas de mudança de que a criança necessita e o que aconteceu? Toda mudança significa uma modificação, uma nova forma de conduta assumida por um indivíduo que não usou aquilo de que necessitava. Buscamos a fórmula que nos permitirá observar essas mudanças como necessárias e então, de acordo com a nossa compreensão do sujeito, intervimos para fazer com que essa unidade de comportamento ou funcionamento do sujeito seja a meta da nossa intervenção. Se a criança não fala, devemos intervir; se não compreende, devemos intervir; se não raciocina, não produz, não relaciona nem gera informação para adaptar-se, enfim, se apresenta qualquer uma das dificuldades incluídas na lista de FCD, de-

vemos analisar de que maneira esses tipos de atividade no indivíduo devem ser corrigidos ou modificados. Quais são as deficiências observadas? Com que intervenção podemos colaborar? Que resultado ou mudança podemos observar?

2. Qual é a natureza da mudança? Quando ocorre uma mudança, devo defini-la em quantidade e qualidade.

3. Esforços foram investidos e empregadas todas as modalidades para modificar a estrutura de funcionamento. Em que medida houve mudanças e com que quantidade de mediação a mudança desejada foi produzida? Como se reflete a mudança no nível de independência do sujeito? Observamos como o sujeito responde à intervenção para passar de uma mediação intensa para uma situação de autonomia. A mudança transformou-o em um ente automodificável, diferente já de sua situação original.

Para poder avaliar melhor o sujeito com relação ao seu estado primeiro e comparar a mudança segundo sua natureza, devemos estabelecer um perfil de mudança. Tudo é essencial, mas o perfil é necessário pelo fato de que estamos interessados em ver uma mudança. Isso faz com que eu deva preparar meu mapa, minha lista de controle dos elementos: que o indivíduo seja mais independente, capaz, ponderado, controlado, etc.

O conteúdo

Elementos como cor, quantidade, tamanho, forma, entre outros, são uma terminologia superordenada. Ensinamos diferenças, ensinamos a operar com dois objetos. Que diferenças são encontradas entre dois elementos: círculo/quadrado, quadrado/losango, etc.? Podemos elaborar uma lista de diferenças de comportamento, como um repertório de relações formadas por elementos diversos. Um repertório que o sujeito deve aprender como um conteúdo para poder trabalhar com êxito no PEI e na sala de aula. O mais interessante é verificar se esses conteúdos passaram a fazer parte do repertório intelectual do sujeito e se ele sabe aplicá-los. Isso será uma parte importante do perfil. Assim, verificarei se a criança se beneficiou da minha interação sobre seu funcionamento adequado. A informação e os conteúdos não são o essencial.

Onde as mudanças ocorrem? Nas FCD, nas operações, vocabulário, modalidades de atuação, estratégias, relações, na eficiência com que as tarefas são realizadas, etc. As crianças começam sentindo-se bloqueadas; sendo ineficientes, devem repetir as coisas até achar uma resposta adequada. De repente veem que podem fazer as coisas de forma mais rápida, com maior precisão, com uma sensação de facilidade; sentem-se responsáveis por sua disposição para continuar fazendo essas coisas. Querem continuar com a tarefa, mostram-se flexíveis para consolidar as funções aprendidas. Precisarão de consolidação ulterior, mas, atuando, orientam o mediador a propiciar um nível superior de eficácia.

Onde mais a mudança foi gerada? Na conduta controlada, no uso de fontes de informação, no uso de eventos no tempo ou no espaço adequado, na caracterização precisa dos fatos, na conscientização que acompanha o ato de definir seus problemas, nos processos analíticos que permitirão que a criança descubra que seu comportamento não era adequado. Conseguimos enriquecer a criança com vocabulário, conhecimentos, formas de comportamentos e uma consciência maior de sua ação? Essa é toda a mudança orientada para o conteúdo, que deverá servir-nos para obter mais informações sobre qual é a melhor modalidade para que a criança aprenda a resolver os problemas.

Os tipos de conduta

Neste tópico, são considerados os tipos de conduta emocionais, energéticos, a autoimagem e outros elementos que o indivíduo manifestou, deficiências que tenha nos mostrado, baixa autoestima para interagir e conseguir mudar e sentir que pode fazer mais coisas, que é capaz, que não será castigado, que não vai fracassar. É preciso buscar a natureza da conduta emocional; averiguar se o indivíduo se considera capaz de fazer certas coisas, se tem interesse em fazer outras. Ao sentir-se incapaz de fazer alguma coisa, ele tende à autoacusação ou à acusação dos outros por conta dessa incapacidade. São várias as situações nas quais as crianças se sentem desacreditadas em sua

5. CONTRIBUIÇÕES DA MEDIAÇÃO

capacidade de adquirir certas habilidades; há crianças, por exemplo, que se sentem incapazes de aprender a ler. Chegam inclusive a nos advertir de que não devemos tentar ensinar-lhes determinada coisa: "Isso eu nunca vou aprender, não se esforce comigo".

Existe uma ampla variedade de mudanças emocionais. As mudanças mais gerais no PEI referem-se a descobrir as qualidades ocultas, suas próprias possibilidades. Essa é a forma de fazer com que a criança seja feliz. Quanta felicidade pode ser gerada pela simples descoberta de algo de que se é capaz de fazer? Há certas mudanças que consistem em despertar a curiosidade, a busca do desconhecido, o desejo de aprender, etc. A curiosidade é um elemento natural, uma necessidade atávica no ser humano que faz com que nos mantenhamos vivos e nos adiantemos aos perigos. Existem curiosidades que estão desaparecendo nas crianças, pois muitas vezes elas passam ao lado de coisas interessantes e não demonstram nenhum sinal de interesse em saber o que há ali. As mudanças em sua disposição para dedicar-se a algo, de acordo com as próprias possibilidades, são essenciais.

As mudanças emocionais são essenciais para que os mediadores entendam se os sujeitos desejam ou rejeitam a informação. Existem crianças que se sentem humilhadas ao serem mediadas. É necessário mostrar-lhes que a mediação não faz com que o indivíduo seja menos valioso, e sim mais potente, ela o ajuda a superar fracassos anteriores. Ao receber mediação, o sujeito não perde nada de seu ser. Há crianças que se sentem afetadas em seu ego e manifestam rejeição à invasão de seu eu pelo mediador. São crianças que não aceitam que se julgue aquilo que elas dizem; não aceitam a ideia de que alguém lhes ensine algo. É necessário fazê-las entender que elas têm muito a ganhar se aceitarem a mediação. Isso ocorre também com adultos de alto funcionamento cognitivo. Um exemplo vivo está nas tantas crianças que ensinam seus pais a usarem o computador. Em qualquer nível de trabalho ou de responsabilidade, estamos sempre diante da necessidade de aprender.

Um elemento essencial do perfil consiste em identificar em que medida o aluno está disposto a seguir um processo de aprendizagem que signifique renunciar a certas formas de atuação e adquirir outras totalmente desconhecidas para ele.

Qual é a qualidade da mudança?

Há mudanças passageiras e outras duradouras. Retrocedemos a situações e aos hábitos consolidados de conduta. Voltamos à nossa modalidade de atuação; se eu não mobilizo minhas forças, enfraqueço e perco essa nova modalidade. E qual é a natureza da mudança? Efêmera ou permanente. Devo verificar se minha intervenção permitiu uma mudança mais ou menos permanente. Saber como mudar o efêmero, que se observa em situações concretas, em mudanças estruturais e permanentes.

E como estimar estatisticamente o tipo de mudança? Buscamos a permanência das novas características. A permanência não é repetitiva; inclui todo um repertório de condutas adequadas a certas situações. Mesmo a impulsividade possui várias facetas. Há uma impulsividade que é necessária, pois, se é perdida, o sujeito passa a não responder a situações de emergência. "Quero que não seja impulsivo, mas que use a impulsividade em casos precisos, adequados." A generalização da conduta é essencial na qualidade da mudança do sujeito. Quanta transferência o sujeito realizou para outras situações? Quantas aplicações em outras situações ele sabe fazer de modo plenamente adequado? A transferência implica transformação.

Qual é a resistência dos indivíduos a certas mediações? Há pessoas que, quando se sentem aborrecidas, retornam a suas condutas anteriores, confundem os procedimentos e esquecem aquilo que haviam aprendido. Os indivíduos que apresentam mudança frágil e variável deixam que escape aquilo que aprenderam e voltam ao funcionamento anterior. Como agirá quando estiver cansado ou irritado? Todo mediador deve se preocupar com a flexibilidade do sujeito, pois o indivíduo inflexível é digno de um museu.

O mediador deve se certificar de que o sujeito é capaz de produzir certas mudanças. No diagrama S-H-O-H-R (estímulo-mediação-organismo--mediação-resposta), o mediador pode ampliar ou reduzir o seu campo de ação. Pode focalizar um amplo espectro ou reduzi-lo apenas a certos elementos, a áreas específicas entre o mundo e a criança. Analiso a distância

– distância zero – entre minha interação e o resultado obtido pela criança. Para perceber o tipo de reação independente do aluno, o mediador pode ser dominante e invasor até produzir o resultado pretendido e chegar a conceder total autonomia. A contribuição do mediador passa a ser menor e a do aluno maior. Como reconhecer a redução da contribuição do mediador à produção de algo específico? Descobrimos o nível de independência do sujeito como conquista da mediação. Se antes ele confiava apenas na minha mediação, agora não precisa mais dela. Esse crescimento pode ser claramente percebido na aplicação da Figura Complexa de Rey. A criança percebe a mudança radical a partir de sua simples percepção da mediação, para em seguida chegar a um resultado final ótimo, fruto de sua modificação.

O mediador deve estabelecer objetivos ou metas de mudança e, para isso, deve listá-los, atuar, buscar os instrumentos, assegurar-se de que o indivíduo recebe o investimento de interação necessário, que a qualidade da mudança corresponde à qualidade buscada em sua resistência ou transferência, para que não seja uma mudança local. O mediador deve procurar meios com os quais possa formar um indivíduo e, para isso, elabora seu plano de trabalho com vistas a obter o perfil resultante.

Importância de avaliar. Asmudanças de modificabilidade

A atenção às conquistas na mediação é um dos elementos formativos prioritários na formação dos mediadores. O mediador deve ser preparado para saber avaliar o grau de mudança produzido. E a importância dessa competência está no fato de que o mediador:

- Tem que ser capaz de avaliar as mudanças que tenham ocorrido em uma modalidade específica de interação; conseguir enxergar como isso refletirá na vida e na escola.

- Precisa saber que quantidade de mediação deve ser investida para que as mudanças alcançadas convertam-se em algo generalizado e tenham um valor amplo e significativo.

- Precisa saber, estando ciente dos tipos de mudanças que devem ocorrer, como preparar uma lista de atividades para que possa verificar essas mudanças. Essa lista pode converter-se em um repertório de intervenções.

Após uma intervenção, queremos ter um perfil de mudança ou perfil de modificabilidade. Esse processo não é definitivo; tentamos organizar esses perfis apenas para que possamos ser mais precisos em nossos diagnósticos. Feuerstein[70] propõe ao mediador a direção em que este deve focalizar sua atenção até conseguir que o educando eleve com autonomia o número de suas próprias correções, aumente sua autoconfiança, sua curiosidade e as perguntas sobre os elementos relacionais de tudo o que estuda, até incitar um desejo de gerar novos problemas baseados em sua experiência do PEI. O perfil, portanto, é um conjunto de características externas de modificação, ainda que não apareçam de modo idêntico em todas as áreas.

Quais são os aspectos que devemos avaliar ou descrever?

Existem três áreas especiais nas quais avaliamos as mudanças:

1. Âmbitos ou áreas da mudança: representam aqueles domínios do indivíduo que foram afetados. É feito o inventário das funções que foram beneficiadas pela mediação e da mudança que experimentaram.

2. Natureza ou qualidade, amplitude da mudança. Revisamos a magnitude e a natureza da mudança: se é passageira, estável ou generalizável.

3. Estimativa da intervenção necessária para produzir mudanças. Após alguns dias de trabalho, nos perguntamos se determinado indivíduo requer ainda a mesma quantidade de intervenção para produzir uma nova mudança. No final da mediação, costuma haver necessidade de menos intervenção, porque o indivíduo aprendeu a se modificar, a

---

[70] R. Feuerstein *et al.*, *Instrumental Enrichment: an Intervention Program for Cognitive Modifiability*, cit., p. 298.

ÂMBITO DA MUDANÇA

enriquecer-se. Vygotski nos dirá que, se primeiro o sujeito precisa de nós, logo passará a atuar de forma autônoma.

ÂMBITO DA MUDANÇA

Onde a mudança se realizou? A mudança pode ocorrer e manifestar-se em elementos muito variados do processo de modificação:

- Nas FCD responsáveis pelo funcionamento do sujeito, às quais nossa intervenção é orientada, por exemplo, se o controle da impulsividade do sujeito é aumentado.

- No conteúdo: palavras, conceitos. Operações que o sujeito não tenha em seu repertório, mas as receberá por meio da intervenção do mediador. Conceitos novos superordenados, estratégias, informações que precisa para reter, usar, etc. Averiguaremos se ele é capaz de usar aquilo que lhe foi ensinado.

- No mundo afetivo-emocional, o qual se ocupa daqueles componentes da atividade do indivíduo que fazem parte do desejo, da vontade de fazer as coisas, e que são expressos em sua atuação.

- No grau de eficiência do funcionamento do sujeito, em que verificamos até que ponto o educando tornou-se mais eficiente do que era no início da intervenção mediada.

QUALIDADE DA MUDANÇA

O indivíduo que controla sua impulsividade, que se envolve mais na tarefa e que consegue analisar melhor os exercícios que lhe são propostos manifesta um alto grau de modificabilidade e uma estabilidade da mudança. Essas atitudes são o resultado de uma mudança induzida. Se já mudamos o nosso comportamento e aprendemos a nos controlar, que parte subsistirá após a intervenção? A mudança foi generalizada o suficiente para que pudesse ocorrer em outras situações? Isso implica, paradoxalmente, resistência à mudança. Em que medida a mudança é generalizável a outras situações? Essa é a grande pergunta que nos fazemos quando aplicamos o PEI. Nosso objetivo não é modificar a inteligência, mas, sim, a capacidade de aprendi-

Fatores emocionais e energéticos. A conduta

Por afetarem diretamente o comportamento das pessoas, estes são fatores importantes na avaliação. Mencionamos a seguir alguns exemplos.

Falta de regulação da conduta

Este é um aspecto que guarda estreita relação com a metacognição. Trata-se de regular nossos atos por inibição ou por ativação. Possuímos um servomecanismo de controle para poder responder ou reprimir a resposta, dependendo da segurança que se tenha quanto a saber tudo que seja necessário para dar uma resposta. Uma resposta de bloqueio pode ser dominada pela ansiedade, mesmo que o sujeito esteja preparado. Por razões emocionais que aparecem mesmo na presença de um processo cognitivo adequado, o sistema regulador detém o indivíduo ainda que ele saiba a resposta.

O mediador é o árbitro da repetição dos processos; gera no indivíduo a introspecção e a autorreflexão. Muitas crianças não conhecem os aspectos que dominam. O mediador é a fonte da introspecção: "Olhe para o seu interior e veja o que você aprendeu, como conseguiu fazer isso". O mediador orienta o indivíduo a observar como procedia antes e como age agora: "Você verá como deve agir para ser mais eficiente". Devemos conscientizar o sujeito de sua capacidade ou propensão para poder realizar atividades antes impensáveis. Tentamos entrar no sistema da criança para entendê-la e conhecer a natureza das mudanças que nela foram geradas para, assim, saber torná-la consciente de como essa mudança pode ser positiva em sua vida.

É possível superar o medo do fracasso e inclusive conseguir eliminar esse sentimento. Para tanto, tornamos a criança consciente de que o fracasso não é algo definitivo na vida de uma pessoa quando lhe dizemos: "Você cometeu um erro, mas ele não fica para sempre; é possível corrigi-lo ou superá-lo". Aqueles que avaliam crianças usando métodos convencionais insistem em não dar feedback às crianças em seu fracasso, alegando que elas ficariam menos dispostas a se empenhar em uma dada atividade ao ver o fracasso em que antes incorreram. Terapeutas e professores reconhecem que devem oferecer à criança esse feedback a fim de consolidar melhor a mudança. A criança deve conhecer a si mesma; é preciso criar no indivíduo uma disposição à aventura, sabendo que pode corrigir-se. Pelo fato de lhe darmos a capacidade de corrigir seu erro, elevamos na criança seu nível de aspiração. Surpreendem aquelas crianças que não querem ir além, talvez porque foram muito expostas ao fracasso e receiem errar de novo. Se elas conhecerem a capacidade de superar, aumentarão a disposição para tarefas mais árduas e, aos poucos, ficarão livres da ameaça do medo do fracasso. As crianças são os mais autênticos juízes da qualidade da nossa mediação: querem continuar trabalhando, ainda que estejam cansadas e a tarefa seja dura, porque comprovam suas capacidades e o sucesso que as acompanha. Chegam a perceber as habilidades que possuem, e que antes ignoravam, e tornam-se adeptas do trabalho adequado, que lhes proporciona sucesso, prazer e motivação intrínseca.

Tolerância à frustração

Esse conceito diz respeito à disposição do indivíduo para lidar com a frustração, saber admiti-la e superá-la. Feuerstein propõe oferecer tarefas superiores à capacidade atual do indivíduo, a fim de demonstrar que, embora pareçam difíceis, mais elevadas do aquelas que está acostumado a fazer, é possível executá-las. Há situações de estresse que nos preparam para uma ação complexa, e talvez inesperada. Embora a criança fique bloqueada, gagueje, ou manifeste algum outro comportamento relacionado a estes, deve-se enfrentar o problema e ajudá-la a superar a frustração. Às vezes, surgem fenômenos interessantes: a criança não quer que a cerquemos de superproteção, deseja fazer a atividade sozinha. Dessa forma ela expressa como quer ser aceita. O mediador deve considerar o que deve fazer para modificar condutas específicas. Há crianças que não podem se conter quando não recebem a resposta adequada ou quando não têm a recompensa imediata que esperavam.

O PERFIL DO **PROFESSOR MEDIADOR**

Há fatores não intelectivos que devemos saber identificar e interpretar. O essencial é saber por que provocamos essas situações frustrantes, para buscarmos mudanças significativas e conflitos cognitivos. Existem diferentes categorias de mediação. Podemos apontar com um lápis para focalizar e guiar o olhar da criança. Observamos que nessa intervenção não verbal, motora ou com gestos, tentamos impor à criança a trajetória do seu olhar. A criança se fixa, muda o ritmo e a sequência para poder focar a atenção através de uma ação motora e não verbal. Trata-se de uma intervenção que estabelece um certo ritmo.

Segundo nível dos perfis de modificabilidade

A primeira ferramenta* permite-nos definir as mudanças nos processos da mediação. Trata-se de cristalizar as operações. Entretanto, já um outro processo analítico que procura reunir nossas observações e interpretar de maneira holística a mudança. O primeiro processo é de tipo estatístico que, de certo modo, contradiz a mudança dinâmica. Com sua aplicação, reduzimos a mudança a dimensões quantificadas. A segunda ferramenta analisa a modificabilidade de forma conjunta. Todo sujeito submetido a um teste deve ser entendido de forma global.

Qualidade da mudança

Significa o grau, o nível ou a dimensão da mudança. Há mudanças que são sutis, porém significativas. Podemos considerar o que há de melhor ou de mais correto na reação de uma criança. A parte essencial da qualidade possui muitas variáveis. Como traduzimos então essas mudanças na realidade? A ferramenta interpreta a mudança como um processo, mas devemos distinguir os diferentes âmbitos.

---

* A primeira ferramenta diz respeito à avaliação das mudanças decorrentes da mediação. A segunda ferramenta enfatiza o registro e a classificação das mudanças. (N. R. T.)

Mas de que mudança falamos nessa teoria modificadora?

Quando falamos do processo de mediação, sabemos que existe algo no organismo que se modifica. Quando falamos de desenvolver a inteligência, distinguimos as duas acepções apontadas por Cattell:

1. Aplicamos a inteligência cristalizada, a inteligência da informação concreta sobre os objetos. Os conhecimentos são reforçados e reestruturados incessantemente.

2. A outra é a inteligência fluida, que remete à ação de modelar as estratégias do pensamento e as estruturas mentais que integram os processos de aquisição do conhecimento.

Feuerstein fala de um processo de pensamento dinâmico adaptativo. Na teoria da MCE, pensar é um processo geral que integra os esquemas e as representações mentais. Os esquemas são os responsáveis pelas mudanças cognitivas. Falamos agora de níveis estruturais ou construções mentais que afetam a pessoa em sua totalidade.

A FORMAÇÃO DO PROFESSOR MEDIADOR

O professor mediador é o protagonista e gerador das mudanças educativas. A formação dos professores torna-se imprescindível em decorrência dos desafios impostos por qualquer nova teoria, assim como pelos materiais, estratégias e metodologia. Embora reconheçamos a importância da formação dos professores em todos os âmbitos, vamos destacar aqui aqueles aspectos específicos dentro dos diversos parâmetros que preparam o professor mediador, para em seguida distinguir e salientar as novas exigências de um novo estilo de interação educativa em todas as suas dimensões.

Justificativa

A tarefa docente pressupõe uma aprendizagem e uma atualização permanentes, sobretudo quando as vertiginosas e significativas mudanças na realidade sociocultural, nos conteúdos dos programas, nas atitudes dos educandos, nos avanços científicos e técnicos, nos métodos, etc. constituem um desafio à função educadora. A formação permanente dos professores é a resposta necessária às mudanças incessantes. Encontramos uma série de fatores responsáveis pela pressão da mudança social sobre a função docente:*

- uma série de exigências profissionais novas;
- a inibição educativa dos agentes de socialização (Estado, família, meios sociais, etc.);
- o desenvolvimento de fontes de informação alternativas à escola;
- a ruptura do consenso social sobre a educação;
- a mudança de expectativas em relação ao sistema educacional;
- o declínio na valorização social do professor;
- as mudanças nos conteúdos curriculares;
- a escassez de recursos para o trabalho docente;
- as modificações nas relações professor-aluno;
- a dificuldade do trabalho que exige o desenvolvimento e a continuidade de equipes coerentes e estáveis, etc.

Todas essas situações desencadeiam uma série de traumas e inseguranças nos docentes, além da necessária mudança significativa em suas funções. Apesar de a formação e o desenvolvimento profissional dos educadores terem sido uma das metas dos órgãos de administração educativa nas últimas décadas, o impacto das estratégias formativas foi bastante limitado.

O Relatório Mundial da Educação,[71] publicado em 1998, analisa a evolução da formação dos docentes com base nas recomendações da Organização das Nações Unidas para a Educação, a Ciência e a Cultura (United Nations Educational, Scientific and Cultural Organization – Unesco) sobre o tema. Na maior parte dos países, percebe-se uma mudança de orientação dos sistemas de formação dos profissionais da educação, e essa mudança é

---

* Esses fatores se aproximam do arrolado em J. Manuel Esteve, "Mudanças sociais e função docente", em A. Novoa (org.), *Profissão professor* (Porto: Editora Porto, 1995), pp. 99-108. (N. R. T.)

[71] Organización de las Naciones Unidas para la Educación, la Ciencia y la Cultura, *Informe mundial sobre la educación: los docentes y la enseñanza en un mundo en mutación* (Madri: Santillana/Unesco, 1998), p. 63.

5. CONTRIBUIÇÕES DA MEDIAÇÃO

impulsionada por fatores muito diversos. É evidente a influência do reconhecimento da relevância da função docente na sociedade nos programas de formação inicial dos diversos países. Entretanto, verifica-se um desequilíbrio entre o interesse de preparar e colocar em prática planos de estudo obrigatórios e formar profissionais capazes de realizá-los.

As resistências à mudança devem ser consideradas para que os novos elementos do paradigma mediador possam ser assimilados e colocados em prática. Os professores precisam conscientizar-se de seus processos de aprendizagem para poder analisá-los nos educandos; verificar suas próprias mudanças para depois saber identificá-las nos alunos. Nessa linha, encontramos interessantes contribuições na concepção humanista e qualitativa da didática .[72] O professor reflexivo e intelectual, situado na linha científica e profissional da reflexão na ação,[73] deve ser também um professor crítico e criativo, transformativo.[74]

O professor precisa fundamentar suas habilidades nos elementos mais inovadores do programa: selecionar o critério de mediação adequado às necessidades dos alunos, saber identificar as funções cognitivas, propor as operações mentais adequadas para a correção das FCD detectadas, seguir os passos do mapa cognitivo, adequar o nível de complexidade das tarefas e as questões à capacidade dos alunos, ajudar a desenvolver diariamente nos alunos um nível mais elevado de abstração e insight, incitar a elaboração de princípios, conclusões e aplicação das aprendizagens a outras matérias e à vida. O professor pode se deparar com dificuldades especiais na transferência das aprendizagens às diversas situações da vida; a habilidade para atuar nessas situações exige prática e troca de experiências com as de outros docentes.

Para ensinar seus alunos a serem críticos, a pensar e a controlar-se, primeiro o professor precisa ser crítico, pensador e saber controlar-se. Como nos recorda

---

[72] A. I. Pérez Gómez, "Diálogo con la práctica docente", em *Cuadernos de Pedagogía*, nº 252, 1996, p. 9.

[73] D. A. Schon, *La formación de profesionales reflexivos: hacia un nuevo diseño de la enseñanza y el aprendizaje en las profesiones* (Barcelona: Paidós-MEC, 1992), p. 33.

[74] H. A. Giroux, *Los profesores como intelectuales* (Barcelona: Paidós-MEC, 1997), p. 175.

Resnick: Pensar não é uma coleção de técnicas,[75] embora o ensino do pensamento e as estratégias de aprendizagem devam estar intimamente unidos.

A mudança metodológica em educação traz consequências de grande transcendência para o professor, para os alunos e inclusive para os centros educacionais. É imprescindível recomendar ao professor uma aproximação e estudo dos autores que lhe forneçam uma fundamentação teórica e o conhecimento daqueles princípios psicopedagógicos correspondentes à concepção construtivista do ensino e da aprendizagem, em um contexto interdisciplinar, cujas bases respaldam o presente enfoque mediador. Estamos nos referindo aos enfoques cognitivos mais recentes, à teoria genética de Piaget, à teoria da assimilação de Ausubel, à teoria sociocultural desenvolvida a partir dos trabalhos de Vygotski e às teorias do processamento da informação, entre as mais indispensáveis para aproximar-se do pensamento de Feuerstein.

Objetivos

A formação do professor mediador tem para Feuerstein[76] quatro objetivos fundamentais:

1. A compreensão e a assimilação da teoria da MCE.
2. O conhecimento e o domínio dos instrumentos do PEI.
3. A formação didática na aplicação do PEI.
4. O treinamento no insight, na transferência e na aplicação dos processos de aprendizagem.

Esses objetivos compreendem os elementos fundamentais da teoria e constituem o sistema de crenças do mediador sobre a modificabilidade. O mediador deve chegar à convicção de excluir os determinismos em educação e acreditar na capacidade de todas as pessoas para desenvolver suas potencialidades com a ajuda dos recursos mediadores ao seu alcance. O estilo de

---

[75] L. B. Resnick, *apud* S. Maclure & P. Davis, *Aprender a pensar, pensar en aprender* (2ª ed. Barcelona: Gedisa, 1998), p. 273.

[76] R. Feuerstein *et al.*, *Instrumental Enrichment: an Intervention Program for Cognitive Modifiability*, cit., p. 293.

interação cognitiva, afetiva e social é enriquecido com elementos e critérios que orientam a EAM, sendo o educando o centro de todo o processo. A mediação deve ir dando lugar à autonomia do aluno, à medida que ele cresce em envolvimento, segurança, assimilação e autonomia em seu trabalho.

Podemos diferenciar objetivos finais de objetivos mediadores ou instrumentais. Em todo processo de formação encontramos objetivos implícitos (ao aprender uma metodologia incorporamos uma série de técnicas e estratégias) e um progressivo aumento dos níveis de habilidade (que produzem maior autoestima, autonomia, satisfação, segurança, etc.).

Em todo processo de formação em programas para ensinar a pensar, é fundamental obter a imersão e a plena assimilação de todos os seus elementos. O professor deve adquirir a capacitação suficiente que lhe permita identificar, localizar, avaliar e criticar as micromudanças que se produzem no educando e saber manipular os recursos precisos (que são propostos no perfil de modificabilidade) para adaptá-los aos diferentes níveis de progresso de cada um dos alunos. O mediador deve habituar-se a fazer os diagnósticos das necessidades dos alunos, prognosticar seus resultados e adiantar-se aos problemas de aprendizagem. A formação prática com especialistas garante qualidade, confere segurança e permite uma maior riqueza em seus conteúdos.

Conteúdos

As pesquisas sobre o aperfeiçoamento dos docentes chegaram à conclusão de que o fator mais determinante do comportamento do professor na sala de aula é o que ele pensa sobre o ensino e a aprendizagem. Por essa razão, o primeiro módulo de conteúdos da formação do professor mediador deve ser orientado a construir seu novo sistema de crenças, a recuperar sua autoestima e revisar os elementos da cultura dos professores. Em seguida, devem ser explicitados os aspectos teóricos da MCE e da EAM, assim como a prática dos instrumentos e a metodologia desenvolvida no paradigma mediador.[77] A própria análise dos processos de funcionamento cognitivo que

---

[77] *Ibid.*, p. 294.

O PERFIL DO **PROFESSOR MEDIADOR**

são ativados na interação educativa com os alunos, ensino-aprendizagem, constitui também um conteúdo fundamental para o mediador. O programa de formação do professor mediador deve abordar os seguintes conteúdos explícitos:

- Importância da mediação: causas da necessidade da mediação. Síndrome de privação cultural.
- Novo estilo de interação educativa. Justificativa na mudança pedagógica.
- Compreensão da teoria da modificabilidade e do desenvolvimento do PEI.
- Conceitos básicos: processo e construção das aprendizagens, funções cognitivas, operações mentais, mapa cognitivo, estratégias de aprendizagem, motivação, critérios de mediação, insight, transferência, didática da mediação.
- Aplicação da mediação à aprendizagem curricular e à vida, metodologia da mediação.
- Perfil e funções do mediador.
- Experiências de mediação. Formas de acompanhamento e avaliação.
- Relação com outras teorias e métodos para ensinar a aprender e a pensar.

Em educação não há mundos incomunicáveis. A globalização se impõe e a existência de um mundo de relações entre conteúdos e saberes torna-se cada vez mais inevitável. Feuerstein faz alusão a essa interação pedagógica referindo-se ao triângulo de interações suscitadas entre mediador-aluno--conteúdos (objetivos). A análise dessa analogia pode nos ajudar a constatar uma série de elementos implícitos que o especialista deve saber incluir em um processo educativo integrador. O caráter equilátero desse triângulo, assim como seus desníveis e assimetrias, prova a existência de certas sinergias e adaptações que colocam em jogo todo o saber pedagógico do mediador.[78]

---

[78] *Ibid.*, pp. 196 e 282; A. Marchesi, *Controversias en la educación española*, cit.; E. Martín & A. Ferrandis, *Fundamentaciones psicopedagógicas y sociológicas del Diseño Curricular Base* (Zaragoza: ICE de la Universidad de Zaragoza, 1992), p. 313.

5. CONTRIBUIÇÕES DA MEDIAÇÃO

A referência obrigatória de toda formação de docentes deve estar no currículo, como resumo da cultura que se pretende transmitir e que, nesse sentido, modela a mentalidade dos professores. A formação do mediador remete-nos a uma questão fundamental: o que devem saber os alunos no início do século XXI? A resposta mais sintetizadora é encontrada em Delors, ao indicar os quatro pilares da educação: "aprender a conhecer, aprender a fazer, aprender a viver juntos e aprender a ser".[79] Marchesi também responde a essa pergunta:

> Principalmente devem conhecer a si mesmos e reconhecer a importância de aumentar seus conhecimentos através de todas as experiências de aprendizagem. O que uma série de profissionais consultados mais aprecia é sua capacidade de resolver problemas, trabalhar em equipe e buscar informação. As habilidades sociais e o nível de comunicação são também altamente valorizados, junto ao domínio de uma língua estrangeira.[80]

Nos conteúdos, sempre abertos à revisão, não devem ser esquecidos as novas competências, as atitudes, os valores, os procedimentos, as técnicas, etc., que estão desafiando os profissionais para uma educação de qualidade. "As três principais capacidades, que acredito devam ser determinantes na configuração do currículo futuro, são: o desenvolvimento da sensibilidade e da vida afetiva, o desejo de saber e o compromisso moral (sensibilidade, sabedoria e solidariedade)".[81]

Meios-instrumentos

Novos recursos devem ser constantemente incorporados à formação dos mediadores, em razão das novas necessidades educativas e das novas possibilidades para aproximar uma realidade tão complexa como o mundo da educação.

---

[79] J. Delors, *La educación encierra un tesoro* (Madri: Santillana/Unesco, 1996), p. 95.
[80] A. Marchesi, *Controversias en la educación española*, cit., p. 175.
[81] *Ibid.*, p. 169.

Estando imersos na sociedade da informação e da comunicação, seria paradoxal que não colocássemos à disposição da formação dos mediadores os melhores recursos técnicos e informáticos.

Antes de tudo, o formador deve contar com a referência às fontes bibliográficas e às obras dos autores que podem explicar o paradigma mediador. A habilidade no PEI só pode ser alcançada pela execução dos exercícios e das atividades dos instrumentos, acompanhados pelas orientações do apoio didático e pelas específicas orientações do formador. Colocar-se no lugar do aluno, a fim de conhecer suas próprias necessidades e obrigações, é uma estratégia muito enriquecedora. Os mediadores só alcançam empatia com o aluno ao desempenhar seu papel e situar-se no mesmo nível dele. Os próprios mediadores poderão realizar um intercâmbio e mutuamente enriquecer-se com sua autodescoberta e com as novas possibilidades que cada um saiba encontrar.

A presença periódica e a avaliação sistemática de um formador especialista podem ajudar significativamente a evoluir no estilo mediador. A modelagem de uma aula prática dissipa muitas dúvidas e coloca ao alcance dos mediadores muitas soluções e recursos que antes haviam passado despercebidos.

CRIAR AMBIENTES MODIFICADORES

Os ambientes podem vir a ser determinantes tanto para condicionar toda tarefa de prevenção como para modificar certas deficiências.[82] Estamos cercados de uma infinidade de condicionantes que nos impulsionam e ao mesmo tempo nos orientam em nosso processo de adaptação: o ambiente, a cultura, as novas tecnologias, etc. Para nos adaptarmos, precisamos nos modificar para, assim, poder dar respostas adequadas, sem despersonalizar--nos nem provocar traumas nos outros. Essa atitude modificadora implica a necessidade de que precisamos viver em um clima de confiança, sob o

---

[82] R. Feuerstein *et al.*, *Instrumental Enrichment: an Intervention Program for Cognitive Modifiability*, cit., p. 37.

5. CONTRIBUIÇÕES DA MEDIAÇÃO

qual possamos tratar de coisas familiares, criar um meio acolhedor, a fim de continuar aprendendo com o ambiente a nossa volta. Às vezes, o primeiro passo modificador pode ser elevar a autoestima da pessoa.

Na sociedade atual, decide-se quando e onde você poderá fazer alguma coisa. Não podemos fazer mais do que nos é exigido. O diagnóstico da psicologia a partir do quociente intelectual (QI) situa-nos, condiciona-nos e impede-nos de sair desse clichê opressor, o infeliz rótulo que a sociedade intelectual nos imprimiu. A sociedade diz ao sujeito: "sabemos quem você é e do que é capaz. Precisamos de pessoas ingênuas, não mude, porque você também vale assim como é" (assim poderemos dominá-lo melhor da maneira que quisermos). O mediador deve saber desmascarar os mitos e os determinismos culturais.

Todo indivíduo deve se preparar para poder reagir às mudanças constantes e aos desafios da sociedade. Mas, na base desse processo, está a convicção, a crença de que somos modificáveis, para depois estabelecer os meios e o programa concreto que vai ativar e reestruturar a pessoa.

Não basta trabalhar apenas na sala de aula, onde se cria um microclima favorável, tirando o sujeito do ambiente onde o enfoque é dominador, se, ao retornar a esse ambiente, ele volta a deparar-se com seus lugares-comuns, seus estereótipos, onde parece que tudo deve continuar como antes, onde as mudanças bruscas não são permitidas. É necessário começar a mudar o ambiente. É preciso ensinar a pessoa a acreditar em si mesma, mas deve-se ajudá-la com os meios adequados com relação ao nível de cada dificuldade. A sociedade emite mensagens cruéis sobre certos sujeitos: "Você nunca vai conseguir produzir nada, nem será útil para a sociedade". Às vezes, o ambiente é opressor, condicionador e determinante para extinguir as expectativas de futuro de uma pessoa. A sociedade chega até mesmo a predeterminar se a pessoa será modificável ou não.

Sem inteligência, a pessoa não pode contribuir para o progresso da sociedade. A curva do sino lançou esse determinismo com a intenção de dizer que somente aqueles que têm um bom genoma podem subir ao pódio, enquanto os outros devem continuar rastejando em busca do conhecimento. A aceitação passiva das circunstâncias atuais não conduz a nenhuma mudança. Devemos diferenciar e separar os agentes modificadores ativos que dão opções para todas as pessoas daqueles que são deterministas e pessimistas. Respectivamente: agentes próximos e modificáveis, agentes distantes e não modificáveis.

Feuerstein fala de agentes modificadores próximos e agentes distantes, conforme a capacidade do mediador para controlar sua influência. A complexidade do ato educativo deve fazer o educador entender que não pode controlar a influência de suas interações na vida dos alunos, pois desconhece as forças antagônicas e as dificuldades que os educandos vão experimentar em seu meio.

Condições do ambiente modificador

Acreditar que somos modificáveis é um dos primeiros artigos do credo educativo. As ciências do homem ainda não acreditam sinceramente na modificabilidade. Há muitas razões políticas e econômicas que induzem a dominar a escala socioeconômica das pessoas. A sociedade dominadora tende a continuar controlando quanto pode e, para isso, precisa de indivíduos servidores em massa. É necessário privilegiar uma elite. No fim das contas, a cultura e a inteligência convertem-se no dedo acusador da marginalização social. A inteligência é um potencial que regula os níveis sociais. Se acreditarmos que as pessoas são modificáveis e, portanto, inteligentes, consideraremos que elas não devem ser tratadas como inválidas, mas, sim, com o otimismo e a visão de um futuro transformador associados ao autêntico conhecimento delas. Precisamos tratar os jovens como seres humanos modificáveis.

A criação do conceito de automodificabilidade é a chave para fazer do indivíduo seu próprio mediador. E isso é transcendente para a pessoa com problemas, pois vai ajudá-la a buscar os elementos facilitadores da mudança. Quando existe um sistema de necessidades, estas conduzem à configuração de um sistema de crenças. As novas tecnologias abrem muitos caminhos para diminuir os laços que detêm a mudança. Existem máquinas que trabalham por nós. Máquinas que limpam as ruas, que programam a eficácia e multiplicam-na. Mas, hoje, precisamos que as pessoas tenham a força do raciocínio, não apenas que tenham mãos habilidosas. Precisamos investir forças para beneficiar o homem da nova sociedade tecnológica. E faltam os educadores que enxerguem com clareza esse horizonte.

O trem da nova tecnologia não tem paradas. É preciso entrar nele para viver imerso em sua velocidade, absorvendo os novos panoramas. Sentir-se como ser mutável e fonte de mudança para outros. Experimentar em si mesmo a modificabilidade para depois poder transmiti-la aos outros.

6

Contribuições mediadoras às peculiaridades do perfil didático do professor mediador (PDM)

RESPOSTAS AOS 32 ITENS

No quadro da nossa proposta integradora, reunimos os elementos que definem cada característica do perfil didático do mediador (PDM). Os diversos blocos foram desenvolvidos nos capítulos anteriores. No presente capítulo, faremos alusão a cada um dos parâmetros do PDM, a fim de expor, de maneira explícita, as respostas às questões apresentadas em cada uma das características, partindo da experiência e participação de muitos mediadores anônimos e confrontando suas contribuições com outras referências de especialistas e com o intercâmbio daqueles que aplicam a mediação na sala de aula. Embora já tenhamos mencionado diversas formas de mediação, voltaremos a nos referir a elas de acordo com o enfoque do enunciado de cada item.

Para manter a coerência com a linha mediadora que orienta a nossa proposta, teremos que admitir que cada situação escolar e cada grupo de educandos criam uma dinâmica intraescolar que é determinante para a eficácia educativa. Não em vão, a referência a Feuerstein faz-se explícita ao se abordar a mediação de experiências de aprendizagem para definir uma série

O PERFIL DO **PROFESSOR MEDIADOR**

de elementos transformadores nos educandos e nos próprios mediadores. Entre todos os fatores que caracterizam as instituições escolares eficazes, destacamos, na nossa justificativa, aqueles referentes ao controle de ajuda ou acompanhamento docente, em que o elo causal do ambiente escolar organizado, a liderança escolar, as expectativas em relação aos alunos, o envolvimento do aluno nas tarefas, a vinculação das tarefas aos objetivos, as experiências de sucesso e as interações essenciais entre professor e aluno, enfim, todos esses fatores, formam um todo inseparável no processo mediador da sala de aula.

Veremos de que modo a maior parte dos elementos identificadores das escolas eficazes e as estratégias dos programas para ensinar a pensar serão reunidas nos itens do perfil didático do mediador (PDM). Sem pretender ser exaustivos, quisemos dar respaldo à nossa proposta com os pontos coincidentes de renomados pesquisadores, dentre eles Sternberg.[1]

O quadro 20 a seguir – resumo da análise que faremos dos 32 itens do PDM – baseia-se em um esquema que permite revisar e integrar todas as contribuições dos mediadores, da nossa observação, das conclusões das análises compartilhadas e das fontes bibliográficas compiladas ao longo de nosso estudo.

---

[1] R. J. Sternberg & L. Spear-Swerling, *Enseñar a pensar* (Madri: Santillana, 1999), p. 31.

Itens do PDM*	Páginas do Programa de Enriquecimento Instrumental (PEI)	Funções Cognitivas Deficientes (FCD)	Operação mental**	Critério de mediação***	Conceitos relacionados	Estratégias	Relação de itens do PDM*
1. Costumo planejar e programar os objetivos e as tarefas educacionais de cada aula.	5-11	I-2; E-10; O-8	7	8	Programação por objetivos. Linguagens. Modalidades.	Ensinar a planejar-se. Métodos de trabalho.	32-17
2. Busco a informação necessária para conhecer as dificuldades de aprendizagem dos alunos, bem como suas causas e efeitos.	13-19	I-1	1	7	Dificuldade de aprendizagem. Base de dados. Psicodiagnóstico dinâmico.	Conhecimento pessoal.	12-20
3. Procuro identificar as funções cognitivas deficientes (FCD) dos meus alunos, a fim de torná-las objeto da minha tarefa educacional.	4-2	I-7	11	7	Capacidades. Relações humanas.	Autoconhecimento. Autoaceitação. Autoestima.	
4. Antes de iniciar a tarefa, certifico-me de que os alunos compreenderam com clareza e precisão a informação dada.	11-20	I-1-7	1-9	3	Níveis de compreensão.	Diferentes linguagens. Compilação de dados.	

(cont.)

---

*   Esta relação de itens corresponde ao quadro 9 (Questionário sobre o perfil didático do mediador) do capítulo 3. (N. R. T.)

**   Os códigos correspondem ao quadro 11 (Operações mentais: estratégias e técnicas de ativação) do capítulo 4. (N. R. T.)

***   Os códigos correspondem ao quadro 15 (Critérios da mediação) do capítulo 5. (N. R. T.)

O PERFIL DO **PROFESSOR MEDIADOR**

Itens do PDM	Páginas do Programa de Enriquecimento Instrumental (PEI)	Funções Cognitivas Deficientes (FCD)	Operação mental	Critério de mediação	Conceitos relacionados	Estratégias	Relação de itens do PDM
5. Fomento a participação de cada aluno tanto individualmente como em grupo, favorecendo a mútua cooperação e a interação.	7-2	I-8	4	6	Habilidades sociais. Relações humanas.	Participar. Trabalho em grupo e cooperativo.	
6. Ao começar um tema ou matéria, tento averiguar os conhecimentos prévios dos alunos e o vocabulário básico que conhecem.	3-4	I-1; E-5	1	3	Nível de desenvolvimento atual (NDA). Conhecimentos prévios.	Enriquecer vocabulário. Esquemas.	
7. Provoco nos alunos a necessidade de independência na busca e na descoberta de estratégias e soluções para os problemas propostos na lição.	8-24	E-9	7	8	Motivação intrínseca. Níveis de complexidade.	Definir os problemas e representá-los.	14-16
8. Graduo e adapto os conteúdos segundo as capacidades dos alunos.	12-6	I-3	2	4	Diversificação. Níveis de abstração. Ritmos de aprendizagem. Programar.	Saber adaptar-se ao imprevisto.	
9. Seleciono e combino as estratégias de aprendizagem à medida que vão sendo conhecidas e assimiladas.	3-12	I-2	2	9	Aprendizagem estratégica.	Técnicas de estudo.	

(cont.)

Itens do PDM	Páginas do Programa de Enriquecimento Instrumental (PEI)	Funções Cognitivas Deficientes (FCD)	Operação mental	Critério de mediação	Conceitos relacionados	Estratégias	Relação de itens do PDM
10. Ajudo os alunos a descobrirem os objetivos, a intencionalidade e a transcendência das minhas intervenções para envolvê-los nas tarefas.	6-7	E-9	7	1-2	Princípios. Motivações. Consciência. Vontade. Autoimplicação.	Ensinar a empatia. Comunicação aberta.	
11. Presto atenção em cada aluno, para que ele aumente o controle da impulsividade e conquiste maior autodomínio.	14-10	I-2; O-4	3	5	Autocontrole. Formação integral. Processos de aprendizagem.	Escolher os melhores meios.	
12. Prevejo as dificuldades de aprendizagem que os alunos vão encontrar na lição, assim como me adianto a elas.	2-8	E-9	4	7	Níveis de expectativa.	Buscar as causas dos problemas.	2
13. Seleciono os critérios de mediação e meu modo de interação, segundo as necessidades dos alunos.	3-9	I-3	8	7	Aceitar as diferenças. Respeitar os pontos de vista do outro.	Potencializar a diversidade.	
14. Concedo o tempo necessário para a busca e a pesquisa individual das respostas às questões propostas, para que os alunos aprendam a trabalhar com autonomia.	11-15	I-2; E-3	7	5	Comunidade científica. Método de pesquisa. Autonomia.	Busca sistemática. Controle do tempo.	7

(cont.)

Itens do PDM	Páginas do Programa de Enriquecimento Instrumental (PEI)	Funções Cognitivas Deficientes (FCD)	Operação mental	Critério de mediação	Conceitos relacionados	Estratégias	Relação de itens do PDM
15. Procuro promover a elaboração de perguntas e novas hipóteses, a fim de conseguir aprofundar a reflexão e a metacognição dos alunos.	7-11	E-9	11-15	9	Autoquestionamento. Técnicas metacognitivas.	Elaborar perguntas e hipóteses. Inferências.	19
16. Busco mudanças de modalidade e novidade na apresentação dos conteúdos e nas atividades.	8-8	I-6; E-4; O-5	3-11-7-8	8	Modalidade dos conceitos. Mudança. Amplitude do campo mental.	Criatividade. Pensamento lateral.	
17. Analiso com os alunos seus processos de busca, planejamento e conquista de objetivos, para que possam adquirir consciência de suas mudanças e progressos.	1-3	I-2	14	8	Processo *versus* produto. Metacognição. Equilibração.	Perguntas-chave. Manter objetivos.	5-14-32
18. Ajudo os alunos a descobrirem novas relações e os aspectos positivos e otimistas dos temas propostos.	9-16	E-6, 13;O--2	7-14	11	Relações. Globalidade. Gestalt. Percepção episódica. Pensamento sistêmico.	Projetar relações virtuais. Ser positivo.	

(cont.)

Itens do PDM	Páginas do Programa de Enriquecimento Instrumental (PEI)	Funções Cognitivas Deficientes (FCD)	Operação mental	Critério de mediação	Conceitos relacionados	Estratégias	Relação de itens do PDM
19. Aumento gradualmente o nível de complexidade e de abstração das atividades, a fim de potencializar as capacidades dos alunos.	4-18	I-8; E-4	3-15	9	Zona de desenvolvimento proximal (ZDP). Nível de desenvolvimento potencial (NDP). Formas de complexidade. Autoexigência. Níveis de abstração.	Diferentes formas de expressão. Estranhamento.	16
20. Apresento modelos de atuação e adapto as dificuldades à aprendizagem, a fim de assegurar a aprendizagem significativa dos alunos menos dotados.	12-13	I-2	2	7-3	Aprendizagem significativa. Adaptação. Insight. Critérios e sistemas de valores.	Aprender a julgar. Modelagem.	2-12
21. Alterno o método indutivo com o dedutivo, a fim de criar desequilíbrios e conflitos cognitivos que ativem diversas operações mentais.	4-11	E-8	13	9	Método de trabalho. Atividade mental, formal. Pensamento.	Provocar conflito cognitivo.	9

(cont.)

Itens do PDM	Páginas do Programa de Enriquecimento Instrumental (PEI)	Funções Cognitivas Deficientes (FCD)	Operação mental	Critério de mediação	Conceitos relacionados	Estratégias	Relação de itens do PDM
22. Faço os alunos verbalizarem as aprendizagens, a fim de comprovar se de fato compreenderam e assimilaram os conteúdos ensinados.	6-5	I-3; E-1; O-3- 5	6	7-3	Compreensão da leitura. Linguagem precisa.	Uso de dicionário. Sinônimos. Metáfora.	
23. Ao finalizar um tema ou lição, acostumo os alunos a fazerem uma síntese do que foi tratado.	5-25	E-11; O-6	8	8	Precisão. Concisão. Assimilação.	Resumo. Quadros Mapas. Gráficos.	
24. Proponho atividades que exijam maior esforço de abstração e interiorização, a fim de comprovar a capacidade de compreensão e assimilação dos alunos.	2-5	E-7-11	3	4	Imagens mentais. Codificação. Representação mental. Silêncio. Autonomia.	Linguagem interiorizada e simbólica. Leitura silenciosa.	25
25. Ajudo os alunos a descobrirem valores e a elaborarem princípios e conclusões generalizadoras no que diz respeito àquilo que foi estudado.	1-E2	E-8	8	2	Insight. Nível de abstração.	Vivências pessoais.	24-27
26. Asseguro a mediação do sentimento de pertencer à cultura em que os alunos vivem, assim como a mediação de sua estima a ela.	9-23	E-5	9	12	Valores. Solidariedade. Autoestima. Cultura. Interdependência. História. Arte.	Mostrar exemplos próximos. Esquemas. Diagramas.	

(cont.)

6. CONTRIBUIÇÕES MEDIADORAS ÀS PECULIARIDADES DO PERFIL DIDÁTICO DO PROFESSOR MEDIADOR (PDM)

(cont.)

Itens do PDM	Páginas do Programa de Enriquecimento Instrumental (PEI)	Funções Cognitivas Deficientes (FCD)	Operação mental	Critério de mediação	Conceitos relacionados	Estratégias	Relação de itens do PDM
27. Oriento os alunos a encontrarem aplicação das aprendizagens em outras matérias curriculares e na vida.	6-13	I-8; E-11	9	10	Transcendência. Sistema de necessidades. Transferência. Finalidades.	Autodesafiar-se. Pensar no futuro.	
28. Proponho, com frequência, que os alunos façam a autoavaliação e a autoanálise de seu processo de aprendizagem.	10-3	I-2; O-8	8	8	Pensamento crítico. Amplitude do campo mental e pensamento divergente.	Ensinar critérios de avaliação.	25
29. Ajudo os alunos a buscarem e a compreenderem as causas dos acertos e dos erros e os oriento a aprender com eles e a ter um conhecimento equilibrado de si mesmos.	5-16	E-8-9	9	7	Autoanálise. Ensaio e erro. Heurísticos. Algoritmos.	Tomada de decisões. Corrigir erros.	
30. Motivo os alunos para a autoexigência, a precisão, a exatidão e o trabalho benfeito, segundo sua capacidade de esforço.	10-3	I-8; E-1	15	5	Método científico. Autossuperação.	Precisão e exatidão. Busca sistemática.	

O PERFIL DO **PROFESSOR MEDIADOR**

Itens do PDM	Páginas do Programa de Enriquecimento Instrumental (PEI)	Funções Cognitivas Deficientes (FCD)	Operação mental	Critério de mediação	Conceitos relacionados	Estratégias	Relação de itens do PDM
31. Fomento a criatividade e a diversidade na realização de trabalhos, a fim de dar oportunidade para cada um manifestar suas potencialidades.	7-5	E-4-13; O-1	12-14	9	Pensamento lateral divergente. Novidade. Empatia.	Ensinar a diversidade. Respostas criativas.	
32. Reviso e modifico o sistema de trabalho, segundo os resultados da avaliação e os objetivos alcançados nas programações anteriores.	14-20	I-2; E-10; O-8	11	8	Autoavaliação. Projeto de vida pessoal. Constância e mudança. Modificabilidade.	Reelaborar objetivos.	17

6. CONTRIBUIÇÕES MEDIADORAS ÀS PECULIARIDADES DO PERFIL DIDÁTICO DO PROFESSOR MEDIADOR (PDM)

QUADRO 21. PONTOS DE ANÁLISE DE CADA UM DOS ITENS DO PDM

1. Definição de conceitos: fundamentação teórica/princípios

2. Que funções e operações mentais são ativadas? Sobre quais dificuldades de aprendizagem intervêm?

- FCD
- Operações mentais
- Dificuldades de aprendizagem

3. Contribuições didáticas: recursos, estratégias e procedimentos empregados pelos mediadores

4. Mediação: que critérios de mediação intervêm?

5. Critérios de mediação prioritários

6. Outros critérios

ITEM 1. Costumo planejar e programar os objetivos e as tarefas educacionais de cada aula.

Definição de conceitos: fundamentação teórica/princípios

É quase unânime o reconhecimento dos professores com relação à necessidade de planejar. O planejamento é um guia pessoal orientado a estruturar os passos que o professor deve seguir no processo de ensino--aprendizagem.[2] Tanto para o professor novato como para o experiente, a programação oferece segurança na aula, orienta a atividade docente e permite controlar o tempo disponível. É, ao mesmo tempo, um momento de reflexão integradora dos elementos fundamentais de sua tarefa, que inclui: objetivos, conteúdos, atividades e avaliação.

O planejamento da atividade escolar para a consecução de determinados objetivos é a primeira exigência que todo mediador deve se propor, tanto com referência ao seu trabalho pessoal como ao modelo de planejamento que pretende projetar nos alunos. O educador deve ter cons-

---

[2] C. Marcelo, "Planificación y enseñanza: un estudio sobre el pensamiento del profesor", em *Publicaciones Universidad de Sevilla*, nº 96, 1987, p. 97.

O PERFIL DO **PROFESSOR MEDIADOR**

ciência da importância do seu papel modelador, para conseguir que os alunos assimilem e configurem seu próprio estilo de trabalho, que deve se manifestar em uma forma concreta de organizar e planejar todas as atividades que realizam, tanto escolares como pessoais. O planejamento é uma forma de preparar e adiantar-se a situações educacionais em todas as suas dimensões essenciais.

Em nosso trabalho, chegamos à mesma constatação do professor Marcelo em seu estudo sobre o planejamento e o ensino: existem diferenças significativas entre o planejamento dos professores com e sem experiência docente. Isso explica as mudanças ou as adaptações geradas pela própria experiência prática, as quais se revelam tanto nas categorias do sistema de codificação do planejamento do professor como através da análise do processo de planejamento. O fato de ter que verbalizar os pensamentos pedagógicos, ao planejar uma lição, pode ter determinado que alguns professores (com experiência) dedicassem menos tempo à realização dessa atividade do que os professores que não possuíam experiência docente. Desse modo, para os professores com experiência docente, o planejamento é uma atividade flexível, que em determinadas ocasiões cumpre a função de guia mental e, em outras, a de um esquema que proporciona certa segurança. Trata-se de um processo instrucional pessoal.[3]

A partir do mapa cognitivo, os mediadores conhecem um modelo básico para a programação que devem seguir. Os sete elementos desse mapa podem lhes ser úteis para definir os aspectos mais importantes do processo de intervenção na sala de aula.

Planejar exige considerar todos os elementos do ambiente, do conteúdo, do educando e das ferramentas imprescindíveis para o ato educacional. Os frutos do planejamento são colhidos à medida que se percebem o sequenciamento e o controle de todos os processos de aprendizagem na sala de aula, tanto se o controle for do próprio mediador, como se

---

[3] *Ibid.*, p. 109.

6. CONTRIBUIÇÕES MEDIADORAS ÀS PECULIARIDADES DO PERFIL DIDÁTICO DO PROFESSOR MEDIADOR (PDM)

for exigido pelo projeto educacional, pelos pais ou por outras entidades exteriores ao centro educacional. Todo plano deve obedecer a critérios integradores e globalizantes. O planejamento será sempre um referencial para avaliar as conquistas, as novas adaptações dos novos recursos e as estratégias de aprendizagem.

Organizar o trabalho, além de ser uma necessidade inevitável para realizar nossos propósitos, é uma ação que nos proporciona benefícios. "A organização e o planejamento das nossas atividades têm um caráter preventivo e, ao mesmo tempo, multiplicador do tempo".[4] Uma das chaves do sucesso da maioria das atividades humanas e, logicamente, da formação é a programação. "Por programação entende-se a atividade de expor aquilo que se pretende fazer (objetivos, matérias, métodos, meios e tempos)".[5]

A programação é um ato de previsão, sempre dinâmica e adaptativa, que coloca seus elementos em permanente situação de desenvolvimento, mudança e adaptação – criatividade adaptativa –, segundo as necessidades educacionais da sala de aula. Uma condição prévia de toda programação concerne à flexibilidade do mediador para reeducar-se ou modificar-se e entender o processo que se espera realizar em seus educandos.

Que funções e operações mentais são ativadas? Sobre quais dificuldades de aprendizagem intervêm?

FCD

O mediador deve ficar atento para detectar os problemas de aprendizagem dos educandos, localizando-os em sua fase (input-elaboração--output).

■ **I-2. COMPORTAMENTO EXPLORATÓRIO ASSISTEMÁTICO: IMPULSIVO, NÃO PLANEJADO.** Segundo Feuerstein, é uma manifestação da carência de

---

4   E. Rojas, *La conquista de la voluntad* (17ª ed. Madri: Temas de hoy, 1998), p. 66.
5   O. Amat, *Aprender a enseñar* (Barcelona: Gestión 2000, 1995), p. 126.

mediação. É imprescindível ensinar a observar, educar a atenção, propor estímulos significativos que motivem e fixem a atenção dos educandos na tarefa.

- **E-10. DIFICULDADE DE DEFINIR O ÂMBITO NECESSÁRIO PARA RESOLVER UM PROBLEMA:** no caso do aluno inexperiente, a complexidade e a falta de familiaridade na resolução de problemas exigem capacidades que vão além de suas competências. É necessário aplicar o modelo que permita levá-lo a entender, representar e compreender os passos da sua resolução.

- **0-8. CONDUTA IMPULSIVA** que afeta a natureza do processo da resposta: além de impedir que toda a informação indispensável seja captada.

Operações mentais

- **IDENTIFICAÇÃO:** ao iniciar sua tarefa, o mediador observa a necessidade de conhecer o nível de compreensão, vocabulário, leitura e habilidades básicas das quais os educandos dispõem para subir o primeiro degrau da aprendizagem.

- **CODIFICAR E DECODIFICAR A INFORMAÇÃO:** processos básicos a serem considerados ao programar determinados conteúdos. As diferentes linguagens representam um nível de complexidade para os alunos, especialmente para conseguir rapidez e eficácia nesse processo de tradução das linguagens, dos símbolos ou dos estímulos em significados, e vice-versa.

Dificuldades de programação

- Os professores mediadores devem optar por determinados objetivos gerais e específicos, bem como por um método, e adotar aquela estratégia de programação que seja mais coerente com seu estilo de trabalho e com os propósitos didáticos que deve estabelecer. A experiência dos mediadores constata a dificuldade de chegar a uma síntese integradora que reúna todos os elementos de uma programação; por isso, muitos recorrem ao projeto-modelo de sua aplicação do Programa de Enriquecimento Instrumental (PEI), baseado na estru-

6. CONTRIBUIÇÕES MEDIADORAS ÀS PECULIARIDADES DO PERFIL DIDÁTICO DO PROFESSOR MEDIADOR (PDM)

tura das etapas do mapa cognitivo. Não é fácil fazer a própria síntese da teoria mediadora e aplicá-la em qualquer disciplina escolar. Este é o desafio que tentamos enfrentar.

- Toda programação deveria incluir uma seleção de elementos que levasse em consideração os diferentes níveis de conhecimentos prévios, os estilos cognitivos dos educandos e os distintos ritmos de trabalho.

- Contar com as estratégias, a adequação à complexidade dos conteúdos e com os meios para motivar e envolver os alunos e, consequentemente, levá-los ao sucesso.

- Determinar os critérios de análise e avaliação do conteúdo que, *a priori*, sirvam para todos os alunos.

- Definir o ponto de partida para agrupar as unidades de trabalho.

- Realizar a adaptação das instruções e a programação das diversas atividades, contando com os meios e o tempo indispensáveis para a conquista dos objetivos programados.

- Estabelecer um ritmo de crescimento nas dificuldades do programa que permita detectar as micromudanças que desejamos sejam geradas e observá-las no processo de cristalização das aprendizagens.

- Ter previsto os critérios, meios, momentos de controle e avaliação da aquisição das competências.

- Os professores mediadores surpreendem-se ao ver alunos dessintonizados do seu ritmo; a impossibilidade de chegar a todos, recuperar os mais atrasados, motivar os apáticos; o início torna-se especialmente penoso ao pretender que os alunos entendam as instruções ou o enunciado dos problemas, superem a fase prévia de suas dificuldades de leitura ou carências de vocabulário.

- Não menos árdua é a tarefa de conseguir que os alunos elaborem conclusões, princípios e aplicações das aprendizagens. Essa pedra de toque leva muitos professores a perceberem a pouca atenção que dão aos processos de aprendizagem, ao insight e às estratégias metacognitivas.

Contribuições didáticas: recursos, estratégias e procedimentos empregados pelos mediadores

■ Analisar minuciosa e sistematicamente as atividades que compõem a unidade didática. Partir dos processos e estratégias empregados anteriormente.

■ Definir os blocos temáticos, a diversidade de unidades e temas que deverão ser desenvolvidos, levando sempre em consideração a complexidade dos novos conteúdos.

■ Elaborar uma série de atividades a partir de mapas conceituais, diagramas, esquemas, quadros e tabelas que permitam integrar globalmente os conteúdos de cada unidade.

■ Buscar exemplos concretos que facilitem a compreensão de todos os conceitos. Elaborar uma lista de vocabulário da lição; consultar o dicionário.

■ Usar diferentes modalidades para apresentar a informação: quadro, pôster, códigos, símbolos, transparências, síntese verbal, esquema, etc., que permitam diferentes níveis de representação mental.

■ Se o propósito da mediação do planejamento e da programação for conseguir que os alunos aprendam a organizar-se e saibam programar suas tarefas pessoais, o mediador deverá enfatizar a segurança pessoal dos educandos, à medida que as conquistas do trabalho sistemático tornarem-se visíveis.

■ A avaliação e o controle das realizações pessoais e do grupo são realizados com maior facilidade e eficácia quando tudo está previamente estabelecido e programado: objetivos, competências, tempos, instrumentos de controle, etc.

Mediação: que critérios de mediação intervêm?

O estilo de interação ou a modalidade da mediação deve ser muito flexível e adaptativo, a ponto de poder estar condicionado à própria dinâmica do grupo, à matéria e aos acertos ou falhas que vão sendo detectados. O mediador deve estar atento às reações da sala de aula, para adaptar suas perguntas e interações às necessidades mais notórias do grupo.

CRITÉRIO DE MEDIAÇÃO PRIORITÁRIO

■ **8. BUSCA, PLANEJAMENTO E CONQUISTA DE OBJETIVOS:** o primeiro passo do mediador consiste em saber claramente o que ele pretende conseguir. Aos poucos, com minuciosa preparação, deve-se desviar o foco do conteúdo e das estratégias para dirigir a atenção aos processos que o educando segue para aprender. A experiência e a capacidade de síntese vão forjando o estilo de mediação, fazendo com que os mediadores deixem de se ater às anotações preparadas.

OUTROS CRITÉRIOS

■ A referência aos três primeiros critérios (1. *intencionalidade e reciprocidade*, 2. *transcendência*, 3. *significado*) é amplamente justificada ao se tratar dos aspectos didáticos da aplicação dos critérios da mediação.

■ O critério 5 (*Regulação da própria conduta, individualização e diferenciação psicológica*) é relevante, pois tanto a regulação como o controle da conduta são colocados à prova desde o momento em que definimos um caminho a ser seguido para organizar o trabalho na sala de aula.

ITEM 2. Busco a informação necessária para conhecer as dificuldades de aprendizagem dos alunos, bem como suas causas e efeitos.

Nas salas de aula, os professores deparam-se com a cruel realidade de que nem sempre é possível contar com a informação necessária que lhes permita conhecer a situação concreta e as dificuldades de aprendizagem dos alunos com os quais vão trabalhar. A carência de meios de exploração psicotécnica, a falta de continuidade nos processos, assim como a inexistência de arquivos de documentos acumulativos que contenham informações sobre a escolarização dos alunos, impedem os mediadores de conhecer e antecipar-se às dificuldades de aprendizagem dos educandos.

A cultura superficial, fragmentada e em constante modificação faz com que a informação e o conhecimento sejam superficiais e episódicos. Não é possível aprofundar-se em um vasto conteúdo porque seus elementos essenciais não se integraram e porque o conhecimento foi reduzido a banalidades. A cultura visual constitui uma autêntica ameaça para a autorreflexão e o pensamento crítico. A nova alfabetização implica saber ler criticamente. Em concordância com Freire, devemos admitir que a alfabetização deve estar em conexão com a teoria do conhecimento. A mediação torna-se insubstituível para a transmissão de significados e de transcendência. Então, "a autêntica alfabetização implica diálogo e relações sociais livres de estruturas autoritárias que se projetem de cima para baixo".[6]

O trabalho nas salas de aula com diversidade de alunos faz vir à tona as mais variadas dificuldades de aprendizagem. O desafio do mediador está em detectar essas dificuldades a tempo, oferecer um tratamento adequado e diversificado e obter uma solução ótima. É importante prevenir os problemas, para evitar que se consolidem e que sua eliminação se torne muito difícil. Do mesmo modo, é imprescindível prever um

---

[6] H. A. Giroux, *Los profesores como intelectuales: hacia una pedagogía crítica del aprendizaje* (Barcelona: Paidós-MEC, 1997), p. 132.

6. CONTRIBUIÇÕES MEDIADORAS ÀS PECULIARIDADES DO PERFIL DIDÁTICO DO PROFESSOR MEDIADOR (PDM)

processo que aborde uma mesma dificuldade usando diferentes estratégias. Somente será possível garantir a solução de algumas dificuldades de aprendizagem com o trabalho solidário aliado a outras disciplinas escolares.

Os educadores sentem hoje a imperiosa necessidade de voltar o olhar para a família e para o ambiente social no qual a criança cresce. Sabemos que o lar, por excelência, será a sala de aula de todas as idades e nos permitirá interpretar muitos dos problemas com os quais nos deparamos. Entretanto, o mediador não pode perder a perspectiva da etapa e do momento de especial sensibilidade e receptividade pelos quais o aluno esteja passando:

> [...] todo professor, seja do nível que for, antes de qualquer aprendizagem, deve estudar, observar e detectar as qualidades, as capacidades, os hábitos ou as atitudes que terá de potencializar, estimular ou corrigir, mas sempre partindo do aluno em particular e da motivação e das estratégias que fomentem a autoestima.[7]

Definição de conceitos: fundamentação teórica/princípios

A exposição direta aos estímulos e as carências de mediação conduzem muitos alunos a formas inadequadas de aprendizagem. A ação mediadora contextualiza e atribui significados aos dados que o sujeito percebe de forma desordenada. A estruturação e a construção do conhecimento exigem um processo contínuo de mediação. O desafio do mediador está em descobrir a etiologia das dificuldades que o aluno apresenta em seu desenvolvimento.

De forma genérica, poderíamos dizer que, na base das dificuldades de aprendizagem está a síndrome de privação cultural ou a carência de experiência de aprendizagem mediada (EAM). Na teoria da modificabilidade cognitiva estrutural (MCE), encontramos uma etiologia diversa e diferenciadora do desenvolvimento cognitivo: fatores distantes, de

---

[7] I. Aguera, *Bolitas de anis: reflexiones de una maestra* (Bilbao: Desclee de Brouwer, 1998), p. 34.

amadurecimento, orgânicos, emocionais, níveis educacionais, familiares, etc. que não podemos controlar, e outros mais próximos, nos quais podemos intervir diretamente.[8]

Dificuldades de aprendizagem é uma expressão que se refere a um grupo de desordens que se manifestam como dificuldades significativas na aquisição e no uso de habilidades como escutar, falar, ler, escrever e raciocinar. Essas dificuldades podem apresentar-se aliadas a outros transtornos endógenos e com influências extrínsecas no comportamento da pessoa. Elas são relativas a certas variáveis como a idade, a maior ou menor complexidade de uma tarefa, o nível de abstração, a experiência, o nível de automatização, etc.

No momento de interpretar os resultados dos alunos, não podemos esquecer a importância das expectativas dos professores sobre o rendimento dos alunos – de acordo com os trabalhos de Rosenthal e Jacobson – e o rendimento efetivo destes, pois, em muitos casos, os professores chegam a considerar que as expectativas funcionam como profecias autorrealizáveis. Sabemos que em muitos casos essas expectativas podem vir a modificar o rendimento real dos alunos, sobretudo quando os professores chegam a induzir de forma reiterada expectativas positivas.[9]

Que funções e operações mentais são ativadas? Sobre quais dificuldades de aprendizagem intervêm?

FCD

■ **I-1. PERCEPÇÃO DISTORCIDA E CONFUSA DA INFORMAÇÃO:** é preciso evitá-la e, ao lado dessa FCD, devemos acrescentar a percepção episódica da realidade, como a manifestação de carência de mediação que leva a perceber os estímulos fragmentados e sem conexão uns com os outros. Os dados perdem significação porque carecem de visão global e não projetam as relações que lhes dão sentido.

---

[8] R. Feuerstein *et al.*, *Instrumental Enrichment: an Intervention Program for Cognitive Modifiability* (Glenview, III: Scott, Foresman and Company, 1980), p. 17.

[9] C. Coll *et al.*, *El constructivismo en el aula* (3ª ed. Barcelona: Graó, 1995), p. 38.

OPERAÇÃO MENTAL

■ **IDENTIFICAÇÃO:** como ponto de partida para definir os limites, as possibilidades, os conhecimentos reais e a especificidade dos problemas de aprendizagem que os alunos encontram.

DIFICULDADES DE APRENDIZAGEM

Na sala de aula, as dificuldades de aprendizagem apresentam-se de forma similar e reiterada nas matérias curriculares. Na abundante bibliografia sobre o tema, podemos encontrar causas muito diversas que nos permitam defini-las. Poderíamos classificar essas causas como biológicas, cognitivas[10] e afetivo-motivacionais.[11] Por sua implicação no âmbito relacional e qualitativo da mediação, sintetizamos as causas propostas por Sternberg e Spear-Swerling,[12] como as responsáveis pelas falhas mais frequentes no desenvolvimento da inteligência e nos processos de raciocínio:

■ falta de motivação;

■ falta de controle da impulsividade;

■ falta de perseverança;

■ uso inadequado das próprias capacidades;

■ incapacidade de converter o pensamento em ação;

■ falta de orientação voltada para o produto;

■ incapacidade de executar e concluir os trabalhos;

■ fracassar desde o princípio;

■ medo do fracasso;

■ indeterminação;

---

[10] J. Beltrán, *Procesos, estrategias y técnicas de aprendizaje* (Madri: Síntesis, 1993).

[11] R. Feuerstein *et al.*, *Instrumental Enrichment: an Intervention Program for Cognitive Modifiability*, cit., p. 74; D. Tzuriel, "Cognitive Modifiability, Mediated Learning Experience and Affective-Motivational Processes: a Transactional Approach", em R. Feuerstein, P. S. Klein, A. J. Tannenbaum, *Mediated Learning Experience (MLE): Theoretical, Psychosocial and Learning Implications* (Londres: Freund, 1994).

[12] R. J. Sternberg & L. Spear-Swerling, *Enseñar a pensar*, cit., pp. 119-131.

- impossibilidade de assumir a responsabilidade;
- autocompaixão excessiva;
- dependência excessiva;
- regozijar-se nas dificuldades pessoais;
- distração e falta de concentração;
- ocupar-se com demasiadas atividades ou com muito poucas;
- incapacidade de adiar a gratificação;
- incapacidade ou falta de vontade para enxergar a floresta por focar o olhar nas árvores;
- falta de equilíbrio entre o raciocínio crítico-análitico, o raciocínio criativo-sintético e o raciocínio prático-contextualizado;
- muito pouca ou excessiva confiança em si mesmo.

Transtornos das crianças com dificuldades de aprendizagem

A conduta social das crianças com dificuldades de aprendizagem revela sua falta de competência, seu baixo *status* social, seus condicionamentos e carências. Mas, sem nos aprofundarmos na definição das características peculiares dos problemas desses educandos, trazemos uma série de características que não são excludentes entre si e que, com frequência, se apresentam associadas nos mesmos alunos:

- transtornos motores: hiperatividade, hipoatividade, falta de coordenação, etc.;
- transtornos de emotividade: instabilidade emocional, dependência, inconstância, etc.;
- transtornos de percepção: falta de integração nos estímulos sensoriais, falta de clareza e precisão na percepção dos dados, etc.;
- transtornos de simbolização: associações, processos de integração simbólica, etc.;
- transtornos de atenção: déficit de atenção, atenção dispersa, etc.;
- transtornos de memória: problemas de assimilação, armazenamento e recuperação da informação, etc.

Contribuições didáticas: recursos, estratégias e procedimentos empregados pelos mediadores

- Avaliação dinâmica da propensão à aprendizagem (Learning Potential Assessment Device –LPAD) e também daquelas dificuldades que impedirão o educando de alcançar seu pleno desenvolvimento. Diagnóstico e prognóstico da EAM. A avaliação dinâmica permite descobrir o potencial de cada aluno, a capacidade de aprender e de ser modificado. Do mesmo modo, identifica os processos deficientes que podem impedir o desenvolvimento e orientar o enfoque dos esforços tendentes a corrigir as deficiências encontradas. O bom diagnóstico não apenas situa o aluno no grupo da sala de aula, como também nos indica suas dificuldades e potencialidades para prognosticar certas mudanças e progressos, de acordo com os meios que saibamos incorporar. A contribuição da avaliação dinâmica reflete-se nestes elementos: a) na natureza dos instrumentos de avaliação aliados à mediação; b) na relação entre o examinador e o educando; c) na mudança que se dá do produto para o processo; d) na interpretação dos resultados como propensão do sujeito à consecução de determinados objetivos.

- A avaliação dinâmica da propensão à aprendizagem e a avaliação contínua permitem identificar as dificuldades e as potencialidades de cada educando.

- É necessário determinar as dificuldades de aprendizagem, conforme suas manifestações: dislexias, hiperatividade ou déficit de atenção, impulsividade, carência de vocabulário, de estratégias, etc.

- Observação constante das reações dos alunos.

- Constatar as micromudanças que nos permitem levar cada aluno a entender e a avaliar seus próprios progressos.

- Adaptação das perguntas ao nível de compreensão e das respostas esperadas.

- Prestar atenção nas causas não cognitivas (afetivo-motivacionais) de muitos problemas e dificuldades de aprendizagem.

- Alguns mediadores propõem a estratégia de formar, no estilo mediador, seus próprios colegas de sala de aula ou da instituição.

- Conhecimento pessoal: para que possa superar as dificuldades na aprendizagem, é imprescindível que o educando saiba perceber seus próprios problemas e descobrir as causas dos transtornos que o acometem. A percepção da integralidade de um problema consiste na conscientização do próprio interessado.

Mediação: que critérios de mediação intervêm?

CRITÉRIO DE MEDIAÇÃO PRIORITÁRIO

- **INDIVIDUALIZAÇÃO E DIFERENCIAÇÃO PSICOLÓGICA:** as dificuldades são sempre vivenciadas pessoalmente pelo sujeito, de forma totalizadora com relação a ele próprio. Para poder diagnosticar, sem riscos, qualquer problema educativo, é necessário perceber a integralidade da pessoa.

OUTRO CRITÉRIO

- **REGULAÇÃO E CONTROLE DA CONDUTA:** a conscientização dos problemas que cada pessoa vivencia é a medida insuperável para poder identificar a etiologia das dificuldades para aprender. É uma tarefa complexa, que é preciso ser observada desde o primeiro dia.

ITEM 3. Procuro identificar as funções cognitivas deficientes (FCD) dos meus alunos, a fim de torná-las objeto da minha tarefa educativa

Definição de conceitos: fundamentação teórica/princípios

Partindo sempre das nossas diferenças pessoais, a teoria da modificabilidade estrutural cognitiva resume sua análise nas funções cognitivas deficientes que dificultam os processos de desenvolvimento. Assim, é necessário conhecer o significado de tais funções e sua manifestação no processo de ensino-aprendizagem de cada aluno, para, em seguida, passar às causas que provocam essas disfunções. O bom mediador deve aprender a adiantar-se a tais dificuldades e, assim, demonstrar sua experiência e habilidade.

As funções cognitivas possuem um duplo elemento constitutivo: um "estrutural", básico e bioquímico – a energia mental, a corrente que estimula e ativa os processos de desenvolvimento e crescimento –, e um elemento "dinâmico" e ativador, que é a energia que faz as necessidades se desenvolverem, as capacidades do indivíduo entrarem em ação e orientarem-se para um objeto, por meio das atividades concretas que realizamos. Diríamos que o elemento energizante e dinamizador das funções cognitivas são as operações mentais.[13]

À guisa de síntese do pensamento de Feuerstein, diremos que as FCD são o produto de uma EAM insuficiente. Essa carência manifesta-se como um déficit nas competências cognitivas, as quais podem nos ajudar a identificar os pré-requisitos do pensamento. Devem, portanto, distinguir-se bem do pensamento operacional e do representativo, assim como das operações e dos conteúdos do pensamento.

A LPAD é o meio adequado para aprofundar as FCD envolvidas nos processos cognitivos, cujo primeiro objetivo é observar a presença, a ausência ou a fragilidade de tais funções, a fim de determinar as defi-

---

[13] R. Feuerstein *et al.*, *Instrumental Enrichment: an Intervention Program for Cognitive Modifiability*, cit., p. 71.

O PERFIL DO **PROFESSOR MEDIADOR**

ciências (por exemplo: carência de instrumentos verbais, de conceitos espaço-temporais, de evidência lógica, deficiência na interiorização e na representação mental, etc.). Com base na sua investigação com esse instrumento, Feuerstein elabora a lista de FCD, reconhecendo que essa enumeração não é definitiva nem exaustiva e, portanto, pode ser ampliada e diversificada.

As deficiências funcionais não aparecem necessariamente como um repertório completo nas características cognitivas de um indivíduo que sofre de privação cultural,[14] mas são úteis para determinar o estilo da nossa intervenção, o nível de resistência que o sujeito apresentará e a extensão necessária de mediação no tempo. A FCD manifesta a presença de um elemento frágil e vulnerável no funcionamento do sujeito. A localização das FCD em cada fase é meramente didática, uma vez que as fases estão interconectadas e não devem ser consideradas isoladamente, ainda que nos sirvam para focalizar a intervenção em determinada fase que seja mais apropriada.[15] Nesse contexto, a cultura não é definida como um inventário estático de condutas, mas, sim, "como um processo pelo qual são transmitidos o conhecimento, os valores e as crenças de uma geração para outra".[16]

Os mediadores dedicam especial atenção às variáveis que intervêm na síndrome de privação cultural, pois são elas que podem explicar a etiologia de muitos dos problemas que se manifestam na sala de aula. A cultura, além de ser um elemento diferenciador e dinâmico, é também

---

[14] F. P. Beasley, *An Evaluation of Feuerstein's Model for the Remediation of Adolescents Cognitive Deficits*, tese de doutorado (Londres: University of London, 1984), p. 44; J. Gallifa, *L'enriquiment instrumental segons R. Feuerstein: vers la caracterització d'un model d'acció pedagógica per a l'adquisició d'habilitats de pensament*, tese de doutorado (Barcelona: Universidad de Barcelona, 1989), p. 34; F. Van der Stoep & B. F. Nel, *B.F. Nel Gedenklesing: Nie-formele Onderwys: Oorwegings vir Die Suid-Afrikaanse Bedeling* (Pretoria: Universiteit van Pretoria, 1983), p. 164; V. Yitzhak, *The Effect of Feuerstein I.E.P. on the Cognitive Reasoning of Retarded Performers as Measured by Piaget's Conservation Tasks*, tese de doutorado (Toronto: University of Toronto, 1981), p. 39.

[15] R. Feuerstein *et al.*, *Instrumental Enrichment: an Intervention Program for Cognitive Modifiability*, cit., pp. 71 e 108.

[16] *Ibid.*, p. 13.

6. CONTRIBUIÇÕES MEDIADORAS ÀS PECULIARIDADES DO PERFIL DIDÁTICO DO PROFESSOR MEDIADOR (PDM)

a "força motriz que mantém vivo o processo de transmissão dentro do grupo humano".[17] É de suma importância conhecer os espaços de acolhimento da pessoa – a família, a escola e a igreja –, que lhe propiciaram uma rica experiência de iniciação e integração sociocultural,[18] assim como os outros microssistemas que criam o modelo ecológico que configura o desenvolvimento humano: família, igreja, escola e pequenos grupos.[19]

Nesse contexto, destaca-se a tarefa prioritária da escola de facilitar a construção consciente do indivíduo de sua cultura intuitiva e experiencial, em um processo de socialização em que o educando seja colocado em contato com os conceitos das disciplinas abstratas. O objetivo central da escola educativa é "utilizar as disciplinas escolares como ferramentas privilegiadas para que os indivíduos reconstruam progressivamente e de forma reflexiva seus modos espontâneos de pensar, sentir e agir, isto é, sua cultura experiencial".[20]

A autocrítica dos educadores deve aprofundar-se na análise de alguns contextos que geram graves consequências para a educação e buscar as causas das zonas de exclusão e marginalidade[21] de uma sociedade patogênica (as três primeiras causas de morte dependem já dos modos de vida criados por nossa civilização), a fim de oferecer solução, a partir das salas de aula, com formas criativas de inclusão:

> Da mesma maneira que existe uma educação, produto de novas exclusões, à medida que aumentam as desigualdades existentes, há uma educação que é profundamente libertadora, à medida que

---

[17] E. Goikoetxea, *La ejecución de niños gitanos en las matrices progresivas en color de Raven, tras recibir instrucciones adicionales*, tese de doutorado (Bilbao: Universidad de Deusto-Bilbao, 1993), p. 107.

[18] Ll. Duch, *La educación y la crisis de la modernidad* (Barcelona: Paidós, 1998), p. 88.

[19] S. K. Thurman, J. Cornwell, S. Gottwald, *Contexts of Early Intervention: Systems and Settings* (Londres: Paul H. Brookes Publishing Co., 1997), p. 8.

[20] A. I. Pérez Gómez, "La escuela educativa en la aldea global", em *Cuadernos de Pedagogía*, nº 286, 1999, p. 90.

[21] M. Moraleda, "Privación cultural, dificultades verbales y fracaso escolar", em *Bordón*, 296, 1987, p. 227.

constrói mais opções em uma sociedade mais justa. O compromisso em solucionar o problema da exclusão requer recriar o papel da educação em várias direções convergentes.[22]

Todos os analistas reconhecem que, entre todos os caminhos de inclusão, a educação será o que assegurará a preparação do indivíduo e a melhor vinculação social para uma plena inserção e adaptação no mundo do trabalho. A educação pode reduzir a vulnerabilidade humana dos mais desprotegidos em uma sociedade de risco e causadora de marginalização e exclusão. A promoção do autoconceito e da autoestima deve ser um dos resultados positivos dessa ação mediadora sobre os educandos mais desfavorecidos.

Que funções e operações mentais são ativadas? Sobre quais dificuldades de aprendizagem intervêm?

FCD

- **I-7. DEFICIÊNCIA NA PRECISÃO E NA EXATIDÃO PARA COMPILAR OS DADOS:** a mediação deve conduzir para o uso adequado do léxico, a abertura para o entendimento e a posterior linguagem científica. A identificação de significados dos elementos de uma definição deve ser o ponto de justificativa para um entendimento cultural.

OPERAÇÃO MENTAL

- **TRANSFORMAÇÃO MENTAL:** é o processo de elaboração mediante o qual chegamos a uma representação do dinamismo interiorizado das operações mentais, que no complexo processo de elaboração classificam, analisam, codificam, estruturam e armazenam os conhecimentos.

DIFICULDADE DE APRENDIZAGEM

- A preocupação dos mediadores está centrada em identificar as FCD e relacioná-las com as dificuldades de aprendizagem concretas. A

---

[22] J. García Roca, *La educación en el cambio de milenio* (Santander: Sal Terrae, 1998), p. 20.

prática vai suavizando uma primeira atitude de retraimento em relação a essa tarefa que, aparentemente clínica e terapêutica, vai se converter em algo rotineiro e muito mais esclarecedor.

Contribuições didáticas: recursos, estratégias e procedimentos empregados pelos mediadores

- Dado que a primeira dificuldade dos mediadores consiste em interiorizar esses conceitos e saber projetá-los nas situações concretas, a formação básica dos mediadores torna-se indispensável. A assimilação dos termos específicos de um método é obtida com a prática frequente de sua aplicação.[23]

- Os professores concordam quanto à necessidade de mediar passo a passo, para que os alunos cheguem à descoberta e identificação de seu problema. Não basta definir um problema, se não houver consciência dele.

- A observação constante do processo do aluno leva os mediadores à constatação e à identificação de uma problemática ou dificuldade que se reproduz de diferentes formas.

- Anotar as reações e as respostas dos alunos e buscar as atividades e estratégias mais adequadas para cada problema. Nem sempre os mediadores encontram materiais de apoio para embasar essa busca de soluções.

- Deve-se perceber em todo educador seriedade e um senso de profissionalismo, que se manifestam na preocupação analítica dos problemas e de sua etiologia. O léxico em torno das FCD abrange aspectos específicos da terminologia do orientador ou do psicólogo.

- Sistema de necessidades que leva o educando a manter hábitos de conduta e predisposições que lhe fazem resistir e opor-se a algumas formas de mediação.

---

[23] R. Feuerstein *et al.*, *Instrumental Enrichment: an Intervention Program for Cognitive Modifiability*, cit., p. 293; H. O. Beyer, *O fazer psicopedagógico* (Porto Alegre: Mediação, 1996), p. 194.

Mediação: que critérios de mediação intervêm?

Critério de mediação prioritário

■ **INDIVIDUALIZAÇÃO E DIFERENCIAÇÃO PSICOLÓGICA:** o acompanhamento do mediador na sala de aula chega até mesmo a personalizar cada uma das FCD detectadas e dar-lhe um tratamento individualizado e diferenciado. O momento, o conteúdo e a intensidade da mediação definem o modo como o mediador atende cada educando, segundo suas necessidades.

Outro critério

■ **SENTIMENTO DE CAPACIDADE OU COMPETÊNCIA DOS PRÓPRIOS SABERES:** reconhecimento do que cada um é capaz, sem superestimar-se nem menosprezar-se. O edifício deve ser construído lentamente, mas sem cessar, e o educando deve estar consciente de seu progressivo enriquecimento no léxico, nas estratégias e na capacidade lógica. O mediador deve dar oportunidades e colocar à prova a maturidade dos educandos.

ITEM 4. Antes de iniciar a tarefa, certifico-me de que os alunos compreenderam com clareza e precisão a informação dada.

Definição de conceitos: fundamentação teórica/princípios

A análise dos elementos que intervêm no processo de compreensão permite-nos focalizar a possível etiologia dos problemas.

No triângulo da aprendizagem concentram-se os três elementos básicos: a) o conteúdo: desconhecido para o sujeito, excessivamente complexo e abstrato, expresso em uma modalidade obscura ou por meio de códigos pouco familiares, etc.; b) o mediador que, em virtude de seu vocabulário, código, método usado, por sua forma de expressão verbal, sua distância em relação ao educando, a rapidez, etc., não consegue estabelecer uma conexão com o destinatário; c) o educando: seu nível de atenção, seus conhecimentos prévios, sua capacidade de entender uma mensagem concreta, sua motivação, etc. impedem-no de compreender a mensagem.[24]

A compreensão fundamenta-se na percepção, na atenção, na decodificação e na captação da informação. A percepção clara e precisa implica uma organização sensório-motora da experiência.

A tentativa mediadora pretende promover a percepção completa e detalhada das características dos elementos de informação. Da compreensão participam a atenção, a riqueza de vocabulário, os automatismos de decodificação, a projeção de relações virtuais, etc.

Os professores mediadores reconhecem ter uma grande dificuldade no controle da compreensão dos alunos quando o número de alunos em cada sala de aula é muito grande. A dificuldade é constatada quando as perguntas sobre a compreensão de uma instrução são lançadas para toda a sala de aula, mas as respostas partem apenas de alguns alunos.

---

[24] R. Feuerstein *et al.*, *Instrumental Enrichment: an Intervention Program for Cognitive Modifiability*, cit., p. 282.

A clareza e a precisão na informação podem ser relativas aos conteúdos que são tratados. A precisão é uma meta que se prolonga em toda a educação. É a rota que deve levar ao porto da mentalidade científica.

Que funções e operações mentais são ativadas? Sobre quais dificuldades de aprendizagem intervêm?

FCD

- **I-1. PERCEPÇÃO DISTORCIDA E CONFUSA DA INFORMAÇÃO:** muitos dos problemas que têm sua causa nos processos de elaboração são solucionados com maior facilidade do que aqueles que têm sua raiz nos processos de input ou coleta da informação, uma vez que, se estes problemas iniciais não são solucionados, todo o processo de elaboração e toda a resposta ficam comprometidos.

- **I-7. DEFICIÊNCIA NA PRECISÃO E NA EXATIDÃO PARA COMPILAR OS DADOS:** "A pobreza de detalhes, a falta de clareza, a escassa qualidade e perspicácia nos atributos, assim como a imprecisão nos limites dos objetos e os dados incompletos nas descrições", caracterizam essa disfunção.[25]

OPERAÇÕES MENTAIS

- **IDENTIFICAÇÃO:** a carência dessa atividade, ou seja, da identificação das características dos elementos, contamina todo o processo desde a entrada da informação, pois qualquer conclusão posterior deverá ser revisada a partir da definição precisa dos dados coletados. A compreensão e a determinação dos dados significativos exigem um caminho de ajuda mediada.

- **DIFERENCIAÇÃO E DISCRIMINAÇÃO:** como expressão da exploração sistemática e identificação das diferenças, e a distinção entre as semelhanças que aparecem nos objetos e nos acontecimentos. A riqueza de léxico e a discriminação adequada de cada contexto forjam o critério axiológico do educando.

---

[25] *Ibid.*, p. 76.

6. CONTRIBUIÇÕES MEDIADORAS ÀS PECULIARIDADES DO PERFIL DIDÁTICO DO PROFESSOR MEDIADOR (PDM)

DIFICULDADES DE APRENDIZAGEM

■ Feuerstein[26] acredita que a falta de precisão é um sério impedimento para a modificabilidade. Os mediadores percebem claramente sua função imprescindível nesse terreno. Essa carência é afetada pelas limitações culturais, e até mesmo temperamentais, que levam à negligência e à falta de motivação na busca dos dados concretos e diferenciados. Feuerstein distingue duas classes de imprecisão, motivadas: a) pela perda de dados ou de informação, devida ao descuido ao reuni-los; b) pela distorção de certas dimensões, ao ignorar o significado de certos atributos.

■ Os altos níveis de impulsividade e a falta de atenção estão na base da maior parte das dificuldades de aprendizagem. É frequente ver alunos que querem dar uma resposta sem ter terminado de ouvir a formulação da pergunta. Em muitas circunstâncias, a pressa induzida pelo ritmo da sala de aula provoca erros como esse.

■ A insuficiente educação da sensibilidade faz com que os sentidos atuem com uma capacidade muito baixa e que sua curva de percepção seja muito curta. A consequência também é observada na escassa inclinação à exploração e no pouco esforço investido na atenção, especialmente diante de operações abstratas.

■ A falta de percepção dessas disfunções deve-se à ausência de avaliação e à rapidez ou à superficialidade dos mediadores, que não prestam atenção nas autênticas causas dos erros que os alunos cometem de maneira reiterada. Impõe-se, então, o acompanhamento sistemático nas diversas situações da vida escolar, como uma avaliação contínua dos processos educativos, a fim de evitar consequências indesejáveis.

---

[26] *Ibid.*, pp. 86 e 87.

O PERFIL DO **PROFESSOR MEDIADOR**

Contribuições didáticas: recursos, estratégias e procedimentos empregados pelos mediadores

- Feuerstein[27] assegura que a experiência mediadora por meio do PEI produz efeitos benéficos tanto no desenvolvimento das capacidades intelectivas gerais como nos aspectos do estilo e na precisão das funções cognitivas.

- O esforço mediador para focalizar a atenção, incitar a exploração e impulsionar a eficácia cognitiva manifesta-se nestes quatro pontos: a) na regulação e no controle da conduta; b) no ensino direto e na identificação; c) na implementação do insight nos processos e na projeção de relações na tarefa; d) na ajuda ao aluno a responder seguindo uma sequência e uma organização.

- Os inúmeros recursos e estratégias dos mediadores para envolver os alunos e fazê-los compreender os conteúdos e as instruções na aprendizagem são bastante diversificados, em muitos casos ditados pela intuição e pela vontade, mais do que por razões didáticas. Antes de tudo, os mediadores procuram captar a atenção do aluno pela adaptação da linguagem a suas possibilidades de compreensão.[28]

- A dramatização ou teatralização da exposição, buscando a modalidade que seja mais próxima, mais motivadora e capaz de despertar interesse.

- O esforço permanente traduz-se nas adaptações curriculares dos conteúdos e das melhores estratégias e atividades.

- Os mediadores selecionam, filtram, ordenam, sequenciam e adaptam a informação, a frequência, a intensidade, a direção da experiência e os significados. A mediação de transcendência e de generalização enriquece as experiências de aprendizagem.

- A progressiva riqueza léxica dos alunos facilita uma maior compreensão de todo tipo de linguagem, especialmente a escrita.

---

[27] *Ibid.*, p. 369.

[28] J. A. Bernad, *Estrategias de estudio en la universidad* (Madri: Síntesis, 1999), p. 75.

- Fazer os alunos repetirem, em sua própria linguagem, os conceitos novos, a síntese dos conteúdos e a definição das atividades a serem realizadas.

- Fomentando a leitura consegue-se dominar uma das ferramentas essenciais para o estudo e o enriquecimento de vocabulário, além das técnicas de leitura adequadas aos propósitos ou necessidades de cada um. "Ler para encontrar significados",[29] aconselha Lipman.

Mediação: que critérios de mediação intervêm?

Critério de mediação prioritário

- **MEDIAÇÃO DO SIGNIFICADO:** que permita ampliar as relações das aprendizagens e conectá-las a amplas redes de significados. A interação e o trabalho cooperativo, na sala de aula, propiciam as mútuas contribuições e o uso de um léxico variado e enriquecedor.

Outro critério

- **SENTIMENTO DE CAPACIDADE:** em que o aluno oferece sua contribuição, seus conhecimentos prévios para a compreensão e elaboração das novas aprendizagens. Sempre respeitando os níveis concretos de compreensão, os alunos devem conscientizar-se das próprias descobertas e dos frutos da sua elaboração mental.

---

[29] M. Lipman, A. M. Sharp, F. S. Oscanyan, *La filosofía en el aula* (Madri: De la Torre, 1992), p. 69.

ITEM 5. Fomento a participação de cada aluno tanto pessoal como grupal, favorecendo a mútua cooperação e a interação.

Definição de conceitos: fundamentação teórica/princípios

O recinto da sala de aula e, por extensão, todo espaço vivencial do educando devem constituir um clima estimulante, inovador, potencializador e modificante. Este é o cenário que os mediadores esqueceram de criar, em muitos casos, como pré-requisito dos demais processos modificadores. A dimensão individual e a dimensão social do educando não são antagônicas nem excludentes; ambas convergem para um autêntico equilíbrio no crescimento e no amadurecimento da pessoa. Independentemente da proposta metodológica estabelecida na sala de aula, deve-se levar em consideração a conjugação desses dois enfoques. O educando deve crescer em sua dimensão pessoal e autônoma, ao mesmo tempo que desenvolve seus laços de convivência e vinculação com os seus iguais e os mais velhos.

A maior parte da pesquisa sobre aprendizagem autorregulada está relacionada com a análise dos quatro componentes envolvidos no processo acadêmico: o uso de estratégias metacognitivas dirigidas ao planejamento, o controle e a modificação da cognição, o emprego do esforço exigido dos alunos nas tarefas acadêmicas e o uso das estratégias reais que o aluno utiliza para aprender, recordar e compreender a matéria.[30]

Os processos de desenvolvimento do educando têm uma dimensão social de extrema importância. A educação acontece em um incessante clima de relações no processo de ensino-aprendizagem, tanto entre professor-aluno, como entre os próprios alunos. Nas salas de aula ativam-se constantemente formas de aprendizagem pessoal colaborativa, cooperativa ou em grupo, que colocam em jogo as diferentes possibilidades de ajuda tanto vertical (do mediador) como horizontal (do grupo).

---

[30] A. Valle Arias *et al.*, "Motivación, cognición y aprendizaje autorregulado", em *Revista Española de Pedagogía*, 55 (206), 1997, p. 148.

A relação grupal e os hábitos sociais são fundamentais no desenvolvimento integral do educando. O trabalho em grupo, que estimula a colaboração e o enriquecimento mútuos, é uma exigência metodológica que deve suceder ou preceder o trabalho pessoal e vice-versa. A aprendizagem cooperativa em grupo de iguais envolve certas peculiaridades e riquezas formativas que permitem desenvolver os valores que a complexidade dos conhecimentos, os estilos de trabalho e as exigências socioculturais do mundo moderno têm demandado. Há também motivações de eficácia no método cooperativo do ponto de vista didático-educativo, como a superação do individualismo e da competitividade, a descoberta de novos valores nos outros, o aumento da capacidade de flexibilidade e a adaptação ao grupo. Para que exista um grupo de aprendizagem cooperativa, devem estar presentes estas cinco características: "a) a interdependência positiva; b) a interação motivadora face a face; c) a valorização de cada indivíduo; d) o uso das habilidades interpessoais no grupo; e) o controle e a revisão do trabalho do grupo".

Assim, devemos conjugar e harmonizar o trabalho autônomo e o cooperativo, comentados a seguir.

1. **PRINCÍPIOS DA APRENDIZAGEM AUTÔNOMA.** O desenvolvimento de habilidades cognitivas e metacognitivas ensina aos alunos o processamento, o planejamento e a regulação das atividades de aprendizagem, assim como o controle e a regulação da afetividade e a motivação. A aprendizagem autônoma é regida pelos seguintes princípios:

■ O comportamento humano é motivado basicamente pelas necessidades de autodesenvolvimento e de autodeterminação.

■ O autossistema* do aluno na aprendizagem autônoma opera sobre uma base de filtros, através dos quais a informação é processada, transformada e codificada.

---

*   Conceito criado pela psicologia cognitiva. O autossistema permite que os indivíduos exerçam controle sobre os eventos ambientais bem como sobre seus pensamentos, sentimentos e ações. O núcleo do autossistema são as crenças autorreferenciadas. Dele também fazem parte estruturas cognitivas e afetivas que permitem as capacidades de simbolizar, de aprender com experiências alheias, de planejar estratégias alternativas, de regular o próprio comportamento

O PERFIL DO **PROFESSOR MEDIADOR**

- O controle e a autodeterminação do sujeito repousam sobre a estabilidade de sua autoestima.

- A afetividade constitui o principal papel no desenvolvimento da autoestima, da motivação e dos processos e estratégias de aprendizagem autorregulada.

- A aprendizagem autônoma é um processo natural e intrínseco, conduzido pela necessidade do completo autodesenvolvimento e autodeterminação pessoal.

- O grau em que as estruturas e os processos de autossistema exercem um impacto positivo na afetividade, na motivação e nas aprendizagens autônomas depende, em grande parte, de fatores ambientais e do desenvolvimento.[31]

2. **TRABALHO COOPERATIVO.** A interação entre iguais na aprendizagem, como fonte de desenvolvimento e ZDP. Antes de tudo, devemos reconhecer as resistências e as dificuldades que se associam ao ato de compartilhar,[32] pois implicitamente estamos admitindo nossas diferenças e aceitando a reciprocidade no intercâmbio de ideias e propostas. O risco das possíveis ingerências do outro em nosso mundo se vê compensado pela expansão, pela contrastação e riqueza da nova perspectiva do nosso conhecimento. O ponto de vista do outro é uma referência dos nossos avanços em direção às certezas. Entre os papéis desempenhados pelo mediador está o de motivar o sentimento de compartilhar, em clima de mútua igualdade, aceitação e respeito às diferenças.

---

e de processar a autorreflexão, que, por sua vez, permite que os indivíduos avaliem suas próprias experiências e processos de pensamento. Ver A. Bandura, *Social Foundations of Thought and Action: a Social Cognitive Theory*, em Angela Perez-Sá, "Propriedades psicométricas de uma escala de autoeficácia acadêmica e suas relações com o desempenho estudantil e interação social", em *Revista Brasileira de Terapias Cognitivas*, 2 (2), Rio de Janeiro, dezembro de 2006. (N. R. T.)

[31] J. Beltrán, *Procesos, estrategias y técnicas de aprendizaje*, cit., p. 135.

[32] J. Salomé, *Cativando a ternura* (Rio de Janeiro: Vozes, 1991), p. 39.

A interação aluno-aluno tem um papel preponderantemente cognitivo e social. Sua incidência manifesta-se em processos como: socialização, aquisição de competências e habilidades, controle da impulsividade, adaptação às normas de convivência e trabalho, superação do egocentrismo e relativização do próprio ponto de vista.

Que funções e operações mentais são ativadas? Sobre quais dificuldades de aprendizagem intervêm?

FCD

- **I-8. DEFICIÊNCIA PARA CONSIDERAR DUAS OU MAIS FONTES DE INFORMAÇÃO AO MESMO TEMPO:** a própria dinâmica do trabalho em grupo pressupõe o fato de ter de lidar com as diferentes formas de pensar e com os diversos pontos de vista sobre um tema. Saber captar essas diferenças, integrá-las e valorizá-las na funcionalidade do grupo é, por si só, um autêntico processo enriquecedor.

Operação mental

- **SÍNTESE:** talvez uma das atividades mais complexas no grupo seja a de elaborar a síntese de todas as contribuições de cada um dos integrantes. O dinamismo gerado por essa operação no grupo passa por outras muitas operações, e a isso se deve seu interesse.

Dificuldades de aprendizagem

- A própria postura do mediador constitui uma referência na sala de aula, de acordo com o estilo de trabalho que propõe. O efeito do contágio das suas próprias atitudes e motivações ou envolve os alunos ou lhes provoca uma atitude de rejeição.
- Na sala de aula e em todo grupo, há uma primeira estratégia pedagógica a ser aplicada; trata-se de reconhecer e proclamar a capacidade de todos os educandos para oferecer alguma contribuição para o grupo. O respeito deve instaurar-se como a primeira norma de conduta.

- O direito a perguntar e analisar tudo o que se faz no grupo tem seu contraponto naqueles alunos que se fecham, por causa de insegurança ou por seus complexos.

- A tarefa do mediador consiste em saber dosar a mediação com os critérios que favoreçam o pleno envolvimento e a participação de todos os alunos na dinâmica da sala de aula.

Contribuições didáticas: recursos, estratégias e procedimentos empregados pelos mediadores

- Os mediadores percebem a importância do mútuo enriquecimento da pequena comunidade investigadora, que ajuda a manter e refinar a pertença ao grupo, como proposto por Lipman.[33] Os grupos reduzidos dão outra dimensão ao trabalho, enquanto o grande grupo da sala de aula se enriquece com a elaboração dos diversos grupos de trabalho.

- Alguns mediadores encontraram no ensino de habilidades sociais o melhor recurso para fomentar os hábitos de trabalho em grupo, preparando assim os alunos para se comportarem nas diferentes situações com determinadas normas aprendidas.

- É importante descobrir as causas do retraimento de alguns alunos e sua pouca participação no grande grupo que forma a sala de aula. O mediador deverá usar as melhores estratégias: perguntando a um aluno retraído aquilo que previamente sabe que será respondido de modo correto, estimulando depois sua atenção e seu interesse.

- Muitos alunos refugiam-se no grupo para passar ao anonimato. O mediador deve organizar as intervenções dos diversos componentes dos grupos, para que o grupo não seja um refúgio e uma fuga da responsabilidade.

---

[33] M. Lipman, A. M. Sharp, F. S. Oscanyan, *La filosofía en el aula*, cit., p. 179.

Mediação: que critérios de mediação intervêm?

CRITÉRIO DE MEDIAÇÃO PRIORITÁRIO

■ **CONDUTA COMPARTILHADA:** implica atitudes de abertura, confiança, mútua aceitação e estima, respeito e ajuda. Os alunos devem receber uma mediação adequada para entender que todos nós aprendemos com os outros, inclusive com os problemas daqueles menos adiantados, bem como com as questões dos mais perspicazes; muitas questões podem ajudar a esclarecer algo para o grupo, que, de outra maneira, se veria privado dessa riqueza.

OUTRO CRITÉRIO

■ **INDIVIDUALIZAÇÃO E DIFERENCIAÇÃO PSICOLÓGICA:** seria o complemento natural das intercomunicações pessoais, em que cada um se manifesta como é, com suas qualidades e necessidades.

ITEM 6. Ao começar um tema ou matéria, tento averiguar os conhecimentos prévios dos alunos e o vocabulário básico que conhecem.

Definição de conceitos: fundamentação teórica/princípios

As vivências de toda pessoa – os esquemas de pensamento elaborados – constituem a primeira bagagem que condicionará o processo de mediação.[34] Os conhecimentos e as ideias prévios são um filtro e constituem um fator determinante de primeira grandeza pedagógica: "O papel desempenhado pelas ideias preconcebidas em determinar a longevidade e o conteúdo qualitativo daquilo que se aprende e se recorda é decisivo e talvez seja o *fator manipulável mais importante na individualização do ensino*".[35]

A psicologia cognitiva, baseada no modelo de processamento da informação e nas proposições piagetianas e neopiagetianas, ressalta a importância de

> [...] levar em consideração em todo *processo educativo* as diversas dimensões do conhecimento: figurativo, proposicional, a estrutura organizada de corpos de conhecimento, os dados armazenados na memória, o conhecimento operacional, o algorítmico, as capacidades de atuação mental, métodos e estratégias de processamento.[36]

A construção do conhecimento na sala de aula nunca é iniciada a partir do zero. Talvez muitos professores desejassem que a mente de seus alunos se encontrasse em branco, para que pudessem solucionar por completo alguns problemas de aprendizagem. O aluno constrói pessoalmente um significado sobre a base dos significados que pôde construir

---

[34] R. Feuerstein *et al.*, *Instrumental Enrichment: an Intervention Program for Cognitive Modifiability*, cit., p. 30.

[35] D. P. Ausubel, J. D. Novak, H. Hanesian, *Psicología educativa: un punto de vista cognitivo* (México: Trillas, 1989), p. 326.

[36] A. I. Pérez Gómez, "Paradigmas contemporáneos de investigación didáctica", em J. Gimeno Sacristán & A. I. Pérez Gomez, *La enseñanza, su teoría y su práctica* (Madri: Akal, 1989), p. 326.

6. CONTRIBUIÇÕES MEDIADORAS ÀS PECULIARIDADES DO PERFIL DIDÁTICO DO PROFESSOR MEDIADOR (PDM)

previamente. Graças a essa base, poderemos continuar construindo o edifício dos conhecimentos, segundo uma das afirmações mais contundentes sobre o papel dos conhecimentos prévios: "o *fator mais importante* que influencia na aprendizagem *é o que o aluno já sabe*. Averigúe isso primeiro e, em consequência, ensine-o depois".[37]

Três elementos básicos determinam o que chamamos de estado inicial dos alunos: a) os alunos apresentam determinada disposição para realizar a aprendizagem que lhes é proposta: autoimagem, autoestima, experiências anteriores, capacidade de assumir esforços e riscos, para pedir ou oferecer ajuda, etc.; b) os alunos dispõem de certas capacidades e habilidades gerais para realizar o processo de aprendizagem; c) os alunos possuem um conjunto de instrumentos linguísticos, representação gráfica, numérica, habilidades para ler, escrever, estudar e estratégias gerais, para buscar e organizar informação.[38] Vários autores falam dos "organizadores prévios", como ativadores e desencadeadores das relações e dos processos que se desenvolvem para integrar, abstrair e generalizar toda informação.[39]

O educando, portanto, dispõe de determinados conceitos e procedimentos e exprime certas atitudes e valores que orientam seu modo de ser. Além disso, dispõe de uma bagagem de conhecimentos e informações que lhe permitirão entrar em contato com os novos conteúdos, projetar novas relações, fundamentar e reconstruir os próprios esquemas. "Uma aprendizagem será mais significativa quanto mais *relações* com sentido o aluno for capaz de estabelecer entre aquilo que já conhece, seus conhecimentos prévios e o novo conteúdo que lhe é apresentado como objetivo de aprendizagem".[40]

---

[37] D. P. Ausubel, J. D. Novak, H. Hanesian, *Psicología educativa: un punto de vista cognitivo*, cit.

[38] J. A. Bernad, *Estrategias de estudio en la universidad*, cit., p. 58.

[39] A. I. Pérez Gómez, "Paradigmas contemporáneos de investigación didáctica", cit., p. 330.

[40] M. Miras & I. Solé, "A evolução da aprendizagem e a evolução no processo de ensino e aprendizagem", em C. Coll, J. Palacios, A. Marchesi, *Desenvolvimento psicológico e educação: psicologia da educação* (Porto Alegre: Artes Médicas, 1995), p. 50.

Nesse ponto, a pergunta pertinente deveria ser: os conhecimentos são prévios com relação a quê? Imediatamente devemos lançar mão dos critérios que adotamos, considerar o ponto de vista daquele que controla ou ensina, saber com relação a que nível de complexidade ou de abstração os conhecimentos são prévios, se são quanto à maturidade do sujeito, ao planejamento da tarefa, ao curso, à idade, etc.

A concepção construtivista entende os conhecimentos prévios do aluno em termos de esquemas de conhecimento, que Coll define como "a representação que uma pessoa possui sobre uma parcela da realidade em momento determinado da sua história".

Os conhecimentos prévios, segundo o processo de elaboração que os configurou e que podem ser utilizados para facilitar a aquisição, a organização e a recuperação do novo conhecimento, podem ser de seis tipos: conhecimento arbitrariamente significativo, superordenado, coordenado, subordinado, experiencial, analógico.[41]

Que funções e operações mentais são ativadas? Sobre quais dificuldades de aprendizagem intervêm?

FCD

- ■ **I-1. PERCEPÇÃO DISTORCIDA E CONFUSA DA INFORMAÇÃO:** a percepção clara e precisa é a abertura para os conhecimentos. Muitos dos conhecimentos prévios são distorcidos pelo fato de que o sujeito carece de uma percepção nítida das informações. A sucessão curricular contrasta e esclarece nossas ideias preconcebidas com a autêntica ciência.

- ■ **E-5. PERCEPÇÃO EPISÓDICA DA REALIDADE:** essa percepção compreende uma grande quantidade de falhas no conhecimento, como consequência de uma visão reduzida, condicionada pelas carências culturais e necessitada de conexões entre os diferentes saberes.

---

[41] A. I. Pérez Gómez, "Paradigmas contemporáneos de investigación didáctica", cit., p. 334.

Operação mental

- **IDENTIFICAÇÃO:** os conhecimentos requerem uma perfeita identificação das características dos elementos que construímos. Os conhecimentos prévios costumam padecer de um falso conhecimento mesclado com erros conceituais, que serão a base dos conflitos nas sucessivas etapas de aprendizagem.

Dificuldades de programação

- O primeiro passo está em desprogramar-se, abandonar certos hábitos nocivos, os falsos conceitos, os preconceitos e os erros acumulados: "A *desaprendizagem* das ideias preconcebidas poderia ser o fator isolado mais determinante da aquisição e retenção de conhecimentos da matéria".[42]

- Os falsos esquemas, as aprendizagens equivocadas, os vícios e as falhas nas primeiras aprendizagens têm um custo enorme em recursos e tempo de dedicação para tornar a fundamentar a nova construção das aprendizagens. Impõe-se então uma avaliação inicial que permita diagnosticar o ponto de partida, antes de lançar propostas ou definir certos objetivos inadequados às autênticas necessidades dos alunos.

- A atenção à diversidade coloca-nos diante de todo tipo de problemas de aprendizagem. Muitos alunos carecem dos pré-requisitos de amadurecimento da aprendizagem, enquanto outros possuem uma bagagem muito rudimentar que impede qualquer construção sólida.

- Existem muitos outros fatores que distorcem a aprendizagem, entre eles: a resistência a aceitar ideias novas, contrárias às ideias prévias; a necessidade de maior esforço, maior nível de abstração; a formação de novos hábitos de trabalho, diante de novas técnicas ou estratégias; o novo estilo de aprendizagem, que exige continuidade ou atenção mantida.

---

[42] D. P. Ausubel, J. D. Novak, H. Hanesian, *Psicología educativa: un punto de vista cognitivo*, cit., p. 327.

Contribuições didáticas: recursos, estratégias e procedimentos empregados pelos mediadores

Feuerstein[43] propõe o prognóstico como um termômetro do nível de otimismo explícito ou implícito da teoria da mediação, que contempla a solução dos possíveis atrasos nos educandos. Não propõe o compromisso da MCE como um otimismo cego, mas, sim, guiado pela convicção de que todo atraso tem suas condições de reversibilidade que permitirão alguma solução.

A aprendizagem escolar é um processo complexo que requer o envolvimento total do educando. O aluno é quem aprende, mas sempre junto com os outros, em um clima de interações constantes com o mediador. Este não pode abandonar nenhum dos elementos que criam o clima de amadurecimento e crescimento de cada aluno: família, sociedade, escola, colegas, recursos, método, etc. Nesse ponto, devemos expor as questões centrais da construção do conhecimento na sala de aula: como os alunos constroem seus conhecimentos? Como aprendem? Aprender é construir conhecimentos. Mas quais requisitos, quais elementos, quais passos estão presentes nesse complexo processo, no qual o aluno é o protagonista? Respondamos a essas questões.

O que significa construir conhecimentos? Antes de tudo, trata-se de uma construção pessoal, com as peculiaridades de cada ser humano, que elabora uma representação pessoal dos conhecimentos, objeto da aprendizagem. Essa elaboração é uma vinculação, uma relação de significados que permite apreender ou conectar aquilo que já se sabe (os conhecimentos prévios) aos novos conteúdos de aprendizagem. Contudo, o dinamismo da nossa mente reestrutura e reorganiza os esquemas mentais, incorporando os novos conhecimentos, tendo como resultado alguns esquemas novos.

Quais são as contribuições essenciais do aluno no processo de aprendizagem?

---

[43] R. Feuerstein et al., *Instrumental Enrichment: an Intervention Program for Cognitive Modifiability*, cit., p. 67.

6. CONTRIBUIÇÕES MEDIADORAS ÀS PECULIARIDADES DO PERFIL DIDÁTICO DO PROFESSOR MEDIADOR (PDM)

1. A elaboração de esquemas pessoais de conhecimento é constante:

   a) a mente organiza unidades de conhecimento ou esquemas pessoais que representam novas relações. São representações de uma realidade;

   b) os esquemas permitem armazenar e memorizar a informação;

   c) as estruturas cognitivas vão se refazendo sem cessar.

2. Atribuir significados a partir de seus conhecimentos prévios. Trata-se de projetar uma relação ou vínculo com aquilo que é novo. O conhecimento é fruto da atividade consciente do aluno.

3. A modificação dos esquemas de conhecimento: este é o objetivo prioritário da ação escolar. Devem ocorrer conflitos, desequilíbrios e constantes desafios que provoquem uma reequilibração e reorganização nos esquemas do aluno.

4. Obter uma memória construtiva ou compreensiva na qual todos os elementos armazenados tenham relações significativas consistentes.[44]

Mediação: que critérios de mediação intervêm?

CRITÉRIO DE MEDIAÇÃO PRIORITÁRIO

■ **MEDIAÇÃO DE SIGNIFICADO:** é o elo entre os conhecimentos prévios e os novos conhecimentos. Os novos significados devem encontrar seu lugar em esquemas elaborados pelo educando. Reconhecer é sempre recordar. Sem memória não somos nada.

OUTRO CRITÉRIO

■ **A ACOMODAÇÃO** dos diferentes níveis de preparação dos alunos, aceitando suas diferenças específicas e suas carências, desencadeia uma interação mediada de enorme variedade e capacidade de adaptação pelo mediador.

---

[44] C. Coll *et al.*, *El constructivismo en el aula*, cit., pp. 65-86; J. I. Pozo, *Aprendices y maestros* (Madri: Alianza, 1996), p. 160.

ITEM 7. Provoco nos alunos a necessidade de independência na busca e na descoberta de estratégias e soluções para os problemas propostos na lição.

Definição de conceitos: fundamentação teórica/princípios

Na base de toda aprendizagem está a descoberta das relações que encontramos entre os distintos elementos dados. Por isso, a busca é imprescindível, uma vez que toda elaboração requer antes um processo para localizar as diversas fontes de informação que permitam projetar tais relações.[45]

Não basta saber raciocinar; é necessário saber utilizar as informações de forma pertinente, saber explicitar os processos indutivos e dedutivos, usar estratégias representativas e saber modificar os pontos de vista.[46] A melhor maneira de entender a noção de aprendizagem é demonstrada na resolução de problemas, uma vez que essa habilidade "proporciona o mecanismo de conversão dos saberes em competências".[47] Nessa mesma linha, para Nickerson, Perkins e Smith,[48] a resolução de problemas abrange a maior parte das dimensões do tema ensinar a pensar, e, por isso, quando analisam o modelo de Hayes para ensinar habilidades de pensamento, resumem os seis aspectos mais importantes da solução humana de problemas: a representação, a invenção, a busca de soluções entre muitas alternativas, a tomada de decisões, a memória e o conhecimento, enfatizando que os problemas podem variar amplamente com relação às dificuldades que apresentam.

Podemos estudar a resolução de problemas a partir de diferentes perspectivas para lidar com a diversidade de problemas escolares que os alunos encontram em sua aprendizagem. Muitos mediadores encontram neste tema:

---

[45] R. Feuerstein *et al.*, *Instrumental Enrichment: an Intervention Program for Cognitive Modifiability*, cit., p. 88.

[46] J. F. Dortier, *Le cerveau et la pensée* (Auxerre: Sciences Humaines, 1999), p. 264.

[47] E. G. Delacôte, *Savoir apprendre: les nouvelles méthodes* (Paris: Odile Jacob, 1996), p. 140.

[48] R. S. Nickerson, D. N. Perkins, E. E Smith, *Enseñar a pensar* (Barcelona: Paidós-MEC, 1990), p. 342.

- Um desafio metodológico, o da transferência, para que o aluno assimile os passos que deverá dar quando se deparar com uma tarefa complexa, independentemente da matéria.

- Um enfrentamento com a atitude negativa e apática de muitos alunos que, assim que ouvem falar de problemas, assumem uma postura inflexível e se negam a dedicar atenção e esforço.

- Uma prova de sua capacidade de mediação para motivar, ensinar estratégias e mudar a atitude dos alunos apáticos e incrédulos com relação aos seus próprios talentos.

- O momento decisivo para experimentar a capacidade de perguntar, explicar minuciosamente um processo de resolução e romper a barreira da ambiguidade e da pressão emocional dos alunos.

- O dever de motivar o aluno a aprender a construir ou expressar problemas.

Resolução de problemas

Um problema pode ser definido como uma série de circunstâncias, em um contexto novo para o estudante, em que não basta o uso de esquemas conhecidos, uma vez que é necessário ativar os elementos precisos de conhecimento e compreensão.

Os problemas podem desempenhar diversas funções em uma situação de aprendizagem:

- Servir de exemplo, de explicação para uma noção ou conteúdo novo.

- Ser objeto de discussão para facilitar a compreensão do conteúdo que foi ensinado.

- Suscitar o interesse dos estudantes antes que o professor transmita ou apresente uma noção, códigos e formas de representar ou esquematizar um problema.[49]

- Fazer a função de um fator desencadeador e elemento de promoção do envolvimento do aluno em um processo de construção de novos conhecimentos.

---

[49] V. Goel, *Sketches of Thought* (Cambridge: MIT Press, 1995), p. 95.

O método por descoberta pode integrar toda uma série de processos e estímulos: "Bruner e outros entusiastas da descoberta consideram que a aprendizagem por descoberta é o único e insuperável gerador de confiança em si mesmo, de estimulação intelectual e de motivação para a resolução contínua de problemas e para o pensamento criativo".[50] Ausubel, em sua detalhada análise do tema, apresenta-nos os enfoques do problema, o avanço nos campos científicos, as contribuições da autodescoberta em relação à memória, ao impacto sobre a motivação e a confiança em si mesmo. A autodescoberta, como todos experimentamos, é uma fonte primária de motivação intrínseca.

Que funções e operações mentais são ativadas? Sobre quais dificuldades de aprendizagem intervêm?

Embora ao tentar solucionar problemas desenvolvamos processos cognitivos, tais como a observação, a comparação, a relação, a análise, entre outros, a professora Sánchez afirma que "o que fazemos é conscientizarmo-nos dos esquemas de pensamento que possuímos e melhorá-los se detectarmos que estão incompletos. É isso que Feuerstein diz ao falar de reestruturar os padrões de pensamento ou as estruturas cognoscitivas".[51]

FCD

- ■ **E-9. CARÊNCIA DE ESTRATÉGIAS** para verificar hipóteses: o mediador deve fornecer ao aluno estratégias, formas concretas de representação com diagramas, quadros ou tabelas, para que comprove através de outra modalidade suas respostas. Um exemplo fácil de constatar é o estabelecimento de relações familiares: qualquer resposta pode ser verificada pela representação da árvore genealógica em um diagrama.[52]

---

[50] D. P. Ausubel, J. D. Novak, H. Hanesian, *Psicología educativa: un punto de vista cognitivo*, cit., p. 472.

[51] M. A. Sánchez, *Desarrollo de habilidades de pensamiento: razonamiento verbal y solución de problemas*, Guía del instructor (México: Trillas, 1992), p. 280.

[52] R. Feuerstein *et al.*, *Instrumental Enrichment: an Intervention Program for Cognitive Modifiability*, cit., p. 202.

Operação mental

- **DECODIFICAÇÃO:** a codificação está presente em toda proposição ou resolução de problemas, uma vez que os códigos simplificam ou abreviam o trabalho. O código é a expressão simbólica de um significado convencional. O aluno deve perceber seu uso constante na vida e fazer uso frequente, porém consciente, dessa operação.

Dificuldades de aprendizagem

Muitos mediadores acreditam que seja um verdadeiro desafio ensinar a resolver problemas, pelo fato de essa tarefa envolver uma didática muito integradora e sintetizadora de todas as dificuldades de aprendizagem. Dos processos gerados nessa busca de respostas dos mediadores, destacamos os seguintes:

- Necessidade de um planejamento minucioso para ensinar a resolver problemas, tanto em termos de conteúdos como de estratégias. A modelagem, nesses casos, é certamente necessária.

- O professor deve esperar uma atitude negativa dos alunos com fracasso escolar para as tarefas de ordem matemática, verbal, abstrata, que exigem uma maior carga de atenção e de representação mental.

- Estruturar e planejar as atividades, com a participação dos alunos, sobretudo se se tratar de tomada de decisões.

- Dispor de um repertório claro e coerente de estratégias que se complementem.

Contribuições didáticas: recursos, estratégias e procedimentos empregados pelos mediadores

Os programas baseados na resolução de problemas têm uma aproximação curricular e caracterizam-se por uma aprendizagem ativa, centrada no educando, que tende a respeitar os ritmos de aprendizagem e dar maior autonomia aos alunos. O método tradicional de ensino está centrado nos conhecimentos – fatos, conceitos, teorias, regras, procedimentos, habilidades, etc. –, seguindo uma visão técnico-racional.[53]

O *método de casos*, embora muito empregado atualmente na educação profissional, em uma visão técnico-racional em que o professor experiente transmite os conhecimentos, pretende que o aluno saiba analisar e aplicar essas situações em sua vida profissional. Por isso, seu uso mais frequente é na formação médica, administrativa e em vários ramos profissionais.

O *método de resolução de problemas* apoia-se no postulado de que é possível desenvolver, de forma geral, a aptidão para resolvê-los. O caso mais próximo ao mundo educacional corresponde ao método Ideal de Bransford e Stein,[54] no qual são propostos alguns passos estratégicos designados pelas letras do acróstico IDEAL:

■ I: Identificar os problemas e as oportunidades.

■ D: Definir os objetivos.

■ E: Explorar as possíveis estratégias.

■ A: Antecipar os resultados e as ações.

■ L: (*look-learn*) Enxergar os efeitos das nossas estratégias, aprender com as nossas experiências e avaliar os processos.

Algoritmos e heurísticos são os dois procedimentos utilizados na resolução de problemas:

■ **ALGORITMOS** são estratégias que descrevem os passos que devemos seguir para alcançar um objetivo. São regras que garantem a conquista de um objetivo concreto. Especificam o processo exato para a resolução de um problema particular. Realizar uma operação matemática ou colocar uma máquina em funcionamento são tarefas que possuem regras básicas e inflexíveis.

---

[53] D. A. Schon, *La formación de profesionales reflexivos: hacia un nuevo diseño de la enseñanza y el aprendizaje en las profesiones* (Barcelona: Paidós-MEC, 1992), p. 57.

[54] J. Bransford & B. S. Stein, *The Ideal Problem Solver: a Guide for Improving Thinking, Learning and Creativity* (Nova York: W. H. Freeman, 1993), p. 20.

6. CONTRIBUIÇÕES MEDIADORAS ÀS PECULIARIDADES DO PERFIL DIDÁTICO DO PROFESSOR MEDIADOR (PDM)

■ **HEURÍSTICOS** são diretrizes gerais de aprendizagem. Indicam uma série de passos que não asseguram com eficácia a conquista do objetivo pretendido, ainda que constituam uma boa forma de executar o trabalho ou até mesmo a melhor maneira de fazê-lo. A eficácia depende das estratégias usadas em cada tarefa. Os heurísticos devem ser ensinados de modo explícito, com o objetivo de dividir as tarefas concretas nos passos que o aluno pode realizar. Estão associados às habilidades de pensamento, dentro de um método de raciocínio indutivo. Polya trabalhou amplamente o uso de heurísticos em matemática, como Allen Newell e Herbert Simon fizeram na informática.[55]

Nos *procedimentos sequenciais*, encontramos os seis passos propostos por Nickerson,[56] citando Hayes. São eles: detectar o problema (reconhecê-lo e aceitá-lo), representar o problema, planejar a solução, executar o plano, avaliar a solução e consolidar as conquistas (aprender a partir da experiência).

No *desenvolvimento de habilidades de pensamento*, encontramos estes seis passos ou estratégias para a representação destinada à resolução de problemas: 1) ler atentamente o problema; 2) identificar a variável e a pergunta do problema; 3) escolher o tipo de representação e os códigos; 4) ler o problema, passo a passo, até completar a leitura e a representação de todos os dados; 5) interpretar o gráfico e formular a resposta; 6) verificar o processo e o resultado.[57]

O outro método que comentamos é o da *aprendizagem baseada em problemas* (ABP). Três conceitos básicos estão envolvidos nessa tarefa do mediador:

1. **NECESSIDADE DE BUSCA:** criar atitudes e motivações que desafiem e impulsionem a realização pessoal. Os alunos são muito sensíveis

---

[55] J. A. Bernad, *Estrategias de estudio en la universidad*, cit., p. 67; R. S. Nickerson, D. N. Perkins, E. E. Smith, *Enseñar a pensar*, cit., p. 260.

[56] R. S. Nickerson, D. N. Perkins, E. E. Smith, *Enseñar a pensar*, cit., p. 343.

[57] M. A. Sánchez, *Desarrollo de habilidades de pensamiento: razonamiento verbal y solución de problemas*, cit., p. 281.

àquelas tarefas em que veem utilidade momentânea e futura e que preveem que vão realizar com sucesso. Esta poderia ser a síntese motivadora que oferece Tardif em sua análise da escola atual.[58]

2. **A AUTODESCOBERTA** como estratégia de busca, posicionamento diante de um tema e expressão das aprendizagens prévias do aluno para poder enfrentar qualquer problema, buscar relações e significados com os novos conteúdos.

3. **A METODOLOGIA DA APRENDIZAGEM** baseada em problemas e toda a bagagem de estratégias que configuram a resolução de problemas.

Os três temas podem ser integrados na metodologia da ABP, ou pedagogia focada em projetos, cujos principais elementos resumimos a seguir.

1. Pontos de partida teóricos da ABP:

- Ativação dos conhecimentos prévios.

- Elaboração de conhecimentos durante as discussões do grupo de aprendizagem.

- Assimilação da informação de modo ativo.

- Aprendizagem em contexto.

- Integração de matérias do ensino em torno de problemas relevantes para a prática profissional.

2. Metodologia da ABP (sete passos):

- Esclarecer os termos e conceitos confusos.

- Definir o enunciado ou exposição do problema.

- Analisar o problema: ativar o conhecimento prévio (*brainstorm*).

- Fazer um inventário de forma sistemática das diferentes explicações apresentadas.

- Formular os objetivos de aprendizagem.

- Estudar individualmente o tema e buscar informação complementar.

---

[58] J. Tardif, "On va à l'école pour acquérir un pouvoir de compréhension et d'action", em *Vie Pédagogique*, nº 111, Québec, 1999, pp. 5-8.

6. CONTRIBUIÇÕES MEDIADORAS ÀS PECULIARIDADES DO PERFIL DIDÁTICO DO PROFESSOR MEDIADOR (PDM)

- Informar sobre os resultados do estudo (síntese e aplicação da informação).

3. Diretrizes para a construção de tarefas na ABP:

- Guardar relação com os conhecimentos prévios.
- Relação clara com os objetivos propostos em todo o bloco temático geral.
- Fornecer pontos de referência suficientes na complexidade da tarefa.
- Organizar e definir a exposição da tarefa, para que os dados possuam uma estrutura.
- Formulação concreta e relação com a prática profissional.
- Buscar contribuições interdiciplinares para as tarefas escolhidas.
- Elaborar as tarefas com uma extensão adequada.
- Conceder tempo suficiente para o estudo individual da tarefa.
- Conceder tempo suficiente para a elaboração de relatórios.
- Variabilidade no tipo de atividade de aprendizagem.
- Variar o tipo de tarefa em cada bloco de atividades.
- Organizar as tarefas de modo crescente em sua complexidade.

Entre as propostas metodológicas de grande interesse, encontramos a resolução de problemas em duplas, ainda que o papel do professor esteja centrado na modelagem e em desenvolver habilidades metacognitivas. Sua aplicação em experiências de desenvolvimento de habilidades cognitivas e no ensino das ciências e da matemática demonstra que os alunos são estimulados a desenvolver seus próprios conceitos "através do raciocínio em voz alta, dos processos metacognitivos ativados na resolução de problemas e da compreensão de conceitos matemáticos".

A metacognição desempenha um papel crucial no planejamento, no controle e no processo total na aprendizagem de resolução de problemas. Esse conhecimento, de acordo com Flavell,[59] desenvolve-se por

---

[59] J. H. Flavell, *apud* R. S. Nickerson, D. N. Perkins, E. E. Smith, *Enseñar a pensar*, cit., p. 125.

meio de três variáveis: as pessoais, que incluem o conhecimento das capacidades e das limitações do próprio pensamento; as de conteúdo ou da tarefa: a familiaridade ou o desconhecimento do tema; as metodológicas e as estratégias que enfocam a resolução da tarefa.

Um aspecto didático de grande interesse é a representação dos problemas. Os processos cognitivos envolvidos nas representações mentais, de acordo com a teoria triárquica de Sternberg e Spear-Swerling,[60] podem ser resumidos em três: codificação seletiva, combinação seletiva e comparação seletiva. O desenvolvimento cognitivo tem uma manifestação evidente na habilidade de representar os problemas, pois requer a identificação da relação e da estruturação entre os elementos relevantes e os não relevantes do problema. Estas podem ser as vantagens da boa representação:

- Permitir a organização de suas partes e diminuir as exigências à memória.

- Organizar as condições e as regras de um problema e verificar se certos passos podem ser dados e se são produtivos.

- Permitir identificar o caminho das soluções que vão sendo encontradas e prever os potenciais obstáculos até chegar à solução definitiva.[61]

Seguindo as mesmas teorias de Sternberg e Spear-Swerling,[62] podemos encontrar as capacidades que devem ser desenvolvidas para a resolução de problemas:

- Reconhecer e definir as características do problema.

- O processo de seleção dos dados relevantes.

- A representação mental e prática da informação, em cada passo.

- A formulação da estratégia de atuação.

---

[60] R. J. Sternberg & L. Spear-Swerling, *Enseñar a pensar*, cit., p. 85.

[61] J. E. Davidson, R. Deuser, R. J. Sternberg, "The Role of Metacognition in Problem Solving", em J. Metcalfe & A. P. Shimamura (orgs.), *Metacognition: Knowing about Knowing* (Boston: MIT Press, 1994), p. 210.

[62] R. J. Sternberg & L. Spear-Swerling, *Enseñar a pensar*, cit., p. 32.

6. CONTRIBUIÇÕES MEDIADORAS ÀS PECULIARIDADES DO PERFIL DIDÁTICO DO PROFESSOR MEDIADOR (PDM)

- A atribuição de recursos com uma ordem de aplicação e um tempo concreto.

- A avaliação das soluções.

É complexa a síntese de todas as estratégias empregadas para um mesmo fim. O resultado do processo de aprendizagem da resolução de problemas é constituir pessoas eficazes. Nickerson, Perkins e Smith[63] identificam com cinco caraterísticas as pessoas que solucionam bem os problemas. Se esses fatores não formarem uma meta, podem ser ao menos um referencial para o mediador:

1. Atitude positiva (confiança de que os problemas de raciocínio acabarão diante de uma análise cuidadosa e persistente).

2. Preocupação com a exatidão (cuidado em assegurar-se de que se compreende totalmente o problema e verificação da exatidão do trabalho realizado).

3. Dividir o problema em partes (decomposição de problemas complexos em etapas menores e mais manipuláveis).

4. Evitar as conjecturas (analisar todo o problema sem recorrer a conjecturas precipitadas e sem avançar diretamente para as conclusões).

5. Dedicação à solução do problema (as pessoas que solucionam bem os problemas realizam diversas atividades abertas, a fim de facilitar o processo de solução do problema; por exemplo, falando consigo mesmo, escrevendo o problema, fazendo diagramas).

Mediação: que critérios de mediação intervêm?

Critério de mediação prioritário

- Busca, planejamento e conquista de objetivos: na resolução de problemas intervêm as estratégias metacognitivas e todos aqueles processos que melhor sintetizam a aprendizagem de tarefas com-

---

[63] R. S. Nickerson, D. N. Perkins, E. E. Smith, *Enseñar a pensar*, cit., p. 241.

plexas. A mediação é imprescindível para colocar à prova de modo eficaz a aprendizagem acumulada.

Outro critério

- **REGULAÇÃO E CONTROLE DA CONDUTA:** complemento do planejamento para a eficácia na aprendizagem.

6. CONTRIBUIÇÕES MEDIADORAS ÀS PECULIARIDADES DO PERFIL DIDÁTICO DO PROFESSOR MEDIADOR (PDM)

ITEM 8. Graduo e adapto os conteúdos segundo as capacidades dos alunos.

Definição de conceitos: fundamentação teórica/princípios

O conteúdo é a primeira dimensão do mapa cognitivo que nos descreve o tema sobre o qual deve se centrar o ato mental ou a atividade de aprendizagem. É uma das áreas diferenciadoras do funcionamento cognitivo dos indivíduos e uma das condições da aprendizagem significativa que se baseiam na seleção daqueles conteúdos que sejam motivadores, significativos, próximos e assimiláveis para os alunos.[64]

Na tradição anglo-saxônica, os conteúdos do ensino foram agrupados no currículo. Trata-se de uma série estruturada de objetivos pretendidos de aprendizagem. A educação como percurso que o aluno deve realizar centrou-se tradicionalmente na transmissão de saberes. Hoje, a ênfase é colocada nos processos de aprendizagem, em ensinar a aprender e aprender a pensar. O problema educativo em torno dos conteúdos pode ser percebido de quatro formas:

1. Na identidade ou nos tipos de conteúdo propostos no currículo.

2. Nos âmbitos e nas atividades que modelam o currículo nas práticas diversas da escolarização.

3. Nos elementos ocultos e manifestos do currículo, sua contribuição formativa e socializadora.

4. Nos objetivos e na didática dos conteúdos, na distância entre o que é ensinado e o que é aprendido, entre o que os professores ensinam e o que os alunos aprendem.

Em todos os casos, a análise do currículo deve servir para:

■ oferecer uma visão da cultura presente nas salas de aula, em determinadas condições concretas;

---

[64] R. Feuerstein *et al.*, *Instrumental Enrichment: an Intervention Program for Cognitive Modifiability*, cit., p. 105.

O PERFIL DO **PROFESSOR MEDIADOR**

- conhecer um projeto que só pode ser entendido como um processo historicamente condicionado, capaz de repercutir em uma sociedade;
- saber como ideias e práticas educativas interagem;
- entender o currículo como uma pauta para que os professores intervenham nele.[65]

Os conteúdos correspondem a uma seleção conjuntural e social, não são imutáveis nem universais, daí sua diversidade e suas peculiaridades. A cultura do ensino obrigatório e os conhecimentos mínimos para entender os códigos culturais e profissionais são pré-requisitos inerentes ao crescimento humano. O desenvolvimento da pessoa não ocorre no vazio, mas, sim, numa base mínima de certos conhecimentos fundamentais. Entre o ato de ministrar sabedoria das escolas da Antiguidade e o nosso humilde propósito de ensinar matérias, existe um abismo. E na era do conhecimento, na qual nos adentramos, é ainda mais compreensível a diversificação dos conteúdos genéricos, relacionados a cognição, procedimentos e atitudes.

O outro elemento que determina os processos a serem seguidos são as capacidades: o potencial ou a aptidão que uma pessoa possui para adquirir novos conhecimentos, habilidades e atitudes.

Que funções e operações mentais são ativadas? Sobre quais dificuldades de aprendizagem intervêm?

FCD

- **I-3. AUSÊNCIA OU FALTA DE INSTRUMENTOS VERBAIS E CONCEITOS PARA IDENTIFICAR:** os conteúdos passam primeiro pela fronteira do reconhecimento e da identificação que o sujeito faz deles ao mirar-se no espelho de sua bagagem de conhecimentos.

---

[65] J. Gimeno Sacristán & A. I. Pérez Gómez, *Comprender y transformar la enseñanza* (Madri: Morata, 1995), p. 170.

Operação mental

- **COMPARAÇÃO:** a ação inicial e espontânea diante de um estímulo ou novo conhecimento consiste em referi-lo e compará-lo ao que já possuímos, para definir um maior número de semelhanças e diferenças.

Dificuldades de aprendizagem

- Diante do novo, surge uma dupla reação: gratificação pela novidade ou recusa por seu estranhamento. Por essa razão, os mediadores têm o constante desafio de conhecer o estilo cognitivo dos alunos que melhor sintonize com a modalidade e a quantidade dos conteúdos.

- Ao lado da modalidade dos conteúdos encontramos o outro obstáculo na abstração ou o nível de representação mental exigido para o educando.

- A codificação e a decodificação devem ser habilidades que preparem para uso e o intercâmbio dos símbolos no processo de aprendizagem.

Contribuições didáticas: recursos, estratégias e procedimentos empregados pelos mediadores

O esforço do mediador está no acompanhamento do processo do educando. A manifestação dessa proximidade tem expressões muito diversas:

- Adaptar-se às capacidades do aluno implica um conhecimento próximo de suas possibilidades e limitações, seus intereses e necessidades. O mediador aprofunda o conhecimento dos aspectos afetivos e motivacionais para compreender melhor as causas dos problemas que afetam o amadurecimento da pessoa.

- As adaptações curriculares individuais (ACI), nos casos de necessidades educativas especiais, comportam exigências de organização e formas particulares de dedicação.

- A preparação das lições implica toda uma série de previsões para acomodar os conhecimentos, as estratégias e as atividades.

- Os mediadores precisam, diariamente, do esforço de acomodação da formulação e do nível de dificuldade em suas perguntas para adequar aos níveis de exigência e de empenho correspondentes às possibilidades dos educandos.

A flexibilidade do mediador não deve ser entendida como uma atitude de ceder aos caprichos do educando, mas, sim, como capacidade de adaptação aos processos. É uma mostra de compreensão e realismo às possibilidades de conquista dos objetivos. Ser flexível é ser capaz de mudar diante de novas condições. Essa experiência do mediador deve ser provocada também no educando, consigo mesmo e com aqueles que o cercam, tanto no âmbito cognitivo como no social. As manifestações, a autoplasticidade e a aloplasticidade acontecem ao longo das interações na sala de aula.

As micromudanças que desejamos encontrar nos alunos são um desafio para os mediadores, que devem se esforçar, ao máximo, para conseguir tornar compreensíveis certos conteúdos ou praticar certas estratégias com repetição incansável.

Mediação: que critérios de mediação intervêm?

Critério de mediação prioritário

- **SENTIMENTO DE CAPACIDADE:** a motivação e a autoestima devem estar resguardadas dos conteúdos de aprendizagem. O processo de crescimento e amadurecimento vai criando, simultaneamente, esse sentimento de segurança e de autoestima na pessoa.

Outro critério

- **INDIVIDUALIZAÇÃO E DIFERENCIAÇÃO PSICOLÓGICA:** é a mediação que determina uma forma concreta de adaptação do estilo educativo em todas as suas dimensões.

ITEM 9. Seleciono e combino as estratégias de aprendizagem à medida que vão sendo conhecidas e assimiladas.

Definição de conceitos: fundamentação teórica/princípios

Para Feuerstein,[66] o ponto de partida na elaboração de um plano para o ensino das estratégias de aprendizagem é dado, de maneira minuciosa, por meio da avaliação dinâmica de propensão ao desenvolvimento (LPAD), que deve conduzir o mediador à solução dos problemas e necessidades dos educandos.

O núcleo principal da aprendizagem é constituído pelos processos e pelas estratégias que intervêm desde o input até a assimilação de um conceito. A aprendizagem é um processo de construção no qual relações são feitas, redes são formadas, esquemas são interiorizados, estruturas cognitivas são elaboradas, conteúdos são armazenados. A ideia de que mais importante do que ensinar as ciências é ensinar a gostar delas e dos métodos para aprendê-las é a tônica que preside toda a pesquisa centrada nas estratégias de aprendizagem. Beltrán[67] resume em sete os processos de aprendizagem: sensibilização, atenção, aquisição, personalização, recuperação, transferência e avaliação.

Muitos especialistas ressaltaram que o ensino estratégico seria o nome adequado para a instrução cognitiva. O professor estrategista poderia ser definido como aquele que reúne estas características: é pensador, especialista em tomar decisões; é experiente, possui uma sólida base de conhecimentos; é mediador, organizador e guia dos alunos; é modelo, explica, atua de forma visível; planeja e acompanha seus alunos em todo o processo.[68]

Sternberg propõe o elemento central na compreensão das estratégias. Seu ponto de vista está ligado a sua teoria da inteligência: "não se deve

---

[66] R. Feuerstein *et al.*, *Instrumental Enrichment: an Intervention Program for Cognitive Modifiability*, cit., p. 66.

[67] J. Beltrán, *Procesos, estrategias y técnicas de aprendizaje*, cit., p. 43.

[68] *Ibid.*, p. 358.

pensar em um treinamento de estratégias, se antes não houver uma teoria da inteligência". As estratégias fazem referência a operações e atividades mentais que facilitam e desenvolvem os diversos processos de aprendizagem. A estratégia é por si só propositiva e encerra um plano de ação ou uma sequência de atividades organizadas com vistas a alcançar determinado objetivo. Assim, o aprender a aprender será esse saber estratégico que se adquire com a experiência de muitas aprendizagens realizadas, com distintas matérias e com variedade de estratégias.

As estratégias conferem segurança e estimulam a enfrentar novas dificuldades. A construção das aprendizagens é obtida com a aplicação constante das novas aprendizagens sobre aquelas já acumuladas. O mundo de relações permite ir elaborando estruturas de pensamento novas e mais cristalizadas. As estratégias devem ser selecionadas conforme os objetivos que pretendemos atingir.

As estratégias e os conteúdos devem ser ensinados de forma explícita, uma vez que ambos são necessários e complementam-se. Existe uma interdependência entre o conhecimento progressivo e as estratégias que vamos desenvolvendo para dominá-lo. Assim, excetuando as formas de acomodação, a modelagem prática e sua maior ou menor explicitação, os dilemas sobre "como", "quando" e "com que conteúdos" devem ser resolvidos a favor do avanço e do treinamento do educando no uso das estratégias .[69] Após uma minuciosa análise dos princípios, dos objetivos, dos conteúdos e dos critérios que orientam o ensino das estratégias, Bernad[70] propõe um formato geral da sequência instrucional de estratégias, que resumimos da seguinte maneira:

- Informação-motivação do aprendiz para ser mais eficaz.

- Aplicação da estratégia com práticas modeladas.

- Prática independente da estratégia pelo estudante.

---

[69] *Ibid.*, p. 348.

[70] J. A. Bernad, *Estrategias de estudio en la universidad*, cit., p. 91.

- Generalização ou transferência das estratégias com aplicações concretas.

A aprendizagem contextualizada, que permite descobrir todos os modos e usos possíveis de uma estratégia, é a forma como alguns autores resumem o método da aprendizagem explícita das estratégias.[71]

Que funções e operações mentais são ativadas? Sobre quais dificuldades de aprendizagem intervêm?

FCD

- **I-2. COMPORTAMENTO EXPLORATÓRIO ASSISTEMÁTICO:** impulsivo e não planejado. Antes de optar pela melhor estratégia, o aluno deve examinar atentamente os elementos dos quais dispõe e as melhores decisões a tomar.

Operação mental

- **COMPARAÇÃO:** somente ao conhecer os prós e os contras e obter a constatação de resultados obtidos previamente em diferentes situações, o aluno está na posição de tomar uma decisão sobre a estratégia mais conveniente nessa situação concreta. Através da mediação, Feuerstein constata os avanços dos educandos em sua conduta comparativa espontânea.[72]

Dificuldades de aprendizagem

- Os alunos devem crescer tomando consciência de suas ações e ir interiorizando os motivos que os levam a decidir-se por determinada forma de trabalho ou estratégia. Devem aprender a fazer perguntas sobre os próprios processos.

- Os alunos precisam dominar progressivamente um extenso repertório de estratégias que lhes dê segurança e autonomia no trabalho.

---

[71] E. G. Delacôte, *Savoir apprendre: les nouvelles méthodes*, cit., p. 157.

[72] R. Feuerstein *et al.*, *Instrumental Enrichment: an Intervention Program for Cognitive Modifiability*, cit., p. 66.

Não faltam programas que se denominam estratégicos, por insistirem na importância de dotar os alunos das técnicas e dos procedimentos mais diversos para aprenderem com maior rapidez e eficácia.

Contribuições didáticas: recursos, estratégias e procedimentos empregados pelos mediadores

- Os mediadores descobrem problemas em sistematizar as estratégias que vão combinando de modo sistemático para conseguir que os alunos conquistem uma bagagem ampla de recursos de aprendizagem.

- Devemos evocar as estratégias pessoais, as técnicas de estudo assimiladas pelos mediadores e os repertórios que encontramos em manuais, como nos programas de E. De Bono, Bransford, e outros, que propõem estratégias interessantes e criativas para os mais diversos problemas.

Mediação: que critérios de mediação intervêm?

CRITÉRIO DE MEDIAÇÃO PRIORITÁRIO

- **MUDANÇA, BUSCA DA NOVIDADE E COMPLEXIDADE:** o crescimento requer uma mudança permanente nos objetivos, nas estratégias e nas operações mentais. Nos casos de maior complexidade, maior deve ser o nível de atenção e de elaboração. A novidade exige uma adaptação constante ao desconhecido; requer reelaborar os recursos e as estratégias.

OUTRO CRITÉRIO

- **REGULAÇÃO E CONTROLE DA CONDUTA:** já que a conduta deve ser orientada pelas metas que desejamos atingir. Mas o mediador possui um papel insubstituível quando os alunos apresentam problemas de motivação, atenção, hiperatividade ou falta de vontade.

6. CONTRIBUIÇÕES MEDIADORAS ÀS PECULIARIDADES DO PERFIL DIDÁTICO DO PROFESSOR MEDIADOR (PDM)

ITEM 10. Ajudo os alunos a descobrirem os objetivos, a intencionalidade e a transcendência das minhas intervenções para envolvê-los nas tarefas.

Definição de conceitos: fundamentação teórica/princípios

O esforço do mediador destina-se a envolver o aluno e levá-lo a se conscientizar dos objetivos que pretende alcançar. Na maioria das vezes, os alunos buscam resultados imediatos, querem satisfazer determinadas necessidades concretas, achar respostas concretas; não se dão conta do sentido transcendente de cada um dos passos que estão dando. Assim, o mediador deve explicitar aonde quer chegar com os conteúdos, bem como expor as tarefas e as estratégias que serão usadas. Nesse processo de implicação compromete-se parte da motivação do aluno, que é quem deve assumir o controle voluntário do seu próprio enriquecimento.[73]

A motivação é um elemento energizante e determinante do envolvimento do educando no fazer escolar. A motivação intrínseca distingue os estudantes autônomos dos dependentes de estímulos externos. Uma conduta intrinsecamente motivada é aquela que é movida pela necessidade de conquistar autonomia e pela autodeterminação, uma experiência direta, um estado de consciência que se compraz na própria realização e constatação de suas próprias capacidades. As estruturas da motivação intrínseca modificam-se ao longo da vida como resultado do desenvolvimento das capacidades cognitivas e das interações com o ambiente. A dependência do prêmio, da recompensa ou do *status* revela a motivação extrínseca.

Bruner identifica três formas de motivação intrínseca: a) de curiosidade, que satisfaz o desejo de novidade; b) de competência, ou necessidade de controlar o ambiente; c) de reciprocidade, que alude à necessidade de comportar-se de acordo com as exigências da situação. Segundo Beltrán,[74] as estratégias são desenvolvidas em torno destes enfoques:

---

[73] *Ibid.*, p. 94.
[74] J. Beltrán, *Procesos, estrategias y técnicas de aprendizaje*, cit., p. 86.

1. **DESAFIO CLARO E UM NÍVEL DE DIFICULDADE CORRESPONDENTE ÀS HABILIDADES, AO CONHECIMENTO E AO ESFORÇO DO ALUNO.** Os mediadores devem orientar as expectativas de sucesso com coerência e clareza para que os alunos conheçam as causas de seus erros e acertos.

2. **CURIOSIDADE:** mediante informação e ideias surpreendentes, incongruentes ou discrepantes com relação a suas ideias pessoais. Aumentar as expectativas.

3. **CONTROLE:** ao aumentar o clima de autodomínio, percebem-se como autônomos, tendo clara consciência das demandas que podem dominar e controlar.

4. **FANTASIA:** gerando situações que incentivem o aluno a envolver-se, criando ambientes atrativos, tornando relevante a conquista e despertando suas energias e sentimentos.

Que funções e operações mentais são ativadas? Sobre quais dificuldades de aprendizagem intervêm?

FCD

- **E-9. CARÊNCIA DE ESTRATÉGIAS PARA VERIFICAR HIPÓTESES:** por intermédio do mediador, o aluno verá elementos palpáveis da transcendência dos seus atos: apenas ao conhecer certos dados e informações, ele poderá entender problemas e situações da sua vida futura. Sem estratégias e habilidades aprendidas não podemos enfrentar problemas complexos.

OPERAÇÃO MENTAL

- **DECODIFICAÇÃO:** no presente caso, das intenções dos objetivos e atuações do mediador. Contudo, ao mesmo tempo, da transcendência que todo ato tem *per se*. Devem ser ressaltados esses aspectos que são totalmente abstratos para o aluno e que integram todo o sentido profundo do ato educativo. Em todos os significados que sejam descobertos, poderemos projetar sempre as dimensões afetivas, cognitivas e sociais.

Dificuldades de aprendizagem

- Em muitas ocasiões, os caminhos e procedimentos propostos pelos professores estão muito longe de ser aceitos e seguidos pelos alunos.

- Nesse ponto já se apresentam os problemas básicos das aprendizagens: sua utilidade e validade para a vida. A diversidade de exercícios e das experiências deve completar a visão parcial que o aluno tem da vida.

- Os mediadores encontram um grande desafio em oferecer exemplos nos quais os alunos comprovem a eficácia e a aplicação de suas aprendizagens. O problema está em superar a barreira das experiências únicas e pessoais.

Contribuições didáticas: recursos, estratégias e procedimentos empregados pelos mediadores

- A modelagem e a proposta de grande variedade de exemplos nos quais se apliquem os conhecimentos e as estratégias aprendidos permitem entender o sentido de transcendência dos esforços e das aprendizagens da sala de aula.

- Tanto de maneira indutiva como dedutiva, o mediador deverá seguir os caminhos que levem o educando à conscientização de sua atividade. Essa reversibilidade pode adquirir total evidência no final do processo.

- É necessário usar uma linguagem adequada e empregar conteúdos e elementos familiares, para depois descontextualizar tanto as aprendizagens como os conteúdos.

- O mediador pode fornecer uma longa lista de medidas motivadoras, conhecendo o aluno, seu meio, seus interesses e suas capacidades.[75]

---

[75] F. Voli, *La autoestima del profesor* (Madri: PPC, 1996), p. 90.

Mediação: que critérios de mediação intervêm?

CRITÉRIOS DE MEDIAÇÃO PRIORITÁRIOS

■ **INTENCIONALIDADE E RECIPROCIDADE:** reivindica-se nesse critério a atitude dinâmica e pró-ativa do mediador, que provoque reações espontâneas no aluno quando ele precisa de mediação ou mesmo quando a recuse.

OUTROS CRITÉRIOS

■ **TRANSCENDÊNCIA:** de forma explícita, o mediador deve abrir os olhos do aluno com exemplos que permitam superar sua curiosidade ou suas necessidades e vivências presentes. Deve fazê-lo enxergar as diversas realidades que não soube interpretar nem julgar, as quais são visíveis e que ele mesmo constata diariamente: referentes a sua alimentação, prática de hábitos saudáveis, uso do transporte para chegar na hora certa, os estudos aos quais se dedica para conhecer, preparar-se para um futuro trabalho profissional, etc. A dimensão humana diferencia-nos e supera qualquer outra realidade material ou animal.

■ **BUSCA, PLANEJAMENTO E CONQUISTA DE OBJETIVOS:** a previsão e a representação das nossas metas diferenciam-nos dos seres irracionais. A capacidade racional diferencia as pessoas dos animais, escravos da força dos instintos. As potencialidades da nossa inteligência, como sede de organização, planejamento e controle da nossa existência,[76] permitem diferenciar-nos, inclusive, dos próprios seres humanos. Não se pode perder a oportunidade de ajudar a crescer.

---

[76] R. J. Sternberg & D. K. Detterman, *¿Qué es la inteligencia?* (Madri: Pirámide, 1992), p. 168.

ITEM 11. Presto atenção em cada aluno, para que ele aumente o controle da impulsividade e conquiste maior autodomínio.

Definição de conceitos: fundamentação teórica/princípios

Para Feuerstein,[77] talvez seja a manifestação da personalidade do educando o que cause maiores dificuldades no processo de aprendizagem; por esse motivo, considera seu acompanhamento como uma das tarefas mais insistentes para o mediador. A impulsividade contagia e pode prejudicar a maior parte das atividades escolares e seus resultados.

O acompanhamento do aluno até ele alcançar autodomínio e autocontrole progressivos é uma das tarefas que o mediador deve empreender com maior frequência. Muitos problemas de aprendizagem são desencadeados pelo comportamento descontrolado, pela irreflexão, pela superficialidade, pela falta de atenção, pela desordem, etc. De qualquer modo, é imprescindível reconhecer a etiologia comportamental, cognitiva ou emocional que caracteriza as condutas. A atividade mediadora deve basear-se em uma crescente reflexão e autocontrole do próprio comportamento, para poder chegar à plena autonomia. Os professores deparam-se com uma rejeição a tudo o que soe como repressão e imposição. O aluno é multifacetado, falante, buscador, exterior, etc., mas, ao mesmo tempo, é também interior, ativo e contemplativo.[78]

Somente com um esforço constante é possível conduzir o educando ao mundo da reflexão, da interiorização e da abstração. "Uma das diferenças mais importantes entre aqueles que têm sucesso e os que fracassam na resolução de problemas está no fato de que os primeiros são mais persistentes." Assim introduz Wood seu caminho ao conhecimento de estratégias de aprendizagem e adverte ainda: "O desenvolvimento de sua habilidade geral para resolver problemas está diretamente relacionado com a quantidade de angústia que você esteja disposto a aguentar du-

---

[77] R. Feuerstein *et al.*, *Instrumental Enrichment: an Intervention Program for Cognitive Modifiability*, cit., p. 77.

[78] Ll. Duch, *La educación y la crisis de la modernidad*, cit., p. 114.

O PERFIL DO **PROFESSOR MEDIADOR**

rante a busca de uma solução para os exercícios".[79] A reflexão, a constância, a vontade, o autocontrole, a motivação e a autossuperação fazem parte das premissas que conduzem ao controle da impulsividade, fonte de lacunas e erros nas aprendizagens.

Em muitos casos, a falta de autocontrole é abordada com uma terapia inicial do déficit de atenção. O sistema atencional do aluno manifesta-se por meio destas três funções: controle, seleção e vigilância. Por isso, são de nosso interesse os princípios de auxílio à atenção, que proporcionarão concentração e, posteriormente, o desenvolvimento do autocontrole:

- selecionar a informação, discriminando o que é relevante e o que é secundário, utilizando sinais para destacar o que é mais relevante;

- apresentar os materiais da aprendizagem de forma interessante;

- graduar a apresentação da nova informação;

- automatizar operações, conhecimentos e processos, de maneira que deixem de consumir recursos atencionais e possam ser realizados paralelamente a outras tarefas;

- dosar as tarefas, evitando que sejam muito longas e complexas;

- diversificar as tarefas de aprendizagem, definindo o formato e envolvendo ativamente os aprendizes em sua execução.[80]

Na análise das causas dos problemas, voltamos o olhar para a infância. O professor Rojas[81] propõe a educação da vontade desde a infância. Na realidade, sabemos que adquirimos hábitos quando temos bons treinadores e crescemos com formas de comportamento assimiladas. Existem períodos importantes na vida de cada pessoa, grandes oportunidades formativas que permitem desenvolver uma pedagogia preventiva, para estabelecer hábitos que depois serão fonte de autonomia. Todos os comportamentos têm seus deslizes, mas a autoimplicação motivadora, as

---

[79] L. E. Wood, *Estrategias de pensamiento* (Barcelona: Labor, 1988), p. VI.
[80] J. I. Pozo, *Aprendices y maestros*, cit., p. 188.
[81] E. Rojas, *La conquista de la voluntad*, cit., p. 17.

6. CONTRIBUIÇÕES MEDIADORAS ÀS PECULIARIDADES DO PERFIL DIDÁTICO DO PROFESSOR MEDIADOR (PDM)

expectativas positivas, a elevação dos níveis de exigência e de autossuperação levam a interiorizar formas de condutas autocontroladas.

Nas relações educativas, um aspecto frequente que auxilia no autocontrole é o adiamento ou protelação das gratificações. A realidade infantil e adolescente opõe-se a qualquer adiamento de prêmio ou satisfação. A recompensa é uma exigência, enquanto todo ato gratuito é recusado. A motivação extrínseca impede o crescimento interior. Se não se forma na motivação intrínseca, o aluno fica dependente dos estímulos condicionantes do mundo exterior, em um prolongado infantilismo.

O estilo cognitivo impulsivo tem uma forte relação com o baixo grau de tolerância à frustração. As crianças hiperativas – com déficit de atenção – geralmente desenvolvem condutas impulsivas. E como identificamos o estilo cognitivo impulsivo? Segundo Orjales: "a) se o sujeito se precipita em responder antes de as perguntas terem sido concluídas; b) se tem dificuldades de aguardar a sua vez; c) se costuma interromper ou intrometer-se nas atividades dos outros (por exemplo, intromete-se em conversas e brincadeiras)".[82] Os critérios do déficit de atenção e hiperatividade concentram-se em: desatenção, hiperatividade e impulsividade.[83]

Que funções e operações mentais são ativadas? Sobre quais dificuldades de aprendizagem intervêm?

FCD

- ■ **I-2. COMPORTAMENTO EXPLORATÓRIO ASSISTEMÁTICO:** saber distinguir na conduta impulsiva as duas vertentes: comportamental e cognitiva. A impulsividade comportamental possui forte relação com o grau de tolerância à frustração, isto é, com o limiar a partir do qual uma criança é capaz de julgar uma experiência como frustrante. As crianças hiperativas manifestam um baixo limiar de frustração (muitos acontecimentos que não são frustrantes para outras crianças para

---

[82]   I. Orjales Villar, *Déficit de atención con hiperactividad* (Madri: Cepe, 1999), p. 41.
[83]   *Ibid.*, p. 78.

elas são). O estilo cognitivo impulsivo manifesta-se pela rapidez, inexatidão e pobreza nos processos de percepção e análise da informação das crianças hiperativas, quando se deparam com tarefas complexas.[84]

■ **O-4. RESPOSTAS CORRETAS SEM ENSAIO E ERRO:** é evidente que o aluno que adquire altos níveis de autocontrole deva justificar seus erros por ignorância, por falha nos cálculos, por cansaço, etc., mas deve ficar livre da pressa e da impulsividade, que é objeto de todo o processo de aprendizagem, para atingir o total autodomínio e controle ao dar as respostas. O pré-requisito dessa conduta fiel na busca da resposta está na compreensão da tarefa, dispondo-se de estratégias que garantam o sucesso. Os mediadores do PEI podem experimentar essa evidência em operações mentais, em que se pode chegar a desafiar os alunos a não usarem a borracha em toda a página, pois seguir a estratégia fielmente conduz, com toda segurança, ao sucesso. Mas só se pode apresentar esse desafio quando se sabe que o aluno tem interiorizado seu esquema corporal e sabe trabalhar de forma sistemática. O método de trabalho de busca por ensaio e erro só pode ser mantido com alunos que possuam bons pré-requisitos para a aprendizagem.[85]

OPERAÇÃO MENTAL

■ O aluno deve realizar uma boa análise de todo o processo que o levou a uma resposta, para ver onde se deixou levar pela impulsividade. Trata-se de aprender a percorrer o caminho, sem pular nenhum trecho, sem diminuir o esforço de planejamento, e assumir a direção do próprio trabalho.

DIFICULDADES DE APRENDIZAGEM

■ Muitas das dificuldades provêm do exterior, da pressão do grupo a que os educandos se veem submetidos: a competitividade, o tempo,

---

[84] *Ibid.*, p. 41.
[85] R. Feuerstein *et al.*, *Instrumental Enrichment: an Intervention Program for Cognitive Modifiability*, cit., p. 101.

os estímulos externos, a precipitação que se permitem nas demais atividades da vida diária, os quais criam um mimetismo que os impede de vencer essa enorme dificuldade na vida estudantil.

Contribuições didáticas: recursos, estratégias e procedimentos empregados pelos mediadores

Cada vez mais, muitos mediadores deparam-se com o desafio de ganhar a atenção dos alunos. O estilo de interação para atrair o interesse, a forma como se apresenta o trabalho, as expectativas criadas e a modalidade da tarefa oferecida são algumas das estratégias dos mediadores para a entrada na sala de aula. O próprio autoconhecimento do mediador deve permitir-lhe saber como interagir, guiando-o para não pedir aos alunos o controle que ele mesmo não pratica em primeiro lugar. Portanto, as implicações educativas que devem conduzir o educando aos mais altos níveis de autocontrole e interioridade passam pela autossuperação, pela conquista de objetivos e pela meta de vencer diariamente as dificuldades impostas por gostos, modas, abandono, mimetismo social, levando-o a decidir-se por assumir maiores expectativas que o motivem e entusiasmem no investimento de esforço.[86]

Um tópico importante para muitos mediadores é o tratamento dos alunos carentes de atenção e com hiperatividade.[87] O papel do professor inclui, fundamentalmente, ensinar aos alunos formas de relaxamento, criar um clima de tranquilidade, desacelerar o ritmo das atividades e das questões e reforçar a autoestima dos alunos.

Pode ser de grande interesse para muitos mediadores conhecer as experiências realizadas com alunos que apresentam fracasso escolar, buscando "a reflexividade como objetivo educativo": reflexividade-impulsividade e atenção, desenvolvimento intelectual, rendimento acadêmico, habilidade de leitura, linguagem e resolução de problemas. Tais pesquisas

---

[86] E. Rojas, *La conquista de la voluntad*, cit., p. 109.
[87] I. Orjales Villar, *Déficit de atención con hiperactividad*, cit., p. 103.

O PERFIL DO **PROFESSOR MEDIADOR**

foram conduzidas pelo professor Gargallo,[88] que adaptou uma série de materiais e metodologia a partir dos estudos realizados por J. Kagan, com base em testes de identificação de figuras ocultas, o Matching Familiar Figures Test (MFFT) e o Embedded Figures Test (EFT). Destacamos as técnicas empregadas nas experiências: demora proposital da resposta, ensino de adequadas estratégias de averiguação, estratégias de autocontrole verbal, modelos e reforçadores positivos e negativos. Os procedimentos de ensino das estratégias procuram esmiuçar tarefas complexas para focalizar a atenção dos educandos e provocar, assim, sua resposta reflexiva.

Os frequentes casos de alunos hiperativos na sala de aula constituem um problema permanente para muitos professores que veem tumultuados a ordem e o processo educativo. A professora Baeza investiga a atenção como variável fundamental da aprendizagem, condicionada pela hiperatividade, já que esta perturba a tarefa intelectual: provoca lacunas na compilação da informação, produz esquecimentos por causa da informação imprecisa e da falta de interesse, amplia o tempo de estudo, ocasiona cansaço e fadiga inúteis e cria confusão nas tarefas por contaminação de outros estímulos alheios. Mas ressaltamos o interesse em destacar a importância de encaminhar o educando para que consiga seu "tônus" cerebral, que o prepare para a aprendizagem por meio de: "descanso reparador sistemático, oxigenação cerebral, estimulação da atenção, eliminação de estímulos irrelevantes e uma alimentação rica em vitamina B".[89]

Os alunos com problemas de atenção e impulsivos requerem atenção em dobro por parte do mediador. O acompanhamento é necessário, mas é imprescindível envolver e comprometer o educando em seu próprio autocontrole. Devem-se propor objetivos fáceis a curto prazo – para que

---

[88] B. Gargallo, "La reflexividad como objetivo educativo: un programa de acción educativa", em J. L. Castillejo, *Investigación educativa y práctica escolar* (Madri: Santillana – Aula XXI, 1987), pp. 32-105.

[89] C. Baeza, "La acción educativa y los problemas de hiperactividad y atención en el aula", em J. L. Castillejo, *Investigación educativa y práctica escolar*, cit., p. 114.

6. CONTRIBUIÇÕES MEDIADORAS ÀS PECULIARIDADES DO PERFIL DIDÁTICO DO PROFESSOR MEDIADOR (PDM)

perceba seus resultados positivos – e um acompanhamento próximo, cada vez mais autocontrolado. Além disso, devem-se propor fichas de autocontrole que sejam analisadas periodicamente, a fim de promover a conscientização das causas dos resultados e estimular o progresso.

Levar o educando a conquistar autonomia, propiciando um alto nível de interiorização e de autoinstruções, requer uma progressiva conscientização do processo e um treinamento nas técnicas de Meichenbaum.[90]

Mediação: que critérios de mediação intervêm?

Critério de mediação prioritário

- **5. REGULAÇÃO E CONTROLE DA CONDUTA:** são considerados como um objetivo último e o resultado final de todos os esforços mediadores. O mediador deve ser insistente e convincente para ajudar o aluno a dar suas próprias instruções e alcançar a autossuperação.

Outro critério

- **8. BUSCA, PLANEJAMENTO E CONQUISTA DE OBJETIVOS:** a alternativa para evitar o comportamento do tipo ensaio e erro é o planejamento e a busca sistemática. O modelo de planejamento pode ser a proposta e a exigência que partam do mediador para envolver o educando.

---

[90] I. Orjales Villar, *Déficit de atención con hiperactividad*, cit., p. 124.

O PERFIL DO **PROFESSOR MEDIADOR**

ITEM 12. Prevejo as dificuldades de aprendizagem que os alunos vão encontrar na lição, assim como me adianto a elas.

Definição de conceitos: fundamentação teórica/princípios

A antecipação é um elemento crítico na EAM que permite focalizar a atenção e o tipo de relação com o educando e com as tarefas que devem ser realizadas. A antecipação orienta o estilo de mediação e o modo (grau de distância do mediador) para oferecer um ou outro tipo de mediação e provocar uma mudança estrutural significativa.[91]

Educar exige conhecer previamente os destinatários da ação pedagógica. Eis aqui um traço inequívoco de profissionalismo do professor mediador.

Os dados acumulados nos relatórios psicotécnicos e dossiês devem servir para o mediador adiantar-se aos problemas que previsivelmente os alunos encontrarão nas tarefas escolares. Este é um pré-requisito para a boa programação e evitar assim os fracassos e os erros profissionais. A vivência positiva deve ser um resultado anunciado, uma meta aberta para todos os alunos. A informação sobre os conhecimentos prévios dos alunos, seus estilos de aprendizagem, seu nível de motivação, bem como seus êxitos e fracassos anteriores, deve ser uma orientação sempre presente para o mediador selecionar os conteúdos e as estratégias na programação.

O fracasso escolar, como fracasso de adaptação, será imputado a quem teve de realizar seu processo de adaptação.[92] Estas duas concepções do fracasso vão determinar duas posturas educativas claramente antagônicas: a) o intervencionismo entenderá que é o sistema educacional que precisa ser tratado, isto é, modificado, para evitar fracassos, mas o aluno deve adaptar-se às prescrições do sistema e do currículo; b) a autêntica

---

[91] R. Feuerstein *et al.*, *Instrumental Enrichment: an Intervention Program for Cognitive Modifiability*, cit., p. 279.

[92] M. Miras, "Educación y desarrollo", em *Infancia y Aprendizaje*, nº 54, 1991, p. 26.

6. CONTRIBUIÇÕES MEDIADORAS ÀS PECULIARIDADES DO PERFIL DIDÁTICO DO PROFESSOR MEDIADOR (PDM)

adaptação educativa é que responde às necessidades, às peculiaridades e aos ritmos dos alunos.[93]

Em muitas ocasiões, as realidades chocam-se contra o sistema e as estruturas estabelecidas. Não há soluções fáceis para a atenção aos problemas e a diversidade de dificuldades, ritmos e estilos de aprendizagem dos alunos. Ainda que sejam proclamadas a atenção à diversidade e a autonomia para dar respostas, essas duas qualidades são difíceis de serem alcançadas e muito lentas em abrir caminho em circunstâncias adversas.

Os exaustivos estudos realizados pelo Instituto Nacional de Qualidade e Avaliação (Instituto Nacional de Calidad y Evaluación – Ince), a partir da implantação da Reforma Educacional na Espanha, depararam-se com um amplo leque de necessidades educativas. Os baixos resultados de competência nas matérias mais significativas nos níveis secundário e bacharelado colhem os frutos do descuido institucional das necessidades dos alunos.

Exemplificando:

> 75,20% dos alunos (de 14 anos) têm dificuldades (de compreensão na leitura) para integrar a informação dos textos, produzir uma nova, fazer uma interpretação das ideias principais ou reconhecer os elementos retóricos.[...] O aluno médio (de 16 anos) encontra grandes dificuldades para compreender frases feitas pouco habituais em seu contexto usual.[94]

O documento esboça um perfil de competências dessa faixa etária (14 e 16 anos) de enorme interesse para todo docente com inquietações profissionais.

Com base nessas valiosas contribuições e nas constatações compiladas, podemos elaborar um quadro de necessidades educativas, por níveis de escolarização e em torno dos critérios mais genéricos (ver quadro 22).

---

[93]   J. L. Castillejo, *Investigación educativa y práctica escolar*, cit., p. 148.

[94]   Instituto Nacional de Calidad y Evaluación, "Los resultados escolares: diagnóstico del sistema educacional", *La profesión docente*, Estudios e Informes, nº 5 (Madri, Ince, 1997).

Os problemas de aprendizagem, adaptação social, relação com o meio, diferenciação por motivos procedimentais, por estilos de trabalho, amadurecimento, entre outros, exigem do mediador uma atenção especial para interpretar as causas das dificuldades que podem se manifestar no processo de interação escolar. O mediador deve manifestar grande habilidade para oferecer soluções para as necessidades e constatar as micromudanças que espera conseguir com suas estratégias e soluções adequadas.[95]

Que funções e operações mentais são ativadas? Sobre quais dificuldades de aprendizagem intervêm?

FCD

- **E-9. CARÊNCIA DE ESTRATÉGIAS PARA VERIFICAR HIPÓTESES:** o mediador deve buscar estratégias para verificar suas hipóteses, no presente caso, referentes às causas dos problemas que os educandos vão encontrar à medida que a complexidade e a abstração aumentarem. Sem dúvida, a experiência dotará o mediador de novas intuições e segurança no momento de identificar os problemas e buscar uma solução acertada. Embora muitas dificuldades sejam parecidas, o mediador deve aprimorar sua análise para fazer um diagnóstico e um prognóstico acertados.

Operação mental

- **SÍNTESE:** na síntese ou definição exata de um problema condensam-se as características essenciais que precisamos lembrar para levá-las em consideração ao longo de todo o processo de ensino-aprendizagem.

Dificuldades de aprendizagem

- Podemos diferenciar, *a priori*, aquelas referentes ao educando: amadurecimento, desenvolvimento emocional e afetivo, autonomia, ca-

---

[95] R. Feuerstein *et al.*, *Instrumental Enrichment: an Intervention Program for Cognitive Modifiability*, cit., p. 343.

6. CONTRIBUIÇÕES MEDIADORAS ÀS PECULIARIDADES DO PERFIL DIDÁTICO DO PROFESSOR MEDIADOR (PDM)

pacidade, motivação, nível de conhecimentos, competências, etc., para depois analisar aquelas referentes ao conteúdo, às metodologias, estratégias, relações, cooperação, etc.

QUADRO 22. DIFICULDADES EDUCATIVAS POR NÍVEIS.

Educação infantil	Educação primária	Educação secundária
Na interação entre pessoas e ambiente: – dificuldades perceptivas, visuais, auditivas, táteis; – déficit sensório-motor; – hiperatividade; – falta de estímulo familiar.	No campo linguístico: – problemas comunicativos; – alterações de leitura e escrita; – disfasias, afasias, dislexias; – problemas de leitura.	No desenvolvimento pessoal e social: – incidência de mudanças fisiológicas e psicológicas no rendimento escolar de adolescentes.
Com relação ao desenvolvimento emocional e socioafetivo: – transtornos de personalidade; – inadaptação socioescolar; – baixa autoestima.	No campo da matemática: – dificuldades de aprendizagem; – escassa compreensão de conceitos; – poucos procedimentos.	No desenvolvimento intelectual: – dificuldades em várias áreas; – conhecimentos insuficientes; – falta de motivação e interesse; – falta de aprendizagem significativa.
Na aquisição e no desenvolvimento da linguagem e da comunicação: – dificuldade de aquisição; – dificuldades e alterações específicas.	No campo de conhecimento do meio: – falhas na aquisição de autonomia, hábitos de higiene, alimentação e cuidado pessoal; – pouca identificação do grupo referencial; – dificuldade para explorar e solucionar problemas; – dificuldade para compreender fatos históricos.	Com relação às condições do processo de ensino--aprendizagem: – inadequação da prática educativa à construção do conhecimento e interesses; – excesso de fragmentação do trabalho; descoordenação; – mensagens contraditórias entre os professores; – dificuldades de integração em trabalho cooperativo e de equipe.

(cont.)

Educação infantil	Educação primária	Educação secundária
Com relação às interações: – dificuldades de atuar com os colegas; – problemas com a identificação sexual.	Nos campos de educação artística e educação física: – falhas de percepção e motricidade; – baixos níveis de criatividade, sensibilidade e expressão artística; – falta de habilidade motora.	Interação entre iguais: – inadaptação ao grupo da sala de aula; – escassez de habilidades nas relações sociais.

Contribuições didáticas: recursos, estratégias e procedimentos empregados pelos mediadores

Dificilmente poderemos solucionar os problemas que os alunos nos apresentam se não conseguirmos levá-los a se conscientizarem de si mesmos e não os implicamos em suas soluções. Os educandos devem também se antecipar e saber a importância de adiantar-se às possíveis consequências de seus atos e dos demais, especialmente em situações de conflito. Para tanto, devemos ajudá-los a refletir, apresentar-lhes análises de casos e buscar alternativas positivas e negativas para cada caso, para si mesmos e para os outros. As práticas do *role-playing feedback* e tarefas de observação na análise de casos podem auxiliar nesse processo de conscientização.[96]

A arte de perguntar pode preparar o terreno para fazer o aluno participar manifestando suas dúvidas. Deve-se mostrar aos alunos uma atitude aberta, positiva e desafiadora para solucionar seus problemas.

Mediação: que critérios de mediação intervêm?

Critério de mediação prioritário

■ **INDIVIDUALIZAÇÃO NA FORMA DE TRATAR E A DIFERENCIAÇÃO PSICOLÓGICA:** são imprescindíveis para conhecermos as dificuldades dos educan-

---

[96] M. I. Monjas, *Programa de ensenanza de habilidades de interacción social (PEHIS) para niños/as y adolescentes* (Madrid: Cepe, 1997), p. 303.

dos e, mais ainda, para adiantar-nos a elas. Os mediadores conhecem bem as dificuldades de preparação e adaptação diferenciada dos conteúdos para certos alunos e em certos dias de desmotivação, cansaço ou nervosismo.

Outro critério

■ Não menos importante é a necessidade de buscar, planejar e conquistar os objetivos pretendidos em cada lição. A adaptação às possibilidades dos educandos, seu envolvimento e a aplicação de estratégias oportunas são premissas necessárias para alcançar os objetivos.

ITEM 13. Seleciono os critérios de mediação e meu modo de interação, segundo as necessidades dos educandos.

Definição de conceitos: fundamentação teórica/princípios

Selecionar o estilo de mediação, de focalização da interação, é buscar a posição mais apropriada no calidoscópio das relações para acertar a forma, a distância, a quantidade e a qualidade da mediação, com relação às necessidades que conhecemos dos educandos.[97] Todo ato educativo é um ato intencional. O ato mediado implica uma interação entre o ser humano e o ambiente sociocultural que o rodeia; assim, exige certos pré-requisitos para que realmente seja formativo: a) conhecer a personalidade do educando, suas potencialidades e limitações; b) conhecer o nível de modificabilidade do educando: quantidade de estímulos para a mudança, persistência ou fraqueza; c) nível de motivação, controle e autoestima do educando. "O aspecto central da mediação é a mudança que queremos desencadear no educando, para que ele desenvolva os *pré--requisitos* para a aprendizagem direta dos estímulos".[98] Por esse motivo, devemos tornar os alunos conscientes dos nossos propósitos.

Os critérios de mediação permitem ao professor mediador encontrar significação, intencionalidade-reciprocidade e transcendência em todo ato educativo. O mediador deve ter os critérios interiorizados para que saiba adaptar sua intervenção segundo as necessidades identificadas. Assim, um aluno tímido, fechado em si mesmo e inseguro será mediado e auxiliado para que possa compartilhar aqueles seus aspectos positivos que sejam conhecidos. O aluno impulsivo e falante será estimulado a controlar-se, desacelerar sua conduta, parar para refletir, etc.[99] O dinamismo da vida escolar está repleto de oportunidades para mediar a res-

---

[97] R. Feuerstein *et al.*, *Instrumental Enrichment: an Intervention Program for Cognitive Modifiability*, cit., p. 68.

[98] M. Ben-Hur, *On Feuerstein's Instrumental Enrichment* (Palatine, III: IRI/Skylight T & P, 1994), p. 60.

[99] H. Sharron, *Changing Children's Mind: Feuerstein's Revolution in the Teaching of Intelligence* (Londres: Souvenir Press, 1987), p. 42.

6. CONTRIBUIÇÕES MEDIADORAS ÀS PECULIARIDADES DO PERFIL DIDÁTICO DO PROFESSOR MEDIADOR (PDM)

peitosa aceitação das diferenças pessoais, aceitar os ritmos e estilos de pensamento de cada um, assim como adequar os desafios que vão sendo gerados pela complexidade dos conteúdos. Cada critério ou estilo de mediação pode ter diversos enfoques, de modo que nos permita ampliar a dimensão cognitiva, afetivo-emocional ou sociocultural.[100]

Debray[101] apresenta uma relação de critérios mediadores em torno de quatro eixos:

1. Socializadores: compartilhamento e transcendência.

2. Restauradores do narcisismo: sentimento de competência, enfrentamento e desafio e compartilhamento da conduta.

3. Destacar e limitar: ajuda metacognitiva e potencializadora.

4. Regular o comportamento: controlar a impulsividade, favorecer a conquista de objetivos, criar hábitos e estratégias de aprendizagem.

O mediador deve conhecer os valores essenciais do ato de mediação: "Para que um ser humano se realize e se desenvolva integralmente em todas as dimensões da sua humanidade, a educação deve estar impregnada destes valores: autenticidade, autonomia, responsabilidade, altruísmo, transcendência, respeito e amor prudente".[102] Do mesmo modo, deve levar sempre em consideração as resistências à mudança, por causas muito diversas: falta de participação, antipatia, desmotivação, aversão à mudança, etc.[103]

Mas não podemos nos esquecer do crescimento e da qualidade de quem deve impulsionar esses processos: "a melhora do sistema educativo apoia-se na *competência do seu professorado*".[104]

---

[100] M. Skuy, "Cross-Cultural and Interdimensional Implications of Feuerstein's Construct of MLE", em P. Engelbrecht, S. Kriegler, M. Booysen, *Perspectives on Learning Difficulties* (Pretoria: J. L. van Schaik Academis, 1996), p. 187.

[101] R. Debray, *Apprendre à penser. Le Programme de R. Feuerstein: une issue à l'échec scolaire* (Paris: Georg Eshel, 1997), p. 32.

[102] G. Noiseux, *Traité de formation à l'enseignement par médiation: les compétences du médiateur pour réactualiser sa pratique professionnelle,* tomo 1 (Québec: MST Éditeur, 1998), p. 529.

[103] A. Kozulin (org.), *The Ontogeny of Cognitive Modifiability: Applied Aspects of Mediated Learning Experience and Instrumental Enrichment* (Jerusalém: ICELP, 1997), p. 9.

[104] C. Martínez Mediano, *Evaluación de programas educativos* (Madri: Uned. C.U., 1993), p. 49.

Que funções e operações mentais são ativadas? Sobre quais dificuldades de aprendizagem intervêm?

FCD

- **I-3. AUSÊNCIA OU FALTA DE INSTRUMENTOS VERBAIS E CONCEITOS PARA IDENTIFICAR:** a mesma função que se considera alterada nos educandos, nos casos de deficiências na percepção e na identificação dos estímulos, pode ser encontrada pelo mediador no momento de dar nomes específicos às necessidades dos alunos.

Operação mental

- **PROJEÇÃO DE RELAÇÕES VIRTUAIS:** possibilita-nos identificar o nexo entre os sintomas e as causas autênticas dos problemas. É preciso exercitar uma visão global que permita unir dados e obter significados.

Dificuldades de aprendizagem

- Sem dúvida, a seleção dos critérios mediadores está condicionada ao conhecimento que os mediadores tenham das necessidades dos educandos. O estilo de interação deve ser sempre orientado pelas características conhecidas pelo mediador no processo de interação.

- O estilo mediador não é inócuo, pois transforma constantemente as situações, de modo que gera uma mudança em três instâncias: no mediador, nos estímulos e no educando.[105]

Contribuições didáticas: recursos, estratégias e procedimentos empregados pelos mediadores

A formação para a autoestima, a autoaceitação e a autossuperação está na base da mediação individualizada dentro da sala de aula, como objetivos prioritários para assegurar os demais processos mediadores. O descuido na mediação desses conceitos na sala de aula normal requer uma compensação em grupos pequenos, em que o aluno é aceito com todas as suas limitações

---

[105] R. Feuerstein, "Le PEI", em G. Avanzini, J. Martin, G. Paravy, *Pédagogies de la médiation: autour du PEI* (Lyon: Chronique Sociale, 1992), p. 160.

6. CONTRIBUIÇÕES MEDIADORAS ÀS PECULIARIDADES DO PERFIL DIDÁTICO DO PROFESSOR MEDIADOR (PDM)

e carências, em que pode cometer erros sem ser castigado nem receber más notas, em que cada um aprende que ser diferente dos outros não é um defeito, mas, sim, uma qualidade humana, pois cada ser é único.

O critério que os mediadores ativam de forma especial, diante dos problemas peculiares dos alunos, é o de individualização e diferenciação psicológica. É necessário conhecer o perfil das disfunções de cada educando. O mediador, em atenta reciprocidade, deve:

> [...] aceitar respostas divergentes, estimular o pensamento independente e original, responsabilizar, distribuir tarefas, incentivar a autossuficiência, reforçar a diversidade, apoiar as diferenças, propiciar o trabalho individual, respeitar o direito à privacidade em certas tarefas, praticar e exercitar a tolerância às opiniões alheias, reconhecer as diversas justificativas e pontos de vista contrários.[106]

Mediação: que critérios de mediação intervêm?

CRITÉRIO DE MEDIAÇÃO PRIORITÁRIO

- Novamente, a aceitação das diferenças psicológicas está na base de uma relação respeitosa e cooperativa. A complementaridade e a diversidade devem ser incentivadas a todo momento, como fontes de riqueza cognitiva, afetiva e social.

OUTRO CRITÉRIO

- Os educandos devem crescer em autoestima, assumindo as próprias limitações, sempre convencidos das possibilidades de modificabilidade e do próprio crescimento.

---

[106] V. Fonseca, *Aprender a aprender: a educabilidade cognitiva* (Lisboa: Notícias, 1998), p. 83.

O PERFIL DO **PROFESSOR MEDIADOR**

ITEM 14. Concedo o tempo necessário para a busca e a pesquisa individual das respostas às questões propostas, para que os alunos aprendam a trabalhar com autonomia.

Definição de conceitos: fundamentação teórica/princípios

O lema que preside os instrumentos do PEI é: "Um momento, deixe-me pensar". Esse *slogan* pretende criar uma atitude de autocontrole e disposição antes de iniciar uma atividade mental. Como sabemos que a precipitação costuma ser a causa dos erros, é conveniente alertar o educando para que assuma o controle do próprio processo que o levará à perfeita execução das suas tarefas. A própria teoria em que se fundamenta o PEI procede, em sua origem, de uma profissão de fé na crença de poder conseguir aumentar o funcionamento de certos indivíduos.[107]

O caminho da mediação da reflexão, do pensamento crítico e da metacognição permitirá ao mediador conseguir formar os educandos para o trabalho autônomo. Educar é fazer amadurecer, formar pessoas autônomas e capazes de responsabilizar-se por seus atos. O mediador deve adotar uma distância facilitadora de processos personalizadores, que devem acompanhar a aprendizagem significativa. O educando deve experimentar a necessidade de saber enfrentar com autonomia os conflitos cognitivos, mesmo sabendo que pode recorrer ao mediador. Inclusive deve-se chegar a conceder total autonomia, que permita uma motivação intrínseca impulsora, quando o aluno constata que é capaz de resolver problemas, quando se esforça e se concentra em suas tarefas.

Conceder o tempo necessário implica aceitar os diferentes ritmos na sala de aula. O mediador deve ajudar a conscientizar o aluno sobre a medida do tempo, a organização do próprio trabalho e os passos requeridos para alcançar o desempenho pessoal. Percebe-se nesse clima um constante exercício dos modos adaptativos:

---

[107] R. Feuerstein, "Le PEI", cit., p. 119.

6. CONTRIBUIÇÕES MEDIADORAS ÀS PECULIARIDADES DO PERFIL DIDÁTICO DO PROFESSOR MEDIADOR (PDM)

- **AUTOPLASTICIDADE:** trata-se da expressão natural da capacidade individual para a mudança e de potencializar o desenvolvimento dessa capacidade. É o modo como um organismo muda para reagir aos desequilíbrios, com mudanças de alerta em seu ambiente.

- **ALOPLASTICIDADE:** refere-se às mudanças no ambiente das pessoas. Restringe-se às situações nas quais é possível mudar o ambiente e está presente sempre que modificamos, adaptamos ou mudamos as circunstâncias.[108]

A aprendizagem significativa, seja por recepção seja por descoberta, opõe-se à aprendizagem mecânica, repetitiva e por memorização. O tema da aprendizagem por descoberta tem uma total dependência da bagagem cognitiva de cada sujeito.[109] Por isso, é difícil explicar esse tipo de aprendizagem em contextos culturalmente menores, isto é, naqueles em que os indivíduos possuem escassos conhecimentos prévios. Ausubel subordina essa modalidade à aprendizagem por recepção. O sujeito normalmente necessitará de certos organizadores formais: ideias gerais com forte capacidade de inclusão, esquemas processuais que indicam a estrutura, a hierarquia e a sequência de seu funcionamento, estratégias de funcionamento do pensamento, estratégias de análise, diferenciação e assimilação.[110]

Não menos interessante é o tema da aprendizagem autorregulada, na qual o estudante participa ativamente no próprio processo de aprendizagem do ponto de vista metacognitivo, motivacional e relacionado à conduta.

> A tese resume-se na ideia de que os educandos podem melhorar
> pessoalmente sua capacidade para aprender mediante o uso seletivo
> de estratégias metacognitivas e motivacionais, de que são capazes de

---

[108] R. Feuerstein *et al.*, *Instrumental Enrichment: an Intervention Program for Cognitive Modifiability*, cit., p. 3.

[109] D. P. Ausubel, J. D. Novak, H. Hanesian, *Psicología educativa: un punto de vista cognitivo*, cit., p. 57.

[110] A. I. Pérez Gómez, "Diálogo con la práctica docente", em *Cuadernos de Pedagogía*, nº 252, 1995, p. 48.

selecionar, estruturar e criar ambientes favoráveis de aprendizagem e, por último, de que podem desempenhar um papel significativo ao escolher a forma e a qualidade de instrução que necessitam. O que se destaca é, portanto, a capacidade e a autonomia do estudante no processo de aprendizagem.[111]

Que funções e operações mentais são ativadas? Sobre quais dificuldades de aprendizagem intervêm?

FCD

■ **I-2. COMPORTAMENTO EXPLORATÓRIO ASSISTEMÁTICO:** base de toda experiência de aprendizagem válida. A busca sistemática, como estratégia de trabalho pessoal, deve ser uma das primeiras conquistas da EAM.

■ **E-3. DIFICULDADE OU CARÊNCIA DE CONDUTA COMPARATIVA ESPONTÂNEA:** está claramente atrelada à superficialidade no estudo e na pesquisa. Novamente, a educação serve de base para todo esforço personalizador.

Operação mental

■ **DECODIFICAÇÃO:** a prioridade operativa para o trabalho pessoal está no objetivo de que cada aluno saiba ler por si mesmo (decodificar) qualquer informação. As demais operações precisam dessa tradução dos dados. Ensinar, fazer ver a constante decodificação da linguagem coloquial e metafórica que usamos ao falar.

Dificuldades de aprendizagem

■ A excessiva dependência do mediador ou dos colegas cria insegurança. Essa falta de autonomia vai contra os princípios de uma educação saudável que deve promover o amadurecimento no trabalho pessoal e independente.

---

[111] J. Beltrán, *Procesos, estrategias y técnicas de aprendizaje*, cit., p. 324.

6. CONTRIBUIÇÕES MEDIADORAS ÀS PECULIARIDADES DO PERFIL DIDÁTICO DO PROFESSOR MEDIADOR (PDM)

■ Outra dificuldade não menos grave é a falta de um planejamento e de um método de trabalho que permitam a cada aluno ser dono do próprio estilo de aprendizagem autônoma. A modelagem do mediador deve ser uma tarefa inadiável nas salas de aula.

Contribuições didáticas: recursos, estratégias e procedimentos empregados pelos mediadores

Greenberg,[112] em concordância com Kendal e Braswell, propõe cinco passos no caminho da aprendizagem da autorregulação:

1. Perguntar a si mesmo: "O que acho que devo fazer?".

2. Responder a si mesmo: "Atenção a todas as responsabilidades".

3. Dizer a si mesmo: "Concentre-se".

4. Adotar uma solução e responder.

5. Verificar a resposta e, se estiver correta, parabenizar-se por ter feito a coisa certa.

Encontramos uma série de requisitos e passos a serem seguidos na autorregulação para a aprendizagem, que devem induzir-nos sempre a encontrar o referencial das nossas descobertas de maneira que sejamos capazes de confrontar e avaliar nossas conquistas.[113]

Mediação: que critérios de mediação intervêm?

Critério de mediação prioritário

■ Indubitavelmente, o trabalho pessoal de busca e autodescoberta prepara para o trabalho autônomo e científico, em que a individualização e a diferenciação psicológica devem aparecer de modo evidente. A sala de aula deve preparar e oferecer oportunidades para que cada educando saiba se está capacitado para levantar o voo da autonomia.

---

[112] K. H. Greenberg, *COGNET: Cognitive Enrichment Network. Teacher Workbook* (Knoxville: University of Tennessee, 1989), p. 154.

[113] J. S. King & K. H. Pribram (orgs.), *Scale in Conscious Experience: Is the Brain Too Important to Be Left to Specialists to Study? Proceedings of the Third Appalachian Conference on Behavioral Neurodynamics* (Nova Jersey: Lawrence Erlbaum, 1995), p. 455.

Outro critério

- É necessário dispor dos recursos (método, planejamento, estratégias de aprendizagem e boa capacidade reflexiva e de confrontação), para que o trabalho pessoal não seja em vão. A autoavaliação e o controle de outros especialistas devem ser normas para validar as próprias descobertas.

ITEM 15. Procuro promover a elaboração de perguntas e novas hipóteses, a fim de conseguir aprofundar a reflexão e a metacognição dos alunos.

Definição de conceitos: fundamentação teórica/princípios

A mediação nutre-se, constantemente, do ato de colocar em jogo as perguntas e as hipóteses que induzem à reflexão. Ao longo das páginas do PEI, como em qualquer processo de aprendizagem, o mediador deve orientar os alunos através desses dois recursos essenciais.

"Conhece-te a ti mesmo". Com esse adágio, Sócrates declarava que o conhecimento de si mesmo é a base de toda aprendizagem eficaz. Desde que Flavell criou o conceito de metacognição nos anos 1970, esta passou ao domínio de todo processo cognitivo. No momento histórico da sociedade do conhecimento em que vivemos, é extremamente atual dotar os educandos de ferramentas para aprender a pensar e a conhecer. Um dos traços que melhor identificam a mente humana é a capacidade de refletir sobre si mesmo, conscientizar-se de seus estados e, inclusive, de seus processos mais íntimos: capacidades, desejos, representação simbólica, intenções, humor, ironia, significados, mudanças, etc.[114] O estado de reflexão e consciência distancia-nos dos animais: "Para a baleia ou para a gaivota, a felicidade consiste em existir; para o homem, felicidade é saber disso e maravilhar-se com isso".

A metacognição permite-nos conhecer o sistema e os processos cognitivos que regulam nossos atos. A metacognição é a responsável pela conduta inteligente. Apenas quando há metacognição ocorre a aprendizagem significativa e há a garantia de mudança cognitiva estável.[115] Ao pretender ensinar a pensar, deparamo-nos diretamente com as concepções, o conhecimento e as estratégias metacognitivas. As diferenças são mais perceptíveis conforme promovemos um desenvolvimento cognitivo (ensinar o pensamento), ensinamos habilidades e estratégias de pen-

---

[114] J. I. Pozo, *Aprendices y maestros*, cit., p. 203.
[115] J. Burón, *Enseñar a pensar: introducción a la metacognición* (Bilbao: Mensajero, 1996), p. 131.

samento (ensinar a pensar) ou quando tornamos o sujeito consciente dos próprios processos (ensino sobre o pensamento).[116]

Fala-se da pergunta como uma arte que os docentes devem chegar a dominar. A pergunta é um instrumento especificamente humano,[117] carregado de abstração; é uma ferramenta imprescindível de mediação para melhorar o estilo reflexivo. "Uma criança que pergunta é a voz de todo um mundo que quer melhorar". A dosagem do conteúdo das perguntas corresponde a uma elaboração não isenta de habilidade e de sabedoria. Na prática educativa, a pergunta é um instrumento desencadeador de reciprocidade.[118] As perguntas provêm da ignorância, do interesse, da surpresa, da dúvida, em um contexto determinado. As finalidades da pergunta poderiam ser reduzidas a quatro: para fins de avaliação, despertar a motivação, organizar e controlar e desenvolver habilidades de pensamento. Contudo, as perguntas podem ter muitas outras funções na sala de aula:

- verificar os conhecimentos prévios, revisar o que já foi explicado ou reforçar o que foi aprendido;

- constatar o grau de compreensão alcançado em ideias, procedimentos e valores;

- obter dados para a qualificação;

- diagnosticar as dificuldades durante a aprendizagem;

- estimular a atenção e o interesse do aluno e envolvê-lo na aprendizagem;

- iniciar períodos de discussão ou suscitar um debate;

- estimular a participação dos alunos;

- contribuir para a organização e o controle da sala de aula;

---

[116] J. H. M. Hamers & M. Th. Overtoom, *Teaching Thinking in Europe* (Utrech: Sardes, 1997), p. 21; F. Gutiérrez & J. Alonso-Tapia, "Enseñar a razonar: un enfoque metacognitivo", em *Tarbiya*, 9, 1995, p. 12.

[117] C. Tejedor Campomanes, *Una antropología del conocimiento* (Madri: Universidad Pontificia de Comillas, 1984), p. 15.

[118] H. G. Gadamer, *Mito y razón* (Barcelona: Paidós, 1995), p. 87.

6. CONTRIBUIÇÕES MEDIADORAS ÀS PECULIARIDADES DO PERFIL DIDÁTICO DO PROFESSOR MEDIADOR (PDM)

- cultivar a reflexão e potencializar a aplicação do conhecimento;
- promover o pensamento crítico e criativo.[119]

É inegável o valor pedagógico da pergunta que concentra o pensamento, cria desequilíbrio, orienta e amplia seu aprofundamento e provoca interação. A pergunta é a verbalização dosada de um problema. O segredo da pergunta está no nível de clareza, conteúdo e adaptabilidade às capacidades do destinatário. Os mediadores devem saber que a pergunta é o estilo de interação do professor experiente[120] e ser bons exploradores; devem gerar confiança e saber que caminho seguir ou que estratégia aplicar. Estes são os tipos de perguntas mais frequentes:

- **DE LEMBRANÇA:** Qual a relação deste tema com o que já conhecemos?
- **DE COMPREENSÃO:** Qual é a ideia principal deste texto?
- **DE APLICAÇÃO:** Que princípio ou generalização podemos extrair?
- **DE ANÁLISE:** Quantos elementos compõem este conjunto?
- **DE SÍNTESE:** Qual poderia ser o nome desta sequência?
- **DE EXTRAPOLAÇÃO:** Onde podemos aplicar o que aprendemos?
- **DE AVALIAÇÃO:** O que você achou desta atividade?

O bom mediador deve suscitar as perguntas que ajudem a superar a percepção episódica da realidade e deixar abertas as questões que possam ampliar o mapa perceptivo dos alunos. A pergunta é o estopim do pensamento. Perguntar é dinamizar as ideias. Subir a escada do pensamento exige um experiente perguntador que regule as forças para subir degraus rumo à abstração e ao rigor mental. Em toda pergunta há uma carga afetiva e motivadora, além do desejo de conhecer; por essa razão a pergunta tem um sentido em cada etapa da vida do homem. A criança não pergunta senão quando espera uma resposta. Por isso, as respostas devem ser dadas em função da totalidade do indivíduo. No método

---

[119] J. C. Torre, "¿Preguntar por preguntar? Utilización didáctica de las preguntas orales dentro de la clase", em *Revista Comunidad Educativa*, outubro de 1996, p. 44.

[120] R. J. Sternberg *et al.*, "Testing Common Sense", em *American Psychologist*, 50 (11), novembro de 1995, p. 16.

socrático de Lipman,[121] a pergunta é o ponto de partida da pequena comunidade investigadora. A pergunta deve aglutinar a compreensão e a síntese da sequência que se lê. "A aprendizagem progride pelo questionamento, pelo intercâmbio de ideias, pelas tentativas, e não precisamente pelo acesso direto a uma boa resposta".[122]

Um terceiro elemento ativado no presente item é a reflexão, aprofundamento e elaboração espontânea de hipóteses. Com a aproximação ao PEI, de forma generalizada, os docentes deram mais importância ao pensamento reflexivo e hipotético. Se é verdade que o conhecimento e a ciência avançam impulsionados pelas hipóteses, não é menos verdadeiro seu valor aprofundador e amplificador do campo mental dos educandos.

Que funções e operações mentais são ativadas? Sobre quais dificuldades de aprendizagem intervêm?

FCD

- **E-9. CARÊNCIA DE ESTRATÉGIAS PARA VERIFICAR HIPÓTESES:** sabendo que as perguntas podem aparecer em qualquer fase do ato de aprender, desde a visão geral do problema elaborado ou resolvido, podemos contar com um rico panorama para lançar as "setas inquisidoras" das questões comprovadoras das hipóteses que elaboramos.

OPERAÇÕES MENTAIS

- **TRANSFORMAÇÃO MENTAL:** os passos que nos levam ao insight conduzem a uma assimilação e a uma mudança na maneira de conceber um tema ou representar um conceito. O fruto da interiorização é a reelaboração do conhecimento.

- **PENSAMENTO HIPOTÉTICO INFERENCIAL:** situa-se entre as operações mais básicas e generalizadas da nossa elaboração mental. Nossas decisões são baseadas na busca de possibilidades e na sua comprovação. A

---

[121] M. Lipman, A. M. Sharp, F. S. Oscanyan, *La filosofía en el aula*, cit., p. 96.
[122] E. G. Delacôte, *Savoir apprendre: les nouvelles méthodes*, cit., p. 89.

amplitude do campo mental é decididamente favorecida pelo trabalho constante de solicitar hipóteses de trabalho.

- **RACIOCÍNIO ANALÓGICO:** deve-se superar o mero associacionismo de temas e ideias e buscar todo tipo de analogias ou relações de quantidade, causa-efeito, utilidade, etc., que evidenciem a profundidade da elaboração mental.

DIFICULDADES DE APRENDIZAGEM

- Os mediadores deparam-se com a falta de disciplina, hábito e com a negligência mental que bloqueia toda atividade reflexiva e profunda. Do mesmo modo, verificam a falta de prática oculta e, em muitos casos, de valorização das potencialidades adormecidas do ser humano.

- Junto à falta de experiência de pensamento encontramos a impulsividade e as manifestações de pressa que causam bloqueio e fomentam a passividade e o sonambulismo. A concentração torna-se difícil e os frutos da elaboração metacognitiva passam despercebidos e inconscientes. O profissional docente é o único que pode tratar desse subemprego da mente, da incapacitação dos educandos para dispor dos melhores recursos e potencializar a ação do pensamento.

Contribuições didáticas: recursos, estratégias e procedimentos empregados pelos mediadores

Mas não basta fazer perguntas. De Bono quis demonstrar a mudança radical nas respostas de uma sala de aula a sua pergunta. Uma pergunta pode provocar uma reação visceral, mas o perguntador deve também ensinar a pensar, pois do contrário estaremos dando valor de plebiscito às respostas ignorantes. De Bono inventa uma série de instrumentos estratégicos para garantir o impacto. Pergunta: "Seria boa ideia para uma escola dar cinco reais por semana a todos os alunos por comparecer às aulas?". A resposta imediata dos 25 alunos de 12 anos é unânime. Ninguém duvida de que essa é uma boa ideia. Eles veem garantida a compra de guloseimas. Então o especialista em fazer pensar pede para que os alunos façam uma PMI ou PIN, que descreve rapidamente. Grupos de cinco alunos vão discutir os aspectos positivos (P= plus) e dar pontos à ideia, depois os negativos (M= minus) e, finalmente, os interessantes (I). As opiniões se dividem, e, quando descobrem as consequências de cada decisão, comprova-se que o grande inimigo do pensamento é a confusão. O mediador é quem deve criar o processo de questionamento e descoberta de respostas sensatas.[123]

A mudança que sugere a perspectiva metacognitiva começa capacitando os professores para:

> 1) que tenham uma ideia clara e concreta do que querem que o aluno consiga ao pedir-lhe que faça determinada tarefa; 2) que saibam como o aluno deve trabalhar para alcançar esse objetivo; 3) que ensinem o aluno a fazer esse trabalho; 4) que tenham recursos para comprovar que o aluno sabe fazer o que lhe foi pedido.[124]

Perkins[125] aponta o metacurrículo como recurso para ampliar e enriquecer os conteúdos curriculares, por meio de uma série de componentes básicos, com os quais se realiza a plena metacognição:

- **NÍVEIS DE COMPREENSÃO:** trata-se de ensinar operações formais, conteúdos de alto nível de abstração, estratégias para resolver problemas e tomada de decisões.

- **LINGUAGENS DE PENSAMENTO:** todas as modalidades que enriqueçam a compreensão.

- **PAIXÕES INTELECTUAIS:** sentimentos e motivos que estimulem a mente para o desejo de aprender, promovam um pensamento crítico e científico.

- **IMAGENS MENTAIS INTEGRADORAS:** que configurem estruturas mentais e permitam relacionar as aprendizagens.

---

[123] D. N. Perkins, *La escuela inteligente: del adiestramiento de la memoria a la educación de la mente* (Barcelona: Gedisa, 1997), p. 64.

[124] J. Burón, *Enseñar a pensar: introducción a la metacognición*, cit., p. 133.

[125] D. N. Perkins, *La escuela inteligente: del adiestramiento de la memoria a la educación de la mente*, cit., p. 106.

6. CONTRIBUIÇÕES MEDIADORAS ÀS PECULIARIDADES DO PERFIL DIDÁTICO DO PROFESSOR MEDIADOR (PDM)

- **APRENDER A APRENDER:** forjar ideias sobre a aprendizagem significativa e o pensamento eficaz.
- **ENSINAR A TRANSFERIR:** ensinar os alunos a aplicarem o que foi aprendido em outras disciplinas, em outros contextos extraescolares e em outras situações da vida.

O ensino de habilidades metacognitivas nos permitirá conhecer o que sabemos e o que não sabemos, além de nos ajudar a adquirir, usar e controlar nosso conhecimento (ver figura 8).

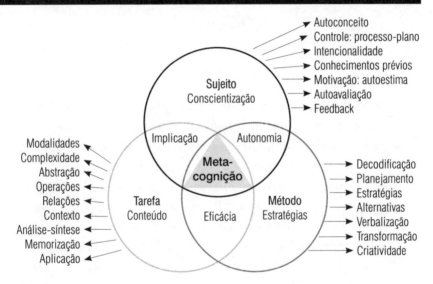

FIGURA 8. ÂMBITOS E COMPONENTES DA ATIVIDADE METACOGNITIVA.

Empregamos as habilidades metacognitivas para:
- definir problemas e estratégias;
- aplicar estratégias e adaptá-las às circunstâncias;
- obter a representação interna de um problema;
- distribuir recursos mentais, materiais, temporais, etc.;
- regular impulsos e reações;

O PERFIL DO **PROFESSOR MEDIADOR**

- vencer limitações e bloqueios mentais;
- adquirir conhecimento, saber armazená-lo e recuperá-lo;
- processar informação e transformar nosso pensamento;
- aplicar modelos de pensamento e generalizar nossas regras e conclusões;
- supervisionar e controlar o que se pensa e o que se faz.[126]

O jogo ou problema que consiste em substituir as treze letras das três palavras por números que permitam achar a soma correta, sabendo que E=5, é uma interessante experiência da arte de elaborar hipóteses e de fazer perguntas. Vejamos as palavras:

$$\begin{array}{c} \text{S E N D} \\ \text{M O R E} \\ \hline \text{M O N E Y} \end{array}$$

Por onde devemos começar a solucionar o problema? Que dados temos? E=5. Em uma soma, o primeiro número da esquerda, M, que aqui corresponde às dezenas de milhar, só pode ser: primeira hipótese: Pode valer mais que 1? Por que não? Que valor podemos dar à letra O? Segunda hipótese: pode valer mais que 2, sendo uma das parcelas M=1? A letra O não pode valer nem 1 nem 2. Para poder somar O=0, qual deve ser o valor da letra S na última parcela? Por que não pode valer menos que 8? A letra O também está na terceira parcela: S=9. Inclusive poderíamos começar pela hipótese de S=8. Desse modo, encontramos um heurístico ou sistema de trabalho que nos permite ir avançando na solução das hipóteses. No final encontraremos os valores restantes: N=6, R=8 e D=7.* Como vemos, hipóteses e perguntas estão sempre juntas na resolução de problemas, como explica Nickerson.[127]

---

[126] M. A. Sánchez, *Desarrollo de habilidades de pensamiento: razonamiento verbal y solución de problemas*, cit., p. 386.

* Nesse caso, teríamos: M=1, S=9, Y=2, O=zero. (N. R. T.)

[127] R. S. Nickerson, D. N. Perkins, E. E. Smith, *Enseñar a pensar*, cit., p. 86.

Mediação: que critérios de mediação intervêm?

CRITÉRIO DE MEDIAÇÃO PRIORITÁRIO

■ **REGULAÇÃO E O CONTROLE DA CONDUTA:** são a base para poder ter acesso à metacognição em suas diversas fases. A partir da conscientização das nossas aprendizagens, poderemos lançar questões em torno dos três âmbitos indicados por Flavell:[128] o próprio sujeito, o conteúdo e o método empregado.

OUTRO CRITÉRIO

■ Todo autoquestionamento tem um aspecto notável de criatividade e pensamento divergente. As questões devem expressar os conhecimentos e os limites do nosso saber. A pergunta sempre arrisca um horizonte mais distante do que o esperado na possível resposta.

---

[128] J. H. Flavell, *El desarrollo cognitivo* (Madri: Aprendizaje Visor, 1993), p. 158.

O PERFIL DO **PROFESSOR MEDIADOR**

ITEM 16. Busco mudanças de modalidade e novidade na apresentação dos conteúdos e nas atividades.

Definição de conceitos: fundamentação teórica/princípios

A modalidade ou linguagem em que apresentamos os estímulos ou os conteúdos é um elemento essencial do mapa cognitivo, que os mediadores devem conhecer bem, pelo importante papel que desempenha no processo de aprendizagem.[129]

Estilo cognitivo e significatividade do conteúdo devem conjugar-se em perfeita harmonia. O docente tem aqui um papel essencial, já que deve selecionar e adaptar as modalidades de apresentação dos conteúdos (verbal, númerica, pictórica, gráfica, codificada, simbólica, mímica, etc.), para que interessem e motivem os alunos. Os novos recursos audiovisuais, os meios de comunicação de massa e os recursos multimídia desafiam constantemente a criatividade dos docentes[130] para competir com os canais e os meios altamente elaborados de comunicação social. A escola não pode olhar em outra direção. A incorporação da informática e das tecnologias à aprendizagem exige do professor mediador consciência para estar atualizado por meio de uma dedicada formação permanente.

O mediador experiente busca constantemente a novidade nos materiais, na forma de apresentação e nas técnicas empregadas na sala de aula. Temos consciência de que o domínio profissional de uma disciplina é o que permite apresentar de maneira diversificada um mesmo conteúdo. As estratégias de aprendizagem devem ser complementadas e permitir uma riqueza crescente no estilo didático da aula. A aprendizagem tem sua base na reconstrução do conhecimento, que encontra coesão e força nas novas relações que se projetam e se desenvolvem entre os conhecimentos.

---

[129] R. Feuerstein *et al.*, *Instrumental Enrichment: an Intervention Program for Cognitive Modifiability*, cit., p. 107.

[130] J. H. M. Hamers & M. Th. Overtoom, *Teaching Thinking in Europe*, cit., p. 129.

6. CONTRIBUIÇÕES MEDIADORAS ÀS PECULIARIDADES DO PERFIL DIDÁTICO DO PROFESSOR MEDIADOR (PDM)

A conservação e a constância das características essenciais dos estímulos (forma, tamanho, cor, quantidade, orientação), apesar das variações na apresentação, constituem uma experiência fundamental na elaboração dos conceitos. A permanência do objeto é de grande interesse na teoria piagetiana, que se encontra presente também no pensamento de Feuerstein, para consolidar o domínio da percepção, ao receber os estímulos no processo de aprendizagem.[131]

Alguns dos elementos antropológicos e culturais, fundamentais na elaboração permanente na sala de aula, são a análise dos estímulos, a codificação e a decodificação da informação, a interpretação da informação implícita, as metáforas, os mitos, símbolos, ritos, entre outros, que expressam a cultura de formas bastante diversificadas. A interpretação dos círculos da cultura (interpretativo/constitutivo, antropológico-cultural e simbólico) é absolutamente necessária entre as atividades de mediação.[132] A elaboração e a transformação dos estímulos são o fruto misterioso das potencialidades cognitivas do ser humano, como ente "logotímico e logomítico", do qual fala Duch.

A educação da ampliação da visão – o esforço para ajudar os alunos a abrirem a mente (amplitude do campo mental) a novas formas de expressão – está na base de todas as aprendizagens e na assimilação das nossas experiências.

Que funções e operações mentais são ativadas? Sobre quais dificuldades de aprendizagem intervêm?

FCD

- **I-6. DEFICIÊNCIA NA PRECISÃO E NA EXATIDÃO PARA COMPILAR OS DADOS:** a causa de muitos erros parte dessa disfunção. A educação dos sentidos e da atenção, bem como o enriquecimento do léxico, favorece os estímulos.

---

[131] R. Feuerstein *et al.*, *Instrumental Enrichment: an Intervention Program for Cognitive Modifiability*, cit., p. 151.

[132] Ll. Duch, *La educación y la crisis de la modernidad*, cit., p. 37; J. C. Mèlich, *Antropología simbólica y acción educativa* (Barcelona: Paidós, 1998), p. 62.

O PERFIL DO **PROFESSOR MEDIADOR**

■ **E-4. LIMITAÇÃO DO CAMPO MENTAL:** a adaptação ao nível de maturidade do educando deve contar com as dificuldades inerentes à complexidade do conteúdo ou das operações que dele são exigidas. O grau de significatividade da aprendizagem é o autêntico caminho para ampliar a mente e as estruturas que a conformam.

■ **0-5. CARÊNCIA DE INSTRUMENTOS VERBAIS PARA COMUNICAR AS RESPOSTAS:** ainda que a palavra seja a forma habitual de comunicação, não devem ser desprezadas outras formas de enriquecimento lexical encontradas nas diversas disciplinas curriculares.

Operações mentais

■ **ANÁLISE:** não podemos nos perder em generalizações, ainda que percebamos a globalidade das características de um estímulo. A diferenciação minuciosa implica ação de dominar a análise dos elementos do todo. A análise exige uma opção prévia de critérios analíticos.

■ **TRANSFORMAÇÃO MENTAL:** a alaboração mental e a imaginação desempenham um papel ligado à criatividade, que deve ser modelada e impulsionada pela conduta diária do mediador.

■ **CODIFICAÇÃO E DECODIFICAÇÃO:** tarefas diárias. O uso de códigos ligados à cultura escolar e a tradução ou decodificação devem constituir a tarefa quase rotineira da sala de aula.

■ **PROJEÇÃO DE RELAÇÕES VIRTUAIS:** deve chegar a ser um hábito escolar. O mediador deve se acostumar a ter o olhar que garanta o sentido integrador e relacional a todas as aprendizagens.

Dificuldades de aprendizagem

■ Os mediadores deparam-se com deficiências nos recursos para dotar de diversidade e novidade a ação pedagógica. Não se pode deixar de estabelecer uma boa base formativa, ainda que possa ser auxiliada, mas nunca suprida, por ações mediadas. A criatividade supre as necessidades mais notórias.

■ A rotina e a monotonia da sala de aula somente são quebradas com o constante trabalho de programação. A novidade é motivo de sur-

6. CONTRIBUIÇÕES MEDIADORAS ÀS PECULIARIDADES DO PERFIL DIDÁTICO DO PROFESSOR MEDIADOR (PDM)

presa e interesse para o educando. Conseguir o envolvimento dos alunos é uma questão de conjugar todos os recursos disponíveis.

Contribuições didáticas: recursos, estratégias e procedimentos empregados pelos mediadores

O enfoque multicultural de algumas metodologias permite uma maior riqueza nas modalidades e nas linguagens com que se expressam ideias, conceitos e sentimentos. As diferentes sensibilidades dos alunos são uma fonte de riqueza.

Os diferentes recursos didáticos para elaborar, classificar e apresentar a informação e as respostas oferecem interesse, clareza, ordem e diversidade à expressão do pensamento e facilidade de interpretação.[133]

Mediação: que critérios de mediação intervêm?

CRITÉRIO DE MEDIAÇÃO PRIORITÁRIO

- **MUDANÇA:** busca de novidade e complexidade: define uma postura aberta e capacidade de adaptar-se a novos estímulos, códigos e significados. É mais propriamente uma forma de manifestar a maturidade e o desenvolvimento da inteligência. O ser humano deve poder expressar-se com múltiplas linguagens e entender a polissemia das mensagens.

OUTRO CRITÉRIO

- Busca de alternativas otimistas: ligada aos elementos culturais, procura encontrar novas formas de contemplar a vida, de cosmovisão, de entender os acontecimentos e transformá-los positivamente.

---

[133] V. García Hoz & R. Pérez Juste, *La investigación del profesor en el aula* (Madri: Escuela Española, 1989), p. 179.

O PERFIL DO **PROFESSOR MEDIADOR**

ITEM 17. Analiso com os alunos seus processos de busca, planejamento e conquista de objetivos, para que possam adquirir consciência de suas mudanças e progressos.

Definição de conceitos: fundamentação teórica/princípios

O organismo humano é um sistema aberto, dinâmico e, portanto, disposto à mudança e à modificação, que considera a inteligência como "um *processo dinâmico* autorregulador que responde à intervenção ambiental externa".[134] Essa atitude positiva com relação ao desenvolvimento da inteligência justifica a oposição de Feuerstein aos métodos convencionais de medição estática da inteligência (quantitativa, testes, QI), uma vez que ele é a favor de explorar a propensão dos sujeitos à aprendizagem, conforme praticado com a avaliação dinâmica da propensão à aprendizagem (learning potential assessment device – LPAD), que também provoca mudanças cognitivas durante o processo das provas.[135] "O enfoque do Programa de Enriquecimento Instrumental (PEI) coloca em destaque os processos cognitivos básicos".[136]

Focalizar a atenção nos processos cognitivos é um dos elementos mais substanciais da mudança pedagógica atual. O modelo processo-produto enfatiza a habilidade da aprendizagem de tipo científico, que permite aos alunos desenvolverem aprendizagens de qualidade.[137] É um modelo que exige estreita colaboração entre docente e aluno, em uma comunidade investigadora baseada em conhecer os passos do processo de aprendizagem. O trabalho personalizado e independente torna-se então insubstituível. Destaca-se o ritmo adequado para obter insight e autocontrole das micromudanças que sejam experimentadas. Desse modo, o processo transforma-se em conteúdo de interação educativa.[138]

---

[134] R. Feuerstein *et al.*, *Instrumental Enrichment: an Intervention Program for Cognitive Modifiability*, cit., p. 2.

[135] R. S. Nickerson, D. N. Perkins, E. E Smith, *Enseñar a pensar*, cit., p. 178.

[136] *Ibid.*, p. 184.

[137] J. Mayor *et al.*, *Estrategias metacognitivas: aprender a aprender y aprender a pensar* (Madri: Síntesis, 1984), p. 25.; A. I. Pérez Gómez, "Diálogo con la práctica docente", cit., p. 82

[138] A. L. Costa, *A Foreword to the Future: if Mind Matter*, vol. II (Palatina: IRI-Skylight, 1995), p. 6.

Bloom[139] aponta cinco níveis no processo de elaboração do pensamento:

1. **CONHECIMENTO:** recordação, memória da informação armazenada.
2. **COMPREENSÃO:** relação e interpretação dos dados.
3. **APLICAÇÃO:** momento em que se reconhecem as características mais relevantes do que se aprendeu.
4. **SÍNTESE:** para criar e relacionar o que se aprendeu com outras ideias.
5. **AVALIAÇÃO:** revisão, comprovação e revisão do processo.

Haywood[140] estudou os processos cognitivos que intervêm no desenvolvimento das aprendizagens e nas competências e os relacionou com a dimensão correspondente à inteligência. O desenvolvimento cognitivo consiste, em grande parte, em um processo de descobertas e aplicações dessa compreensão de processos, regras e elementos lógicos elementares.

As questões-chave que podem nos orientar nesse tema podem ser: quais são os elementos essenciais que determinam um processo cognitivo? O que significa saber alguma coisa? Como utilizamos aquilo que sabemos? Como o aprendemos? Nesse sentido, são bastante orientadores e elucidativos os resultados da avaliação dos Programas de Treinamento Cognitivo reunidos por Román e Saiz.[141] Neles são oferecidas as variáveis intervenientes mais relevantes: processos atencionais, metacognição, motivação intrínseca, conhecimentos prévios, estratégias de resolução de problemas cognitivos, interpessoais e sociais, planejamento da ação, estratégias de autocontrole e autoavaliação e transferência de conhecimentos.

Assim como as diferenças individuais são importantes, as culturais e sociais também o são no momento de analisar os processos de aprendiza-

---

[139] B. Bloom *et al.*, *Taxonomy of Educational Objectives I. Cognitive Domain* (Londres: Longman, 1956), p. 170.

[140] H. C. Haywood & H. N. Switzky, *Ability and Modifiability: What, Who, and How Much? Advances in Cognition and Educational Practice*, vol. 1, 1992, p. 38.

[141] J. M. Román & M. C. Saiz, "Programa de entrenamiento cognitivo para niños socialmente depravados", em J. Beltrán *at al.*, *Nuevas perspectivas en la intervención psicopedagógica*, 2 vols. (Madri: Universidad Complutense de Madrid, 1997), p. 191.

O PERFIL DO **PROFESSOR MEDIADOR**

gem. Greeno, Collins e Resnick [142] apontam para o nascimento da teoria das situações cognitivas que adota a natureza de cognição distribuída. Nessa teoria, supõe-se que a cognição é compartilhada com outros indivíduos, bem como com outras ferramentas e artefatos. Isso significa que o pensamento está situado em um contexto particular de intenções, ferramentas e pessoas com as quais nos relacionamos. Em torno da inteligência ou cognição partilhada, Perkins comenta:

> A cognição humana ótima quase sempre é gerada de uma maneira física, social e simbolicamente partilhada. O sistema da pessoa, somado ao ambiente, é o que torna possível que as coisas sejam feitas no mundo. E a inteligência que é gerada nessa conjugação é mais apropriada que a da pessoa sozinha.[143]

Neste item, os mediadores desenvolvem uma atitude consciente das mudanças, uma consciência mental e física, que é percebida tanto em sensações como em desejos.[144] Essa conscientização ou autopercepção é configurada pela mudança do autoconceito e da autoestima do educando. Essa autopercepção é o elemento que influencia decisivamente no sucesso ou no fracasso do educando. O autoconceito se vê afetado em seus componentes afetivos, cognitivos e, inclusive, naqueles relacionados às condutas.

Que funções e operações mentais são ativadas? Sobre quais dificuldades de aprendizagem intervêm?

FCD

- **I-2. COMPORTAMENTO EXPLORATÓRIO ASSISTEMÁTICO:** impulsivo, não planejado. Sendo um objetivo constante, converte-se também em uma

---

[142] J. G. Greeno, A. M. Collins, L. B. Resnick, "Cognition and learning", em D. C. Berliner & R. Calfee (orgs.), *Handbook of Educational Psychology* (Nova York: MacMillian, 1996), p. 195.

[143] D. N. Perkins, *La escuela inteligente: del adiestramiento de la memoria a la educación de la mente*, cit., p. 136.

[144] I. Pramling, *Learning to Learn: a Study of Swedish Preschool Children* (Nova York: Springer Verlag, 1990), p. 14.

das finalidades resultantes do esforço modificador de cada dia. Os mediadores encontram nessa função um dos obstáculos mais comuns para o progresso e o sucesso educativo.

OPERAÇÃO MENTAL

- **RACIOCÍNIO TRANSITIVO:** o raciocínio lógico dedutivo manifesta-se, de forma muito clara, nas novas informações que vamos extraindo dos dados à nossa disposição. Descobrir as possíveis relações implícitas de uma informação e suas consequências é uma das elaborações mentais mais exigentes que o mediador pode alcançar ao ensinar a pensar.

DIFICULDADES DE APRENDIZAGEM

- Nos meios acadêmicos, o objetivo de que os alunos aprendam a planejar-se e organizar-se, de que conheçam seu próprio plano de estudo, refere-se a uma tarefa de inestimável transcendência na vida do estudante. A falta de modelos e a diversidade de modelos nas salas de aula – muitas vezes incoerentes e contraditórios – lançam por terra os esforços dos mediadores. A primeira dificuldade tem pouca concordância entre a equipe de docentes.

- Não menos transcendente e frustrante resulta o imperativo de manter uma distância insuperável entre os objetivos curriculares e a realidade dos resultados acadêmicos dos alunos.

Contribuições didáticas: recursos, estratégias e procedimentos empregados pelos mediadores

A confissão dos mediadores inclui admitir o descuido dessa função pedagógica diária. Contudo, manifestam também uma maior conscientização de seu papel imprescindível para criar situações de motivação intrínseca e crescimento nos educandos. Saber escolher os momentos, as estratégias e as interações permite alcançar autoestima, sucesso, motivação ou um objetivo com maior facilidade.[145]

---

[145] I. Orjales Villar, *Déficit de atención con hiperactividad*, cit., p. 67.

Perkins[146] oferece uma série de estratégias para construir uma economia cognitiva intensa:

- Sua teoria educacional – Teoria Uno: ensino e aprendizagem com informação clara, prática reflexiva, retroalimentação informativa e grandes motivações.

- Motivação intrínseca que canalize interesses particulares.

- Treinamento e ensino socrático que reduzem o custo do processo de cognição.

- Uma pedagogia da compreensão que gire em torno das atividades de entendimento, das imagens mentais e das representações significativas.

- Níveis superiores de compreensão: com maiores níveis de complexidade e de abstração nas operações mentais.

- Temas gerais que despertem forte interesse.

- A partir do metacurrículo, as linguagens do pensamento, as imagens mentais e o desenvolvimento da capacidade de aprender.

- Despertar paixões intelectuais que criem uma disposição reflexiva e dinâmica.

- Ensinar a transferir para outras aprendizagens e outras situações da vida.

- Ativar a inteligência partilhada por meio do trabalho cooperativo e em grupo.

- Incorporar certas formas simbólicas ao ensino das diferentes matérias: contos, mapas conceituais, diários, encenações, filmes, etc.

Entre os processos básicos imprescindíveis para a resolução de problemas encontram-se os algoritmos e os heurísticos.

- Os algoritmos são um conjunto de regras especificadoras dos processos exatos que devem ser seguidas para resolver com sucesso

---

[146] D. N. Perkins, *La escuela inteligente: del adiestramiento de la memoria a la educación de la mente,* cit., p. 165.

um problema concreto (aplicar a fórmula das equações de segundo grau). Os algoritmos garantem conseguir uma solução correta.

■ Os heurísticos são estratégias ou regras de comportamento que oferecem uma série de operações a serem seguidas para resolver um problema. São, portanto, diretrizes gerais que normalmente não garantem encontrar uma solução correta para um problema (estratégias para tomada de decisão).[147]

A professora Prieto[148] propõe um amplo protocolo de observação dos aspectos afetivos e cognitivos na sala de aula, no qual reúne doze indicadores, cada um com cinco itens. Os indicadores cognitivos desse protocolo são formulados da seguinte maneira:

1. Os alunos são incentivados a reunir toda a informação.

2. Os alunos são incentivados a organizar a informação.

3. Favorece-se o raciocínio.

4. Os alunos são incentivados a explorar alternativas e considerar outros pontos de vista.

5. São propostas perguntas abertas.

6. São oferecidas ajuda e pistas visuais para desenvolver estratégias cognitivas.

7. Empregam-se a linguagem e os modelos de raciocínio estratégico.

8. Fomenta-se e desenvolve-se a transferência de habilidades cognitivas para situações da vida diária.

9. Os alunos são solicitados a verbalizar seus raciocínios.

10. Desenvolvimento do raciocínio.

11. Os alunos são incentivados a elaborar problemáticas e questões.

12. Promoção de pequenos períodos de silêncio para a reflexão.

---

[147] J. A. Bernad, *Estrategias de estudio en la universidad* (Madri: Síntesis, 1999), p. 67.

[148] M. D. Prieto Sánchez & L. Pérez Sánchez, *Programas para la mejora de la inteligencia: teoría, aplicación y evaluación* (Madri: Síntesis, 1993), p. 143.

Um dos resultados do acompanhamento do mediador, para que o aluno alcance seus objetivos, é o aumento do sentimento de competência e da autoestima. Para nos certificarmos da autenticidade dessa autoestima, Voli[149] indica seus cinco componentes: segurança, autoconceito, sentimento de pertença e integração, finalidade ou motivação e competência.

Mediação: que critérios de mediação intervêm?

Critério de mediação prioritário

■ **BUSCA, PLANEJAMENTO E CONQUISTA DE OBJETIVOS:** o acompanhamento e a modelagem do mediador nesse aspecto são insubstituíveis. Estes são objetivos que só a escola pode ensinar. A síntese da experiência de aprendizagem mediada (EAM) e o acompanhamento sistemático do mapa cognitivo podem constituir uma proposta didática que seja assimilável para os educandos.

Outro critério

■ **BUSCA DE ALTERNATIVAS OTIMISTAS:** concernentes tanto à autossuperação, como ao desafio de encontrar uma solução ótima a um problema ou de extrair o máximo benefício de um trabalho ou estratégia.

---

[149] F. Voli, *La autoestima del profesor*, cit., p. 63.

ITEM 18. Ajudo os alunos a descobrirem novas relações e os aspectos positivos e otimistas dos temas propostos.

Definição de conceitos: fundamentação teórica/princípios

Um dos grandes objetivos de todos os programas é desenvolver nos sujeitos capacidades que os levem a descobrir as relações que conferem significado aos estímulos. Os mediadores tentam reconstruir a ponte que se rompe entre os aspectos cognitivos e afetivos e a realidade, superar a percepção episódica da realidade – fragmentação e ocultação de relações entre os elementos –, integrando, reestruturando e dando pleno sentido às aprendizagens.[150]

A descoberta das relações entre os diferentes conteúdos de aprendizagem é uma forma de significatividade nas aprendizagens e marca um enfoque dinamizador e envolvente na construção das estruturas cognitivas dos alunos. O ser humano está constantemente em relação. Encontramos sentido para a existência descobrindo uma imensa gama de vínculos, relações que nos unem intelectual, afetiva, ética, linguística e culturalmente. A experiência mediadora inicia-se por essa conscientização e atividade concreta na organização de pontos. Os educandos descobrem um mundo surpreendente de relações virtuais entre os objetos ou estímulos que lhes são apresentados. Neste momento histórico, invadido pelas tecnologias mais sofisticadas e com acesso extremamente fácil à sociedade do conhecimento, torna-se indispensável a formação em torno da realidade virtual.

O processo de ensino-aprendizagem deve ser entendido como um fenômeno holístico, sistêmico e integrado. Essa globalização na aprendizagem implica uma total interação permeável entre sistemas: cognição (genético), afetividade (fisiológico), conduta (sociológico).[151] Encon-

---

[150] R. Feuerstein *et al.*, *Instrumental Enrichment: an Intervention Program for Cognitive Modifiability*, cit., p. 102.

[151] E. Brunswic, *Réussir l'école, réussir à l'école: stratégies de réussite à l'école fondamentale* (Paris: Ed. Unesco, 1994), 119.

tramos em Zabala a melhor maneira de entender e mostrar a globalização: "globalizamos sempre que o instrumento disciplinar utilizado contextualiza-se em um âmbito mais amplo que o estrito de uma disciplina",[152] não como uma técnica didática, mas, sim, como uma atitude vital diante do processo de ensino, que é explicado a partir de suposições epistemológicas e sociológicas precisas: "A aprendizagem significativa é uma aprendizagem globalizada, pois esta possibilita a formação de um maior número de relações entre o novo conteúdo da aprendizagem e a estrutura cognoscitiva do aluno".[153]

Machado foi sem dúvida um entusiasta impulsor do sentido relacional, conforme manifesta em sua obra *La revolución de la inteligencia*. Aprender e pensar é relacionar. Torna-se imprescindível seu argumento:

> A inteligência é uma aptidão. Aptidão para quê? Aptidão para encontrar relações e para relacionar. É a faculdade de relacionar pensamentos para produzir pensamentos novos. Inteligência é a capacidade de entender. Entender o quê? Relações. Aquelas que existem entre uma coisa e as outras, e aquelas que podem vir a existir. Assim, será mais inteligente aquele que tiver maior facilidade para detectar relações e para relacionar. Como é possível contribuir, então, para a maior inteligência de uma pessoa? Ensinando a ela a maneira de estabelecer relações. Tudo é relação. E tudo tem relação com tudo.[154]

O grande pedagogo brasileiro Paulo Freire[155] define o homem como um ser de relações profundas, que vão além dos meros contatos próprios dos animais. Por isso, ele investiga esse sentido relacional e descobre conotações de pluralidade, criticidade, consequência e temporalidade. O homem vai dinamizando seu mundo a partir das relações com o mundo e no mundo, vai criando e recriando, decidindo. Potencializa o mundo, do qual ele próprio é criador. Faz cultura.

---

[152] A. Zabala, "El enfoque globalizador", em *Cuadernos de Pedagogía*, nº 168, 1989, p. 24.
[153] *Ibidem*, p. 24.
[154] L. A. Machado, *La revolución de la inteligencia* (Barcelona: Seix Barral, 1990), p. 50.
[155] P. Freire, *Educação e mudança* (21ª ed. Rio de Janeiro: Paz e Terra, 1997), p. 64.

6. CONTRIBUIÇÕES MEDIADORAS ÀS PECULIARIDADES DO PERFIL DIDÁTICO DO PROFESSOR MEDIADOR (PDM)

Somente uma visão integral é capaz de entender as conexões entre saberes, causas e destinos. Os alunos com percepção episódica da realidade manifestam um funcionamento cognitivo deficiente que os priva dessa orientação de buscar e projetar relações entre as coisas. Cada objeto ou acontecimento é percebido como único, isolado e sem nenhuma relação com o que lhe antecede ou sucede, e manifesta-se em uma insuficiente competência mental para comparar, somar, classificar, organizar e projetar relações.[156] No entanto, é necessário não ignorar a importância da atenção e da percepção para entender a qualidade da nossa observação.[157]

Que funções e operações mentais são ativadas? Sobre quais dificuldades de aprendizagem intervêm?

FCD

- **I-3. AUSÊNCIA OU FALTA DE INSTRUMENTOS VERBAIS E CONCEITOS PARA IDENTIFICAR:** a palavra remete a novos significados e novas relações. Um importante objetivo educacional é fornecer instrumentos verbais que ligam, relacionam e estruturam o mundo-ambiente.

- **E-14. DIFICULDADE PARA PROJETAR (O-2)** e estabelecer relações virtuais: tirar a venda dos olhos, despertar a mente, lançar relações a partir do mundo lúdico e vital dos educandos dá sentido e coerência às aprendizagens e mesmo à própria vida.

OPERAÇÕES MENTAIS

- **DECODIFICAÇÃO:** o universo que nos acolhe, assim como todas as estruturas de acolhimento, exige a tradução imediata de todos os ritos, mitos, normas, leis, palavras, gestos, para que entrem em nosso código de relações.

---

[156] R. Feuerstein *et al.*, *Instrumental Enrichment: an Intervention Program for Cognitive Modifiability*, cit., p. 103.

[157] M. T. Anguera, *Metodología de la observación en las ciencias humanas* (Madri: Cátedra, 1992), p. 31.

O PERFIL DO **PROFESSOR MEDIADOR**

■ **RACIOCÍNIO TRANSITIVO:** os dados ou informações implicam eventos e consequências que não são explicitados. Nossa própria linguagem é críptica, obscura e, por isso, em toda informação e em toda conclusão, aparentemente lógica e fechada, há outros significados e inferências que devem ser expressos.

DIFICULDADES DE APRENDIZAGEM

■ A privação cultural, a ausência de modelos, a falta de estímulos adequados e de oportunidades de reflexão de muitas crianças e jovens bloqueiam a excelência de sua inteligência. Mediar é despertar sensibilidades, alimentar as mentes com ideias aprazíveis, saborosas e digeríveis. Nas salas de aula, os mediadores devem ser pensadores críticos e questionadores: lançar perguntas que despertem consciências adormecidas e permitam deleitar-se nos prazeres do espírito. O método é a mensagem; a monotonia dos melhores manjares desestimula.

Contribuições didáticas: recursos, estratégias e procedimentos empregados pelos mediadores

Os mediadores são e devem ser os descobridores das novas e possíveis relações dos conteúdos aprendidos, uma vez que os educandos não chegam a entender ou carecem das experiências vitais que lhes permitam compreender essa intencional descontextualização das aprendizagens. Portanto, a mediação previne e antecipa, amplia o campo mental e projeta novos significados e nexos dos aparentes conhecimentos do reduzido laboratório-sala de aula com a realidade sem fronteiras.

O docente desvela e desmitifica, ou potencializa, descobre e valoriza os fatos mais insignificantes, a exemplo do poeta indiano de *Los blancos dientes de la carroña*, Rabindranath Tagore.

Os docentes precisam descobrir referentes para projetar em cada situação relações novas ou adequadas. Um modelo adequado é o apresentado no quadro 23.[158]

---

[158] J. A. Bernad, *Estrategias de estudio en la universidad*, cit., p. 136.

Com os alunos que apresentam carências especiais, os mediadores devem desempenhar um papel de inestimável ajuda ao tratar de relações virtuais e conteúdos abstratos ou que exijam um alto nível de interiorização, como apontado nas relações transitivas, silogismos e desenhos de padrões.[159]

Mediação: que critérios de mediação intervêm?

CRITÉRIO DE MEDIAÇÃO PRIORITÁRIO

■ Busca de alternativas otimistas: insistir naquilo que merece esforço, o desafio que engrandece o homem. Adotar posições de apatia e fechar os olhos é uma atitude que leva a negar, até mesmo, a dívida social que todos nós temos em nosso meio cultural e social.

QUADRO 23. QUADRO GERAL DE RELAÇÕES.

Fundamento da relação	Tipo de relação
Hierarquia	**1.** Relação de subordinação lógica.
	2. Parte de um todo.
	3. Exemplo derivado ou exemplo de algo.
Nexo causal lógico ou físico	**4.** Antecedente-consequente.
	5. Causa ou agente (provoca algo).
	6. Efeito ou produto (procede de algo).
Agrupamento ou classe (unido, relacionado ou concernente a algum elemento significativo)	**7.** Analogia.
	8. Semelhança.
	9. Igualdade.
	10. Oposição, contraste.
	11. Evidência.
	12. Característica ou descrição.
	13. Complementaridade (completa algo).
	14. Função (serve para algo).
	15. Ordem cronológica.

[159] R. Feuerstein *et al.*, *Instrumental Enrichment: an Intervention Program for Cognitive Modifiability*, cit., p. 248.

Outro critério

- **MEDIAÇÃO DO SIGNIFICADO:** toda ação tem um sentido. Desde a experiência diária da aprendizagem incorporada a nossas estruturas cognitivas até a contemplação do mais insignificante inseto ou vegetal. Os gestos, o carinho, as palavras, as recompensas são apenas um caminho para entender o valor simbólico das nossas ações. O mediador pode e deve amplificar o olhar redutor e egocêntrico do educando.

6. CONTRIBUIÇÕES MEDIADORAS ÀS PECULIARIDADES DO PERFIL DIDÁTICO DO PROFESSOR MEDIADOR (PDM)

ITEM 19. Aumento gradualmente o nível de complexidade e de abstração das atividades, a fim de potencializar as capacidades dos alunos.

Definição de conceitos: fundamentação teórica/princípios

A complexidade é um conceito rotineiro e frequente na sala de aula. Muitos docentes a confundem com a abstração. Ambas são dimensões substanciais no mapa cognitivo[160] e também propriedades relativas e dependentes do grau de maturidade, experiência e competência do sujeito. Algo é complexo com relação à quantidade de elementos de informação, ao trabalho que exige de nós, às fontes de informação, ao tempo que temos de dedicar para sua realização e ao grau de estranhamento ocasionado pela falta de familiaridade. A abstração refere-se ao nível de interiorização e de distanciamento da nossa atividade mental, com relação ao que é intuitivo e perceptivo, material e concreto da nossa ação. À maior interiorização de uma ação corresponde um maior grau de abstração.[161] Por essa mesma razão, a transferência é o salto mortal da abstração, quando exigimos do educando a aplicação do que aprendeu em situações que nem ao menos tenha vivido. É como fazê-lo pular sem paraquedas.

O docente precisa conhecer bem os processos e as potencialidades de cada aluno para poder pedir que se esforce conforme as suas capacidades. A avaliação dinâmica da propensão à aprendizagem por meio do (LPAD) está em perfeita conexão com a intenção modificadora e potencializadora da EAM. Por isso, o bom mediador de sala de aula é aquele que melhor pode conhecer e ajudar, como Feuerstein reconhece, cada aluno, porque sabe das possibilidades de progresso e mudança (micromudanças) de cada discípulo. O mediador é aquele que preserva

---

[160] *Ibid.*, p. 105.
[161] J. A. Bernad, *Estrategias de estudio en la universidad*, cit., p. 160.

O PERFIL DO **PROFESSOR MEDIADOR**

a zona de desenvolvimento potencial (ZDP) e possibilita ao educando conquistas que ele não seria capaz de alcançar sozinho.[162]

Uma lacuna reconhecida pelos mediadores é a que se refere ao desconhecimento dos estilos cognitivos dos alunos, conselheiros do comportamento adequado do mediador, com relação a seus erros e acertos. É necessário levar sempre em consideração os fatores não intelectivos – obstáculos – que intervêm no processo de aprendizagem.[163] A limitação do campo mental pode ser oriunda de causas muito diversas que impedem a interiorização e a representação mental (elevar o nível de abstração) em alunos com aptidões para avançar além do normal.

O docente não pode estacionar sua formação, mas, sim, avançar na direção de um conhecimento multidimensional e interdisciplinar, como proposto por Morin. O conhecimento deve assumir os riscos de querer explicar o que às vezes resulta inexplicável. Camilloni[164] propõe três exemplos desafiadores: a origem do universo, a origem da vida e sua evolução e a aprendizagem e a compreensão.

Que funções e operações mentais são ativadas? Sobre quais dificuldades de aprendizagem intervêm?

FCD

- **I-8. DEFICIÊNCIA PARA CONSIDERAR DUAS OU MAIS FONTES DE INFORMAÇÃO:** deve-se chegar ao que é complexo por meio do que é simples. Não se pode sobrecarregar o aluno; normalmente, deve-se partir do que é simples e conhecido. A soma progressiva de elementos ou estímulos deve ser como um jogo que cada vez se domina mais pela prática.

- **E-4. LIMITAÇÃO DO CAMPO MENTAL:** as pessoas se abrem a outras dimensões por meio de experiências e vivências positivas. Os exemplos, os

---

[162] A. Kozulin, *La psicología de Vygotski* (Madri: Alianza, 1994), p. 94; C. Coll *et al.*, *El constructivismo en el aula*, cit., p. 102.

[163] R. J. Sternberg & L. Spear-Swerling, *Enseñar a pensar*, cit., p. 119.

[164] A. Camilloni *et al.*, *La evaluación de los aprendizajes en el debate didáctico contemporaneo* (Barcelona: Paidós Educador, 1998), p. 122.

6. CONTRIBUIÇÕES MEDIADORAS ÀS PECULIARIDADES DO PERFIL DIDÁTICO DO PROFESSOR MEDIADOR (PDM)

novos significados, as diversas situações conhecidas vão abrindo a mente para uma nova realidade.

OPERAÇÃO MENTAL

- **ANÁLISE:** o que é complexo se domina quando os elementos que o constituem são conhecidos. Somente chegamos a uma integração das partes do todo quando já estudamos cada um dos seus componentes.

DIFICULDADES DE APRENDIZAGEM

- O docente deve ser especialista no conhecimento de todos os degraus que conduzem a altos níveis de complexidade e de abstração. Analisar é guiar a descoberta das conexões entre os diversos elementos dados. A falta de base e treinamento dos alunos faz com que o fracasso se acumule e os leva a desistir de investir tempo e esforço no pensamento formal. Sanar o abandono, a negligência e a incapacidade exige investir horas de mediação.

- O esforço do mediador e sua paciência são colocados à prova para formar mentes curiosas e reflexivas. O especialista sabe expressar com imensa simplicidade aquilo que parece muito estranho e inacessível. Esse é o desafio diário com alunos fracassados e em situações de pobreza. Impõe-se a necessidade de buscar recursos e empregar maior esforço e tempo. A motivação intrínseca pode aflorar quando os educandos veem os frutos e as vantagens do pensamento fluido e veloz, que antes era lento e superficial.

Contribuições didáticas: recursos, estratégias e procedimentos empregados pelos mediadores

A dinâmica da mediação vai progredindo sobre estes dois trilhos: à medida que o educando obtém mais experiência e habilidade, o docente propõe atividades mais complexas, mais rápidas, mais exigentes e eleva o nível de abstração; propõe maior concentração e reflexão, distanciando a atividade dos elementos perceptivos. O uso e o papel dos sentidos

O PERFIL DO **PROFESSOR MEDIADOR**

vão marcando um ritmo de abstração: passaremos pela visão e pelo tato, para depois chegar à audição. Muitas vezes, o docente é tentado a diminuir o nível de complexidade e de abstração como único recurso para motivar e envolver o aluno, deixando de lado o efeito motivador do desafio e da conquista por parte do educando.

O treinamento permite-nos chegar a surpreendentes automatismos, à rotina de atividades muito complexas à primeira vista. Por isso, a repetição e a cristalização de certas operações permitem que as ações mais complexas tornem-se fáceis e familiares para nós. Nesse aspecto, porém, o acompanhamento cognitivo do mediador deve ter uma presença especial, assim como a modelagem e a exigência oportuna, que não provoque desânimo nem a evasão dos alunos por sua postura.[165]

O exercício tem muitas modalidades lúdicas que permitem maior interiorização e automatização de operações inteligentes.[166] Alguns exemplos: o jogo acelera a interiorização do esquema corporal; o cálculo mental numérico propicia a aprendizagem veloz e as operações básicas em matemática; o emprego do taquistoscópio* auxilia na amplitude do campo visual do leitor, que permite a visão de um amplo setor ou texto, antes impossível de se dominar; a leitura silenciosa propicia um aumento notável na velocidade de leitura, etc.

Entre outros autores, Barth[167] nos propõe um longo processo de aprendizagem da abstração, desde as situações concretas de aprendizagem, que exigem do educando uma transformação mental, até a metacognição e a transferência, passando pelo conhecimento das operações mentais que desenvolvem esses níveis de processamento cognitivo superior.

---

[165] E. G. Delacôte, *Savoir apprendre: les nouvelles méthodes*, cit., p. 155; B. Gargallo, "La reflexividad como objetivo educativo: un programa de acción educativa", cit., p. 113

[166] P. Hernández & L. A. Garcia, *Psicologia y enseñanza del estudio* (Madri: Pirámide, 1991), p. 59.

* Aparelho utilizado para projetar imagens rápidas como estímulos visuais. Utilizado em testes de aprendizado, atenção e percepção. (N. R. T.)

[167] B. M. Barth, *L'apprentissage de l'abstraction: méthodes pour une meilleur réussite de l'école* (Paris: Retz, 1987).

Certos manuais nos propõem caminhos para ajudar os alunos a alcançarem um pensamento superior. Costa[168] indica algumas estratégias para que os professores consigam levar seus alunos a adquirirem um maior nível de pensamento: a) questionar, ajudar os alunos a obterem informação em toda classe de relações e buscar suas aplicações; b) estruturar as aulas com trabalho individual, em grupo e a interação de toda a sala de aula; buscar todos os tipos de recursos, materiais, tempo, energia, etc.; c) responder e exigir plena consciência dos alunos; d) modelar certas condutas diante de problemas e utilização de estratégias.

Os especialistas do Conselho da Europa, citando Edgar Morin, autor de *La méthode*, tecem um "elogio à complexidade" na necessária formação de competências para o novo milênio. Essa implicação

> [...] exige uma mudança no papel e na atividade dos docentes. Controlar o tempo, o espaço e os grupos de trabalho é especialmente crucial. É impossível simplificar a complexidade sem risco de reduzi-la ou destruí-la. Deve-se pensar na aquisição e nas experiências ao mesmo tempo, pensar simultaneamente no cognitivo e no emocional, pensar na sala de aula e ao mesmo tempo no estabelecimento e no sistema total, pensar, sem confundir, a parte e o todo, o conjunto e a estrutura, as estratégias em todas as suas possibilidades e vice-versa, a escola e seu meio. O ritmo sistêmico é o principal desafio da escola e a chave do progresso.[169]

Mediação: que critérios de mediação intervêm?

Critério de mediação prioritário

- **MUDANÇA:** busca de novidade e complexidade: a interação mediada desenvolve-se com base nesse critério. O mediador diminui o rit-

---

[168] A. L. Costa, *apud* F. Brownlie, S. Close, L. Wingren, *Reaching for Higher Thought: Reading, Writing Thinking Strategies* (Admonton-AI: Arnold Pub, 1988), p. 19.

[169] Consejo de Europa, *Compétences clés pour l'Europe*, Strasbourg, Symposium Dossier, 1996, p. 23.

O PERFIL DO **PROFESSOR MEDIADOR**

mo ou o acelera, alterna a modalidade de suas intervenções, a fim de permitir que o educando o acompanhe e cresça em motivação e interesse. E não somente isso, que reestruture seus conhecimentos, conquiste o insight e realize aplicações de suas aprendizagens a outras situações da vida.

Outro critério

- **INTENCIONALIDADE E RECIPROCIDADE:** os almejados avanços dos alunos devem ser regulados pelo soar das reações e respostas deles. O adulto deve saber adaptar-se melhor ao educando, e não o contrário. Por isso, a educação é um ato intencional que permite elevar o aluno àqueles níveis aos quais ele é capaz de chegar, desde que não haja perda da sensibilidade.

ITEM 20. Apresento modelos de atuação e adapto as dificuldades à aprendizagem, a fim de assegurar a aprendizagem significativa dos alunos menos dotados.

Definição de conceitos: fundamentação teórica/princípios

O professor mediador deve realizar uma mudança significativa em seu estilo de interação, principalmente situando o aluno, com todas as suas peculiaridades e necessidades, no centro de todos os processos de crescimento. Impõem-se, antes de tudo, o conhecimento profundo do próprio educando e o conhecimento dos estilos cognitivos e do modo como ele aprende e conhece. Não há adaptação possível se antes não se explorou e não se alcançou um conhecimento exaustivo de suas peculiaridades.[170]

Os processos cognitivos devem conduzir à conquista de uma aprendizagem significativa. Na sala de aula, raramente são cumpridas as condições para se alcançar essa aprendizagem reestruturadora. A aprendizagem significativa é próxima, familiar, facilmente relacionável e amplia o universo das nossas experiências, porque encontra sentido nos novos elementos conhecidos. Fundamenta-se na conscientização ou na metacognição no momento de assimilar o conhecimento.[171]

Os mediadores reconhecem na experiência de aprendizagem mediada (EAM) por meio do Programa de Enriquecimento Instrumental (PEI) uma situação de aprendizagem significativa; nela estão presentes as condições para que tal aprendizagem seja gerada:

- **EXISTE COERÊNCIA PSICOLÓGICA:** quando o docente adapta os conteúdos ao nível de desenvolvimento mental dos alunos para vinculá-los a sua estrutura lógica. Os pré-requisitos, os esquemas mentais e o nível de compreensão estão dispostos a assimilar o dado novo. Nos casos ótimos de aprendizagem, pode-se produzir a autodescoberta, mas, nos outros casos, o mediador deve intervir com ajudas pontuais.

---

[170] R. Feuerstein *et al.*, *Instrumental Enrichment: an Intervention Program for Cognitive Modifiability*, cit., p. 295.

[171] D. P. Ausubel, J. D. Novak, H. Hanesian, *Psicología educativa: un punto de vista cognitivo*, cit.

O PERFIL DO **PROFESSOR MEDIADOR**

- **COERÊNCIA DE CONTEÚDOS:** os novos conteúdos vinculam-se aos esquemas e aos conhecimentos prévios. A lei de Ausubel incentiva a não ensinar nada novo, senão a partir do que o aluno já sabe: "O fator determinante da aprendizagem é o que o aluno já sabe". O aluno deve poder integrar os novos elementos em torno de eixos e núcleos de seu interesse, admitindo diferentes modalidades, complexidade e abstração diversas.

- **MOTIVAÇÃO E AFETIVIDADE:** o mediador deve conseguir o envolvimento total do educando. O processo de interação deve substituir o desinteresse e o pouco investimento de esforço. A aprendizagem significativa provoca a autoestima e a motivação intrínseca, pois o sucesso, resultante imprescindível da significatividade e da assimilação das aprendizagens, transforma a disposição e estimula a confiança em si mesmo. A tarefa deve ser atrativa e inovadora. O educando espera ser aceito como é, mesmo com seus erros. Mas não devemos descuidar do duplo destino das mediações com relação a seus afetos e conhecimentos, coração e cérebro, indistintamente. Deve-se também elevar o nível de expectativas e de exigência, já que o terreno vai sendo preparado palmo a palmo.

- **APLICAÇÃO E UTILIDADE:** a transferência das aprendizagens para outras disciplinas e outros contextos é a prova definitiva da significatividade das aprendizagens. O aluno deve entender para que serve e que funcionalidade tem o que aprende. Os exemplos devem ir descontextualizando os conhecimentos lentamente. A passagem pela experiência de insight deve ser uma surpresa luminosa que lhe confirme que a significatividade é palpável. Posteriormente, pode-se chegar a outros tipos de generalização e elaboração de princípios, regras, leis e conclusões que norteiem futuros comportamentos.

A mediação vai muito além de todo processo imitativo e de domesticação repetitiva. A imitação consiste em copiar ou seguir um modelo de forma inflexível. Embora seja evidente que a criança necessita de modelos referenciais que possa imitar em seus primeiros passos, aos poucos deverá ocorrer a interiorização dos modelos e ela deverá assumir suas próprias responsabilidades.

Que funções e operações mentais são ativadas? Sobre quais dificuldades de aprendizagem intervêm?

FCD

- ■ **I-2. COMPORTAMENTO EXPLORATÓRIO ASSISTEMÁTICO:** impulsivo e não planejado: a aprendizagem só passa a ser significativa se consegue envolver o educando e captar seu interesse. Através da autoimplicação, o aluno formará hábitos que vão prepará-lo para um trabalho planejado e sistemático até constituir-se em um método repetitivo, cristalizado.

OPERAÇÃO MENTAL

- ■ **COMPARAÇÃO:** trata-se da atividade mais habitual, que deve ser assimilada e tornar-se espontânea nos processos de aprendizagem. Mas esse automatismo deve ser aproveitado para elevar os níveis operacionais tanto em conteúdo como em abstração, de modo que o aluno projete, gradualmente, posições mais altas em suas habilidades.

DIFICULDADES DE APRENDIZAGEM

- ■ A carência de modelos referenciais próximos e persistentes, já que o educando necessita da continuidade e da disciplina que o ajudem a formar seus hábitos.

- ■ Outros problemas devem-se a imposições do currículo. O centro não é o aluno, mas, sim, os conhecimentos dos quais ele terá de dar conta. O programa manda nos processos. Mais propriamente, impõe sua legalidade de forma insensata.

- ■ As impossíveis adaptações curriculares às possibilidades dos alunos. A exigência é cada vez maior, pois as normas e as opções não devem partir de um mediador, mas, sim, de toda a equipe. Isso torna duplamente difícil a viabilidade das mudanças que sejam produtivas para o aluno.

O PERFIL DO **PROFESSOR MEDIADOR**

■ As urgências que impedem programar, fazer acompanhamentos frequentes e analisar as causas dos resultados. Não se pode mudar; deve-se voltar a repetir os passos aprendidos, pois o novo cria insegurança e demanda mais trabalho. Persistem as modalidades repetitivas e fundamentadas na memorização. Não há lugar para a reflexão, que é algo significativo.

Contribuições didáticas: recursos, estratégias e procedimentos empregados pelos mediadores

As contribuições dos mediadores compõem uma longa lista de recursos psicopedagógicos a serviço do aluno, que se encontram em torno dos quatro elementos essenciais que constituem a aprendizagem significativa:

1. **AÇÕES REFERENTES À COERÊNCIA PSICOLÓGICA:** os mediadores aprenderam na aplicação do PEI que é preciso adaptar a linguagem ao alcance do aluno. Deve-se assegurar a total compreensão dos conceitos e dos processos exigidos na aprendizagem.

2. **AÇÕES SOBRE A COERÊNCIA DE CONTEÚDOS:** a didática começa por saber quais conhecimentos são prévios à novidade dos conteúdos atuais. A experiência positiva da jornada precedente determina a novidade e a complexidade que virão a seguir. A preparação e a seleção de modalidades e do nível de abstração da matéria devem ser resultado de uma programação sistemática.

3. **AÇÕES QUE MOTIVEM E ENVOLVAM OS ALUNOS:** devem ser aproveitados todos os recursos para integrar, criar empatia, interessar e promover o desejo de aprender. A novidade, a criatividade, os gestos próximos e afetivos devem ser utilizados para alcançar o objetivo modificador e potencializador da mediação.

4. **AÇÕES INOVADORAS DA METODOLOGIA, TRANSFERÊNCIA E APLICAÇÃO DAS APRENDIZAGENS:** baseadas em exemplos descontextualizadores, na diversidade das experiências dos alunos e aproximando a realidade à sala de aula.

6. CONTRIBUIÇÕES MEDIADORAS ÀS PECULIARIDADES DO PERFIL DIDÁTICO DO PROFESSOR MEDIADOR (PDM)

Mediação: que critérios de mediação intervêm?

Critérios de mediação prioritários

- **MEDIAÇÃO DE SIGNIFICADO:** esta é a marca essencial de toda aprendizagem. Não se considera que algo foi aprendido se o indivíduo não sabe o que significa aquela aprendizagem, que relação tem com os demais conhecimentos ou para que serve.

- **INDIVIDUALIZAÇÃO E DIFERENCIAÇÃO PSICOLÓGICA:** o processo deve fechar o ciclo do ensino à aprendizagem para que haja sintonia e a aprendizagem seja gerada. A passagem pela elaboração pessoal confere o caráter também pessoal a toda aprendizagem.

Outro critério

- **CONDUTA COMPARTILHADA:** tutoria, cooperação, ajuda entre iguais. Os vínculos entre iguais em um clima de companheirismo e amizade saudável garantem a eficácia das exigências educativas.

O PERFIL DO **PROFESSOR MEDIADOR**

ITEM 21. Alterno o método indutivo com o dedutivo, a fim de criar desequilíbrios e conflitos cognitivos que ativem diversas operações mentais.

Definição de conceitos: fundamentação teórica/princípios

O mediador, ao organizar o estilo de trabalho, será quem vai intercalar e mudar a metodologia conforme o conteúdo exija e a capacidade dos educandos permita. Entretanto, especialmente nos instrumentos de relações transitivas e silogismos, desenvolve-se o raciocínio indutivo e dedutivo em altas condições de abstração. As diversas tarefas ajudam a fazer inferências para aplicá-las em situações bastante diversas.[172]

Um dos resultados mais notórios do acompanhamento mediador está na assimilação pessoal de um método de trabalho. No final do processo educativo, cada aluno deveria dispor de um método pessoal de estudo que lhe permitisse continuar aprendendo e o ajudasse a enfrentar qualquer problema. A experiência demonstra que esta é uma das sementes mais férteis dos bons professores.

A problemática da mudança pedagógica traduz-se na passagem de uma concepção linear da prática educativa à incorporação de processos cíclicos de aprendizagem; de um aluno receptor e passivo a outro que seja interessado, ativo e autônomo. O aluno precisa do auxílio experiente do mediador, do profissional que o ensine de forma minuciosa como aprender a aprender, propondo-lhe cada um dos passos a serem seguidos: um método sistemático adequado à capacidade de imitação do aluno. A modelagem mediadora, uma vez mais, torna-se imprescindível.

A indução é um tipo de raciocínio que permite identificar leis gerais a partir dos fatos particulares. Trata-se de uma operação mental caracterizada pela descoberta de princípios e processos a partir de conjuntos particulares. Raciocínio que se conduz das partes para o todo, construindo relações hipotéticas com base em conclusões indutivas.

---

[172] R. Feuerstein *et al.*, *Instrumental Enrichment: an Intervention Program for Cognitive Modifiability*, cit., pp. 247 e 253.

6. CONTRIBUIÇÕES MEDIADORAS ÀS PECULIARIDADES DO PERFIL DIDÁTICO DO PROFESSOR MEDIADOR (PDM)

A dedução é um raciocínio que parte das leis gerais para aplicá-las a casos particulares. Trata-se de um processo de pensamento divergente do todo para as partes e requer a identificação das relações relevantes entre as partes e o todo. A operação mental é, assim, um tipo de análise. A aprendizagem é por natureza dedutiva, porque é no contexto que cada elemento adquire sentido; o aprendiz sempre começa em um contexto que atua como marco de referência, dentro do qual as partes podem ser ensinadas, entendidas ou deduzidas.[173]

Os docentes-mediadores descobrem nas propostas didáticas da experiência de aprendizagem mediada (EAM) o enfoque dinamizador, tanto dedutivo como indutivo. Nas páginas do PEI, o trabalho de autodescoberta da instrução do que se deverá fazer em uma página, da exploração dos dados e das estratégias a serem empregadas leva o aluno, com o apoio de que precisa, ao método indutivo para descobrir a norma, o que a tarefa lhe pede, que vai repetindo uma série de vezes ao longo de todos os itens. Os andaimes brunerianos devem estar presentes a todo momento, para essa espécie de transmissão de competências que conseguirão levantar o edifício da aprendizagem autônoma.[174]

O pensamento inferencial é uma operação mental caracterizada pela busca de várias alternativas para explicar os fenômenos e suas relações. Requer a representação de uma informação, antecipação de futuros resultados e a comparação e a verificação de possíveis novas relações para construir hipóteses. A inferência responde a novas informações extraídas dos dados implícitos da informação.[175]

A multiplicação lógica, por sua vez, é uma operação mental caracterizada pela integração do insight nas relações, extraindo novas relações daquelas já existentes, através da dedução, e transformando-as para

---

[173] E. T. Clark, "The Search for a New Educational Paradigm", em A. L. Costa, *A Foreword to the Future: if Mind Matter*, cit., p. 29.

[174] J. Gimeno Sacristán & A. I. Pérez Gómez, *Comprender y transformar la enseñanza*, cit., p. 68.

[175] R. Feuerstein *et al.*, *Instrumental Enrichment: an Intervention Program for Cognitive Modifiability*, cit., pp. 112 e 247.

O PERFIL DO **PROFESSOR MEDIADOR**

encontrar conclusões baseadas em comparação, analogia, processos de pensamento inferencial e pensamento lógico.

A prática escolar é uma reconstrução do conhecimento que passa inevitavelmente pelo conflito:

> É cada vez mais difícil, e ao mesmo tempo mais necessário, que a criança em seu desenvolvimento produza em si mesma a ruptura epistemológica, assimile o conhecimento científico, questione e contraste suas crenças e ideologias e desenvolva seus instrumentos de investigação racional.[176]

O conflito cognitivo tem como missão impulsionar o educando a um nível superior de elaboração mental. O aluno ver-se-á inclinado a reorganizar suas estruturas de pensamento sempre que o conflito for gerado em um nível acessível, mas desde que não chegue a produzir sua conversão cognitiva automática.[177]

É bastante didática a experiência da natureza na alegoria da videira e seus ramos: estes são podados para que depois possam crescer com mais vigor. Exige-se do mediador a ação de gerenciar processos de equilibração e harmonia entre o sujeito e seu ambiente desestabilizador. A natureza, mestre da vida, empresta-nos uma elucidativa analogia com o significado crítico dos conflitos: os ramos mais frondosos da árvore são aqueles que sofreram uma poda maior.

Que funções e operações mentais são ativadas? Sobre quais dificuldades de aprendizagem intervêm?

FCD

■ **E-8. RESTRIÇÃO DO PENSAMENTO HIPOTÉTICO INFERENCIAL:** a falta de busca de relações e implicações de uma informação, seja por negligência,

---

[176] A. I. Pérez Gómez, "Paradigmas contemporáneos de investigación didáctica", cit., p. 325.

[177] P. Adey & M. Shayer, *Really Raising Standards: Cognitive Intervention and Academic Achievement* (Londres: Routledge, 1994), p. 62.

seja por falta de significados, seja por bloqueios, impede-nos de inferir novas conclusões e elaborar possíveis hipóteses.

Operação mental

- **RACIOCÍNIO HIPOTÉTICO:** o crescimento deve superar conflitos, elevar o nível das relações e buscar as possíveis soluções. A ajuda do mediador deve potencializar essas capacidades da mente humana, ampliar os horizontes e dar asas à criatividade. A ciência evolui por meio da formulação de novas hipóteses.

Dificuldades de aprendizagem

- Indubitavelmente, a mediação possui um grande papel modelador para ensinar este duplo tipo de metodologia indutiva-dedutiva. A dupla direção didática permite uma compreensão lúcida dos argumentos.

- Os alunos devem contar com ajuda para solucionar conflitos. Deve-se promover um jogo intelectual que desafie a pequena comunidade investigadora. A partir do aspecto lúdico pode-se chegar pelo caminho mais curto às conclusões plausíveis.

Contribuições didáticas: recursos, estratégias e procedimentos empregados pelos mediadores

Muitos mediadores expressam dificuldades para provocar conflitos cognitivos, que evitem o trauma e, ao mesmo tempo, permitam elevar o nível de atenção e reflexão do aluno, quando constatam o retrocesso geral diante do que é obscuro ou que exige esforço dobrado.

A abstração de relações arbitrárias é uma das mais frequentes e familiares manifestações de inteligência. O programa específico para induzir as bases do raciocínio indutivo e analógico introduz o aluno em um processo ativo de transformação de suas experiências, a fim de obter uma maior eficiência cognitiva, por meio da realização de construções conceituais. A habilidade de projetar relações envolve um conceito dinâmico que ajuda o sujeito até que sejam representados itens emparelhados como resultado de suas transformações mentais.[178]

Cada docente concentra em sua disciplina as experiências e os conflitos que usa com os alunos. O método socrático é a forma mais familiar de desestabilizar as seguranças do educando, mas existem outras formas que demandam justificativa, superação de incertezas ou mudança de ponto de vista.

O conflito é uma ferramenta didática de grande interesse que faz "despertar reações e empregar mais energia que diante da mera descoberta [...] permite verificar como a aprendizagem surge da surpresa, de um choque de opiniões, de um desacordo com relação ao princípio, para chegar, no final, a convencer-se com a ajuda dos demais".[179]

Não cabe aqui aprofundar as estratégias propostas pelo caminho de resolução de conflitos não especificamente cognitivos, embora tenham sua repercussão em qualquer das etapas do desenvolvimento cognitivo dos educandos. Os planos de ação diferenciam-se de acordo com a natureza, o protagonismo do educando e a extensão do conflito.[180]

Mediação: que critérios de mediação intervêm?

Critério de mediação prioritário

- **MUDANÇA: BUSCA DE NOVIDADE E COMPLEXIDADE:** quando os mediadores expõem o educando a conflitos e desequilíbrios, é porque buscaram antes situações que estivessem de acordo com seus conhecimentos prévios e com seus estilos cognitivos. A novidade por si só gera complexidade, e esta deve estar também em relação com as possibilidades de confrontação do educando com seu nível de frustração.

---

[178] J. H. M. Hamers & M. Th. Overtoom, *Teaching Thinking in Europe*, cit., p. 121.
[179] M. B. González, "Valor del conflicto", em *Aprender a Pensar*, 14, 1996, p. 80.
[180] S. Fernández, *Pautas metodológicas de intervención educativa especializada* (Oviedo: SFF, 1998), p. 45; M. A. Sánchez, *Desarrollo de habilidades de pensamiento: razonamiento verbal y solución de problemas*, cit., p. 293; J. A. Bernad, *Estrategias de estudio en la universidad*, cit., p. 295.

Outro critério

- **SENTIMENTO DE CAPACIDADE:** é muito importante dar ao educando a oportunidade de medir suas próprias forças e experimentar até onde é capaz de realizar. Os desafios e as altas expectativas são muito motivadores, mas os mediadores sabem a importância que tem a preparação dessas situações de conflito e de provas-limite.

O processo de ensino-aprendizagem vai incorporando o método indutivo e dedutivo (ver figura 9).

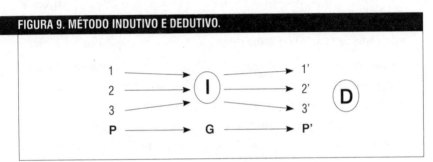

FIGURA 9. MÉTODO INDUTIVO E DEDUTIVO.

1, 2, 3 Casos particulares, atividades concretas. P: particular; G: geral.
1', 2', 3' Situações da vida, matérias curriculares. I: indutivo; D: dedutivo.

ITEM 22. Faço os alunos verbalizarem as aprendizagens, a fim de comprovar se de fato compreenderam e assimilaram os conteúdos ensinados.

Definição de conceitos: fundamentação teórica/princípios

Existimos como seres falantes e falamos como seres que existem. O homem diferencia-se de outros seres vivos pelo menos em duas características fundamentais: a) aprendeu a se comunicar com o ambiente mediante a audição e a fala, e assim transmite suas ideias aos demais; b) desenvolveu conceitos e pensamentos abstratos com a ajuda da fala e assim uniu o pensamento à audição e à palavra. A fala está organicamente ligada à audição, de tal modo que a maneira de escutar reflete-se no modo de falar. Da mesma maneira, o pensamento é a base da fala.

Nossa linguagem é nossa forma de comunicação e de manifestar aquilo que somos. As palavras das pessoas revelam sua cultura: nos banhamos na cultura, mas a todo momento a palavra está impregnando e manifestando nosso estado emotivo ou afetivo. No paradigma do diálogo, o importante é aquilo que se diz, como meio de mútua aproximação à verdade e de saber o posicionamento de cada um. O dom da intercomunicação exige uma atitude aberta com relação ao outro, de autocrítica e abertura intercultural. O pluralismo precisa complementar-se com a consideração do ponto de vista do outro em seu sentido crítico.

A linguagem é o meio que expressa os nossos pensamentos: "As palavras e as imagens são dois instrumentos do nosso pensamento".[181] Verbalizar é interpretar nossos pensamentos, relacioná-los e compartilhá-los. A riqueza léxica deve crescer constantemente para podermos emitir e captar os matizes de precisão dos nossos pensamentos. A linguagem desenvolve-se a partir do pensamento e, em geral, a partir de toda atividade do indivíduo.[182] A preparação adequada é imprescindível para se

---

[181] J. A. Bernad, *Estrategias de estudio en la universidad*, cit., p. 208.
[182] J. Delval, "La obra de Piaget en la educación", em *Cuadernos de Pedagogía*, nº 244, 1996, p. 282.

chegar à eficiência no pensamento lógico verbal, exigido no raciocínio silogístico e transitivo.[183]

Que funções e operações mentais são ativadas? Sobre quais dificuldades de aprendizagem intervêm?

FCD

- **I-3. AUSÊNCIA OU FALTA DE INSTRUMENTOS VERBAIS E CONCEITOS PARA IDENTIFICAR:** a falta ou ausência de instrumentos verbais condiciona de forma radical a qualidade das nossas comunicações. A linguagem, sucessivamente, manifesta-se como um surpreendente achado, um jogo imitativo, uma habilidade e uma necessidade.

- **E-1. DIFICULDADE EM PERCEBER E DEFINIR UM PROBLEMA:** condiciona todo o processo de elaboração do sujeito. A causa dessas limitações pode estar no emissor, no transmissor, ou no próprio receptor. Mas será uma competência do educando localizar a trajetória da mensagem e reconhecer (decodificar, comparar, classificar, analisar, etc.) cada um dos estímulos para definir e integrar os elementos do problema.

- **O-3. BLOQUEIO NA COMUNICAÇÃO DA RESPOSTA:** costuma estar condicionado por elementos afetivo-motivacionais, embora também por falta de familiaridade nesse tipo de resposta ou pela exclusiva carência na fluência verbal. Em cada caso, o diagnóstico aponta para soluções diferentes.

- **O-5. A CARÊNCIA DE INSTRUMENTOS VERBAIS** provoca novos bloqueios, inexpressão ou erros, por falta de precisão na resposta.

Operação mental

- **DECODIFICAÇÃO:** a decodificação das ferramentas verbais remete-nos ao domínio de conhecimentos linguísticos: sinônimos, homônimos, antônimos e a ampla polissemia do nosso léxico, no contexto e ambiente concretos.

---

[183] R. Feuerstein *et al.*, *Instrumental Enrichment: an Intervention Program for Cognitive Modifiability*, cit., p. 247.

Dificuldades de aprendizagem

- A cada dia que passa, assistimos à vulgarização da linguagem, à invasão de neologismos e estrangeirismos. Não menos grave é a falta de habilidades básicas na compreensão da leitura. Podemos apontar também a falta de modelos referenciais que correspondam a uma expressão verbal digna de ser imitada. A luta contra a linguagem vulgar, medíocre e imprecisa incide no âmbito sociocultural, onde se deve entrar em contato com o contexto que envolve o educando.

- Os avanços nessa linha deveriam ser objeto de estudo. Deve-se ensinar léxico ou expressão não só na aula de idioma, mas em todos os momentos em que se dê a comunicação.

- A riqueza do vocabulário começa nos primeiros anos da vida da criança, fase em que os estímulos e os modelos referenciais são imitados e assimilados de forma admirável.

Que funções e operações mentais são ativadas? Sobre quais dificuldades de aprendizagem intervêm?

Os estudos sobre o aumento do nível léxico e a compreensão da leitura dos educandos demonstram a importância das estratégias de leitura desde os primeiros anos de escolarização. O ambiente familiar gera um enorme impacto no enriquecimento léxico da criança em seus primeiros anos.

Existe um vocabulário específico do estudante: "o número de termos essenciais por disciplina e curso acadêmico gira em torno de, no máximo, vinte",[184] por isso, é importante ensinar estratégias para aprender vocabulário novo, seguindo estes passos:

1. Começar anotando os termos novos que aparecerem nas leituras.

2. Buscar os diferentes sentidos que determinado termo tem ou pode ter.

3. Buscar termos relacionados a esses mesmos vocábulos.

---

[184] J. A. Bernad, *Estrategias de estudio en la universidad*, cit., p. 217.

4. Continuar aprofundando-se na compreensão dos mesmos termos, formando grupos por afinidades entre eles.

5. Buscar o sentido apropriado da palavra em diferentes contextos.[185]

O campo linguístico possui imensos recursos, mas também ocasiona inúmeros problemas. O panorama da expressão e da estética da linguagem é consubstancial ao do crescimento e do aperfeiçoamento do ser humano. Aos poucos, vamos integrando em nosso linguajar as expressões, clichês, modismos, metáforas, ditados, trocadilhos e provérbios que possuem seu encanto e seu significado.

Mediação: que critérios de mediação intervêm?

CRITÉRIOS DE MEDIAÇÃO PRIORITÁRIOS

■ **MEDIAÇÃO DE SIGNIFICADO:** tem na palavra, no léxico sua melhor ferramenta. A verbalização dos conceitos, a busca de sentido, a discussão, a especificação e a definição precisa, entre outras, modulam de maneira lenta, mas eficaz, a compreensão e a expressão.

■ **INDIVIDUALIZAÇÃO E DIFERENCIAÇÃO PSICOLÓGICA:** a palavra é o dom da pessoa e nos importa quem a manifesta. A palavra permite que ressoe a nossa voz interior, mas na forma de um pensamento condensado, na oralidade ou na escrita.

OUTRO CRITÉRIO

■ **MUDANÇA: BUSCA DE NOVIDADE:** outra forma de expressão, outra definição mais exata, outros sinônimos mais adequados a essa expressão; outra modalidade com a qual possamos expressar nossos pensamentos ou sentimentos.

---

[185] *Ibidem.*

ITEM 23. Ao finalizar um tema ou lição, acostumo os alunos a fazerem uma síntese do que foi tratado.

Definição de conceitos: fundamentação teórica/princípios

Na atenção para a discriminação na análise deve estar presente a capacitação para a síntese. O sequenciamento de análise e síntese é colocado em total evidência nas atividades do instrumento de percepção analítica.

Sempre atuamos sobre a informação que tenhamos recebido. E entendemos que em toda análise deve estar presente uma série de critérios focalizadores de nossos interesses ou objetivos de discriminação no momento de compará-los.[186]

A tarefa de análise consiste em interpretar e extrair significados dos dados. Segundo Bunge:

> *Analisar* é um processo aplicado à realidade que nos permite discriminar seus componentes em algum nível determinado, descrever as relações entre tais componentes e utilizar essa primeira visão conceitual do todo como instrumento para realizar novas análises com maior profundidade, de modo que levem à síntese mais adequada.[187]

A elaboração e a assimilação da informação permitem condensá-la nos elementos mais essenciais. A capacidade humana evolui na aquisição de critérios seletivos e estimativos com os quais reduz a uma forma quinta-essenciada. A experiência e o amadurecimento vão fornecendo esses códigos estimativos do conhecimento. Em todos esses processos ocorrem uma elaboração e uma transformação mental, fruto de uma interiorização e elevação do nível de abstração.[188]

---

[186] R. Feuerstein *et al.*, *Instrumental Enrichment: an Intervention Program for Cognitive Modifiability*, cit., p. 166.

[187] M. Bunge, *apud* J. Gil Flores, *Análisis de datos cualitativos: aplicaciones a la investigación educativa* (Barcelona: PPU, 1994), p. 31.

[188] R. Feuerstein *et al.*, *Instrumental Enrichment: an Intervention Program for Cognitive Modifiability*, cit., p. 246.

6. CONTRIBUIÇÕES MEDIADORAS ÀS PECULIARIDADES DO PERFIL DIDÁTICO DO PROFESSOR MEDIADOR (PDM)

Os alunos devem chegar a saber o que é um bom resumo, como se condensa a essência de um texto ou lição e suas formas de representá-lo.

Um aspecto essencial da habilidade de resumir está em perceber que no resumo devem ser incluídas as ideias mais importantes de um texto. Não é a mesma coisa saber algo e ter a habilidade de identificar e incluir adequadamente as ideias essenciais, sabendo ainda apresentá-las de forma breve e concisa.[189]

Sintetizar é reduzir a uma unidade de ordem superior experiências, dados, fatos, etc., até convertê-los em uma nova estrutura lógica e mais geral.[190]

Que funções e operações mentais são ativadas? Sobre quais dificuldades de aprendizagem intervêm?

FCD

- ■ **E-11. DIFICULDADE DE PLANEJAMENTO DA CONDUTA:** também nas atividades aparentemente mais simples está presente uma ampla combinação de processos mentais. O instrumento de percepção analítica resulta extremamente interessante pela fácil transferência que pode ser realizada para avançar para outras realidades e aplicar as aprendizagens. A realização do insight permite essa conscientização, para saber quais passos foram seguidos até se chegar à assimilação de uma tarefa aparentemente complexa.

- ■ **O-6. CARÊNCIA DE PRECISÃO OU EXATIDÃO NA COMUNICAÇÃO DAS RESPOSTAS:** o feedback das interações com o mediador e entre iguais permite descobrir nossas imprecisões ao emitir uma resposta. O que era uma solução pessoal torna-se uma simples suposição, quando não um erro, vista de outras perspectivas. Os outros nos ajudam a corrigir as falhas e progredir em nossa exatidão no uso do léxico.

---

[189] J. Burón, *Enseñar a pensar: introducción a la metacognición*, cit., p. 114.
[190] J. A. Bernad, *Estrategias de estudio en la universidad*, cit., p. 217.

O PERFIL DO **PROFESSOR MEDIADOR**

Operação mental

- **PROJEÇÃO DE RELAÇÕES VIRTUAIS:** trata-se de uma constante na construção das aprendizagens e da descoberta de significados. O mediador deve amplificar essa experiência e conduzir à descoberta de outras relações, cada vez mais genéricas e abstratas, as quais a experiência dos educandos não alcança, pois esse processo não se dá espontaneamente em alunos com problemas associados aos próprios estímulos, mas requer uma estrutura mental predisposta para uma visão gestáltica dos problemas. A percepção fragmentada das figuras ou das situações exige do mediador um trabalho de orientação individualizado, que facilite a identificação de relações e prepare o sujeito para um nível operativo mais alto.[191]

Dificuldades de aprendizagem

- O treinamento na análise leva à capacitação do educando para elaborar a síntese. O aspecto comparativo e discriminador da análise demanda um treinamento na percepção e na codificação.

- A compreensão da leitura leva à obtenção de estratégias imprescindíveis (palavra-chave, ideia principal, mapa conceitual, resumo, etc.) para realizar a síntese com habilidade.

Contribuições didáticas: recursos, estratégias e procedimentos empregados pelos mediadores

A experiência mediadora para a transformação e a representação mental através do PEI é especialmente intensa. Desde a projeção de relações virtuais do início até a antecipação e o estudo de transformação na mente, excluindo toda manipulação nos desenhos de padrões, levam o educando ao treinamento em um elevado nível de abstração.[192]

---

[191] R. Feuerstein *et al., Instrumental Enrichment: an Intervention Program for Cognitive Modifiability,* cit., p. 130.

[192] *Ibid.,* p. 239.

6. CONTRIBUIÇÕES MEDIADORAS ÀS PECULIARIDADES DO PERFIL DIDÁTICO DO PROFESSOR MEDIADOR (PDM).

Em todos os casos, a análise pressupõe um processo de pensamento, requer um exame sistêmico para descobrir relações. "A finalidade de toda análise é conseguir maior compreensão da realidade que exige: manipulações, transformações, operações, reflexões e comprovações realizadas a partir dos dados, com o objetivo de extrair o significado relevante com relação ao problema de investigação".[193]

A redução dos dados baseia-se em dois processos fundamentais: a codificação e a categorização. A divisão da informação por unidades pode ser realizada seguindo diferentes critérios temáticos, convencionais, utilitários, etc.

Mediação: que critérios de mediação intervêm?

CRITÉRIO DE MEDIAÇÃO PRIORITÁRIO

- **BUSCA, PLANEJAMENTO E CONQUISTA DE OBJETIVOS:** a capacidade de síntese implica uma série de processos de elaboração que devem entrar no repertório do planejamento, para poder reter os elementos essenciais, estruturá-los e expressá-los de forma concisa.

OUTRO CRITÉRIO

- **SENTIMENTO DE CAPACIDADE:** ao subir os degraus do desenvolvimento operacional, cada sujeito vai acumulando suas experiências de sucesso, desde o que for mais elementar ao mais complexo. A conquista de objetivos é o final de um processo, resultante da assimilação de um sistema de trabalho e de autocontrole.

---

[193] J. Gil Flores, *Análisis de datos cualitativos: aplicaciones a la investigación educativa*, cit., p. 33.

ITEM 24. Proponho atividades que exijam maior esforço de abstração e interiorização, a fim de comprovar a capacidade de compreensão e assimilação dos alunos.

Definição de conceitos: fundamentação teórica/princípios

O processo de elaboração dos conhecimentos consiste em uma encenação no interior do sujeito. "O autêntico tema de estudo em psicologia é o ato mental: julgar, sentir, imaginar, ouvir[...]".[194] Essa representação abstrata tem certas imagens difusas, mais ou menos dissonantes ou que se encaixam com as informações preexistentes; tem certos matizes afetivos que se alteram de acordo com o estado anímico e com os sentimentos de cada pessoa; tem um referencial abstrato de relações que acaba por ser absorvido pelos fatos concretos.

Ao fazer referência à representação mental, não podemos deixar de aludir a Piaget. A maior parte de seus seguidores compartilha a ideia de que a origem da representação mental é a ação e consiste na interiorização, na qual um significante substitui um significado proveniente da realidade física direta.[195] A substituição é realizada através de diferentes significantes: desde a imagem até o símbolo e a palavra. A discussão baseia-se na definição de quando e como se produz a representação dos atos, dos objetivos e dos conhecimentos envolvidos na ação do indivíduo.[196] As representações desempenham um papel essencial na teoria cognitiva e construtivista, uma vez que são o nexo simbólico entre o ambiente externo e o campo mental do sujeito.[197]

Ao estudar os processos de interiorização e de representação mental ao longo dos instrumentos, Feuerstein[198] nos oferece o mapa cognitivo

---

[194] H. Gardner, *La ciencia de la mente: historia de la revolución cognitiva* (Barcelona: Paidós, 1988), p. 119.

[195] S. M. Carraher, "Another Look at the Dimensionality of a Learning Style Questionnaire", em *Educational and Psychological Measurement*, vol. 53, 1993, p. 19.

[196] V. Bermejo, *Desarrollo cognitivo* (Madri: Síntesis, 1994), p. 242.

[197] E. G. Delacôte, *Savoir apprendre: les nouvelles méthodes*, cit., p. 129.

[198] R. Feuerstein *et al.*, *Instrumental Enrichment: an Intervention Program for Cognitive Modifiability*, cit., p. 145.

6. CONTRIBUIÇÕES MEDIADORAS ÀS PECULIARIDADES DO PERFIL DIDÁTICO DO PROFESSOR MEDIADOR (PDM)

para orientar a localização desses processos e justifica a necessidade de produzir uma mudança no nível de representação, já que essa disposição deverá ser usada para desenvolver relações abstratas de pensamento e corrigir uma grande quantidade de funções cognitivas deficientes (FCD). O mapa cognitivo é uma representação cartográfica interna dos processos cognitivos.

A analogia entre as representações cognitivas e os mapas cartográficos não pode limitar-se à interpretação do significado; antes, a metáfora deve ter uma projeção dinâmica, que englobe o sentido processual do mapa cognitivo. Conforme a definição de Downs & Stea, o mapa cognitivo é "um processo construtivo de raciocínio espacial que nos permite resolver uma infinidade de problemas de localização, orientação, compreensão e deslocamento".[199] O mapa cognitivo possui um caráter multimodal, é flexível e dinâmico. É um modo de pensar e resolver problemas em nossa interação com o meio. Seu componente imaginativo é modulado pela informação conceitual e proposicional.

Gardner aborda o estudo sobre as imagens mentais – seguindo as pesquisas de Kosslyn – com esta afirmação de Aristóteles: "Já examinamos a imaginação no tratado *Sobre a alma*, e ali chegamos à conclusão de que todo pensamento é impossível sem uma imagem".[200] Em termos gerais, uma imagem mental "é um tipo de conhecimento holístico e coerente; é uma representação mental unificada e abrangente, que nos ajuda a elaborar determinado tema".[201] Mas pensamos que toda a nossa vida pode transcorrer sem nos darmos conta da fascinante realidade das possibilidades da nossa mente, que são tão evidentes como na prosa de *O burguês fidalgo* de Molière, em que o burguês não tinha consciência do que falava.

Por isso, perguntamo-nos: o que quer dizer "ter uma imagem na cabeça"?

---

[199] R. Downs & D. Stea, *apud* M. de Vega, *Introducción a la psicología cognitiva* (Madri: Alianza, 1989), p. 248.

[200] H. Gardner, *La ciencia de la mente: historia de la revolución cognitiva*, cit., p. 349.

[201] D. N. Perkins, *La escuela inteligente: del adiestramiento de la memoria a la educación de la mente*, cit., p. 85.

As imagens são como visualizações temporais na memória ativa que são geradas a partir de representações mais abstratas alojadas na mente a longo prazo e que se compõem de proposições e de outra classe de informação sem imagem, como a representada pelos conceitos. Por conseguinte, na geração das imagens interagem as recordações descritivas e as figurativas.[202]

Tacitamente, a origem da representação situa-se na ação, seja objetal (Piaget), postural (Wallon) ou de causa-efeito (Werner e Kaplan). Não obstante, para Piaget existem significantes anteriores ao símbolo que marcam a evolução para a representação: "desde a ação própria mediante o gesto, que por imitação se converte em símbolo (representação real) com capacidade para evocar e antecipar, para, finalmente, chegar até o signo totalmente arbitrário".[203]

Dispomos de dois códigos essenciais de representação mental dos conceitos: o verbal e o visuo-espacial (gráfico). O primeiro é de sequencialidade, linear e analítica, e situa-se no hemisfério cerebral esquerdo; o segundo, global e sintético, localiza-se no hemisfério direito. Essa localização permitirá entender as diferentes formas de atuação de ambas as linguagens e sua estruturação.[204] Os mapas conceituais serão "as formas mais recorrentes para ajudar aquele que aprende a fazer mais evidentes os conceitos-chave ou as proposições que serão aprendidas, ao mesmo tempo que sugerem conexões entre os novos conhecimentos e aqueles que o aluno já possui".[205]

Outro aspecto de grande interesse do funcionamento mental é sua capacidade simbólica e de interiorização.[206] O princípio de todo estudo sobre o pensamento humano deve ser a postulação de um indivíduo que procura compreender o sentido do mundo. O indivíduo constrói

---

[202] M. de Vega, *Introducción a la psicología cognitiva* (Madri: Alianza, 1989), p. 353.
[203] J. Piaget, *apud* V. Bermejo, *Desarrollo cognitivo*, cit., p. 246.
[204] J. A. Bernad, *Estrategias de estudio en la universidad*, cit., p. 209.
[205] J. D. Novak & D. B. Gowin, *Aprendiendo a aprender* (Barcelona: Martínez Roca, 1988), p. 41.
[206] E. L. Deci, *Intrinsic Motivation and Self-Determination in Human Behavior* (Nova York: Plenum Press, 1985), p. 132.

hipóteses de forma contínua e com isso tenta produzir conhecimento. O ser humano é uma criatura simbólica: "Os seres humanos estão tão preparados para intervir em processos simbólicos (desde a linguagem até os sonhos) quanto os esquilos estão para enterrar nozes".[207] Símbolo é toda entidade (material ou abstrata) que pode denotar ou referir-se a outra entidade. Os símbolos, além de denotar ou representar, transmitem significados. O desenvolvimento da competência simbólica vai se cristalizando ao longo de toda a infância, e, para Gardner,[208] cada onda de simbolização origina-se dentro de uma forma de inteligência.

Encontramos na obra de Mèlich[209] um estudo de grande interesse, no qual o autor analisa a presença e a importância de adentrarmo-nos no conhecimento dos signos, mitos, ritos e símbolos, para entender uma cultura. O símbolo é portador de sentido; evoca um significado que não está presente, é uma coisa que não faz referência a si mesma, mas remete a outra. O signo faz parte do mundo físico do ser; o símbolo é uma parte do mundo humano do sentido. Enquanto o signo é perfeitamente traduzível para outra linguagem, o símbolo não admite esse processo. Embora seja possível interpretar o símbolo, essa interpretação nunca é total, uma vez que ele sempre nos escapa.

Com semelhante empenho, Duch analisa a dificuldade que o homem atual tem para harmonizar todas as linguagens de sua cultura. Segundo Duch, Lévi-Strauss define a cultura como "um conjunto de sistemas simbólicos que inclui, sobretudo, a linguagem, as regras matrimoniais, as relações econômicas, a arte, a ciência e a religião".[210] Com a imprescindível ajuda dos simbolismos podem ser estabelecidas e formalizadas as relações entre a sociedade e o mundo. Com grande ênfase, ainda segundo Duch, Cassirer ressalta o fato de que o homem, definido por ele não como racional, mas como animal simbólico, "já não vive somente

---

[207] H. Gardner, *Estructuras de la mente: la teoría de las inteligencias múltiples* (México: FCE, 1994), p. 358.

[208] *Ibidem.*

[209] J. C. Mèlich, *Antropología simbólica y acción educativa*, cit., p. 63.

[210] C. Lévi-Strauss, *apud* Ll. Duch, *La educación y la crisis de la modernidad* (Barcelona: Paidós, 1998), p. 98.

em um mero universo físico, mas em um universo simbólico. A linguagem, o mito, a arte e a religião constituem os diferentes fragmentos deste universo, formam os diversos fios que tecem a rede simbólica, a complexa tela da experiência humana".[211]

Por último, a representação dos processos do conhecimento mereceu especial atenção na psicologia cognitiva, que se prolonga no paradoxo computacional e na inteligência artificial.[212] As aproximações a um esquema integrador dos processos envolvidos podem reduzir-se a estes elementos: codificação/decodificação da informação, armazenamento, recuperação, combinação e execução.[213]

Que funções e operações mentais são ativadas? Sobre quais dificuldades de aprendizagem intervêm?

FCD

- **E-7. LIMITAÇÃO OU CARÊNCIA DE INTERIORIZAÇÃO DO PRÓPRIO COMPORTAMENTO:** deve ser a culminação de todo um processo de mediação que crie a consciência de nossas micromudanças. A exigência do autocontrole e a superação das etapas sensoriais requerem um esforço de ajuda para elaborar imagens e desenvolver o jogo da abstração.

- **E-11. DIFICULDADE DE PLANEJAMENTO DA CONDUTA:** os passos que devem ser dados para interiorizar as atividades e representar mentalmente os conhecimentos exigem uma conduta orientada a esses objetivos.

OPERAÇÃO MENTAL

- **ANÁLISE:** a integração dos elementos de uma imagem mental ou a constituição de um todo deve ser precedida pelo conhecimento meticuloso de cada uma de suas partes.

---

[211] E. Cassirer, *apud* Ll. Duch, *La educación y la crisis de la modernidad*, cit., p. 98.

[212] H. Gardner, *La ciencia de la mente: historia de la revolución cognitiva*, cit., p. 410.

[213] J. R. Anderson, "ACT: a Simple Theory of Complex Cognition", em *American Psychologist*, vol. 51, 1996, p. 47; R. J. Sternberg & D. K. Detterman, *¿Qué es la inteligencia?*, cit., p. 68; D. N. Perkins, *La escuela inteligente: del adiestramiento de la memoria a la educación de la mente*, cit., p. 185.

DIFICULDADES DE APRENDIZAGEM

■ A necessidade de interiorização é devida não só à carência de mediação, mas também à prolongada extroversão, superficialidade e exclusiva exposição do sujeito aos estímulos sensoriais e concretos. O planejamento é exclusivamente dependente da representação e interiorização de objetivos.[214] Em geral, poderíamos dizer que o "clima mental" vivenciado pelos sujeitos impediu suas possibilidades de crescimento dessa capacidade interiorizadora.[215]

■ Feuerstein[216] expõe uma série de exemplos que representam claramente as dificuldades que os mediadores encontram em muitos educandos, como os erros cometidos em organização de pontos, nos quais as figuras geométricas transformam-se em outras semelhantes, mas deformadas e com tamanho diferente do modelo. Quanto às relações familiares, há casos em que o educando não pôde interiorizar as relações que determinam os esquemas familiares, nos quais apresenta erros na modalidade das relações, manifestando a grande dificuldade de interiorizar o código de figuras e diagramas. Ainda que seja capaz de verbalizar as relações, não é capaz de codificá-las.

Contribuições didáticas: recursos, estratégias e procedimentos empregados pelos mediadores

Na representação mental intervêm vários subprocessos que constituem a codificação da informação (verbal: palavra, vocabulário; viso-espacial: imagens-gráficos). Os elementos verbais e gráficos ativam ambos os hemisférios cerebrais e exigem treinamento em dobro para a estrutura global da informação (hemisfério direito) e análise da informação (hemisfério esquerdo).[217]

---

[214] R. Feuerstein *et al.*, *Instrumental Enrichment: an Intervention Program for Cognitive Modifiability*, cit., p. 97.

[215] A. Ontoria, J. P. Gómez, A. Molina, *Potenciar la capacidad de aprender y pensar: modelos mentales y técnicas de aprendizaje-enseñanza* (Madri: Narcea, 1999), p. 66.

[216] R. Feuerstein *et al.*, *Instrumental Enrichment: an Intervention Program for Cognitive Modifiability*, cit., pp. 139 e 200.

[217] J. A. Bernad, *Estrategias de estudio en la universidad*, cit., p. 210.

A elaboração de esquemas, tabelas, matrizes e diagramas, em suas diversas disposições lineares, exige a modelagem e a ajuda didática constante. Perkins[218] resume a tríade de conceitos úteis para organizar o conhecimento no ensino da matemática: conceitos, exemplos e resultados. Os três funcionam em conjunto.

Embora Feuerstein[219] analise, por meio dos instrumentos, o processo mediador que facilite a representação mental, o próprio mediador deverá conseguir que as imagens mentais fluam espontaneamente na imaginação do educando quando o problema for enunciado verbalmente, com alto nível de abstração e intervenção de vários elementos relacionados. O exemplo de relações transitivas, página 6, exercício 5: "Eu sou mais alto que meu irmão, meu irmão é mais baixo que minha irmã. É possível saber quem é mais alto? Eu ou minha irmã?".[220] A estratégia de ajuda pode servir para visualizar os elementos que se acumulam no problema e as três possibilidades que sempre relacionamos no instrumento para inferir uma conclusão:

$$\text{EU} \quad \text{Irmão} \quad \text{Irmã} \quad \text{Irmã} \quad \text{Irmã}$$

Mediação: que critérios de mediação intervêm?

Critério de mediação prioritário

- **SENTIMENTO DE CAPACIDADE:** os educandos não poderão chegar a altos níveis de abstração se não superarem os processos anteriores de especificação e intuição. As etapas não devem ser saltadas, e o sentimento de capacidade deve ser construído com base no desenvolvimento das capacidades e na experiência de sucesso.

---

[218] D. N. Perkins, *La escuela inteligente: del adiestramiento de la memoria a la educación de la mente*, cit., p. 120.

[219] R. Feuerstein *et al.*, *Instrumental Enrichment: an Intervention Program for Cognitive Modifiability*, cit., pp. 97, 132, 141 e 281.

[220] *Ibid.*, p. 250.

Outro critério

■ **MUDANÇA: BUSCA DE NOVIDADE E COMPLEXIDADE:** a experiência desse critério deve ser incessante, para estimular o crescimento da ZDP e a autoconsciência de progresso. Todo ser experimenta seu constante enriquecimento e reconstrução de seus saberes.

O PERFIL DO **PROFESSOR MEDIADOR**

ITEM 25. Ajudo os alunos a descobrirem valores e a elaborarem princípios e conclusões generalizadoras no que diz respeito àquilo que foi estudado.

Definição de conceitos: fundamentação teórica/princípios

A educação é sempre potencializadora, mas dentro de um ambiente significativo para cada pessoa. Por isso, é necessário despertar, adquirir consciência de nós mesmos e de tudo o que podemos fazer para enriquecer a nossa vida e a de quem nos rodeia. Na essência de toda educação há, portanto, um clima atitudinal e coerência que confere pleno sentido à existência.

Trata-se de desenvolver a habilidade de extrapolar os conhecimentos, a partir da observação dos eventos. Quando temos o hábito de imaginar o que pôde preceder e o que poderia suceder depois dos fatos observados, podemos prever, com maior certeza, os acontecimentos e ter maior controle sobre eles.[221]

O tema dos valores aponta para a essência e os fundamentos da educação. Os valores são entes, "são objetividades que a nossa consciência encontra fora de si".[222] Os valores são significados valorativos, derivados da nossa experiência em uma cultura; são crenças, princípios, critérios de ação.

Há, em nossa sociedade, uma tendência a atribuir ao sistema educacional, quase com exclusividade, a complexa tarefa de formar os educandos nos valores que a própria sociedade contradiz. Coll[223] denuncia a coexistência de um duplo sistema de valores, o qual se proclama e o qual se vive; ainda que as atitudes, os valores e as normas devam ser conteúdos curriculares, constituem elementos que estão expondo um problema de fundo: a responsabilidade da sociedade, a vivência desses valores, a imprescindível coerência e testemunho dos educadores e de toda a comunidade escolar.

---

[221] F. Ruph, *La médiation des stratégies cognitives* (Québec: Université de Québec, 1993), p. 114.

[222] J. Ortega y Gasset, *Ideas y creencias* (9ª ed. Madri: Revista de Occidente, 1965).

[223] C. Coll, "Los valores en la educación escolar", em *Religión y Escuela*, 82, 1993, p. 29.

Audy realiza a interessante elaboração de um "círculo de 27 valores", centrados na estruturação dos critérios da mediação para o crescimento humano. Nos eixos centrais, situa os três critérios, que geram uma série de valores, os valores centrais:

1. Significação: o conhecimento (verdade/beleza).
2. Transcendência: a vontade (justiça/direito).
3. Intencionalidade-reciprocidade: o amor (bondade/bem).

Cada um desses núcleos vai se expandindo em um núcleo dinamizador, dando coerência aos demais valores. Do mesmo modo, esse autor organiza o círculo das quinze necessidades fundamentais. Nesse caso a ética, a estética e a moral estão no centro projetando sua influência em outras consequências vitais.[224]

Generalizar é uma atividade mental e um parâmetro descritivo da mudança cognitiva estrutural, referente à extensão do significado das aprendizagens e à sua transformação. A base da generalização está no significado e na capacidade do sujeito de encontrar relações que transcendam suas necessidades e aplicações no tempo e no espaço.[225]

A elaboração de princípios é uma das primeiras dificuldades que levam à conscientização do papel do mediador. O alto nível de abstração dos princípios exige um caminho de ajuda, para que os educandos conquistem a agilidade mental e a interiorização.

Que funções e operações mentais são ativadas? Sobre quais dificuldades de aprendizagem intervêm?

FCD

- ■ **I-8. RESTRIÇÃO DO PENSAMENTO HIPOTÉTICO INFERENCIAL:** a mediação deve apresentar as possibilidades, as outras realidades e os contextos em que a sequência de aprendizagem pode ser reproduzida ou aplicada.

---

[224] P. Audy, *API: une approche visant l'actualisation du potentiel intellectuel* (Québec: Université de Québec, 1992), p. 23.

[225] F. Ruph, *La médiation des stratégies cognitives*, cit., p. 112.

Deve-se superar o campo mental limitado, a inexperiência e a falta de busca de situações e possibilidades. Ajudar a extrair conclusões ou consequências dos nossos fatos.

Operação mental

- **PROJEÇÃO DE RELAÇÕES VIRTUAIS:** o salto do concreto ao abstrato e distante exige a mediação que descubra novas relações possíveis e existentes. A mediação antecipa, aproxima e materializa as possibilidades em realidades concretas.

Dificuldades de aprendizagem

- Os alunos devem compreender tudo o que concerne aos processos de aprendizagem. A metacognição, isto é, a atenção a tudo o que os alunos experimentam enquanto aprendem, deve presidir toda a sua tarefa na sala de aula. Observa-se, em muitos educandos, a falta de reflexão e imaginação para prever o que poderia acontecer, levando-se em consideração os dados presentes.

- É impossível que o educando elabore pensamentos sem aprofundar sua compreensão. A assimilação e o amadurecimento são pré-requisitos insubstituíveis. O crescimento ou o amadurecimento psicológico é um processo que engloba todos os aspectos da pessoa. O desenvolvimento intelectual é um caso particular do desenvolvimento geral do ser humano.

- Um programa de intervenção deve ser intenso, sequencial e suficientemente longo para que consiga cristalizar as aprendizagens. A pressa dos mediadores faz com que o processo mediador seja muito curto para dar os frutos desejados. De cada programa deverão ser exigidos os resultados para os quais foi concebido.

Contribuições didáticas: recursos, estratégias e procedimentos empregados pelos mediadores

Um dos objetivos específicos fundamentais do PEI é precisamente aumentar o sentido reflexivo e os processos espontâneos de insight nos educandos. Feuerstein[226] sugere ao mediador cinco formas de produzir o insight:

1. Pela análise de várias funções implicadas em algumas tarefas complexas.

2. Por meio da investigação dos tipos de erros produzidos e da análise de suas causas.

3. Pela conscientização das mudanças e das modificações que ocorrem nos processos que se seguem às experiências de aprendizagem.

4. Pela busca e pela definição das estratégias mais eficientes para o sucesso e o controle das tarefas.

5. Pela tomada de consciência do papel desempenhado pelas funções cognitivas, pelas estratégias, pelo planejamento da conduta e pelo insight na execução dos instrumentos, a fim de utilizá-los nas diversas situações da vida.

É necessário criar nos alunos uma predisposição metacognitiva a fazer perguntas a si mesmos em cada uma das fases do processo de aprendizagem. A sequência de uma aula deveria ser concluída lançando-se perguntas aos alunos, indagando o que aprenderam, que utilidade tem em outras disciplinas e na vida deles. No processo de mediação, deve-se insistir em formar para o insight.[227]

A formação em valores deve constituir um projeto humanizador que envolva toda a comunidade educativa, que, a todo momento, constitua no referencial obrigatório para os educandos. Não pode haver omissão nem carências de certos valores básicos, que fundamentam todos os demais.

Os três eixos substanciais, em torno dos quais deve girar a elaboração de princípios, são os elementos nucleares da metacognição de Flavell:[228] o próprio sujeito, os conteúdos ou tema de aprendizagem e o método e as

---

[226] R. Feuerstein *et al.*, *Instrumental Enrichment: an Intervention Program for Cognitive Modifiability*, cit., p. 279.

[227] *Ibid.*, p. 299.

[228] J. H. Flavell, *El desarrollo cognitivo*, cit., p. 158.

estratégias que empregamos para aprender. O alcance ou a projeção das conclusões não tem limites.

Encontramos exemplos interessantes nos trabalhos de Audy,[229] referentes à extrapolação a partir daquilo que se observa. Deve-se habituar o aluno a descobrir inferências a partir de situações concretas:

- Extrapolar o resultado no final do curso de um aluno que reprova em todas as matérias.

- Arriscar prever o futuro de um país que vai se endividando a cada ano.

- Descobrir onde e como aplicar uma estratégia utilizada em sala de aula.

- Enxergar as consequências do abandono em uma doença.

Mediação: que critérios de mediação intervêm?

Critério de mediação prioritário

- **TRANSCENDÊNCIA:** as ações educativas manifestam sua intencionalidade e significatividade no fato de que não acabam em si mesmas, pois devem expandir-se e repercutir na reestruturação dos conhecimentos e nas competências que o sujeito adquire para aplicá-las em outros contextos.

Outro critério

- **SENTIMENTO DE CAPACIDADE OU COMPETÊNCIA:** à medida que o aluno elabora, escreve e interpreta seus conhecimentos, percebe a si mesmo de forma mais positiva e, com isso, sua autoestima é elevada.

---

[229] P. Audy, *API: une approche visant l'actualisation du potentiel intellectuel*, cit., p. 47.

6. CONTRIBUIÇÕES MEDIADORAS ÀS PECULIARIDADES DO PERFIL DIDÁTICO DO PROFESSOR MEDIADOR (PDM)

ITEM 26. Asseguro a mediação do sentimento de pertença à cultura em que os alunos vivem, assim como a mediação de sua estima a ela.

Definição de conceitos: fundamentação teórica/princípios

O ser humano não se reconhece senão vivendo em um tempo, em uma cultura envolvente, em um ambiente que o configura. A educação tem a grande missão de estabelecer nexo e ser a transmissora da herança cultural de cada povo. É evidente que, para Feuerstein,[230] a experiência de aprendizagem mediada (EAM) inclui não apenas o acompanhamento em um processo de aprendizagem mediada, mas também determinados conteúdos, valores e experiências que constituem a transmissão cultural.

Enfrentamos o presente com uma sensação de vertigem, envoltos no indecifrável enigma da mundialização. Ainda que todo ser humano encontre seu sentido vinculando-se a uma cultura – e "a cultura dá forma ao espírito",[231] afirma Bruner –, devemos encarar o futuro pela perspectiva do "*nascimento doloroso de uma sociedade mundial*",[232] em que a cultura se dilata, perde seus limites, quebra fronteiras, globaliza-se e despersonaliza-se. "O computador e as redes de internet abriram as janelas para uma nova cultura cada vez mais homogeneizadora, com novas rupturas e novos desequilíbrios",[233] em uma sociedade de diferenças socioeconômicas de opróbrio e vergonha, de exclusões e de distâncias cada vez mais sensíveis.

Mas, "em que lutas e combates a cultura agoniza?", pergunta Ramonet. Encontramo-nos no centro de um tempo-encruzilhada no qual as certezas são questionadas, parece imperar uma homogeneização dos costumes e a padronização cultural, o progresso se converte em uma nova

---

[230] R. Feuerstein *et al.*, *Instrumental Enrichment: an Intervention Program for Cognitive Modifiability*, cit., pp. 24 e 37.

[231] J. Bruner, *apud* J. Delors, *La educación encierra un tesoro* (Madri: Santillana/Unesco, 1996), p. 18.

[232] *Ibidem*.

[233] J. Delors, *La educación encierra un tesoro*, cit., p. 69.

religião. Coexistem quatro culturas excludentes, com frágeis conexões entre si e, ademais, seria necessário dizer que a cultura atual é a soma das quatro: "cultura antropológica (costumes e tradições), cultura humanista (grandes temas e problemas), cultura científica (especializada/elitista) e cultura de massas (TV, publicidade/ruído)".[234] O resultado desse cenário caótico é a total perplexidade e insegurança diante do novo colonialismo que governa o mundo. Não sabemos se, como Narciso, continuamos apaixonados por nós mesmos, ou, como Prometeu, roubamos o fogo dos deuses para intervir a favor dos humanos.[235]

O ser humano é um ser acolhido. Duch[236] esclarece as raízes antropológicas a partir de quatro fundamentais estruturas de acolhimento: a família, a escola, o Estado e a Igreja. Cada uma dessas estruturas vai mediando certos aspectos da personalidade do sujeito, identificação, socialização, sentido da existência, projeto humano, etc. No âmbito escolar, do qual nos ocupamos, o educando poderá obter sua primeira marca socializadora em um clima plural, competitivo, normalizador, cooperativo, etc. Sem ser alarmista, torna-se clara a ameaça contemporânea: "O aspecto mais chamativo da crise atual é a crescente deseuropeização da cultura mundial e também da própria cultura europeia",[237] e, citando Steiner, conclui: "Para a maioria dos seres pensantes, e certamente em especial para os jovens, a imagem da cultura ocidental, concebida como evidentemente superior, como se encarnasse quase a soma total da força intelectual e moral, é ou um absurdo com matizes raciais ou uma peça de museu".

Mèlich aproxima-nos dos

> [...] *círculos interpretativos da cultura*, nos quais o homem, a educação e a cultura são explicados em três motivos, três constantes, que se repetem em todas as formas de vida, sob máscaras diferentes:

---

[234] I. Ramonet, *A tirania da comunicação* (Porto: Campo das Letras, 1999), p. 201.
[235] *Ibid.*, p. 210.
[236] Ll. Duch, *La educación y la crisis de la modernidad*, cit., p. 68.
[237] *Ibid.*, p. 73.

a violência, o sexo e a morte. A cultura não pode ser concebida à margem do ser humano. A cultura é uma interpretação e é o que nos permite dar sentido ao mundo. O ser humano é biologicamente cultural.[238]

Que funções e operações mentais são ativadas? Sobre quais dificuldades de aprendizagem intervêm?

FCD

- **E-5. PERCEPÇÃO EPISÓDICA DA REALIDADE:** esta função adquire nesse contexto seu pleno significado. A falta de visão global do mundo que nos cerca leva-nos a sua incompreensão e ao seu não reconhecimento. A história continua sendo mestre da vida e guarda seus segredos para iluminar com seu ensino o futuro da humanidade. A falta de mediação cultural faz incorrer nessa percepção oblíqua e inexpressiva da realidade. O debate sobre a formação humanística nas salas de aula resume-se à necessidade de transmissão cultural que ajude a dar sentido e razões para a existência.

OPERAÇÃO MENTAL

- **DIFERENCIAÇÃO E DISCRIMINAÇÃO:** a própria identidade surge ao comparar-nos e reconhecermos nossas diferenças. Quando nos sentimos como seres únicos, descobrimos a realidade inconfundível dos demais e das culturas que lhes dão sentido.

DIFICULDADES DE APRENDIZAGEM

- A cultura está no ar que respiramos, quase de forma inconsciente. Descobrir os sinais de identidade do nosso patrimônio é fonte de identidade. Talvez a pobreza ou a carência desses ensinamentos esteja na progressiva desumanização dos elementos que configuram essa identidade.

---

[238] J. C. Mèlich, *Antropología simbólica y acción educativa*, cit., p. 62.

- Pode resultar frustrante o esforço de muitos educadores em aprofundar-se nas fontes culturais da nossa sociedade diante da atual "crise latente de sentido".[239] Os valores estão se sobrepondo ou sendo eliminados. O positivismo se apropria de todas as escalas e desmorona todos os esquemas.

- O educador deve ter em mente que enfrentará um futuro incerto: Segundo Edgar Morin, por exemplo: "o *problema-chave* dos anos vindouros é o da luta multiforme entre as forças de associação, federação, confederação, não somente na Europa mas também em todo o mundo, e as forças de disjunção, irrupção, ruptura e conflito".[240] É preciso fazer frente a uma nova cultura que instaure um modelo planetário em função dos quatro critérios PPII, emuladores do próprio Deus: Planetário, Permanente, Imediato e Imaterial.[241]

Contribuições didáticas: recursos, estratégias e procedimentos empregados pelos mediadores

A sala de aula é um recinto de experiências e vivências positivas, entre as quais aprender a trabalhar junto aos demais. Johnson e Johnson[242] indicam-nos os elementos básicos das equipes de trabalho cooperativo:

- **INTERDEPENDÊNCIA POSITIVA:** cada membro do grupo deve perceber as necessidades dos outros para compartilhar esforços e soluções.

- **RESPONSABILIDADE PESSOAL:** avaliar a quantidade e a qualidade das contribuições e divulgá-las para todo o grupo.

- **PROMOVER UMA INTERAÇÃO FACE A FACE:** ajudar, competir e estimular os esforços. Os membros explicam, discutem e ensinam aquilo que conhecem aos colegas.

---

[239] P. L. Berger & T. Luckmann, *Modernidad, pluralismo y crisis de sentido* (Barcelona: Paidós, 1997), p. 105.

[240] Edgar Morin, *apud* I. Ramonet, *A tirania da comunicação*, cit., p. 27.

[241] *Ibid.*, p. 89.

[242] D. W. Johnson & R. Johnson, *Cooperative Learning* (Minessotta/Edina: Interaction Book Company, 1985), p. 6.

■ **DESENVOLVER HABILIDADES INTERPESSOAIS E EM PEQUENOS GRUPOS:** as habilidades de colaboração incluem a liderança, a tomada de decisões, a construção da confiança, a comunicação e a solução de conflitos em grupo.

■ **CUIDAR DO PROCESSO DO GRUPO:** conceder tempo para discutir como o grupo vai progredindo e conquistando seus objetivos, oferecendo análise para ver como os integrantes trabalham juntos.

A ajuda oferecida aos professores para realizar o objetivo do reforço moral é expressa em seis conceitos básicos:

1. **EXEMPLO:** não se exige dos professores que sejam perfeitos, mas, sim, coerentes.

2. **EXPLICAÇÃO:** devem ser expostas as razões das coisas; não se trata apenas de encher as cabeças dos estudantes com regras e definições.

3. **EXORTAÇÃO:** entendida como a capacidade de incentivar e associar o que se explica aos interesses e às preocupações reais das crianças.

4. **ETHOS:** ou ambiente da sala de aula. Esta é uma pequena sociedade, com suas estruturas, rituais, relações de poder e regras de comportamento, e um ambiente moral saudável na sala de aula favorece a formação do caráter.

5. **EXPERIÊNCIA:** é muito importante proporcionar às crianças oportunidades concretas para que experimentem por elas mesmas o significado de servir os outros.

6. **EXPECTATIVAS DE EXCELÊNCIA:** os alunos devem estar conscientes de que a escola espera deles um trabalho benfeito, com constância e determinação, e um comportamento adequado.[243]

A reflexão sobre a educação passa pelo conteúdo cultural que a impregna. O processo socializador requer alguns andaimes sólidos, e "a cultura experiencial do aluno, como ponto de partida do trabalho escolar",[244]

---

[243] M. García Amilburu, "No sólo llenar cabezas, sino formar personas", em *Boletín CDL*, Madri, janeiro de 2000, pp. 23-24.

[244] J. Gimeno Sacristán & A. I. Pérez Gómez, *Comprender y transformar la enseñanza*, cit., p. 74.

de onde surge o enfoque educacional, encontra-se com a aguda crise de sua própria identidade. Diante desse complexo panorama educacional, o desafio para o docente é essencial.

Voli recupera o sentimento de pertença do educador – válido para os educandos –, ao falar tanto das raízes de sua autoestima quanto da de seus alunos. Por isso, o trabalho do mediador consiste em "estabelecer os alicerces na vida de relação de cada um". No entanto, esse autor nos oferece um perfil da pessoa com bom sentimento de afiliação e pertença, em contraposição aos que se sentem menos acolhidos, e um repertório de atividades para proporcionar o sentido de integração. A pessoa com bom sentimento de pertencimento:

- compreende o conceito de colaboração, contribuição, participação ativa e amizade e inicia, por conta própria, os contatos com as pessoas com as quais deseja se relacionar;
- demonstra sensibilidade e compreensão em relação aos demais;
- demonstra habilidade de cooperar e compartilhar;
- sente-se confortável em todos os grupos e está aberta a interagir em todos os contextos em que tenha quaisquer interesses;
- consegue a aceitação dos demais e é convidada a fazer parte de grupos, comitês, etc.;
- demonstra certas características sociais positivas e abertas, e está disposta a compartilhar seus conhecimentos e emoções quando essa atitude possa reverter em beníficio próprio e alheio;
- sente-se valorizada pelos outros;
- aceita as pessoas como elas são, sem tentar controlá-las, embora esteja aberta a dar apoio e feedback sempre que necessário;
- não realiza as ações meramente por influência alheia; em vez disso, ela própria é um motor de ação e resultados em qualquer grupo.[245]

---

[245] F. Voli, *La autoestima del profesor*, cit., p. 81.

Mediação – Critérios de mediação

CRITÉRIO DE MEDIAÇÃO PRIORITÁRIO

■ **SENTIMENTO DE PERTENÇA A UMA CULTURA:** trata-se de nos aprofundarmos nas nossas próprias raízes e conhecer o mundo que nos cerca. O conteúdo cultural está nas interações educativas diárias. O ser humano não pode caminhar como um sonâmbulo, sem encontrar sentido para seu próprio nome e para os saberes que constituirão seu ambiente. Não pode viver em uma bolha nem renunciar de forma iconoclasta a uma rica herança.

OUTRO CRITÉRIO

■ **MEDIAÇÃO DE SIGNIFICADO:** continua na base de todo ato mediador. Cada aluno deve perceber o sentido integrador dos conhecimentos, na forma de dados, nomes, fatos históricos, monumentos, etc., que sejam marcantes em sua vida.

O PERFIL DO **PROFESSOR MEDIADOR**

ITEM 27. Oriento os alunos a encontrarem utilidade e aplicação para as aprendizagens em outras matérias curriculares e na vida.

Definição de conceitos: fundamentação teórica/princípios

A transferência é, ao mesmo tempo, uma ciência e uma arte, pois condensa o conhecimento e a experiência do docente mediador. É a passagem mais crítica do processo pedagógico e a que mais dificuldades ocasiona.[246] Trata-se de um conceito básico da psicologia da aprendizagem e implica a intencionalidade de desenvolver uma taxonomia coerente na educação. É o resultado do processo de ensino-aprendizagem.

Perkins & Salomon exploram os dois mecanismos de transferência: a) transferência por via baixa (estabelecer ponte), que ocorre quando aplicamos diretamente o que foi aprendido em uma situação semelhante: aplico a habilidade de dirigir um carro em dirigir um caminhão; b) a transferência por via alta é uma escolha de ação mais consciente e envolve a descontextualização ativa e reestruturadora; a abstração deliberada de um princípio e sua aplicação em um contexto diferente. Fogarty e Bellanca aludem à teoria do bom pastor da transferência, querendo assim explicar que a transferência depende, em grande parte, do trabalho do mediador: "Toda transferência desejada ocorrerá somente se formos bons pastores e a promovermos nos alunos ao longo de todo o processo de aprendizagem".[247]

Poderíamos dizer que a transferência é o resultado de uma cadeia que começa considerando toda atividade educativa como uma aprendizagem significativa,[248] dentro de um clima de insight ou conscientização e de exercício metacognitivo,[249] o que para Feuerstein é o papel mais importante do mediador, para culminar então na transferência ou apli-

---

[246] R. Feuerstein *et al.*, *Instrumental Enrichment: an Intervention Program for Cognitive Modifiability*, cit., p. 299.

[247] R. Fogarty & J. Bellanca, *Patterns for Thinking, Patterns for Transfer* (Illinois: Skylight Pub, 1991), p. 201.

[248] A. I. Pérez Gómez, "Diálogo con la práctica docente", cit., p. 48.

[249] J. Beltrán, *Procesos, estrategias y técnicas de aprendizaje*, cit., p. 309.

cação consciente do que foi aprendido. O objetivo do insight consiste em "proporcionar ao adolescente habilidades para que reconheça os fatores que são responsáveis por seu sucesso e assegurem sua espontânea aplicação em outras áreas, quando sejam apropriadas".[250]

Podemos afirmar que a transferência é a conexão final de uma cadeia de desenvolvimento, de um processo de abstração, assimilação e generalização; o último degrau ou a resultante de uma série de processos de cognição encadeados: "conflito cognitivo, construção da zona de desenvolvimento próximo (ZDP), metacognição e transferência".[251]

O significado mais próximo da transferência é o de estabelecer pontes, salto, conexão, aplicação das aprendizagens, como relação de ajuda que o mediador proporciona aos alunos para construir uma ponte que una o contexto atual de aprendizagem a outros contextos possíveis de aplicação. Poderíamos afirmar que a transferência abarca qualquer tipo de transcendência ou aplicabilidade a outros contextos, outros conteúdos, outras modalidades de expressão de maior complexidade, novas estratégias, novos campos de criatividade. De maneira genérica, podemos concluir que a transferência é um estilo ou modelo de raciocínio em um novo contexto,[252] a fim de generalizar e consolidar o uso e a aplicação de uma aprendizagem. Por isso, Fogarty resume a significação da transferência em educação: "Quanto maior é a transferência, maior é a aprendizagem".

| APRENDIZAGEM SIGNIFICATIVA → INSIGHT → TRANSFERÊNCIA |

É paradoxal e complexa a explicação da funcionalidade e da aplicação das aprendizagens.[253] Não é um fenômeno resultante de um método ou

---

[250] R. Feuerstein *et al.*, *Instrumental Enrichment: an Intervention Program for Cognitive Modifiability*, cit., p. 300.

[251] P. Adey & M. Shayer, *Really Raising Standards: Cognitive Intervention and Academic Achievement*, cit., p. 74.

[252] J. A. Bernad, *Estrategias de estudio en la universidad*, cit., p. 73.

[253] I. Gómez & T. Mauri, "La funcionalidad del aprendizaje en el aula y su evaluación", em *Cuadernos de Pedagogía*, nº 188, 1991, p. 28.

um processo único, uma vez que múltiplos fatores intervêm. Ausubel explica sua atribuição:

> A experiência influencia na aprendizagem não interagindo com o que de semelhante têm duas tarefas, mas, sim, mediante um ato construtivo de relações e conexões novas que modificam os atributos e a estrutura de conhecimentos já existentes. Não se trata de encontrar outros exemplos daquilo que já conhecemos, ou aplicar princípios genéricos, e sim da capacidade de aprender e reter material relacionado com o que já conhecemos, reorganizar o que se sabe em estruturas superiores e estabelecer combinações novas.[254]

A pergunta que permanece entre aqueles que pesquisam a transferência é: Como fazemos para transferir o conhecimento de uma situação de aprendizagem a outra nova? Que processos estão envolvidos desde a experiência passada à nova tarefa? Como aprendemos a aprender? Estudou-se a relação entre transferência e semelhança em duas situações e chegou-se à conclusão de que, quando as situações são percebidas como semelhantes ou idênticas, ocorre facilmente a transferência. Do mesmo modo, constatou-se que, quando se tem melhor memória das experiências positivas de aprendizagem, estas aumentam as possibilidades de transferência. Por isso, Brown, Campione, Ferrara e outros especialistas veem a transferência como processo inseparável da aprendizagem e como crucial na avaliação cognitiva. Um modo de descobrir informação válida sobre o potencial cognitivo de uma pessoa é avaliar o que ela pode chegar a aprender com a ajuda de um especialista* (ZDP). As pessoas mais capazes para transferir seus conhecimentos são aquelas que aprenderam a aprender.[255]

---

[254] D. P. Ausubel, J. D. Novak, H. Hanesian, *Psicología educativa: un punto de vista cognitivo*, cit., p. 157.

* A ajuda do especialista atua na zona de desenvolvimento proximal (ZPD). (N. R. T.)

[255] S. Meadows, *The Child as Thinker: the Development and Acquisition of Cognition in Childhood* (Londres-Nova York: Routledge, 1993), p. 85.

6. CONTRIBUIÇÕES MEDIADORAS ÀS PECULIARIDADES DO PERFIL DIDÁTICO DO PROFESSOR MEDIADOR (PDM)

Que funções e operações mentais são ativadas? Sobre quais dificuldades de aprendizagem intervêm?

FCD

- **I-8. DEFICIÊNCIA PARA CONSIDERAR DUAS OU MAIS FONTES DE INFORMAÇÃO AO MESMO TEMPO:** é necessário ajudar o aluno a escalar lentamente o íngreme trajeto da complexidade, motivá-lo para focalizar a atenção, evitar dispersão de interesses e de esforços. O mediador deve conjugar com maestria êxito e nível de complexidade, acrescentando cada vez mais fontes de informação ou mais variáveis a um problema, como os personagens citados em uma cena ou os instrumentos musicais apresentados para compor a sinfonia.

- **E-11. DIFICULDADE DE PLANEJAMENTO DA CONDUTA:** é imprescindível a mediação no planejamento das etapas para resolver um problema, na seleção da forma mais apropriada para resolvê-lo, usando-se a melhor estratégia. Estabelecer uma série de questões, etapas a serem seguidas e saber ater-se ao plano previsto e fazer disso um hábito de trabalho.

OPERAÇÕES MENTAIS

- **PROJEÇÃO DE RELAÇÕES VIRTUAIS:** nossas aprendizagens relacionam-se com outras competências que lhes sejam semelhantes, e nossas vivências têm situações parecidas que colocam em jogo algo do que foi aprendido ou descobrem uma nova relação ou significado.

- **RACIOCÍNIO ANALÓGICO:** descobrir as semelhanças, projetar relações com outros conhecimentos, fazer hipóteses ou suposições sobre a prolongação da realidade presente no futuro, imaginar, fabular sobre possíveis coincidências é preparar o pensamento para a analogia.

DIFICULDADES DE APRENDIZAGEM

- A privação ou carência de mediação provoca a negligência e a falta de agilidade mental para armazenar informação proveniente de várias fontes. A adaptação ao estilo, à linguagem e ao nível do educando é a primeira fonte de problemas no processo de ensino-aprendizagem.

O PERFIL DO **PROFESSOR MEDIADOR**

- A falta de atenção e explicação dos passos do processo de aprendizagem. Os educandos devem conhecer cada avanço, saber de onde vem cada resposta de um problema, como se chegou a determinada solução. O abismo que se abre nos processos deve-se à falta de explicitação de cada um dos detalhes.

- Muitas vezes, um único exemplo e uma só explicação não são suficientes. Há alunos que têm a necessidade de que as explicações sejam oferecidas de forma lenta e repetitiva. É necessário que o mediador diversifique os exemplos, visualize-os, incite, sugira escrever os objetivos de transferência, una ao conteúdo a estratégia empregada, a fim de situar a aprendizagem em vários contextos diferentes.[256]

Contribuições didáticas: recursos, estratégias e procedimentos empregados pelos mediadores

A produção do insight depende da capacidade do mediador,[257] entendendo este comportamento como básico para formar o educando para a transferência. Os elementos didáticos essenciais, que devem ser considerados no ensino da transferência, são, segundo a experiência dos mediadores:

- Focalizar a atenção do aluno para as funções cognitivas exigidas, para o domínio de uma tarefa.

- Conhecimento, criatividade e flexibilidade do mediador para orientar os exercícios escolares, com vista a sua aplicação em outras áreas, atividades, necessidades, etc.

- Saber interpretar os êxitos e os fracassos dos alunos, para poder motivá-los.

- Orientar o trabalho para a conquista da autonomia dos alunos.

- Usar técnicas e estratégias comuns, mas identificar, incitar, adaptar e mudar seu uso.

---

[256] F. Ruph, *La médiation des stratégies cognitives*, cit., p. 20.

[257] R. Feuerstein *et al.*, *Instrumental Enrichment: an Intervention Program for Cognitive Modifiability*, cit., pp. 295-299.

6. CONTRIBUIÇÕES MEDIADORAS ÀS PECULIARIDADES DO PERFIL DIDÁTICO DO PROFESSOR MEDIADOR (PDM)

■ Manter um constante controle da impulsividade.

■ Fomentar a aprendizagem por descoberta.

■ Evitar a busca de soluções por ensaio e erro.

■ Controlar a percepção episódica dos alunos.

■ Interpretar a conduta cognitiva, os erros e os acertos no processo e saber definir as micromudanças que o aluno realiza.

Para conseguir a transferência maximizada, são propostos dois caminhos: a) empenhar-se: ensinar para facilitar a transferência por via baixa, dependendo sempre de semelhanças perceptuais em situações próximas; b) estabelecer pontes (*bridging*): exercer a mediação nos processos necessários de abstração e projeção de relações para ajudar na transferência por via alta, indicando os princípios e incentivando os alunos a fazerem generalizações. Esta última forma envolve o pensamento abstrato e a direção metacognitiva do pensamento: está dirigida para a frente, ao ter como objetivo a previsão ou a antecipação de situações.[258]

Fogarty descreve cinco passos ou etapas pelos quais o educador passa para desenvolver as estratégias que incrementam o uso da transferência nos educandos (ver quadro 24):

QUADRO 24. PASSOS PARA DESENVOLVER AS ESTRATÉGIAS NO EMPREGO DAS TRANSFERÊNCIAS.		
Educando	**Indícios**	**Estratégias**
1. Sonhador	Não percebe relações. Não descobre conexões. Não encontra utilidade.	Ensinar a relacionar. Ajudar a aplicar a informação. Discutir o que foi aprendido.
2. Repetidor	Reproduz o que foi aprendido. Resume e sintetiza. Percebe as etapas da aprendizagem.	Explicar o problema com as próprias palavras. Pedir para representar o que foi aprendido.

(cont.)

---

[258] Maclure & P. Davis, *Aprender a pensar, pensar en aprender* (2ª ed. Barcelona: Gedisa, 1998), p. 271.

Educando	Indícios	Estratégias
3. Replicador	Aplica o que foi aprendido no próprio contexto. Aplica apenas no mesmo conteúdo.	Ajudar a descontextualizar. Auxiliar a perceber outras relações.
4. Estratégico	Usa estratégias em outras situações. Vê outros modos de aplicar o que foi aprendido. Arrisca o uso do que foi aprendido fora da sala de aula.	Ampliar a lista de situações possíveis. Fazer conexões interdisciplinares. Saber avaliar as aplicações feitas.
5. Criador	A informação é um trampolim criativo. Encontra relação com outras ideias novas.	Buscar a novidade e o estranhamento das situações dadas. Defrontar-se com outras perspectivas, culturas, valores.

Associar, vincular os conteúdos às experiências diárias, pode ser a chave para captar o interesse, motivar os alunos e, em última instância, capacitá-los para que façam uso de suas aprendizagens. O quadro 25 resume alguns recursos didáticos que, ao longo de três etapas, são propostos por Fogarty:[259]

QUADRO 25. RECURSOS DIDÁTICOS.

1. CONTEÚDOS de ensino-aprendizagem para a transferência	Questões
• Conhecimentos: informações, fatos, dados. • Habilidades-estratégias sociais, cognitivas e afetivas para o desenvolvimento de capacidades. • Conceitos específicos assimiláveis. • Atitudes e sentimentos. • Princípios, normas, valores. • Condutas, hábitos, disposições.	• Qual é a palavra-chave ou a ideia principal? • Que estratégia você usou? • Você se sente mais capaz do que antes? • Que ideia-chave você utilizou? • Como você se sentiu enquanto agia? • A que conclusão você chegou? • Isso muda o seu modo de agir? • Você aprendeu a realizar essa tarefa de outra maneira?

(cont.)

---

[259] R. Fogarty, *apud* A. L. Costa, *A Foreword to the Future: if Mind Matter*, cit., pp. 211-220.

2. COMO E DE QUE MODO ensinamos?	
2.1. Por via baixa • Criando expectativas motivadoras: saber por que se age dessa maneira, e não de outra. • Modelando com exemplos práticos. • Provocando relações novas. • Simulando aplicações. • Aprendendo a resolver problemas básicos.	• Onde você poderá usar isso? • Que utilidade isso pode ter para você? • Repita os passos desse processo. • Tente fazê-lo sozinho. • Faça um exercício parecido. • Coloque-se no lugar do outro. • De que forma você pode realizá-lo?
2.2. Por via alta • Antecipando aplicações futuras. • Resolvendo problemas semelhantes ou parecidos. • Generalizando os processos. • Buscando analogias. • Cultivando a metacognição.	• Você encontra algo que se pareça com o que • aprendeu? • O que isso lhe faz lembrar? • Como você fez isso? • Que experiência positiva você guardou?
3. ONDE aplicá-los?	
• Dentro dos conteúdos curriculares. • Através de outras disciplinas. • Na vida: pessoal, escolar, social.	• Isso pode ser aplicado na aula? • Tem relação com outra matéria? • Pode ajudá-lo na sua vida?

Adey e Shayer[260] condensam sua experiência de transferência e nos dão outra interessante contribuição para o processo de ensino da transferência. Estes são os passos:

1. Aprender a resumir e sintetizar.

2. Analisar o efeito do uso das estratégias.

3. Provocar o insight e a metacognição em todo o processo de aprendizagem.

4. Descontextualizar: ampliar o uso de estratégias a outros contextos.

5. Conseguir estimar a precisão no uso dos temas aprendidos, de forma racional e harmônica.

Por dois caminhos podemos chegar à transferência, conforme nos esclarecem Adey e Shayer:[261] pelo caminho mais rudimentar das semelhan-

---

[260] P. Adey & M. Shayer, *Really Raising Standards: cognitive Intervention and Academic Achievement*, cit., p. 73.

[261] *Ibidem.*

ças entre as aprendizagens ou pelo caminho elevado da plena abstração consciente: esta seria a atividade específica do lóbulo frontal, a do raciocínio consciente, para o uso futuro das nossas aprendizagens, para a metacognição e a cognição madura.

Mediação: que critérios de mediação intervêm?

Critério de mediação prioritário

- **CONHECIMENTO DO SER HUMANO COMO ENTIDADE MUTÁVEL:** o educando precisa conscientizar-se de seu progresso, suas mudanças, seu crescimento, para assumir maiores modificações em sua pessoa e em seu ambiente.

Outro critério

- **INTENCIONALIDADE E RECIPROCIDADE:** a vida flui de diferentes fontes. A interação obriga-nos a estar abertos a muitas perspectivas ao mesmo tempo. O ser humano deve estar alerta para perceber e responder adequadamente a cada estímulo.

6. CONTRIBUIÇÕES MEDIADORAS ÀS PECULIARIDADES DO PERFIL DIDÁTICO DO PROFESSOR MEDIADOR (PDM)

ITEM 28. Proponho, com frequência, que os alunos façam a autoavaliação e a autoanálise de seu processo de aprendizagem.

Definição de conceitos: fundamentação teórica/princípios

A avaliação é o recurso de comprovação da eficácia e da qualidade. Deve ser sempre um processo sistemático para estimar e julgar todos os aspectos significativos que intervêm no fato educativo, em função de determinados critérios, para poder tomar decisões apropriadas:

> A avaliação é reconhecida como um dos pontos privilegiados para estudar o processo de ensino-aprendizagem. Abordar o problema da avaliação pressupõe necessariamente tocar todos os problemas fundamentais da pedagogia. Quanto mais se penetra no domínio da avaliação, mais consciência se adquire do caráter colossal da nossa ignorância e mais colocamos em dúvida as nossas certezas.[262]

No início da obra de Popham, referência obrigatória, encontramos uma declaração sobre o caráter da avaliação, identificando-a mais como mediador do que finalista:

> O propósito da avaliação não é comprovar, mas, sim, melhorar. A avaliação, como atividade intelectual, é resultado do pensamento crítico, dessa modalidade que denominamos saber de discernimento, por meio do qual, uma vez que foram identificados e formulados os critérios adequados para julgar determinada situação, reconhecem-se seus componentes e sua estrutura, que são então diferenciados e apreciados adequadamente com relação àqueles critérios. A questão reside, portanto, nos critérios a serem adotados.[263]

O processo mediador inclui a constante avaliação tanto da ação do mediador como dos alunos e do ambiente. Lipman aconselha-nos a ava-

---

[262] A. Cardinet, *apud* J. Gimeno Sacristán & A. I. Pérez Gómez, *Comprender y transformar la enseñanza*, cit., p. 334.

[263] W. J. Popham, *Evaluación basada en criterios* (Madri: Magisterio Español, 1983), pp. 11-13.

O PERFIL DO **PROFESSOR MEDIADOR**

liar as características das boas razões: "que devem basear-se em fatos, que sejam pertinentes em relação ao objeto que se investiga, que sirvam de apoio plausível e inteligente ao tema, que se refiram a algo familiar, etc.".[264] Depois devemos selecionar a pauta mais adequada e completa para os nossos objetivos. A avaliação deve ser sempre contínua, global, formativa e permitir comprovar até que ponto as experiências de aprendizagem desenvolvidas servem para alcançar os objetivos propostos e tomar as decisões pertinentes para a melhora educativa.

O pensamento crítico "é o raciocínio reflexivo destinado a decidir em que devemos acreditar ou o que devemos fazer". É, portanto, um pensamento autocorretivo, sensível ao contexto de aprendizagem e relacionado com os critérios para a formação da opinião. Para tanto, deve persistir na forma de autoquestionamento na sala de aula para a autocorreção da prática. Tem uma presença especial no momento de aplicar as regras a casos concretos.

O pensamento crítico deve ser um pensamento raciocinado. Deve também ser capaz de emitir julgamentos.[265]

Ressaltemos o aspecto conscientizador e crítico do pedagogo brasileiro Paulo Freire, que situa a raiz da educação na própria identidade do ser humano, a fim de despertar sua capacidade de reflexão: "O homem é consciente na medida em que conhece. O homem vive na e com a realidade para estabelecer relações culturais. Sua relação é reflexiva, não apenas sensível e mágica".[266] Para o "pedagogo dos oprimidos", a educação é essencialmente um ato de conhecimento e conscientização, que deve levar à transformação e à libertação dos oprimidos. Para ele, a consciência crítica deve ajudar na organização reflexiva do pensamento.

Talvez seja esta uma das funções mais peculiares da educação: "A função prioritária da escola no futuro deve ser promover a *reflexão crítica* das

---

[264] M. Lipman, A. M. Sharp, F. S. Oscanyan, *La filosofía en el aula*, cit., p. 248.

[265] S. Maclure & P. Davis, *Learning to Think, Thinking to Learn* (Oxford: Pergamon Press, 1991), p. 112.

[266] P. Freire, *La educación como práctica de libertad* (15ª ed. Buenos Aires: Siglo XXI, 1979), p. 67.

6. CONTRIBUIÇÕES MEDIADORAS ÀS PECULIARIDADES DO PERFIL DIDÁTICO DO PROFESSOR MEDIADOR (PDM)

futuras gerações, a construção de esquemas pessoais, intelectuais e afetivos mais ou menos autônomos. Que tenham a capacidade de pensar, sentir e decidir com relativa autonomia".[267]

Que funções e operações mentais são ativadas? Sobre quais dificuldades de aprendizagem intervêm?

FCD

- ■ **I-2. COMPORTAMENTO EXPLORATÓRIO SISTEMÁTICO:** no momento da avaliação, é imprescindível percorrer o caminho que nos levou ao sucesso ou ao fracasso, a fim de adquirir plena consciência do nosso modo de trabalhar. Este é o caminho do autêntico processo científico e da capacitação para a transferência das aprendizagens.

- ■ **0-8. CONDUTA IMPULSIVA QUE AFETA A NATUREZA DO PROCESSO DA RESPOSTA:** dedicar tempo para avaliar e discernir, já que, às vezes, sentimos medo de fazer a autoavaliação. "Consultar o travesseiro", deixar que o tempo passe, solicitar a intervenção de outra pessoa imparcial e submeter-se à crítica são ações que podem ajudar a distanciar-se do problema e evitar cegar-se por ser parte interessada em um problema.

OPERAÇÃO MENTAL

- ■ **PENSAMENTO DIVERGENTE:** o questionamento deve incitar a mente para abrir novos caminhos de solução: poderia ter feito a tarefa de outro modo? Que outros caminhos posso empreender? Com que outras estratégias poderia ter obtido o mesmo resultado?

DIFICULDADES DE APRENDIZAGEM

- ■ Deve-se impor a cultura da avaliação, não como uma obrigação ou um castigo, mas como uma exigência de controle de qualidade e conhecimento dos processos educativos. É preciso saber com clareza o

---

[267] A. I. Pérez Gómez, "Diálogo con la práctica docente", cit., p. 16.

O PERFIL DO **PROFESSOR MEDIADOR**

que devemos avaliar: objetivos, processo/produto, meios, finalidades, etc.

- A excessiva diretividade do docente impede o desenvolvimento da autoavaliação e da autocrítica dos educandos. É necessário delegar responsabilidade e fazê-los questionar a própria análise, ainda que o início deva ser modelado e exigido.

- A avaliação não deve ser considerada como uma imposição externa, atribuída, por exemplo, à desconfiança; antes, deve estar focada na busca da objetividade, com uma visão imparcial e técnica. Ao mesmo tempo, contudo, a avaliação deve continuar sendo interna e institucional.

Contribuições didáticas: recursos, estratégias e procedimentos empregados pelos mediadores

A avaliação, entendida como um processo consciente do mediador e dos educandos, pode utilizar diversas técnicas e recursos. Os mediadores têm uma imponente bagagem de dados acumulados na constante interação e no uso do método socrático. O clima de confiança e cooperação permite que cada educando se descubra com total sinceridade em relação a sua autoavaliação e consciência de esforço, atenção, envolvimento e conquista dos objetivos propostos.[268]

Greenberg[269] propõe um repertório de questões que englobam o modelo instrucional que deve ser seguido pelo mediador:

1. Seleciono e defino os objetivos específicos de cada lição?

2. Adapto minha conduta aos conhecimentos e às necessidades dos alunos?

3. Provoco a empatia e envolvimento dos alunos na tarefa?

4. Incentivo os alunos a autorregularem seu plano e estratégias de trabalho?

---

[268] J. Gimeno Sacristán & A. I. Pérez Gómez, *Comprender y transformar la enseñanza*, cit., p. 394.
[269] K. H. Greenberg, *COGNET: Cognitive Enrichment Network. Teacher Workbook*, cit., p. 33.

6. CONTRIBUIÇÕES MEDIADORAS ÀS PECULIARIDADES DO PERFIL DIDÁTICO DO PROFESSOR MEDIADOR (PDM)

5. Promovo questões das quais todos os alunos participam?

6. Ofereço uma ajuda adequada quando os alunos mostram dificuldades?

7. Busco a conexão e a aplicação das aprendizagens à vida?

8. Ajudo a encontrar relações significativas entre os elementos estudados?

9. Peço aos alunos que avaliem a própria execução da tarefa?

10. Realizo o insight e o plano de trabalho da lição e discuto as conclusões?

11. Os alunos encontram princípios, transferência e generalizações?

12. Eles compartilham os resultados e avaliam a eficácia do trabalho que realizam?

Uma prática avaliativa exigente consiste em verificar a resposta antes e depois de fornecê-la.[270] A advertência de Popham aponta para o profissionalismo dos docentes: "Os professores devem saber o suficientemente necessário para que possam assegurar-se de que não estão avaliando com instrumentos inadequados".[271]

O questionamento é o recurso didático que, segundo Limpan, melhor auxilia o docente no desenvolvimento da compreensão ética:

> Ao estimular as crianças a desenvolverem a compreensão ética, devemos ajudá-las a descobrir as relações existentes entre o que se propõem fazer e a situação na qual se propõem fazer. Deve-se incitá-las a prestar atenção nas relações, assim como em qualquer elemento parcial para opinarem se é apropriado em um conjunto mais amplo.[272]

---

[270] F. Ruph, *La médiation des stratégies cognitives*, cit., p. 197.
[271] J. Popham, *Evaluación basada en criterios*, cit., p. 24.
[272] M. Lipman, A. M. Sharp, F. S. Oscanyan, *La filosofía en el aula*, cit., p. 165.

Mediação: que critérios de mediação intervêm?

CRITÉRIO DE MEDIAÇÃO PRIORITÁRIO

- **BUSCA, PLANEJAMENTO E CONQUISTA DE OBJETIVOS:** os critérios de avaliação devem ser focados no controle dos processos e na conquista de objetivos. No entanto, é essencial envolver e conscientizar cada educando dessa autoexigência.

OUTRO CRITÉRIO

- **REGULAÇÃO E CONTROLE DA CONDUTA:** esse autocontrole é o resultado da mediação da metacognição e do insight. Se os mediadores desejarem obter a autêntica modificabilidade nos educandos, talvez seja essa a forma de interação que deva ser usada com maior insistência.

6. CONTRIBUIÇÕES MEDIADORAS ÀS PECULIARIDADES DO PERFIL DIDÁTICO DO PROFESSOR MEDIADOR (PDM)

ITEM 29. Ajudo os alunos a buscarem e a compreenderem as causas dos acertos e dos erros e os oriento a aprender com eles e a ter um conhecimento equilibrado de si mesmos.

Definição de conceitos: fundamentação teórica/princípios

O erro é uma experiência profundamente ligada ao nosso desenvolvimento e a toda experiência de aprendizagem. Todos nós cometemos erros em todas as dimensões do nosso ser. A pedagogia do sucesso abriu caminho para a pedagogia do erro,[273] porque a primeira defende a eficácia mediante a evitação do erro; como ensina Popper: "O novo princípio básico consiste na ideia de que, para evitar equívocos, devemos aprender com os nossos próprios erros". Piaget afirmava que "um erro corrigido pode ser mais fecundo que um êxito imediato, porque a compreensão de uma hipótese falsa e de suas consequências proporciona novos conhecimentos, e a comparação entre dois erros gera novas ideias".

O erro na aprendizagem admite estes três enfoques:

1. O erro como falha punível e efeito a ser evitado. Foi considerado como um "indicador de fracasso e obstáculo para o progresso" e, portanto, a sanção foi sempre sua companheira. A aprendizagem behaviorista inspira-se em mecanismos de estímulo-resposta-reforço para evitar os hábitos negativos e os erros e consolidar os hábitos positivos.

2. O erro como sinal de progresso. No modelo mentalista, o erro é sintoma de progresso: sem erro não há progresso possível. O erro deve ser admitido como um passo inevitável de todo processo de ensaio e erro. Deve-se associar o erro ao desenvolvimento e ao amadurecimento de toda pessoa.

3. O erro como processo interativo. O erro possui uma profunda carga de interação cognitivo-social, relativa às condutas peculiares de cada cultura. O erro depende também da norma e dos julgamentos sociais.

---

[273] S. de la Torre, *Aprender de los errores* (Madri: Escuela Española, 1993).

O PERFIL DO **PROFESSOR MEDIADOR**

Inúmeras pesquisas tentaram explicar a causa de muitos erros que "paradoxalmente resultam de um raciocínio coerente, ainda que inadaptado à situação: ao utilizar regras, ao relacionar conhecimentos, ao elevar excessivamente a complexidade e a abstração das atividades, etc.".[274] A aprendizagem por ensaio e erro, para Feuerstein,[275] é o exemplo da falta de respostas planejadas e controladas, é a forma de agir das pessoas expostas diretamente à influência do ambiente, que *per se* é complexo e desestruturado e não ajuda a obter respostas adequadas que manifestem a descoberta relacional dos estímulos. Os erros dos educandos foram entendidos como déficits e falhas funcionais, e alguns autores, como Brown e Ferrara, na tentativa de interpretar a teoria de Feuerstein, agruparam-nos genericamente sob a denominação de problemas metacognitivos.

De acordo com essas perspectivas, poderíamos sintetizar as diversas acepções e significados do erro:

1. Erro como falta de verdade: é ter um conceito falso ou equivocado de algo. Trata-se de um erro no julgamento – lógico – cuja causa é o desconhecimento da coisa que está sendo tratada. Erro é o contrário da verdade.

2. Incorreção por falta de conhecimento: ocorre quando se confundem duas coisas. Acontece por equívoco, ignorância ou perda de informação.

3. Erro como equívoco: são incorreções provocadas não por falta de conhecimento, mas por cansaço, inadvertência, precipitação ou descuido. Suas causas podem ser devidas a nervosismo, falta de concentração, falta de tempo ou pressa excessiva. São erros de execução.

4. Desajuste conceitual ou moral: é a inadequação entre o resultado esperado e o realizado. É um comportamento inadaptado e desajustado à norma.

---

[274] M. Fayol, *apud* J. F. Dortier, *Le cerveau et la pensée*, cit., p. 271.
[275] R. Feuerstein *et al.*, *Instrumental Enrichment: an Intervention Program for Cognitive Modifiability*, cit., p. 101.

5. Erro como indicador de problemas: ocorre quando não acertamos, não resolvemos uma tarefa, não usamos uma estratégia adequadamente ou não alcançamos o resultado esperado.[276]

Às vezes nos acostumamos a conviver com o erro. Há erros que permaneceram séculos em seu pedestal, que foram repetidos como verdades absolutas, até que alguém as derrubasse com um golpe certeiro. O professor Damasio, em *El error de Descartes* sobre o conhecido aforismo cartesiano "Penso, logo existo", assim explica o erro:

> Este é o *erro de Descartes*: a separação abismal entre o corpo e a mente, entre o material do qual é feito o corpo, mensurável, dimensionado, operado de forma mecânica, infinitamente divisível, por um lado, e a essência da mente, que não pode ser medida, não tem dimensões, é assimétrica, não divisível: a sugestão de que o raciocínio, o juízo moral e o sofrimento, que provém da dor física ou da comoção emocional, podem existir separados do corpo. Mais especificamente, as operações mais refinadas da mente estão separadas da estrutura e do funcionamento de um organismo biológico.[277]

A história está pontilhada por erros. Perguntamos a nós mesmos por que não fomos mais longe e não criticamos Platão, cujas opiniões sobre o corpo e a mente eram muito mais exasperantes. Outros erros de Descartes soam ainda mais surpreendentemente equivocados: acreditava que o calor fazia circular o sangue e que algumas partículas muito diminutas do sangue destilavam-se em espíritos animais, que então podiam movimentar os músculos. Assim poderíamos continuar somando erros sobre o poligenismo ou sobre o sistema solar. Oscar Wilde designava o valor pedagógico dos erros: "*Experiência* é o nome dado por cada um a seus erros".

---

[276] S. de la Torre, *Aprender de los errores*, cit.

[277] A. Damasio, *El error de Descartes* (Barcelona: Drakontos, 1996), p. 230.

Que funções e operações mentais são ativadas? Sobre quais dificuldades de aprendizagem intervêm?

FCD

- **E-8**: o exercício do pensamento hipotético inferencial deve apoiar-se na informação correta e na coerente elaboração lógica que permite extrair as novas informações.

- **E-9**: buscamos estratégias para comprovar as hipóteses e verificar a veracidade dos nossos resultados. É importante mediar o ensino de levar o educando a fazer-se perguntas essenciais para a autoavaliação e sobre o conteúdo e o método usado.

Operação mental

- **DIFERENCIAÇÃO E DISCRIMINAÇÃO**: para constatar a distância entre a verdade e o erro. A comparação sistemática e a análise devem acompanhar esse processo. Da diferenciação de características concretas pode-se passar a estruturas superordenadas, critérios, relações abstratas, etc.

Dificuldades de aprendizagem

- A impulsividade não controlada e a falta de atenção e envolvimento nas tarefas continuarão sendo uma das causas dos erros em sala de aula. Os alunos devem se conscientizar disso.

- A percepção episódica da realidade não permite o sequenciamento nos processos e, portanto, a identificação da causa dos nossos erros.

- A falta de reflexão prévia de uma tarefa, para planejar-se e buscar a estratégia mais adequada, é premissa inequívoca de ineficácia.

- A pressa é inimiga da perfeição. A frase "Um momento, deixe-me pensar" deve ser repetida até entrar na mente e e ser interiorizada. Cada aluno deve separar o tempo que for necessário em seu processo de aprendizagem e evitar a precipitação.

6. CONTRIBUIÇÕES MEDIADORAS ÀS PECULIARIDADES DO PERFIL DIDÁTICO DO PROFESSOR MEDIADOR (PDM)

■ A repetição dos erros pode vir a ser uma causa de resistência à mudança, que exigirá do mediador esforço dobrado para ser corrigida.[278]

Contribuições didáticas: recursos, estratégias e procedimentos empregados pelos mediadores

Sobre o que o erro informa? O erro é um detector de problemas. Pode ser considerado o companheiro inseparável daquele que busca, que quer aprender, com a carga informativa inerente para que o professor mediador possa conhecer melhor as suas causas e corrigir com segurança os desvios nos processos de aprendizagem. Resumimos a seguir as considerações de la Torre[279] sobre o erro:

■ O aluno que se equivoca precisa de ajuda.

■ O erro dá sinais do que ocorre no processo de raciocínio.

■ O erro permite que o processamento cognitivo da informação seja revelado.

■ O conhecimento da natureza do erro proporciona uma orientação estratégica para a prática didática.

■ O erro condiciona o método de ensino.

■ Os erros fornecem informação sobre o progresso do aluno.

■ A confusão de erros faz com que o professor perca tempo e eficácia.

Nos exercícios dos instrumentos do PEI há páginas com erros intencionais, com o intuito de provocar na aprendizagem uma consciência crítica, associada com descrições de instruções ou de tarefas propostas para a correção de erros. Essas experiências, conforme Feuerstein,[280] devem ajudar o aluno a antecipar os tipos de erros com os quais invariavelmente vai se deparar.

---

[278] R. Feuerstein *et al.*, *Instrumental Enrichment: an Intervention Program for Cognitive Modifiability*, cit., p. 123.

[279] S. de la Torre, *Aprender de los errores*, cit.

[280] R. Feuerstein *et al.*, *Instrumental Enrichment: an Intervention Program for Cognitive Modifiability*, cit., p. 135.

Mediação: que critérios de mediação intervêm?

CRITÉRIO DE MEDIAÇÃO PRIORITÁRIO

■ **INDIVIDUALIZAÇÃO E DIFERENCIAÇÃO PSICOLÓGICA:** uma das primeiras mediações – das primeiras aprendizagens – deve consistir em aceitar-nos e aceitar os outros com as qualidades e as limitações próprias de cada um. Assumir os erros é indício de maturidade, pois nunca poderemos evitá-los. Essa atitude realista permite que sejamos mais tolerantes e flexíveis conosco e com os outros.

OUTRO CRITÉRIO

■ **BUSCA DE ALTERNATIVAS OTIMISTAS:** nessa situação devemos orientar nosso olhar para o aspecto positivo formativo dos erros. Os erros nos ajudam a adquirir consciência da nossa conduta e dos meios, previsões e análises que fazemos antes de tomar uma decisão.

ITEM 30. Motivo os alunos para a autoexigência, a precisão, a exatidão e o trabalho benfeito, segundo sua capacidade de esforço.

Definição de conceitos: fundamentação teórica/princípios

Esta deve ser uma das metas finais de todo processo mediador. Os educandos devem ser capazes de propor-se, exigir-se e alcançar metas cada vez mais elevadas. Todos os alunos podem superar-se, nos níveis que o mediador prudentemente julgue possíveis. Toffler afirma que a verdadeira característica revolucionária do conhecimento é que o fraco e o pobre também podem adquiri-lo. O conhecimento é a mais democrática fonte de poder. Isso pretende demonstrar-nos que há um componente disciplinar, ascético, de preparação desde a infância, que cria certas aptidões inestimáveis para crescer esforçando-se.

Os objetivos educativos podem pecar por ambição. Muitas vezes ficam implícitas capacidades de resolução de problemas, de aprender a tomar decisões, de saber planejar-se, quando de fato o processo mediador ensina que os alunos precisam avançar lentamente no domínio de conhecimentos e estratégias para chegar a esses objetivos finais.

A ideia rousseauniana de que a sociedade corrompeu e degradou o homem tem a marca e a versão atual na alienação e na exploração. Embora seja importante conhecer a visão antropológica da qual partimos, não é menos essencial o conhecimento dos sujeitos, dos aspectos cognitivos, afetivos e motivacionais que inibem todo processo modificador e potencializador. A maturidade é a soma de muitos ingredientes. Deveria ser a culminação dos processos educativos, uma finalidade educativa: "O amor maduro é feito de vontade e inteligência".[281]

A aprendizagem autorregulada é um construto que inclui uma série de conhecimentos, habilidades e estratégias, tanto cognitivos como metacognitivos, os quais têm direta relação com a capacidade de se propor objetivos, ter vontade de decidir-se por algo, estar consciente, saber usar

---

[281] E. Rojas, *La conquista de la voluntad*, cit., p. 128.

estratégias. Entramos em um processo metacognitivo "pelo qual os educandos ativam e controlam conhecimentos, condutas e afetos, orientados sistematicamente à obtenção de determinados objetivos".[282] Os alunos que podem regular a própria aprendizagem têm capacidade para exercer controle sobre as diferentes dimensões do processo de aprendizagem (seleção, combinação e coordenação de estratégias) e destinar os recursos necessários a cada momento do processo (ver quadro 26).

Todo modelo heurístico de aprendizagem autorregulada deve ter estreita relação com a dimensão cognitiva e motivacional. No esquema a seguir de Boekaerts,[283] quadro 26, encontramos a síntese desses dois grandes blocos, distribuídos em três níveis interativos, dando como resultado seis componentes autorreguladores.

QUADRO 26. MODELO DE APRENDIZAGEM AUTORREGULADA.

Níveis	Cognição autorregulada	Motivação autorregulada
1. Conhecimento específico e habilidades	1. Conhecimento, ideias equivocadas, conhecimento inerte.	4. Crenças, atitudes, valores, estratégias, capacidades, metas.
2. Uso de estratégias	2. Atenção seletiva, codificação. Ensaio, mudanças, elaboração. Estruturação, perguntas, regras.	5. Criar a intenção de aprender. Dominar os processos para controlar o estresse e as emoções. Evitar esforços inúteis. Usar recursos sociais.
3. Objetivos	3. Representação mental dos objetivos de aprendizagem. Plano de ação, acompanhamento e avaliação.	6. Representação mental das condutas previstas. Relacionar intenção e plano de ação. Enfrentar os obstáculos ao plano de ação.

---

[282] M. Boekaerts, "Do Culturally Rooted Self-Construals Affect Students' Conceptualization of Control over Learning?", em *Educational Psychologist*, vol. 33, 1996, p. 101.
[283] *Ibid.*, p. 103.

Que funções e operações mentais são ativadas? Sobre quais dificuldades de aprendizagem intervêm?

FCD

■ **I-8. DEFICIÊNCIA PARA CONSIDERAR DUAS OU MAIS FONTES DE INFORMAÇÃO AO MESMO TEMPO:** nesse nível de funcionalidade em uma revisão de conceitos, devemos apontar para a raiz e a causa dos problemas. Muitos alunos tiveram avanços pouco significativos em seu processo de amadurecimento e não conseguem descobrir a fonte de seus problemas. O retorno à metacognição faz-se obrigatório para adquirir consciência das causas dos êxitos e dos fracassos.

■ **E-1. DIFICULDADE EM PERCEBER E DEFINIR UM PROBLEMA:** outro passo de precisão e conscientização é a descoberta dos elementos implícitos dos problemas. Não basta desejar ou pretender uma meta; antes, é preciso conhecer todos os passos a serem dados, os riscos, as exigências, para saber se poderemos tornar nossas expectativas realidade.

Operação mental

■ **RACIOCÍNIO ANALÓGICO:** a experiência nos diz que utilizamos as analogias quando abordamos conhecimentos novos. Buscamos a correspondência de alguns elementos, quando os comparamos, para destacar uma relação. Por isso, podemos dizer que compreender é raciocinar por analogia em uma dada situação.[284]

Dificuldades de aprendizagem

■ O fascínio pelo atual, pela comodidade, pelo conforto, pela vida fácil e sem esforço. Não é fácil arriscar perante o desconhecido nem se propor metas a longo prazo, quando não sabemos com que forças contamos nem quais exigências novas sobrevirão. Responsabilidade significa pesar as consequências das nossas ações; para isso, é preciso ter uma visão detalhada de toda a situação.

---

[284] J. F. Richard, *Les activités mentales: comprendre, raisonner, trouver des solutions* (Paris: Armand Colin, 1998), p. 118.

- Permissividade, relativismo, desinteresse, anomia, *laissez-faire*, entre outros, são as portas abertas para o abandono e a corrupção das crianças e dos jovens. Família, escola e sociedade adubam esse terreno e criam um clima pouco propício para a colheita de frutos sazonados. A escola não pode ser o único baluarte de valores nem o único espaço repressivo ou normativo. É necessário integrar todas as sinergias educativas. Os mais jovens precisam de modelos desafiadores, referenciais orientadores, marcos nos quais possam situar suas conquistas e sua autossuperação.

Contribuições didáticas: recursos, estratégias e procedimentos empregados pelos mediadores

"A educação começa antes" foi um *slogan* frequente para revelar a importância de iniciar a formação da pessoa desde os primeiros momentos da sua vida. O desenvolvimento tão profundo e crítico na infância condiciona e discrimina, de forma definitiva, para toda a vida.

A escola tem um papel socializador indiscutível, uma vez que os alunos passam longas horas do dia na sala de aula. Fica, portanto, a cargo dos docentes um dos objetivos mais sérios e configuradores da personalidade do educando: o fortalecimento do caráter. "O conjunto de hábitos que preparam uma pessoa para agir de forma louvável – nesse caso no que concerne às obrigações cívicas – é o que chamamos de caráter".[285] A formação é lenta, paciente e exige firmeza por parte do mediador.

Constata-se com frequência o valor dos modelos para a autossuperação – quem não teve seus líderes e modelos para imitar? –, pois quase todos os fenômenos de aprendizagem ocorrem por meio de um processo de imitação, da observação das condutas dos outros. Costumamos dizer que o exemplo instiga. O modelo ajuda a personificar as aspirações e as ilusões. O autêntico formador deve manter em alta o desejo de aprender. A autossuperação costuma ter origem na disposição para aprender, que é um dos fatores mais decisivos para alcançar o sucesso.

---

[285] M. Lipman, A. M. Sharp, F. S. Oscanyan, *La filosofía en el aula*, cit., p. 319.

6. CONTRIBUIÇÕES MEDIADORAS ÀS PECULIARIDADES DO PERFIL DIDÁTICO DO PROFESSOR MEDIADOR (PDM)

Boekaerts[286] indica três habilidades complexas que não devemos deixar de desenvolver, se pretendemos que os alunos conquistem uma aprendizagem autorregulada:

1. A habilidade de obter uma representação mental precisa dos objetivos de aprendizagem e saber redefini-los quando necessário.

2. A habilidade de dispor de um plano de ação que possa ser ampliado e revisado sempre que necessário.

3. A habilidade de acompanhar (monitorar) a própria conduta, detectar falhas e determinar os progressos na conquista dos objetivos.

Os programas de autoajuda ou autoinstruções, padrões de linguagem interior, convidam os alunos a pensar em voz alta, a fim de ajudá-los a modelar esses padrões de diálogo pessoal interiorizado.[287]

Rojas[288] propõe dez regras de ouro para educar a vontade:

1. A vontade precisa de uma aprendizagem gradual, que é obtida com a repetição de atos em que cada um vence, luta, cai e começa de novo. Adquirir hábitos positivos, por meio da repetição de condutas, de forma descontraída e alegre.

2. Para ter vontade, é preciso começar negando ou ultrapassando os gostos, os estímulos e as inclinações imediatas.

3. Toda aprendizagem é adquirida com maior facilidade quando a motivação é maior.

4. Ter objetivos claros, precisos, bem delimitados e estáveis.

5. Toda educação da vontade tem um fundo ascético, especialmente no início.

6. À medida que temos mais vontade, governamos melhor a nós mesmos e não nos deixamos levar pelo estímulo imediato.

7. uma pessoa com vontade alcança as metas que se havia proposto com perseverança.

---

[286] M. Boekaerts, "Do Culturally Rooted Self-Construals Affect Students' Conceptualization of Control over Learning?", cit., p. 107.

[287] D. Meichenbaum, *apud* R. S. Nickerson, D. N. Perkins, E. E. Smith, *Enseñar a pensar*, p. 304.

[288] E. Rojas, *La conquista de la voluntad*, cit., p. 227.

8. É importante chegar a uma boa proporção entre os objetivos e os instrumentos que utilizaremos para obtê-los.

9. Uma boa e suficiente educação da vontade é um indicador de maturidade da personalidade.

10. A educação da vontade não tem fim. Deve ser objeto de um projeto pessoal.

11. No uso corrente, a tônica "querer é poder" tem sido mitificada. A energia dinamizadora deve ser gerada e acumulada lentamente em todo o processo formador, e é imprescindível estarmos dispostos a formar no que concerne à motivação intrínseca.[289]

Mediação: que critérios de mediação intervêm?

CRITÉRIO DE MEDIAÇÃO PRIORITÁRIO

■ **REGULAÇÃO E CONTROLE DA CONDUTA:** a regulação de uma atividade é uma função que tem por objeto a seleção das tarefas e o planejamento do tempo. E, ao falar de controle, estamos designando a função que consiste em colocar em ação os meios para realizar a tarefa e zelar pelo bom desenvolvimento.[290] O ciclo dessa constante revisão deve conduzir a um comportamento autorregulado.

OUTRO CRITÉRIO

■ **BUSCA, PLANEJAMENTO E CONQUISTA DE OBJETIVOS:** existem pensamentos inertes e pensamentos significativos e estruturados. O planejamento é a construção ou a utilização de representações antecipatórias e hierarquizadas (planos) para guiar uma atividade. Há planos declarativos e procedimentais. O bom planejamento deve conter duas propriedades: antecipação e esquematização.[291]

---

[289] D. N. Perkins, *La escuela inteligente: del adiestramiento de la memoria a la educación de la mente*, cit., p. 71.

[290] J. F. Richard, *Les activités mentales: comprendre, raisonner, trouver des solutions*, cit., p. 237.

[291] *Ibid.*, p. 260.

ITEM 31. Fomento a criatividade e a diversidade na realização de trabalhos, a fim de dar oportunidade para cada um manifestar suas potencialidades.

Definição de conceitos: fundamentação teórica/princípios

As salas de aula são laboratórios de vida, síntese da existência, e por essa razão devem estar voltadas a desenvolver todas as dimensões do ser humano. O princípio humanista do mediador deve pulsar sem cessar: "nada que é humano me é alheio". Isso significa que, a todo momento, se preza atenção à diversidade e às diferenças pessoais dos educandos. O mediador oferece a cada educando as oportunidades adequadas para que ele possa desenvolver plenamente suas habilidades.

O processo mediador continuado permite ao docente ser criativo e inovador a cada dia, despertando a imaginação, os sentimentos, as expressões e as potencialidades dos alunos da sua sala de aula. A criatividade é ensinada vivenciando-a. Os critérios de mediação são estopins de interação para admitir a diversidade na participação, no questionamento e na busca de soluções. A mediação consiste na adaptação à diversidade, na descoberta das possibilidades, das linguagens, dos estilos e dos ritmos de aprendizagem de cada um. É falar a todos os sentidos e a todas as inteligências: "A invenção de possibilidades é uma das funções da inteligência".[292] Lipman impulsionou, incansavelmente, o desenvolvimento da criatividade, porque, para ele, "o pensamento lógico só pode ser estimulado por meio da atividade criativa, e, inversamente, a criatividade pode ser instigada com o desenvolvimento da capacidade lógica. As duas caminham juntas".[293]

Segundo Sternberg,[294] a criatividade possui muitas facetas: a inteligência, o saber, o estilo intelectual, a personalidade, a motivação e o contexto ou ambiente. Impulsionar a diversidade é preparar o terreno para

---

[292] J. A. Marina, *Ética para náufragos* (Barcelona: Anagrama, 1995), p. 137.

[293] M. Lipman, A. M. Sharp, F. S. Oscanyan, *La filosofía en el aula*, cit., p. 143.

[294] R. J. Sternberg, *apud* J. F. Dortier, *Le cerveau et la pensée*, cit., p. 239.

que o crescimento e as potencialidades de cada educando floresçam. Às vezes, o mediador precisa assumir o papel de discípulo,[295] para encontrar inúmeras realidades e pontos de vista, olhar entusiasmado para a vida, brincar, buscar expressividade; querer sonhar "é como deixar-se conduzir por uma estrela", como metaforiza um certo provérbio inglês. *"A criatividade é a palavra-chave da nossa cultura".*[296]

Criatividade é sinônimo de originalidade, mas corresponde a um conjunto de capacidades e aptidões que fazem com que uma pessoa gere, com frequência, produtos criativos. As pessoas criativas tendem a pensar em termos opostos. Rothenberg denomina essa característica de pensamento janusiano, em alusão ao deus Jano (guardião das portas), que, por possuir duas faces opostas, podia olhar simultaneamente em duas direções.[297] Muitos aprendizes de mediadores veem como um desafio a mudança nesse sentido; é necessário ampliar os conhecimentos, adquirir uma boa base profissional, já que todos os conhecimentos estão ligados em redes significativas. O papel do docente deve mudar: ele deve saber, hoje, criar empatia e um clima de confiança no qual nasçam e se expressem livremente as ideias, ser um positivo instigador, elevar o nível de expectativas, ser potencializador, orientador, dar oportunidades, instaurar a colaboração, fomentar a autoexpressão que desperte o sentimento de capacidade e de autoestima.

Por meio da análise fatorial, Guilford conseguiu isolar os componentes essenciais do potencial criativo e da capacidade de organização criadora. Lowenfeld os aperfeiçoou e classificou em fatores e aptidões: a) os fatores são a sensibilidade, a facilidade (verbal, de ideias, associativa), a flexibilidade da mente e a originalidade; b) as aptidões são a redefinição, a análise, a síntese e a organização. As características comuns a todos os sujeitos muito criativos, colocadas em destaque independentemente de sua profissão, são as seguintes:

---

[295] J. I. Pozo, *Aprendices y maestros*, cit., p. 49.

[296] A. López Quintás, *El arte de pensar con rigor y vivir de forma creativa* (Madri: Asoc. Progreso de las Ciencias Humanas, 1993), p. 705.

[297] R. S. Nickerson, D. N. Perkins, E. E Smith, *Enseñar a pensar*, cit., p. 116.

6. CONTRIBUIÇÕES MEDIADORAS ÀS PECULIARIDADES DO PERFIL DIDÁTICO DO PROFESSOR MEDIADOR (PDM)

a) uma grande liberdade de ação e de pensamento; b) comparados aos sujeitos dos grupos de controle, atêm-se menos a certas percepções limitadas e rígidas da vida; c) são mais inclinados a reconhecer suas pulsões irracionais; d) preferem a complexidade e a novidade; e) apreciam o humor e são dotados de um notável senso de humor; f) os valores, tanto teóricos como estéticos, aparecem com muita frequência em sua conversação.[298]

A criatividade, segundo García Hoz,[299] costuma ser apresentada de três maneiras diferentes: a) como invenção ou descoberta, assim como um arqueólogo ou um viajante que encontra, descobre ou revela uma realidade preexistente; b) como uma iluminação repentina no homem – um artista ou um pesquisador –, que o leva a captar uma verdade ou uma manifestação da beleza secreta e oculta até aquele momento de revelação; c) finalmente, e de forma muito representativa da mentalidade do nosso tempo, como parte do processo de produção. Não é fruto da aventura nem da iluminação, mas, sim, do trabalho.

De Bono[300] criou a expressão pensamento lateral, que se refere a uma nova maneira de contemplar as coisas. Tendo como objeto a mudança de modelos, é um sistema de memória otimizante e, ao mesmo tempo, uma atitude mental e um método para usar informação; prescinde de toda forma de julgamento ou crítica e baseia-se nas características do mecanismo de manipulação da informação da mente. Em suas inúmeras publicações, esse autor foi expandindo seu pensamento inovador e lúdico, com modelos criativos e originais: chapéus para pensar, sapatos para a ação, técnicas, esquemas de pensamento, etc. Se o pensamento é dinâmico, os meios que o agilizam devem estar a sua altura, como afirma De Bono: "Se o pensamento lateral gera as ideias, o pensamento vertical as desenvolve".[301]

---

[298] A. R. Coriat, *Los niños superdotados* (Barcelona: Herder, 1989), p. 198.

[299] V. García Hoz & R. Pérez Juste, *La investigación del profesor en el aula*, cit., p. 27.

[300] E. De Bono, *El pensamiento lateral* (Barcelona: Paidós, 1991), p. 61.

[301] E. De Bono, *Cómo enseñar a pensar a tu hijo* (Barcelona: Paidós, 1995), p. 221; R. S. Nickerson, D. N. Perkins, E. E. Smith, *Enseñar a pensar*, cit., p. 249.

Que funções e operações mentais são ativadas? Sobre quais dificuldades de aprendizagem intervêm?

FCD

- **E-4. LIMITAÇÃO DO CAMPO MENTAL:** o mediador vai ampliando o horizonte dos educandos, por meio de sua própria interação. A flexibilidade do mediador opera a mudança quando vai dando espaço, lentamente, à diversidade de pontos de vista de cada discente. Um único tema possui muitas facetas, dependendo de como nos posicionamos diante dele. Um panorama pode ser fotografado a partir de diversas posições.

- **E-13. COMPORTAMENTO DEFICIENTE PARA INTEGRAR-SINTETIZAR:** conduta somativa. Somar respostas, somar pontos de vista e soluções, para depois avançar em direção a uma síntese integradora da diversidade. A mediação deve percorrer caminhos de ida e volta para observar o trajeto a partir do início e do final. A reversibilidade ensina a abrir panoramas para os conhecimentos.

- **O-1. MODALIDADE DE COMUNICAÇÃO EGOCÊNTRICA:** a mediação deve ser capaz de mudar o ponto de vista do educando, colocar chapéus de diferentes cores em sua cabeça, subir e descer degraus para que adote novas posições. Às vezes, um gesto, uma sutileza ou uma atitude nos fazem ver, com maior rapidez, aquilo que as palavras não conseguiram expressar ao longo de anos.

OPERAÇÕES MENTAIS

- **RACIOCÍNIO DIVERGENTE:** a lógica do outro, a lógica a partir de outro ponto de vista, é também a lógica das hipóteses. As possibilidades do pensamento nos fazem ver outra lógica. "Tudo é segundo a cor do vidro através do qual se olha".

- **RACIOCÍNIO TRANSITIVO:** não percebemos as novas relações porque o pensamento está bloqueado ou não está educado para encontrar novas implicações. Nas relações negativas de transitividade, a mediação deve ser levada ao extremo para conduzir até a percepção as impli-

6. CONTRIBUIÇÕES MEDIADORAS ÀS PECULIARIDADES DO PERFIL DIDÁTICO DO PROFESSOR MEDIADOR (PDM)

cações das nossas afirmações: A é diferente de B. Isso não significa apenas que é maior, mas que pode também ser menor. Essa é a lógica das conclusões transitivas que exigem uma mente aberta.

DIFICULDADES DE APRENDIZAGEM

■ A carência de mediação em pessoas com privação cultural manifesta-se por uma falta de projeção de relações, um pensamento inerte e carente de ideias.

■ A timidez, a introversão, o sentimento de incompetência, o fracasso prolongado que compromete o autoconceito dos alunos. É necessário superar o medo do constrangimento com experiências que favoreçam a desenvoltura e com a expressão teatral.

■ Devemos ter consciência do impacto dos meios de comunicação de massa, que criam um mimetismo social acelerado, eliminando os elementos diferenciadores das culturas e das peculiaridades de cada povo. A inibição do pensamento produtor aparece de duas formas: a) no sistema de habituação, que é a tendência a persistir no uso de soluções que tenham demonstrado eficácia no passado; b) na constância funcional, que é a incapacidade de encontrar, para determinados aparelhos, objetos, teorias ou outras coisas, uma função diferente daquela que geralmente lhes é atribuída.[302]

Contribuições didáticas: recursos, estratégias e procedimentos empregados pelos mediadores

O mediador ou o tutor devem ser catalisadores do dinamismo criativo dos educandos e situar-se entre a utopia e a realidade, a fim de ajudar tanto na autorrealização como na expansão da personalidade: "O seu problema, escreve Hellen Keller, consiste em fazer a síntese entre você e o mundo em que você vive [...] como algo que seja um todo coerente". O tutor também deve ajudar o educando a definir e explicar os desejos e as expectativas de futuro, a buscar soluções para os problemas, a pro-

---

[302] A. R. Coriat, *Los niños superdotados*, cit., p. 185.

porcionar a saúde mental e a edificar os elos da criatividade: expressivo, produtivo, inovador e emergente.[303]

Mesmo o pesquisador e o analista devem ter uma sensibilidade divergente desenvolvida, saber transcender a própria perspectiva e chegar a conhecer e interpretar aqueles que estão estudando. Autores de diferentes linhas falam da necessidade de pensamento divergente e talento artístico no docente, de elementos instrumentais presentes na interpretação (metáforas, analogias, etc.).[304]

Com inegável sensibilidade mediadora, Lombaerts propõe a arte reconciliadora como um dos elementos deontológicos do educador atual:

> A arte reconciliadora representa a textura da educação: a natureza e a estrutura do material utilizado incorporam-se à pessoa, a outros sistemas, em uma configuração da interação com o ambiente. Ao criar formas de simbolização, o artista aponta para outro universo de sentido. Explora outra dimensão espiritual da vida e indaga o sentido.[305]

O questionamento de Lipman[306] pretende descobrir os pontos de vista e as opiniões diversas do grupo de alunos. Mas a exploração e o enriquecimento prolongam-se para, posteriormente, obter e analisar várias alternativas a seus pontos de vista. Lipman justifica o dinamismo do docente em seu profundo sentido transformador social da educação:

> O professor é um mediador entre a sociedade e a criança, não é um árbitro. Não é papel do professor adaptar a criança à sociedade, mas, sim, educá-la de tal modo que, no final, ela seja capaz de moldar a sociedade de forma que responda melhor às inquietações indivi-

---

[303] J. M. Martínez, *Creatividad: ¿La inteligencia perdida?* (Madri: Ediciones SPX, 1986), p. 173; A. R. Coriat, *Los niños superdotados*, cit., p. 182.

[304] J. Gil Flores, *Análisis de datos cualitativos: aplicaciones a la investigación educativa*, cit., p. 40.

[305] H. Lombaerts, "Factores que apoyan y garantizan la educación: análisis deontológico", em *Aula Viva*, nº 9 (Madri: Bruño, 1999), p. 53.

[306] M. Lipman, A. M. Sharp, F. S. Oscanyan, *La filosofía en el aula*, cit., pp. 208 e 222.

6. CONTRIBUIÇÕES MEDIADORAS ÀS PECULIARIDADES DO PERFIL DIDÁTICO DO PROFESSOR MEDIADOR (PDM)

> duais. É importante que os educadores reconheçam a plasticidade da sociedade e dos indivíduos, assim como a necessidade de uma autorrenovação comunitária que garanta a participação. Nada assegura tanto a inflexibilidade de uma sociedade diante da criatividade como a atitude de ensinar às crianças que a sociedade é inflexível diante da criatividade individual.[307]

Ao longo de uma obra altamente criativa e otimista, o professor López Quintás[308] defende a necessidade de fundar na mente boas bases para poder assimilar a arte de pensar com rigor e viver de forma criativa. Ele apresenta um modelo de formação para a criatividade, baseado em criar um clima lúdico-ambiental, segundo estas linhas mestras:

1. A formação para a criatividade deve ser iniciada suscitando nas crianças o desejo de realizar experiências valiosas, extáticas (dentro de seu conceito positivo de êxtase, ante a alienação da vertigem), adaptadas, naturalmente, a suas possibilidades.

2. O mediador deve ajudá-las a articular suas experiências e a analisar seu desenvolvimento e potencial criador.

3. Ao captar a articulação interna das experiências criativas que realiza em sua vida diária, a criança descobre com satisfação a riqueza que a sua existência abriga.

4. O mediador pode então propor a realização de experiências mais elevadas que as usuais em sua vida diária.

5. As experiências devem ensinar a pensar com rigor e a discernir.

6. Experimentar novas formas de experiência. Descobrir o potencial das experiências criativas. Ampliar o horizonte da criatividade.

7. Confrontar diversas experiências criativas estéticas: musicais, éticas, metafísicas, linguísticas, antropológicas, etc.

8. As experiências criativas devem continuar durante toda a vida.

---

[307] *Ibid.*, p. 269.
[308] A. López Quintás, *El arte de pensar con rigor y vivir de forma creativa*, cit., p. 699.

De Bono oferece-nos diversas sugestões criativas. Um exemplo peculiar é o emprego da "provocação e po". "Po (que significa suponhamos, imaginemos o que aconteceria se...) as vacas pudessem voar", "po os carros tivessem rodas quadradas".[309] Essas provocações são inversões, fugas absurdas e assimétricas que criam situações estimulantes para a imaginação, gerando novidade.

Neil Postman foi um dos iconoclastas dissidentes da escola tradicional. Uma mostra disso é sua profunda reflexão sobre as funções da escola, que não respondem às expectativas formativas que ela deveria alcançar e levam-no a definir dezesseis normas rebeldes para uma nova educação, entre elas: "Precisamos de uma terapia de choque, com estímulos provenientes de outras fontes, cheias de vida".[310]

Mediação: que critérios de mediação intervêm?

Critério de mediação prioritário

- **MUDANÇA:** busca de novidade e complexidade: a expressão de um mesmo conceito pode se dar de múltiplas formas. A mediação deve levar em consideração que essas formas diversas complicam ou facilitam a nossa compreensão, segundo o grau de familiaridade ou estranheza, sem renunciar à mudança constante.

Outro critério

- **BUSCA DE ALTERNATIVAS OTIMISTAS:** a mediação deve buscar, mesmo na geração do conflito, novas possibilidades e novas respostas positivas. O estilo mediador deve gerar uma cosmovisão plural e otimista.

---

[309] E. De Bono, *Cómo enseñar a pensar a tu hijo*, cit., p. 227.

[310] N. Postman & CH. Weingartner, *La enseñanza como actividad crítica* (Barcelona: Fontanella, 1973), pp. 15 e 151.

ITEM 32. Reviso e modifico o sistema de trabalho, segundo os resultados da avaliação e os objetivos alcançados nas programações anteriores.

Definição de conceitos: fundamentação teórica/princípios

Avaliar não é medir nem comprovar, nem ao menos controlar os resultados de uma ação orientada a uma dada finalidade. Avaliar é um processo de diálogo, acumulação de informação, compreensão holística de toda a organização educativa.[311] O aluno não pode continuar sendo o único avaliado no processo educativo. A avaliação é uma empresa inacabada, pois, a todo momento, os novos resultados orientam a significação dos anteriores.

> A avaliação do conhecimento e de sua aquisição no contexto escolar tem basicamente *duas funções*: primeira, proporcionar informação que permita decidir que tipo de ajuda deve ser prestada aos alunos para que possam progredir e, segunda, decidir quais alunos podem ser promovidos por terem os pré-requisitos que possibilitarão seu progresso em níveis posteriores.[312]

A avaliação foi até hoje o peso que os alunos tiveram que suportar como uma forma de controle e hierarquização. A avaliação deve desencadear um processo de melhora na tarefa educativa. Nas escolas, costuma-se avaliar para medir, qualificar, comparar, classificar, selecionar ou hierarquizar. É importante reconhecer que:

> *A avaliação é um processo de natureza ética*, e não meramente técnica. Por isso, mais importante do que realizar a avaliação, e até mesmo fazê-la corretamente, é saber a serviço de que pessoas e de que valores ela se coloca. Poder-se-ia dizer a um profissional: 'diga-me como você avalia e eu lhe direi que tipo de profissional (e até mesmo

---

[311] J. Gil Flores, *Análisis de datos cualitativos: aplicaciones a la investigación educativa*, cit., p. 35.

[312] J. L. Villa & J. Alonso Tapia, "Evaluación del conocimiento: criterios informales utilizados por los profesores", em *Revista de Ciencias de la Educación*, nº 171, 1997, p. 349.

O PERFIL DO **PROFESSOR MEDIADOR**

de pessoa) você é'. Na escola *avalia-se muito e muda-se pouco*: algo
falha no processo.[313]

O mediador deve estar aberto a uma incessante interpretação dos resultados obtidos, com relação aos objetivos propostos, para ir tomando
novas decisões que adaptem o processo de interação educativa. A avaliação deve se ajustar a uma série de medidas de eficácia, as quais devem:

1. estar relacionadas com as necessidades dos usuários, da equipe diri-
   gente e da equipe técnica;

2. determinar o nível em que beneficiam os usuários que finalizam todas as atividades e serviços;

3. ser estabelecidas sobre um processamento aceitável de amostragem
   dos usuários que participaram do programa;

4. utilizar um método de coleta de dados sobre resultados, que evite
   distorções na informação;

5. ser capazes de detectar mudanças nos benefícios;

6. dispor de controles de progresso em relação à conquista das metas
   do programa, para as pessoas incluídas em programas de longa duração;

7. medir os resultados no momento em que possam ser considerados
   estáveis;

8. mensurar os resultados um certo tempo depois da finalização da atividade, a fim de que eles possam ser atribuídos aos serviços realizados.[314]

A completa avaliação deve preceder sempre a tomada de decisões. A escolha racional pressupõe o conhecimento, o exame e a avaliação de todas as
opções e usos possíveis, de todos os estados da natureza atual e futura, das
diferentes possibilidades e pontos de vista.[315]

---

[313] M. A. Santos Guerra, "Las escuelas también aprenden", em *Cuadernos de Pedagogía*, nº 289,
2000, p. 46.

[314] S. Fernández, *Pautas metodológicas de intervención educativa especializada*, cit., p. 130.

[315] J. F. Dortier, *Le cerveau et la pensée*, cit., p. 284; M. A. Sánchez, *Desarrollo de habilidades de
pensamiento: razonamiento verbal y solución de problemas*, cit., p. 324.

Se é importante a avaliação como um juízo de valor sobre algo, isto é, a determinação de seu valor e mérito, a meta-avaliação é um juízo de valor sobre a avaliação, a determinação de seu valor e mérito. Stufflebeam atribui à metacognição um caráter e uma marca de profissionalismo e preocupação com a qualidade da própria avaliação e a define como "o processo de elaborar, obter e utilizar informação descritiva e de julgamento acerca da utilidade, do valor prático e da adequada ética e técnica de uma avaliação, a fim de guiá-la e tornar público o registro de seus pontos fracos e fortes". Existe um medo – ou resistência – de ser avaliado, como inerente à condição humana. Scriven introduziu formalmente o termo meta-avaliação no final da década de 1960. O objetivo da meta-avaliação é identificar distorções de qualquer tipo que possam ocorrer na avaliação. A meta-avaliação está vinculada a uma perspectiva crítica e é seu valor formativo que é destacado.[316]

Que funções e operações mentais são ativadas? Sobre quais dificuldades de aprendizagem intervêm?

FCD

- **I-2. COMPORTAMENTO EXPLORATÓRIO ASSISTEMÁTICO:** impulsivo não planejado. A avaliação deve ser planejada. Deve ser uma etapa insubstituível do processo.

- **E-10. DIFICULDADE DE DEFINIR O ÂMBITO NECESSÁRIO PARA RESOLVER UM PROBLEMA:** a clareza na definição dos nossos erros e acertos é o resultado da avaliação. O efeito reversível do esclarecimento das definições e da explicação de conceitos é essencial no processo.

- **O-8. CONDUTA IMPULSIVA QUE AFETA A NATUREZA DO PROCESSO DA RESPOSTA:** os educandos precisam de tempo para encontrar a resposta adequada, especialmente se se trata de avaliar cada um dos passos do processo de ensino-aprendizagem.

---

[316] A. de la Orden & M. J. Martínez, "Metaevaluación educativa", em *Bordón*, 43 (4), 1992, p. 517.

Operação mental

■ **TRANSFORMAÇÃO MENTAL:** a sofisticação e a agilidade mentais, como a coerência lógica e a tensão criativa, devem apontar para o final de um processo mediador, a fim de dar novas soluções e respostas ao docente e ao aluno para que novas decisões possam ser tomadas. No momento de instaurar mudanças e buscar soluções, confluem nessa operação a compreensão, a analogia, o pensamento divergente, a dedução, etc.

Dificuldades de aprendizagem

■ Muitos mediadores reconhecem que o primeiro obstáculo que os alunos encontram na autoavaliação é o desconhecimento dos objetivos que devem alcançar e das expectativas do processo de aprendizagem. A falha é intrínseca ao desconhecimento do processo conscientizador da própria interação mediadora. É imprescindível que o aluno saiba o que tem que conseguir, o que será avaliado, a que meta deve chegar. Essa deficiência deve ser atribuída ao docente.

■ Indubitavelmente, todo processo de autoanálise exige introspecção, concentração e consciência das próprias ações, estratégias e decisões de todo o processo de aprendizagem. A mediação deve formar pessoas conscientes e responsáveis, guiar o educando para que obtenha autodomínio e controle de seu comportamento. A luta contra a superficialidade e a irreflexão é imprescindível neste caminho para o interior de si mesmo.

■ Devemos conceder aos alunos o tempo necessário e dispor de questionários, quadros, protocolos que orientem a conclusão de cada tarefa na sala de aula, ainda que este seja um trabalho rigoroso. As exigências de qualidade e experiência, conquista e avanço devem obrigar o docente a impor a "cultura da avaliação" no centro da sala de aula.

Contribuições didáticas: recursos, estratégias e procedimentos empregados pelos mediadores

A fim de revisar todos os tópicos da intervenção mediada e avaliar os diferentes aspectos do processo de ensino-aprendizagem, a professora

6. CONTRIBUIÇÕES MEDIADORAS ÀS PECULIARIDADES DO PERFIL DIDÁTICO DO PROFESSOR MEDIADOR (PDM)

Prieto elabora uma série completa de dez inventários ou escalas, seguindo os formulários de diversos autores. Pretendemos consolidar essa atitude nos mediadores, oferecendo esta série de recursos didáticos que ajudarão na difícil tarefa da avaliação:

Avaliação de indicadores do progresso do funcionamento cognitivo:

- Indicadores do enriquecimento cognitivo:
  - correção de funções cognitivas deficientes;
  - aquisição de vocabulário, conceitos e operações necessários para a solução de problemas;
  - desenvolvimento da motivação extrínseca: hábitos de trabalho;
  - desenvolvimento da motivação intrínseca;
  - desenvolvimento dos processos de insight;
  - maior independência para trabalhar.
- Indicadores do desenvolvimento intelectual, segundo Costa:
  - perseverança;
  - redução da impulsividade;
  - flexibilidade do pensamento;
  - metacognição;
  - supervisão do próprio trabalho;
  - questionamento dos problemas e tarefas escolares;
  - utilização do conhecimento e da experiência;
  - transferência;
  - linguagem precisa;
  - disposição para resolver problemas.
- Escalas para avaliar os resultados de uma lição:
  - objetivos;
  - FCD priorizadas;
  - insight e transferência das aprendizagens;
  - clima de trabalho da sala de aula;

- tipo de intervenção mediadora;
- interação entre iguais;
- nível de eficácia;
- autoavaliação dos alunos.

■ Guia de observação para avaliar a metodologia do professor:

- introdução;
- trabalho independente;
- discussão dos resultados e resumo;
- atitude dos alunos

Encontramos ainda outro instrumento avaliativo: questionário sobre critérios de avaliação, além dos exames, aplicado aos professores, que é composto de treze itens. Investiga os critérios avaliativos que orientam as decisões dos professores no que diz respeito a seus alunos: esforço do aluno, atividades, melhora da autoestima, atitudes, motivação, participação e interesse nas aulas, etc.[317]

Podemos concluir que, na falta de outros modos de avaliar, a mediação desempenha essa função, atuando também no controle do processo, no conhecimento das micromudanças, na empatia e no acompanhamento próximo que permite ao docente dispor dos dados mais autênticos e irrefutáveis de qualquer avaliação. Nesse sentido encontramos uma valiosa contribuição na obra de Cardinet sobre a mediação.[318]

Mediação: que critérios de mediação intervêm?

Critério de mediação prioritário

■ **BUSCA, PLANEJAMENTO E CONQUISTA DE OBJETIVOS:** a avaliação exige a prévia etapa de estabelecimento de objetivos e metas concretas. A tarefa mediadora, que busca a modificabilidade e a potencialização,

---

[317] J. L. Villa & J. Alonso Tapia, "Evaluación del conocimiento: criterios informales utilizados por los profesores", cit., p. 369.

[318] A. Cardinet, *École et médiations* (Ramonville: Éres, 2000), p. 164.

vê-se na obrigação, nessa forma de interação, de adaptar os objetivos, buscar conteúdos e linguagens adequados a cada aluno e conseguir chegar triunfante à meta. A primeira autoavaliação deve ser a do mediador, e subsequentemente, por geração espontânea ou contágio, entre os educandos.

Outro critério

■ **CONHECIMENTO DO SER HUMANO COMO ENTIDADE MUTÁVEL:** no final do caminho deve existir a consciência do nosso crescimento, do nosso enriquecimento e modificação. Mudamos para melhor, avançamos graças a um processo mediador experiente. A mudança transforma-se em consciência de autoestima e autoconfiança.

7
Conclusões

CONTRIBUIÇÕES DO PARADIGMA MEDIADOR

As experiências e os testemunhos dos mediadores conduzem a uma percepção indubitavelmente positiva de seu encontro com a teoria da modificabilidade cognitiva estrutural (MCE). Sua prática do Programa de Enriquecimento Instrumental (PEI) conseguiu reforçar aspectos pedagógicos muito diversos, que sintetizamos numa dezena de contribuições. Mesmo sem apresentar uma quantificação, reconhecemos sua validade pelo testemunho direto e compartilhado por educadores de níveis e situações muito diferentes.

CONTRIBUIÇÕES PSICOPEDAGÓGICAS DO PEI PARA A FUNÇÃO DOCENTE NO PROCESSO DE ENSINO-APRENDIZAGEM NA SALA DE AULA

1. Proporciona fundamento psicopedagógico e científico ao paradigma da mediação.
2. Propõe um processo de construção das estruturas do conhecimento – o mapa cognitivo.
3. Confere relevância ao papel do professor mediador – estilo didático e critérios de interação.

O PERFIL DO **PROFESSOR MEDIADOR**

4. Dedica especial atenção nos processos cognitivos-afetivos-sociais e ensina a pensar.

5. Focaliza todo processo no educando, criando empatia, motivação e envolvimento.

6. Descreve e orienta através de um programa (PEI) a solução às funções deficientes e potencializa suas capacidades.

7. Desenvolve por meio da metacognição e do insight a aprendizagem estratégica e significativa.

8. Potencializa a ação profissional do docente como guia-orientador, organizador da aprendizagem, tutor e terapeuta.

9. Oferece um modelo de avaliação dinâmica da propensão à aprendizagem (LPAD).

10. Pretende criar um ambiente modificador e potencializador, envolvendo pais e educadores na conquista dos objetivos.

Pareceres sobre o PEI

Em razão da referência direta ao PEI e pela autoridade que constituem, apresentamos a seguir dois pareceres, de Sternberg e Nickerson, que poderão ser contrastados com todas as opiniões precedentes dos mediadores.

Sternberg faz uma avaliação do PEI e indica seus aspectos positivos e negativos. A vantagem é que o programa pode ser aplicado a crianças de diversas idades (dos graus mais avançados da educação básica aos primeiros graus da educação média), de diferentes níveis de habilidade (desde aquelas que apresentam algum tipo de defasagem até aquelas que estão acima da média) e de variadas classes socioeconômicas. Além disso, elas gostam muito do programa, o qual parece ser eficaz em elevar a motivação intrínseca e a autoestima delas. O programa é bem organizado em módulos e fácil de obter. Parece ser eficiente para elevar as pontuações das crianças nas provas de habilidade. É importante ressaltar que a maioria dos exercícios de treinamento contém tópicos semelhantes ou idênticos àqueles presentes em testes de inteligência e aptidões múltiplas, de modo que não deve ser

7. CONCLUSÕES

totalmente surpreendente que a prática intensiva e o treinamento em tais tópicos elevem as pontuações alcançadas nesses testes.

No que concerne às suas limitações, o programa requer uma vasta formação dos professores, que deve ser conduzida por uma autoridade reconhecida, durante toda a duração do programa. A superação dos problemas de qualquer corpo do conhecimento ou das disciplinas básicas (como ciências sociais ou leitura, por exemplo) é questionável em relação à possibilidade de transferir as habilidades a tarefas acadêmicas e intelectuais do mundo real, especialmente a longo prazo. Apesar da aversão de Feuerstein aos testes de quociente intelectual (QI), o programa desenvolve, sobretudo, aquelas habilidades concernentes a esses testes, em vez de abordar um espectro mais amplo de habilidades que vão além da inteligência.

Em suma, segundo o Sternberg, o Programa de Enriquecimento Instrumental é uma opção atraente em muitos aspectos, apesar das limitações a respeito da envergadura das habilidades desenvolvidas e do potencial para generalizá-las. Não obstante, está entre os melhores programas disponíveis cuja ênfase está nas habilidades de pensamento. É provavelmente o programa mais utilizado e sobre o qual mais testes de campo foram realizados, em diversos países. Como resultado, pode ser recomendado tanto para membros da cultura majoritária como para membros de outras culturas e subculturas.[1]

Nickerson tece seus comentários:

> Independentemente dos dados que se referem à eficácia, há aspectos do programa de enriquecimento instrumental que nos parecem impressionantes. Não é necessário estar de acordo com o critério teórico da competência intelectual em que se baseia este programa, para reconhecer que existe nele uma perspectiva unificadora que lhe confere certa coesão.

---

[1] "Cómo podemos desarrollar la inteligencia", em *Revista Didac*, Universidad Iberoamericana, nº 15, 1989, p. 11.

O PERFIL DO **PROFESSOR MEDIADOR**

Esse programa foi amplamente utilizado, e muitos de seus usuários e avaliadores se pronunciaram com entusiasmo acerca dele e dos efeitos que acreditam ter visto, ainda que não tenha sido possível mensurá-los. Seus materiais estão perfeitamente documentados e são muito acessíveis. Acreditamos que os professores qualificados serão capazes de utilizá-los com notável proveito.[2]

QUADRO 27. SÍNTESE

1. Por meio do método de Observação Participante e da documentação pesquisada, constatamos a validade do novo paradigma mediador para orientar a renovação pedagógica dos docentes.

2. A contribuição da EAM através do PEI é um referente pedagógico de impacto renovador para a didática dos mediadores na sala de aula.

3. A prática educativa se vê enriquecida pelos elementos mais peculiares do estilo de mediação, transformando o estilo de interação dos professores mediadores.

4. A mediação centrada no aluno exige uma renovação profunda e uma atualização permanente no estilo educativo do mediador.

5. O estilo mediador demonstrou ser um poderoso e eficaz meio de mudança do ambiente educativo, desde a autoestima do docente até a transformação de algumas estruturas e horários escolares, para poder atender aos alunos mais desfavorecidos e que apresentam problemas.

---

[2] R. S. Nickerson, D. N. Perkins, E. E Smith, *Enseñar a pensar* (Barcelona: Paidós-MEC, 1990), p. 191.

Bibliografia

ABRAHAM, A. *El mundo interior de los enseñantes*. Barcelona: Gedisa, 1987.

ADEY, P. & SHAYER, M. *Really Raising Standards: Cognitive Intervention and Academic Achievement*. Londres: Routledge, 1994.

AGATÓN, H. *Las doce virtudes del buen maestro*. Madri: HEC, 1952.

AJURIAGUERRA, J. *Manual de psiquiatría infantil*. Barcelona: Toray-Masson, 1973.

ALCALDE GÓMEZ, C. *El maestro en la pedagogía de San Juan Bautista de La Salle*. Madri: SPX, Sinite, nº 3, 1961.

ALONSO, C. M.; GALLEGO D. J.; HONEY P. *Los estilos de aprendizaje*. 2ª ed. Bilbao: Mensajero, 1995.

ALONSO TAPIA, J. *¿Enseñar a pensar? Perspectivas para la enseñanza compensatoria*. Madri: Cide, 1987.

_____. *Motivación y aprendizaje en el aula: cómo enseñar a pensar*. Madri: Santillana, 1991.

ÁLVAREZ CASTILLO, J. L. *Sagacidad perceptiva y teorías implícitas de personalidad de los profesores*. Salamanca: UPS, 1992.

ÁLVAREZ GONZÁLEZ, B. *Un programa de enriquecimiento para alumnos superdotados de 5 a 7 años*, tese de doutorado. Madri: Uned, 1998.

ALVES, R. *A alegria de ensinar*. São Paulo: Ars Poética, 1994.

_____. *Conversas com quem gosta de ensinar*. São Paulo: Ars Poética/Speculum, 1995.

AMAT, O. *Aprender a enseñar*. Barcelona: Gestión 2000, 1995.

ANGUERA, M. T. *Metodología de la observación en las ciencias humanas*. Madri: Cátedra, 1992.

APARICIO, J. A. "El conocimiento declarativo y procedimental que encierra una disciplina y su influencia sobre el método de enseñanza". Em *Tarbiya*, nº 10, 1995.

APPLE, M. W. *Ideología y currículo*. Madri: Akal, 1986.

ASHMAN, A. F. & CONWAY, R. N. *Estrategias cognitivas en educación especial*. Madri: Santillana, 1990.

AUDY, P. *API: Actualisation du potentiel intellectuel*. Québec: Université de Québec, 1990.

_____. *API: Une approche visant l'actualisation du potentiel intellectuel*. Québec: Université de Québec, 1993.

_____. *Profil d'efficience spontanée et sur demande (PESD)*. Québec: Université de Québec, 1993.

AUSUBEL, D. P.; NOVAK J. D.; HANESIAN, H. *Psicología educativa: un punto de vista cognitivo*. México: Trillas, 1989.

AVANZINI, G. "Les apports du PEI dans la pensée et la pratique de l'éducation". Em AVANZINI, G.; MARTIN, J.; PARAVY, G. (orgs.) *Pédagogies de la médiation: autour du PEI*. Lyon: Chronique Sociale, 1992.

BAEZA, C. "La acción educativa y los problemas de hiperactividad y atención en el aula". Em CASTILLEJO, J. L. *Investigación educativa y práctica escolar*. Madri: Santillana – Aula XXI, 1987.

BARTH, B. M. *L'apprentissage de l'abstraction: méthodes pour une meilleur réussite de l'école*. Paris: Retz, 1987.

_____. *Le savoir en construction: former à une pédagogie de la compréhension*. Paris: Retz, 1993.

BARTHÉLEMY, A. "Médiation: les ambigüités díun succès. La polysémie de la notion dans le cadre du P.E.I". Em *Revue Université de Lille*, Spiral, UIFM, 1996.

BASSI, L.; CHENEY, S.; LEWIS, E. "Tendencias del aprendizaje", vols. I e II. Em *Training & Development Digest*, nos 20-21, 2000.

BAUMAN, J. F. *La comprensión lectora*. Madri: Aprendizaje Visor, 1990.

BEASLEY, F. P. *An Evaluation of Feuerstein's Model for the Remediation of Adolescents Cognitive Deficits*, tese de doutorado. Londres: University of London, 1984.

BELTRÁN, J. *Procesos, estrategias y técnicas de aprendizaje*. Madri: Síntesis, 1993.

_____ *et al. Intervención psicopedagógica*. Madri: Pirámide, 1993.

_____ (org.). *Nuevas perspectivas en la intervención psicopedagógica*. 2 vols. Madri: Universidad Complutense de Madrid, 1997.

BEN-HUR, M. *On Feuerstein's Instrumental Enrichment*. Palatine, III: IRI/Skylight T & P, 1994.

BENNETTE, A. *et al. Workshops in Cognitive Processes*. Londres: Routledge & Kegan Paul, 1981.

BERBAUM, J. *Développer la capacité d'apprendre*. 4ª ed. Paris: ESF, 1995.

BERGER, P. L. & LUCKMANN, T. *Modernidad, pluralismo y crisis de sentido*. Barcelona: Paidós, 1997.

BERLINER, D. C. "The Place of Process-Product Research in Developing the Agenda for Research on Teacher Thinking". Em *Educational Psychologist*, 24 (4), outono, 1989.

BERMEJO, V. *Desarrollo cognitivo*. Madri: Síntesis, 1994.

BERNARD, J. A. *Estrategias de estudio en la universidad*. Madri: Síntesis, 1995.

BERNARD, M. E. & PLEUX, D. *You Can Do it*. Brive: DFD. Guide de l'animateur. Guide de l'élève, 1993.

BEYER, H. O. *O fazer psicopedagógico*. Porto Alegre: Mediação, 1996.

BISSONETTE, S. & RICHARD, M. "Vers un changement du nature pédagogique: l'enseignement par rnédíatíon". Em *Vie Pédagogique*, DRMME, 106, Québec, 1998.

BLOCK, E. *Early Curriculum Intervention as a Means of Impacting Later Learning: a Mediational Approach*, tese de doutorado. Flórida: Florida International University, 1991.

BOEYENS, J. *Learning Potential: a Theoretical Perspective*. Pretoria: Human Sciences Research Council, 1989.

BONDRA, G. *The Anisa Model: a Scientific Paradigm for Education and its Implication for a Theory of Evaluation*, tese de doutorado. Massachusetts: University of Massachusetts, 1980.

BOTKIN, J. W.; ELMANDJRA, M.; MALITZA, M. *Aprender, horizonte sin límites*. Madri: Santillana, 1979.

BOUYSSOU, G.; ROSSANO, P.; RICHAUDEAU, F. *Oser changer l'école*. Paris: Albin Michel, 1996.

BRANSFORD, J. & STEIN, B. S. *The Ideal Problem Solver: a Guide for Improving Thinking, Learning and Creativity*. Nova York: W. H. Freeman, 1993.

BROEK, P. M.; VAN DEN BRAUER, P. J.; BOURG, T. *Developmental Spans in Event Comprehension and Representation: Bridging Fictional and Actual Events*. Nova Jersey: Erlbaum Assoc, 1997.

BROWN, A. L. "Transforming Schools into Communities of Thinking and Learning about Serious Matters". Em *American Psychologist*, 52 (4), 1997.

BROWNLIE, F.; CLOSE, S.; WINGREN, L. *Reaching for Higher Thought: Reading, Writing, Thinking Strategies*. Admonton-AI: Arnold Pub, 1988.

BRUER, J. T. *Escuelas para pensar: una ciencia del aprendizaje en el aula*. Barcelona: Paidós-MEC, 1995.

BRUNER, J. *Acción, pensamiento y lenguaje*. Madri: Alianza, 1984.

_____. *Actos de significado: más allá de la revolución cognitiva*. Madri: Alianza, 1995.

_____. *Desarrollo cognitivo y educación*. Madri: Morata, 1988.

_____. *La importancia de la educación*. Barcelona: Paidós, 1987.

_____. *Savoir faire, savoir dire*. 5ª ed. Paris: PUF, 1996.

BRUNSWIC, E. *Réussir l'école, réussir à l'école: stratégies de réussite à l'école fondamentale*. Paris: Ed. Unesco, 1994.

BURNS, B. *Percepts, Concepts and Categories: the Representation and Processing of Information*. Amsterdã: North-Holland, 1992.

BURÓN, J. "El efecto pigmalión, o la influencia de las expectativas de los profesores en los alumnos". Em *Educadores*, 1991.

_____. *Enseñar a pensar: introducción a la metacognición*. Bilbao: Mensajero, 1996.

BUSHNELL, R. W. *A Culture of Teaching: Early Modern Humanism in Theory and Practice*. Nova York: Cornell University Press, 1996.

BUZAN, T. *Une tête bien faite*. 2ª ed. Paris: Les Ed. d'organisation, 1998.

CALERO, M. D. *Modificación de la inteligencia. Sistemas de evaluación e intervención.* Madri: Pirámide, 1995.

_____. "Valoración del Programa de Enriquecimiento Instrumental en una muestra de adolescentes andaluces". Em *Siglo Cero*, 106, 1986.

CALPA. *Análisis individual-grupal del desarrollo de los alumnos en factores personales e intelectuales.* Madri: Calpa I-II, 1990.

_____. *Desarrollo de capacidades por la aplicación del PEI*. Madri: EULS. Informe, 1993.

CAMUSSO, D. *Développement cognitif et entreprise*. Paris: L'Harmattan, 1996.

_____. *Évaluation à long terme des effects de l'utilization du PEI en enterprise*. Documentación presentada en Conferencia Internacional. Jerusalém: ICELP, 1997.

CANTALAPIEDRA, C. *El educador de la fe según San Juan Bautista de La Salle*. Madri: SPX, Sinite, 15, 1988.

CARDINET, A. *École et médiations*. Ramonville: Éres, 2000.

_____. *Practiquer la médiation en pédagogie*. Paris: Dunod, 1995.

CASANOVA, M. A. *La evaluación, garantía de calidad para el centro educativo*. Zaragoza: Edelvives, 1992.

CASCÓN, P. "La mediación". Em *Cuadernos de Pedagogía*, nº 287, 2000.

CASTILLEJO, J. L. *Investigación educativa y práctica escolar: programas de acción en el aula*. Madri: Santillana – Aula XXI, 1987.

CENTRO DE INVESTIGACIONES PSICOEDUCATIVAS. *Programa de Enriquecimiento Instrumental.* Venezuela: Universidad Nacional Experimental de Guayana. Em *Siglo Cero*, 106, 1986.

CHAPPAZ, G. *Comprendre et construir la médiation*. Spirale: Lille: UFM, 1996.

CHICO GONZÁLEZ, P. *Ideario pedagógico y catequístico de San Juan Bautista de La Salle*. Madri: SPX, 1988.

CLARK, E. T. "The Search for a New Educational Paradigm". Em COSTA, A. L. (org.). *If Minds Matter: a Foreword to the Future*. Palatine, Illinois: Skylight, 1992.

CLAXTON, G. *Educar mentes curiosas: el reto de la ciencia en la escuela*. Madri: Visor, 1994.

CLÉMENT, D. *Quel type de médiation dans l'apprentissage coopératif à distance?* Lille: Spirale, 1996.

COLL, C. "Acción, interacción y construcción del conocimiento en situaciones educativas". Em *Revista de Educación*, 297, 1986.

_____. "Concepción constructivista y planteamiento curricular". Em *Cuadernos de Pedagogía*, nº 188, 1991.

BIBLIOGRAFIA

_____. "Los valores en la educación escolar". Em *Religión y Escuela*, 82, 1993.

_____. *Psicología genética y aprendizajes escolares*. 3ª ed. Madri: Siglo XXI, 1989.

_____ *et al. El constructivismo en el aula*. 3ª ed. Barcelona: Graó, 1995.

_____; PALACIOS, J.; MARCHESI, A. *Desarrollo psicológico y educación II*. 4ª ed. Madri: Alianza, 1992.

_____ & SOLÉ, I. "Aprendizaje significativo y ayuda pedagógica". Em *Cuadernos de Pedagogía*, nº 168, 1989.

COMISIÓN EUROPEA. *Enseñar y aprender: hacia la sociedad del conocimiento*. Livro branco sobre a educação e a formação. Bruxelas: Ceca, 1995.

CONSEJO DE EUROPA. *Compétences clés pour l'Europe*. Strasbourg: Symposium: Dossier, 1996.

COOPER, J. D. *Cómo mejorar la comprensión lectora*. Madri: Visor-MEC, 1992.

CORIAT, A. R. *Los niños superdotados*. Barcelona: Herder, 1989.

CORNU, L. & VERNOUX, A. *La didactique en question*. Paris: Hachette, 1992.

CORRAL, A. & VALLE, CH. "Sobre inteligencia artificial, creatividad, inteligencia verdadera, voluntad, aprendizaje y desarrollo". Em *Tarbiya*, 5, Madri, 1993.

COSTA, A. L. "Creating School Conditions for Developing Intelligent Behavior". Em FEUERSTEIN, R.; KLEIN, P. S.; TANNENBAUM, A. J. *Mediated Learning Experience (MLE): Theoretical, Psychosocial and Learning Implications*. Londres: Freund, 1994.

DAMASIO, A. *El error de Descartes*. Barcelona: Drakontos, 1996.

DE BONO, E. *Aprender a pensar*. Barcelona: Plaza y Janés, 1987.

_____. *Cómo enseñar a pensar a tu hijo*. Barcelona: Paidós, 1995.

_____. *El pensamiento lateral*. Barcelona: Paidós, 1991.

_____. *Seis pares de zapatos para la acción*. Barcelona: Paidós-Empresa, 1998.

_____. *Seis sombreros para pensar*. Barcelona: Granica, 1988.

DEBRAY, R. *Apprendre à penser. Le Programme de R. Feuerstein: une issue à l'échec scolaire*. Paris: Georg Eshel, 1997.

DECI, E. L. *Intrinsic Motivation*. Nova York: Plenum Press, 1975.

_____. *Intrinsic Motivation and Self-Determination in Human Behavior*. Nova York: Plenum Press, 1985.

DELACÓTE, E. G. *Savoir apprendre: les nouvelles méthodes*. Paris: Odile Jacob, 1996.

DELORS, J. *La educación encierra un tesoro*. Madri: Santillana/Unesco, 1996.

DELVAL, J. *El desarrollo humano*. Madri: Siglo XXI, 1994.

_____. "Hoy todos somos constructivistas". Em *Cuadernos de Pedagogía*, nº 257, 1997.

_____. "La obra de Piaget en la educación". Em *Cuadernos de Pedagogía*, nº 244, 1996.

DENDALUCE, I. *Aspectos metodológicos de la investigación educativa*. Madri: Narcea, 1988.

DEVELAY, M. *De l'apprentissage à l'enseignement*. Paris: ESF, 1992.

_____. *Peut-on former les enseignants?* Paris: ESF, 1994.

DIAZ, C. *El valor de ser maestro*. Madri: MACC, 1990.

DIAZ, L. "Hacia un perfil de la acción docente efectiva". Em *Ciencias de la Educación*, 149, 1992.

DIAZ BARRIGA, A. *Tarea docente: una perspectiva didáctica grupal y psicosocial*. México DF: Unam-Nueva Imagen, 1993.

DOMAN, G. *Cómo multiplicar la inteligencia de su bebé*. Madri: EDAF, 1995.

_____; DOMAN, J.; AISEN, S. *Cómo dar conocimientos enciclopédicos a su bebé*. México: Diana, 1995.

DORTIER, J. F. *Le cerveau et la pensée*. Auxerre: Sciences Humaines, 1999.

DUCH, Ll. *La educación y la crisis de la modernidad*. Barcelona: Paidós, 1998.

DURIC, L. *Eléments de psychologie de l'éducation*. Paris: Unesco, 1991.

EDUCNET. *Educación e internet*. Doc. do Primeiro Congresso. Madri: Santillana, 1999.

EGIDO, I.; CASTRO, M.; LUCIO-VILLEGAS, M. *Diez años de investigación sobre el profesorado*. Madri: Cide, 1993.

EGOZI, M. "Instrumental Enrichment and Mediation". Em FEUERSTEIN, R.; KLEIN, P. S.; TANNENBAUM, A. J. *Mediated Learning Experience (MLE): Theoretical, Psychosocial and Learning Implications*. Londres: Freund, 1994.

ELLIOT, J. *La investigación-acción en educación*. Madri: Morata, 1994.

ENGELBRECHT, P.; KRIEGLER, S.; BOOYSEN, M. *Perspectives on Learning Difficulties*. Pretoria: J. L. van Schaik Academis, 1996.

ESCAÑO, J. & GIL DE LA SERNA, M. O. *Cómo se aprende y cómo se enseña*. Barcelona: ICE-Orsori, 1997.

ESCOLANO, A. "El maestro ante la irrupción de la nueva técnica". Em *El Magisterio Español*, 15-1-1997.

"Estados Unidos: una nación en peligro. El imperativo de una reforma educativa". Em *Revista de Educación*, nº 278, 1985.

ESTEVE, J. M. *El malestar docente*. Barcelona: Laia, 1987.

_____; FRANCO, S.; VERA, J. *Los profesores ante el cambio social*. Barcelona: Anthropos, 1995.

FERNÁNDEZ, S. *Pautas metodológicas de intervención educativa especializada*. Oviedo: SFF, 1998.

FERNÁNDEZ BALLESTEROS, R. *El ambiente: análisis psicológico*. Madri: Pirámide, 1987.

FERNÁNDEZ CANO, A. *Métodos para evaluar la investigación en psicopedagogía*. Madri: Síntesis, 1995.

FERNÁNDEZ DE HARO, E. (coord.). *Actas del symposium de programas de intervención cognitiva*. Granada: GEU, 2000.

FERNÁNDEZ PÉREZ, M. *La profesionalización del docente*. Madri: Escuela Española, 1988.

BIBLIOGRAFIA

FERREIRO, R. & CALDERÓN, M. *El ABC del aprendizaje cooperativo*. México: Trillas, 2000.

FEUERSTEIN, R. "Cognitive Modifiability: a Needed Perspective on Learning for the 21st Century". Comunicação apresentada no Shoresh International Training Symposium, Jerusalém, julho de 1999.

_____. "Experiencia de aprendizaje mediado". Em *Siglo Cero*, 106, 1986.

_____. "La teoría de la modificabilidad estructural cognitiva". Em MOLINA, S. & FANDOS, M. *Educación cognitiva (II)*. Zaragoza: Mira, 1996.

_____. "L'expérience de l'apprentissage médiatisé". Em BENTOLILA, A. *Les entretiens de Nathan*. Paris: Nathan, 1994.

_____. "Le PEI". Em AVANZINI, G.; MARTIN, J.; PARAVY, G. *Pédagogies de la médiation: autour du PEI*. Lyon: Chronique Sociale, 1992.

_____ (RAFI). "The Coherence of the Theory of Modifiability". Em KOZULIN, A. *The Ontogeny of Cognitive Modifiability: Applied Aspects of Mediated Learning Experience and Instrumental Enrichment*. Jerusalém: ICELP, 1997.

_____ et al. *Instrumental Enrichment: an Intervention Program for Cognitive Modifiability*. Glenview, III: Scott, Foresman and Company, 1980.

_____ et al. "Intervention Programs for Retarded Performers: Goals, Means and Expected Outcomes". Em IDOL, L. & FLY JONES, B. (orgs.). *Educational Values and Cognitive Instruction: Implications for Reform*. Nova Jersey: Lawrence Erlabaum, 1991.

_____; KLEIN, P. S.; TANNENBAUM, A. J. *Mediated Learning Experience (MLE): Theoretical, Psychosocial and Learning Implications*. Londres: Freund, 1994.

_____ & MINTZKER, Y. *Mediated Learning Experience (MLE): Guidelines for Parents*. Jerusalém: ICELP, 1993.

_____; RAND, Y.; REYNDERS, J. E. *Don't Accept Me as I am: helping "Retarded" People to Excel*. Nova York: Plenum Press, 1988.

_____; RAND, Y.; SASSON, D. "La modification active: Approche d'intervention pour le retard de performance". Em IONESCU, S. *La déficience intellectuelle*. Paris: Nathan Université: 1993.

FLAVELL, J. H. *El desarrollo cognitivo*. Madri: Aprendizaje Visor, 1985.

FLORES, J. "Bases neurológicas del aprendizaje". Em *Siglo Cero*, 39 (3), 1999.

FLY JONES, B. "Thinking and Learning: New Curricula for the 21st Century". Em *Educational Psychologist*, 26 (2), 1991.

FOGARTY, R. & BELLANCA, J. "Capture the Vision: Future World, Future School". Em COSTA, A. L.(org.). *If Minds Matter: a Foreword to the Future*. Palatine, Illinois: Skylight, 1992.

_____. *Patterns for Thinking, Patterns for Transfer*. Illinois: Skylight Pub, 1991.

FONSECA, V. *Aprender a aprender: a educabilidade cognitiva*. Lisboa: Notícias, 1998.

_____. "Evaluación de los efectos del Programa de Enriquecimiento Instrumental (PEI) en jóvenes con dificultades de aprendizaje". Em MOLINA, S. & FANDOS, M. *Educación cognitiva (II)*. Zaragoza: Mira 1996.

_____. "Programa de Enriquecimiento Instrumental (PEI) de Feuerstein". Em *Inovação*, 7, 1994.

_____. *Programa de Enriquecimiento Instrumental de Feuerstein*. Lisboa: Edições FMH, 1995.

FORNER, A. "El perfil de los nuevos maestros". Em *Comunidad Escolar*, março, 1996.

FRANKL, V. E. *El hombre en busca de sentido*. Barcelona: Herder, 1998.

FREEMAN, J. *Pour une éducation de base de qualité*. Paris: Unesco, 1993.

FREINET, C. *Técnicas Freinet de la escuela moderna*. 4ª ed. Madri: Siglo XXI, 1969.

FREIRE, P. *Educação e mudança*. 21ª ed. Rio de Janeiro: Paz e Terra, 1997.

_____. *La educación como práctica de libertad*. 15ª ed. Buenos Aires: Siglo XXI, 1974.

_____. *Pedagogia do oprimido*. 17ª ed. Rio de Janeiro: Paz e Terra, 1996.

FULLAN, M. *Teacher Development and Educational Change*. Londres: Falmer, 1992.

FUNES, N. "La mediación y las teorías del desarrollo cognitivo: el profesor como mediador del proceso de enseñanza-aprendizaje". Em CALERO, M. D. *Modificación de la inteligencia: sistema de evaluación e intervención*. Madri: Pirámide, 1995.

GADAMER, H. G. *Mito y razón*. Barcelona: Paidós, 1997.

GAGNÉ, E. D. *La psicología cognitiva del aprendizaje escolar*. Madri: Aprendizaje Visor, 1991.

GAILLARD, W. K. & RITTER, W. *Tutorials in Event Related Potential Research: Endogenous Components*. Amsterdã-Nova York: North-Holland Pub. Co., 1983.

GALLEGO, S. *La teología de la educación en San Juan Bautista de La Salle*. Madri: Bruño, 1958.

_____. *Vida y pensamiento de San Juan Bautista de La Salle*. 2 vols. Madri: BAC, 1986.

GALLIFA, J. *L'enriquiment instrumental segons R. Feuerstein: vers la caracterització d'un model d'acció pedagógica per a l'adquisició d'habilitats de pensament*, tese de doutorado. Barcelona: Universidad de Barcelona, 1989.

GALLOP, J. *Pedagogy: the Question of Impersonation*. Bloomington: Indiana University Press, 1995.

GARBO, R. & LEBEER, J. (orgs.). *In Search of Learning Potential*. Proceedings of the First Congress of the EAMS. Antuérpia: Universidade de Antuérpia, 1994.

GARCÍA AMILBURU, M. "No sólo llenar cabezas, sino formar personas". Em *Boletín CDL*, Madri, janeiro 2000.

GARCÍA HOZ, V. *Problemas y métodos de investigación en educación personalizada*. Madri: Rialp, 1994.

_____ & PÉREZ JUSTE, R. *La investigación del profesor en el aula*. Madri: Escuela Española, 1989.

GARCÍA JIMÉNEZ, E. *Pensamiento de los profesores sobre la evaluación: una teoría práctica*, tese de doutorado. Sevilla: Universidad de Sevilla, 1987.

GARCIA LLAMAS, J. L.; PÉREZ JUSTE, R.; DEL RÍO SADORNIL, D. *Problemas y diseños de investigación resueltos*. Madri: Dykinson, 1992.

GARCIA MORIYÓN, F. *et al.* "¿Desarrollan nuestros estudiantes las destrezas cognitivas?". Em *Aprender a pensar*, 16, 1997.

GARCÍA ROCA, J. *La educación en el cambio de milenio*. Santander: Sal Terrae, 1998.

GARCÍA SÁNCHEZ, J. A. & MORCILLO, E. *La inteligencia y su desarrollo*. Monográfico-Unidad Didáctica del CPR-Albacete, 1995.

GARDNER, H. *Estructuras de la mente: la teoría de las inteligencias múltiples*. México: FCE, 1994.

_____. *La ciencia de la mente: historia de la revolución cognitiva*. Barcelona: Paidós, 1988.

_____. *Multiple Intelligence: the Theory in Practice*. Nova York: Basic Books, 1993.

GARGALLO, B. "La reflexividad como objetivo educativo: un programa de acción educativa". Em CASTILLEJO, J. L. *Investigación educativa y práctica escolar*. Madri: Santillana – Aula XXI, 1987.

GARRIDO LANDÍVAR, J. *Programación de actividades para educación especial*. Madri: Cepe, 1993.

GENOVARD, C. & GOTZENS, C. *Psicología de la instrucción*. Madri: Santillana, 1990.

GIL FLORES, J. *Análisis de datos cualitativos: aplicaciones a la investigación educativa*. Barcelona: PPU, 1994.

GILHOOLY, K. J. *Lines of Thinking: Reflections on the Psychology of Thought*. Chichester: Wiley, 1990.

GIMENO SACRISTÁN, J. & PÉREZ GÓMEZ, A. I. *Comprender y transformar la enseñanza*. Madri: Morata, 1995.

_____. *La enseñanza: su teoría y su práctica*. Madri: Akal, 1989.

GIRARD, K. & ROCK, S. J. *Resolución de conflictos en las escuelas*. Barcelona: Granica, 1997.

GIROUX, H. A. *Los profesores como intelectuales: hacia una pedagogía crítica del aprendizaje*. Barcelona: Paidós-MEC, 1997.

GIRY, M. *Apprendre à raisonner, apprendre à penser*. Paris: Hachette, 1994.

GOBLE, N. M. & PORTER, J. F. *La cambiante función del profesor*. Madri: Narcea, 1980.

GOIKOETXEA, E. *La ejecución de niños gitanos en las matrices progresivas en color de Raven, tras recibir instrucciones adicionales*, tese de doutorado. Bilbao: Universidad de Deusto-Bilbao, 1993.

GÓMEZ, E. I. *Estudios de caso de desarrollo académico y personal de los alumnos que cursan el PEI en la Universidad LS México*. México: Universidad Nacional Autónoma de México, 1994.

GÓMEZ, I. & MAURI, T. "La funcionalidad del aprendizaje en el aula y su evaluación". Em *Cuadernos de Pedagogía*, nº 188, 1991.

GÓMEZ BEZARES, F. "La educación española ante los retos del tercer milenio". Em *Ciencias de la Educación*, nº 171, 1997.

GÓMEZ DACAL, G. "La educación infantil y primaria en la reforma educativa que impulsa la LOGSE". Em *Bordón*, 42 (3), 1990.

GONZÁLEZ, M. B. "Valor del conflicto". Em *Aprender a pensar*, nº 14, 1996.

GRANGEAT, M. (coord.). *La métacognition, une aide au travail des élèves*. Paris: ESF, 1997.

GREENBERG, K. H. "A Model for Providing Intensive MLE in Preschool Settings". Em FEUERSTEIN, R.; KLEIN, P. S.; TANNENBAUM, A. J. *Mediated Learning Experience (MLE): Theoretical, Psychosocial and Learning Implications*. Londres: Freund, 1994.

_____. *COGNET: Cognitive Enrichment Network. Teacher Workbook*. Knoxville: University of Tennessee, 1989.

GREENE, J. *Basic Cognitive Processes*. Milton Keynes: Open University Press, 1984.

GUBA, E. G. "Criterios de credibilidad en la investigación naturalista". Em GIMENO SACRISTÁN, J. & PÉREZ GÓMEZ, A. I. *La enseñanza: su teoría y su práctica*. Madri: Akal, 1989.

GUPTA, M. & COXHEAD, P. *Cultural Diversity and Learning Efficiency: Recent Developments in Assessment*. Nova York: St. Martinís Press, 1988.

GUTIÉRREZ, J. N. "Estilos de aprendizaje y atención a la diversidad". Em BELTRÁN, J. *et al. Nuevas perspectivas en la intervención psicopedagógica*. 2 vols. Madri: Universidad Complutense de Madrid, 1997.

GUTIÉRREZ, F. & ALONSO-TAPIA, J. "Enseñar a razonar: un enfoque metacognitivo". Em *Tarbiya*, nº 9, 1995.

HADJI, CH. "La evaluación de los efectos a largo plazo de la educación cognitiva". Em MARTÍNEZ, J. M.; LEEBER, J.; GARBO, R. *¿Es modificable la inteligencia?* Madri: Bruño, 1997.

_____. *Penser et agir l'éducation*. Paris: ESF, 1992.

HAMERS, J. H. M. & OVERTOOM, M. Th. *Teaching Thinking in Europe*. Utrech: Sardes, 1997.

HAYWOOD, H. C. "Educación cognitiva temprana: una clave para el éxito escolar". Em MOLINA, S. & FANDOS, M. *Educación cognitiva (II)*. Zaragoza: Mira, 1996.

_____. "Sobre la relación transaccional del desarrollo cognitivo y afectivo". Em MARTÍNEZ, J. M.; LEEBER, J.; GARBO, R. *¿Es modificable la inteligencia?* Madri: Bruño, 1997.

HAYWOOD, H. C.; BROOKS, P.; BURNS, S. "Bright Start: Cognitive Curriculum for Young Children". Em GARBO, R. & LEEBER, J. (orgs.) *In Search of Learning Potential: Proceedings of the First Congress of the EAMS*. Antuérpia: Universidade de Antuérpia, 1994.

_____. "Bright Start: Cognitive Curriculum for Young Children". Em GARBO, R. & LEEBER, J. (orgs.)*A la recherche du potentiel d'apprentissage*. Antuérpia: Universidade de Antuérpia, 1994.

_____ & SWITZKY, H. N. *Ability and Modifiability: What, Who, and How Much? Advances in Cognition and Educational Practice*. vol. 1. 1992.

HELLER, M. *El arte de enseñar con todo el cerebro*. Caracas: Biosfera, 1993.

HENGEMÜLE, E. "Maestro cristiano". Em *Temas Lasalianos*, nº 2, Roma, HH. EE. CC, 1994.

HERNÁNDEZ, P. & GARCIA, L. A. *Psicología y enseñanza del estudio*. Madri: Pirámide, 1991.

HERRÁN GASCÓN, A. *La educación del siglo XXI: cambio y evolución humana*. Madri: Ciencia, 1993.

HOUDÉ, O. *et al. Vocabulaire de sciences cognitives*. Paris: PUF, 1998.

HOWE, M. J. A. *IQ in Question: the Truth about Intelligence*. Londres-Thousand Oaks, Califórnia: Sage Pub, 1997.

IANFRANCESCO, G. M. *Nueve problemas de cara a la renovación educativa: alternativas de solución*. Bogotá: L y L, 1996.

IDOL, L. & FLY JONES, B. *Educational Values and Cognitive Instruction: Implications for Reform*. Nova Jersey: L. Erlbaum, 1991.

INDERSOIL, R. M. *The Status of Teaching as a Profession 1990-91*. Washington DC: US Dept. of Education, 1997.

INSTITUTO NACIONAL DE CALIDAD Y EVALUACIÓN. "La profesión docente". Em *Estudios e Informes,* nº 5. Madri: Ince, 1997.

JIMÉNEZ FERNÁNDEZ, M. O. C. *Cuestiones sobre bases diferenciales de la educación*. Madri: Uned, 1990.

JIMÉNEZ ORTEGA, J. *Método práctico de técnicas de estudio*. Madri: Visor, 1994.

JOHNSON, D. W. & JOHNSON, R. *Cooperative Learning*. Minessotta/Edina: Interaction Book Company, 1985.

JOHNSON-LAIRD, P. N. *The Computer and the Mind: an Introduction to Cognitive Science*. Cambridge: Harvard University Press, 1988.

JONES, B. F. "Thinking and Learning: New Curricula for the 21st Century". Em *Educational Psychologist*, 26 (2), 1991.

JUSTO, H. *La Salle, Patrono do Magistério*. Canoas: La Salle, 1991.

_____. "Traços da identidade ideal do professor". Em *Educação*, nº 27, 1994.

_____. *Un precursor de la pedagogía moderna*. Porto Alegre: La Salle, 1952.

KERNIS, M. H. *Efficacy, Agency and Self-Esteem*. Nova York: Plenum Press, 1995.

KLAUER, K. J. & PHYE, G. D. *Cognitive Training for Children*. Steatle: Hogrefe & Huber Publics, 1994.

KOZULIN, A. *La psicología de Vygotski*. Madri: Alianza, 1994.

_____. "The Cognitive Revolution in Learning: Piaget and Vygosty". Em MANGIE-RI, J. N. & COLLINS, C. *Creating Powerful Thinking in Teachers and Students: the Cognitive Revolution in Learning.* Fort Worth: Holt, Rinehart and Winston, 1994.

_____ (org.). *The Ontogeny of Cognitive Modifiability: Applied Aspects of Mediated Learning Experience and Instrumental Enrichment.* Jerusalém: ICELP, 1997.

_____ & PRESSEISEN, B. Z. "Mediated Learning Experience and Psychological To-ols: Vygotsky's and Feuerstein's Perspectives in a Study of Student Learning". Em *Educational Psychologist*, 30 (2), 1995.

KHUN, T. S. *La estructura de las revoluciones científicas.* México: Trillas, 1982.

LAKATOS, Y. *La metodología de los programas de investigación científica.* Madri: Alianza Universidad, 1993.

LAMPORT-HUGHES, N. "Learning Potential and Other Predictor of Cognitive Reha-bilitation". Em *The Journal of Cognitive Rehabilitation,* jul.-ago. 1995.

LARA GUIJARRO, E. de. *El ordenador en la investigación educativa.* Madri: Cuadernos de la Uned, 1994.

LAZEAR, D. *Multiple Intelligence Approaches to Assessment.* Tucson-Arizona: Zephyr Press, 1994.

LEAHEY, T. H. *Learning and Cognition.* Nova Jersey: Prentice Hall, 1997.

LESOURNE, J. *Educación y sociedad: los desafíos del año 2000.* Barcelona: Gesida, 1993.

LEY DE ORDENACIÓN GENERAL DEL SISTEMA EDUCATIVO (LOGSE). Espanha, Lei Orgânica nº 1, 3 outubro de 1990.

LIDZ, C. S. *Dynamic Assessment: an Interactional Approach to Evaluation Learning Po-tential.* Nova York: Guilford Press, 1987.

_____. *MLE: Components and Their Roots in Theory and Research.* Em FEUERS-TEIN, R.; KLEIN, P. S.; TANNENBAUM, A. J. *Mediated Learning Experience (MLE): Theoretical, Psychosocial and Learning Implications.* Londres: Freund, 1994.

LIFSHITZ, H. "Instrumental Enrichment: a Tool for Enhancement of Cognitive Ability in Adult and Elderly People with Mental Retardation". Em *Education and Training Retardation and Developmental Disabilities*, 33 (1), 1998.

LIPMAN, M. *Filosofía para niños.* Madri: De la Torre, 1987.

_____. *Thinking in Education.* Nova York: Cambridge University Press, 1991.

_____; SHARP, A. M.; OSCANYAN, F. S. *La filosofía en el aula.* Madri: De la Torre, 1992.

LOMBAERTS, H. "Factores que apoyan y garantizan la educación: análisis deontológi-co". Em *Aula Viva*, nº 9. Madri: Bruño, 1999.

LÓPEZ, E.; TOURON, J.; GONZÁLEZ, M. A. "Hacia una pedagogía de las diferencias individuales: reflexiones en torno al concepto de pedagogía diferencial". Em *Revista Complutense de Educación*, 2 (1), 1991.

LÓPEZ-BARAJAS ZAYAS, E. (org.) *La observación participante.* Madri: Uned, 1998.

LÓPEZ QUINTÁS, A. *El arte de pensar con rigor y vivir de forma creativa.* Madri: Asoc. Progreso de las Ciencias Humanas, 1993.

LÓPEZ RUIZ, J. I. *Conocimiento docente y práctica educativa*. Archidona: El Aljibe, 1999.

LÓPEZ RUPÉREZ, F. *La gestión de la calidad en educación*. Madri: La Muralla, 1994.

MACEIRAS, M. F. "Categorías antropológicas fundamentales". Em *Atreverse a educar: congreso de pedagogía Pedro Poveda Educador*. vol. 1. Madri: Narcea, 1997.

MACHADO, L. A. *La revolución de la inteligencia*. Barcelona: Seix Barral, 1975.

MACHARGO, J. *El profesor y el autoconcepto de sus alumnos*. Madri: Escuela Española, 1991.

MACLURE, S. & DAVIS, P. *Learning to Think, Thinking to Learn*. Oxford: Pergamon Press, 1991.

MAÑÚ-NOÁIN, J. M. *Profesores del siglo XXI*. Pamplona: EUNSA, 1998.

MARCELO, C. *Aprender a enseñar: un estudio sobre el proceso de socialización de profesores principiantes*. Madri: Cide, 1992.

_____. "Planificación y enseñanza: un estudio sobre el pensamiento del profesor". Em *Publicaciones Universidad de Sevilla*, nº 96, 1987.

MARDONES, J. M. *Desafíos para recrear la escuela*. Madri: PPC, 1997.

_____. "El tipo de persona que surge de nuestra sociedad y cultura". Em *Aula Viva*, nº 10. Madri: Bruño, 2000.

MARÍN IBÁÑEZ, Z. R. & SÁNCHEZ PALOMINO, A. "Un modelo de refuerzo educativo". Em *Revista de Ciencias de la Educación*, nº 170, 1997.

MARINA J. A. "Educación en valores". Em *Aula Viva*, nº 7. Madri: Bruño, 1997.

_____. *El laberinto sentimental*. Barcelona: Anagrama, 1996.

_____. *Ética para náufragos*. Barcelona: Anagrama, 1995.

_____. *Teoría de la inteligencia creadora*. Barcelona: Anagrama, 1993.

MARTÍN IZARD, J. F. "Investigación: aplicación del PEI de R. Feuerstein a un grupo de sujetos pre-operacionales". Em *Revista de Educación Especial*, nº 19, 1995.

MARTÍN SHOCHET, I. *The Potential for Abstract Thinking by Deficient-Functioning Adolescent School Children*, dissertação de mestrado. Johannesburgo: University of Johannesburg, 1981.

MARTINELLO, M. L. "Learning to question for inquiry". Em *Kappa Delta Pi*, vol. 62, 1998.

MARTÍNEZ, J. M. *Creatividad: ¿La inteligencia perdida?* Madri: Ediciones SPX, 1986.

_____. *Enseño a pensar. Aprendo a pensar*. Madri: Bruño, 1995.

_____. *La mediación en el proceso de aprendizaje*. Madri: Bruño, 1994.

_____; LEEBER, J.; GARBO, R. *¿Es modificable la inteligencia?* Madri: Bruño, 1997.

_____; BRUNET, J. J.; FARRÉS, R. *Metodología de la Mediación en el PEI*. Madri: Bruño, 1991.

MARTÍNEZ MEDIANO, C. *Evaluación de programas educativos*. Madri: Uned. C.U., 1996.

MAYOR, J. *et al. Estrategias metacognitivas: aprender a aprender y aprender a pensar.* Madri: Síntesis, 1993.

MAZET, P. & LEBOVICI, S. *Penser, aprendre.* Paris: Université Paris-Nord, ESHEL, 1988.

MEADOWS, S. *The Child as Thinker: the Development and Acquisition of Cognition in Childhood.* Londres-Nova York: Routledge, 1993.

MEC. *Orientación y tutoría. Cajas Rojas de la Reforma.* Madri: MEC, 1991.

_____. *Proyecto para la Reforma de la Enseñanza.* Propuesta para debate. Madri: MEC, 1990.

MEDI. *La democratización de la inteligencia.* Ministério de Desarrollo de la Inteligencia de Venezuela, 1982.

MEDRANO, A. "Los procesos de enseñanza-aprendizaje: implicaciones para la formación del profesorado". Em BELTRÁN, J. *et al. Nuevas perspectivas en la intervención psicopedagógica.* 2 vols. Madri: Universidad Complutense de Madrid, 1997.

MEGÍA, M. (coord.). *Proyecto de Inteligencia "Harvard".* Madri: Cepe, 1992.

MEICHENBAUM, D. *Cognitive-Behavior Modification: an Integrative Approach.* Nova York: Plenum Press, 1977.

MEIRIEU, PH. *Apprendre ... oui, mais comment.* Paris: ESF, 1987.

MÈLICH, J. C. *Antropología simbólica y acción educativa.* Barcelona: Paidós, 1998.

MENCÍA, E. "La pedagogía de la Reforma reclama un nuevo modelo de escuela". Em *Educadores,* nº 165, 1993.

MEZA, A. & MORILLO, M. L. *Desarrollo de funciones básicas de las operaciones cognitivas y afectivas para el buen desarrollo social en la sociedad informatizada.* Proyecto Fondecyt 90-0533. U.C., Valparaíso, 1992.

_____. "La modificabilidad cognitiva y el aumento de la capacidad de resolver problemas y de aprender en alumnos y padres de Educación General Básica en Chile". Em *Bordón,* vol. 52, UCV-Chile, janeiro de 2000.

MINUTO, M. "In the Mirror: the Role of Mediation in the Development of the Feeling of Competence". Em KOZULIN, A. *The Ontogeny of Cognitive Modifiability: Applied Aspects of Mediated Learning Experience and Instrumental Enrichment.* Jerusalém: ICELP, 1997.

MIRANDA, H. *The Relevance of Feuerstein's Approaches to the Museum Context,* dissertação de mestrado. Reino Unido: University Leicester, 1997.

MIRANDA, T. *El juego de la argumentación.* Madri: De la Torre, 1994.

MOLINA, S. & ARRAIZ, A. *Procesos y estrategias cognitivas en niños deficientes mentales.* Madri: Pirámide, 1993.

MOLINA, S. & FANDOS, M. *Educación cognitiva (II).* Zaragoza: Mira, 1996.

MOLINS, S. *Escuelas sin fracasos: prevención del fracaso escolar desde la pedagogía interactiva.* Archidona: El Aljibe, 1997.

MONEREO, C. *Aprendo a pensar.* Madri: Pascal, 1992.

_____ (coord.). *Estrategias de enseñanza y aprendizaje.* Barcelona: Graó, 1994.

BIBLIOGRAFIA

_____ & CLARIANA, M. *Profesores y alumnos estratégicos*. Madri: Pascal, 1993.

MORA ROCHI, J. "Enriquecimiento Instrumental: comentarios a una dicha prometida". Em *Siglo Cero*, nº 106, 1986.

MORALEDA, M. "Privación cultural, dificultades verbales y fracaso escolar". Em *Bordón*, 296, 1987.

MORALES, A. "Relación maestro alumno". Em LAURAIRE, L. *et al. Temas Lasalianos*. nº 2. Roma: FSC, 1994.

MORI, N. N. R. *Uma experiência de alfabetização com repetentes*. Porto Alegre: Kuarup, 1994.

MORVAN, J. S. "Étude clinique situationnelle de l'application de la méthode Feuerstein auprès d'enfants et d'adolescents trisomiques 21. Handicaps et inadaptations". Em *Les Cahiers du CTNERH*, nº 58, 1992.

MUCCHIELLI, R. *La personalidad del niño*. 7ª ed. Barcelona: Nova Terra, 1977.

MUNICIO, P. "Evaluación de programas educativos". Em *Bordón*, 43 (4), Madri, 1992.

MUÑOZ, D. *et al.* "La importancia de las preguntas". Em *Cuadernos de Pedagogía*, nº 243, 1996.

NÁJERA RUIZ, F. "Formación de habilidades para el desarrollo en futuros docentes, mediante un programa basado en estrategias de aprendizaje". Em *Revista del Centro de Investigación Universidad La Salle-México*, 3 (11), agosto de 1998.

NAUDÉ, G. N. "Teaching Thinking: Empowering Teachers for Cognitive Education". Em ENGELBRECHT, P.; KRIEGLER, S.; BOOYSEN, M. *Perspectives on Learning Difficulties*, Pretoria: J. L. van Schaik Academis, 1996.

NEISON, T. O. "Consciousness and Metacognition". Em *American Psychologist*, 51 (2), fevereiro de 1996.

NICKERSON, R. S.; PERKINS, D. N.; SMITH E. E. *Enseñar a pensar*. Barcelona: Paidós-MEC, 1990.

_____ . *The Teaching of Thinking*. Nova Jersey: Erlbaum Ass, 1985.

NIETO GIL, J. M. *Cómo enseñar a pensar*. Madri: Escuela Española, 1997.

NOISEUX, G. *Traité de formation à l'enseignement par médiation: les compétences du médiateur pour réactualiser sa pratique professionnelle*. Tomo 1. Québec: MST Éditeur, 1997.

NORMAN, D. A. *Perspectivas de la ciencia cognitiva*. Barcelona: Paidós, 1987.

NOVAK, J. D. & GOWIN, D. B. *Aprendiendo a aprender*. Barcelona: Martínez Roca, 1988.

OFICINA INTERNACIONAL DE LA EDUCACIÓN CATÓLICA. *Educar en los valores para las sociedades del año 2000*. Bruxelas: Actas OIEC, 1983.

OLIVER, C. & VÁZQUEZ, M. A. "Los modelos didácticos en la enseñanza de las ciencias". Em *Comunidad Educativa*, janeiro de 1996.

ONTORIA, A.; GÓMEZ, J. P.; MOLINA, A. *Potenciar la capacidad de aprender y pensar: modelos mentales y técnicas de aprendizaje-enseñanza*. Madri: Narcea, 1999.

ORDEN, A. de la. "Investigación cuantitativa y medida en educación". Em *Bordón*, nº 41, Madri, 1989.

ORGANISATION FOR ECONOMIC COOPERATION AND DEVELOPMENT. *Our Children at Risk*. Paris: OECD, 1995.

ORGANIZACIÓN DE LAS NACIONES UNIDAS PARA LA EDUCACIÓN, LA CIENCIA Y LA CULTURA. *Informe mundial sobre la educación: los docentes y la enseñanza en un mundo en mutación*. Madri: Santillana/Unesco, 1998.

ORJALES VILLAR, I. *Déficit de atención con hiperactividad*. Madri: Cepe, 1999.

ORTEGA Y GASSET, J. *Ideas y creencias*. 9ª ed. Madri: Revista de Occidente, 1965.

OTTO BEYER, H. *O fazer psicopedagógico*. Porto Alegre: Mediação, 1996.

PACTEAU, CH. "L'éducabilité cognitive, un miroir aux alouettes?". Em *Sciences Humaines*, nº 21, outubro de 1992.

PALOP JONQUERES, P. "Métodos de la Pedagogía". Em *Bordón*, 42 (2), Madri, 1999.

PELPEL, P. *Se former pour enseigner*. Paris: Dunod, 1993.

PÉREZ GÓMEZ, A. I. "Diálogo con la práctica docente". Em *Cuadernos de Pedagogía*, nº 252, 1996.

_____. *La cultura escolar en la sociedad neoliberal*. Madri: Morata, 1998.

_____. "La escuela educativa en la aldea global". Em *Cuadernos de Pedagogía*, nº 286, 1999.

_____. "Paradigmas contemporáneos de investigación didáctica". Em GIMENO SACRISTÁN, J. & PÉREZ GOMEZ, A. I. *La enseñanza, su teoría y su práctica*. Madri: Akal, 1989.

PÉREZ JUSTE, R. "El pedagogo, profesional de la esperanza". Em *CDL*, junho de 1993.

_____. "Evaluación de las adaptaciones curriculares". Em *Revista Ciencias de la Educación*, nº 1153, 1993.

_____. *Pedagogía experimental: la medida en educación*. Madri: Uned C.U. 24037, 1991.

PÉREZ SERRANO, M. *Percepción de necesidades de formación del profesorado: comunicación*. Congreso Internacional Estudios de Magisterio-Universidad. Madri: UEFP, 1997.

PERKINS, D. N. *La escuela inteligente: del adiestramiento de la memoria a la educación de la mente*. Barcelona: Gedisa, 1997.

PERNER, J. *Understanding the Representational Mind*. Cambridge: MIT Press, 1991.

PERRENOUD, PH. *Construir des compétences dès l'école*. Paris: ESF, 1998.

PIAGET, J. *La naissance de l'intelligence chez l'enfant*. Neuchatel: Delachaux & Niestlé, 1948.

_____. *Psicología y epistemología*. Barcelona: Ariel, 1971.

_____. *The Equilibration of Cognitive Structures: the Central Problem of Intellectual Development*. Chicago: University of Chicago Press, 1985.

POLYA, G. *How to Solve it*. Londres: Penguin, 1990.

POPHAM, W. J. *Evaluación basada en criterios*. Madri: Magisterio Español, 1983.

POPPER, K. R. *Knowledge and the Body-Mind Problem: in Defence of Interaction*. Londres-Nova York: Routledge, 1994.

PORTELANCE, L. "En quoi consiste le savoir des enseignants?" Em *Vie Pédagogique*, nº 114, 2000.

POSNER, M. I. *Images of Mind*. Nova York: Scientific American Library, 1994.

POSTMAN, N. & WEINGARTNER, CH. *La enseñanza como actividad crítica*. Barcelona: Fontanella, 1973.

POUTET, Y. *Genèse et catactéristiques de la Pédagogie Lasalienne*. Lyon: Don Bosco, 1995.

POZO, J. I. *Aprendices y maestros*. Madri: Alianza, 1996.

_____. *Teorías cognitivas del aprendizaje*. Madri: Morata, 1994.

_____ at al. "Conocimientos previos y aprendizaje escolar". Em *Cuadernos de Pedagogía*, nº 188, 1991.

PRIETO SÁNCHEZ, M. D. *El potencial de aprendizaje: un modelo y un sistema aplicado a la evaluación*. Murcia: ICE, 1987.

_____. *Habilidades cognitivas y currículo escolar: área de lenguaje*. Salamanca: Amar, 1992.

_____ & HERVÁS, R. M. *El aprendizaje estratégico en las ciencias sociales*. Valencia: Cossio, 1992.

_____ & PÉREZ SÁNCHEZ, L. *Programas para la mejora de la inteligencia: teoría, aplicación y evaluación*. Madri: Síntesis, 1993.

RAMÍREZ, J. A. "El pensamiento crítico como paradigma educativo". Em *Aprender a Pensar*, nºs 9-10, 1994.

RAND, Y. "Deficient Cognitive Functions and Non-Cognitive Determinants: an Integrating Model. Assessment and Intervention". Em FEUERSTEIN, R.; KLEIN, P. S.; TANNENBAUM, A. J. *Mediated Learning Experience (MLE): Theoretical, Psychosocial and Learning Implications*. Londres: Freund Publishing, 1994.

_____ et al. "Efectos del Enriquecimiento Instrumental en adolescentes de bajo rendimiento". Em *Siglo Cero*, nº 106, 1986.

RATHS, L. E. *¿Cómo enseñar a pensar?* Buenos Aires: Paidós, 1980.

RECA, T. *Psicología, psicopatología, psicoterapia*. México: Siglo XXI, 1973.

REEVES, C. *The Struggle to Teach*. Cape Town: M. M. Longman, 1994.

REIMER, E. *La escuela ha muerto*. 4ª ed. Barcelona: Barral, 1974.

REPETTO, E. "Entrenamiento metacognitivo y ganancias significativas de los alumnos en algunas variables cognitivas y pedagógicas". Em *Revista Española de Pedagogía*, 206, 1997.

REY, A. *Conocimiento del individuo por los tests*. Madri: Guadarrama, 1974.

RICHARD, G. *L'apprentissage médiatisé: une voie pour l'adaptabilité des adolescents scolarisés en S.E.S.* Lyon: Université de Lyon: Mémoire de maitrise, 1991.

RICHARD, J. F. *Les activités mentales: comprendre, raisonner, trouver des solutions.* Paris: Armand Colin, 1998.

_____. *Le développment de l'efficience cognitive par la pédagogie de la médiation.* Paris: Forcalquier, 1993.

RICHARD, M. "Les trois cerveau dans le preocessus d'apprentissage". Em *Vie Pédagogique*, nº 54, abril de 1988.

RICHMOND, P. G. *Introducción a Piaget.* 8ª ed. Madri: Fundamentos, 1981.

RÍO SADORNIL, D. "Los errores en los aprendizajes de los alumnos". Em MARTÍNEZ, C.; GARCÍA, J. L.; RÍO, D. *Evaluación de los aprendizajes de los alumnos: encuentros en la Facultad de Educación.* Madri: Uned, 1997.

RÍOS CABRERA, P. *La aventura de aprender.* Caracas: Cognitus, 1999.

_____. "La mediación del aprendizaje". Em *Cuadernos de Educación, UCAB,* 1, 1997.

RIVIÈRE, A. *La psicología de Vygotski.* Madri: Aprendizaje Visor, 1988.

ROGERS, C. R. *Client-Centered Therapy.* Boston: Houghton Mifflin Company, 1965.

ROGERS, Y.; RUTHERFORD, A.; BIBBY, P. A. *Models in the Mind: Theory, Perspective and Application.* Londres-San Diego: Academic Press, 1992.

ROGOFF, B. & CHAVAJAY, P. "What's Become of Research on the Cultural Basis of Cognitive Development?" Em *American Psychologist,* 50 (10), outubro de 1995.

ROJAS, E. *La conquista de la voluntad.* 17ª ed. Madri: Temas de hoy, 1998.

ROMÁN, J. M. & SAIZ, M. C. "Programa de entrenamiento cognitivo para niños socialmente depravados". Em BELTRÁN, J. *at al. Nuevas perspectivas en la intervención psicopedagógica.* 2 vols. Madri: Universidad Complutense de Madrid, 1997.

ROZKAK, T. *El nacimiento de una contracultura.* Barcelona: Kairós, 1973.

RUIZ JIMÉNEZ, M. *Desarrollo de habilidades cognitivas y su incidencia en el área de lenguaje (ciclo medio),* tese de doutorado. Murcia: Universidad de Murcia, 1991.

RUPH, F. *La médiation des stratégies cognitives.* Québec: Université de Québec, 1993.

RUSSELL, B. *Los problemas de la filosofía.* Barcelona: N.C. Labor, 1983.

SÁDABA, J. *¿Qué es un sistema de creencias?* Madri: Libertarias, 1991.

SÁEZ, J. & PALAZÓN, F. "El educador crítico: algunas aproximaciones". Em *Anales de Pedagogía,* nº 10, 1992.

SÁNCHEZ, M. A. *Desarrollo de habilidades de pensamiento: razonamiento verbal y solución de problemas.* Guía del instructor. México: Trillas, 1992.

SANCHO, J. M. *Los profesores y el currículum.* Barcelona: ICE-Horsori, 1990.

SANTOS GUERRA, M. A. "Las escuelas también aprenden". Em *Cuadernos de Pedagogía,* nº 289, 2000.

SANZ DE ACEDO, M. L. *Efectos de una intervención cognoscitiva en la comprensión de la lectura, en el rendimiento escolar y en la habilidad general en estudiantes de quinto curso de EGB,* tese de doutorado. Bilbao: Universidad de Deusto, 1988.

SASSON. D. *EAM et PEI: le rôle des expériences d'apprentissage médiatisé dans l'application du PEI de Feuerstein.* Université Lumiére Lyon II: Memoire DHEPS, 1997.

BIBLIOGRAFIA

SAUVAGE, M. *Catequesis y laicado (I y II)*. Madri: SPX, Sinite 6 e 7, 1963.

_____ & CAMPOS, M. *Anunciar el evangelio a los pobres*. Lima: Bruño, 1980.

SAVATER, F. *Potenciar la razón. La educación que queremos. Primer Ciclo de Conferencias*. Madri: Santillana, 1999.

SCHON, D. A. *La formación de profesionales reflexivos: hacia un nuevo diseño de la enseñanza y el aprendizaje en las profesiones*. Barcelona: Paidós-MEC, 1992.

SCHUR, Y. "Constructivism and Mediated Learning Experience Principles in Science Teaching". Em KOZULIN, A. *The Ontogeny of Cognitive Modifiability: Applied Aspects of Mediated Learning Experience and Instrumental Enrichment*. Jerusalém: ICELP, 1997.

SCHWEBEL, M. *Who Can Be Educated?* Nova York: Grove Press, 1968.

SCOTT, M. *Some Parameters of Teacher Effectiveness as Assessed by an Ecological Aproach*. Nashville, TN: G. Peabody College, 1969.

SEGAL J. W.; CHIPMAN, S. F.; GLASSER, R. *Thinking and Learning Skills*. Nova Jersey: L. Erlbaum, 1985.

SEGOVIA, J. *Investigación educativa y formación del profesorado*. Madri: Escuela Española, 1997.

SELLITZ, C.; WRIGHTSMAN, L. S.; COOK, S. W. *Métodos de investigación en las relaciones sociales*. Madri: Rialp, 1980.

SHARRON, H. *Changing Children's Mind: Feuerstein's Revolution in the Teaching of Intelligence*. Londres: Souvenir Press, 1987.

SHAVELSON, P. & STERN, R. "Investigación sobre el pensamiento pedagógico del profesor, sus juicios, decisiones y conducta". Em GIMENO SACRISTÁN, J. & PÉREZ GÓMEZ, A. I. *La enseñanza, su teoría y su práctica*. Madri: Akal, 1989.

SINGH, R. P. *The Challenges of Tomorrow: a Profile of Future Teacher Education*. Nova Délhi: Sterlino Publishers, 1993.

SINGLEY, M. K. & ANDERSON, J. R. *The Transfer of Cognitive Skill*. Cambridge: Harvard University Press, 1989.

SIROTNIK, K. A. "The School as the Center of Change". Em SERGIOVANNI, T. J. & MOORE, J. H. (orgs.). *Schooling for Tomorrow: Directing Reforms to Issues that Count*. Boston: Allyn and Bacon, 1989.

SKUY, M. "Cross-Cultural and Interdimensional Implications of Feuerstein's Construct of MLE". Em ENGELBRECHT, P.; KRIEGLER, S.; BOOYSEN, M. *Perspectives on Learning Difficulties*. Pretoria: J. L. van Schaik Academis, 1996.

SOLÍS, P. & DÍAZ, M. *Enriquecimiento Instrumental en escolares: evaluación por metamétodos de un Programa Piloto-1*. México: ULSA, 1º Coloquio Nacional: Desarrollo de Habilidades de Pensamiento, Esc. Ciencias de la Educación, 1990.

STENHOUSE, L. "El profesor como tema de investigación y desarrollo". Em *Revista de Educación*, 277, 1985.

_____. *Investigación y desarrollo curricular*. Madri: Morata, 1991.

505

STERNBERG, R. J. "Cómo podemos desarrollar la inteligencia". Em *Educational Leadership*, 42 (1), outono, 1989.

_____. *Complex Problem Solving: Principles and Mechanisms*. Nova Jersey: Erlbaum, 1991.

_____. *Human Abilities: an Information-Processing Approach*. Nova York: W. H. Freeman, 1985.

_____. *Intelligence, Heredity and Environment*. Nova York: Cambridge University Press, 1997.

_____ *et al*. "Testing Common Sense". Em *American Psychologist*, 50 (11), novembro de 1995.

_____ & DETTERMAN, D. K. *How and How Much Can Intelligence Be Increased*. Nova Jersey: Ablex Pub. Corp., 1982.

_____ & DETTERMAN, D. K. *¿Qué es la inteligencia?* Madri: Pirámide, 1992.

_____ & HORVATH, J. A. "A Prototype View of Expert Teaching". Em *Educational Researcher*, 24 (6), 1995.

_____ & SPEAR-SWERLING, L. *Enseñar a pensar*. Madri: Santillana, 1999.

STEVENSON, R. J. *Lenguage, Thought and Representation*. Nova York: J. Wiley & Sons, 1993.

STRAUSS, S. "Teachers Pedagogical Content Knowledge about Children's Minds and Learning: Implications for Teacher Education. Special Issue. Learning and Development". Em *Educational Psychologist*, 28 (3), 1993.

STUFFLEBEAM, D. L. & SHINKFIRLD, A. J. *Evaluación sistemática: guía teórica y práctica*. Barcelona: Paidós-MEC, 1993.

TARDIF, J. *Le transfert des apprentissages*. Québec: Les éditions Logiques, 1999.

_____. "On va à l'école pour acquérir un pouvoir de compréhension et d'action". Em *Vie Pédagogique*, nº 111, Québec, 1999.

TART, C. T. *Waking up: Overcoming the Obstacles to Human Potential*. Boston: New Science Librery, 1986.

TEDESCO, J. C. "Educación y sociedad del conocimiento". Em *Cuadernos de Pedagogía*, nº 288, 2000.

_____. *El nuevo pacto educativo: educación, competitividad y ciudadanía en la sociedad moderna*. Madri: Anaya, 1995.

_____. "Fortalecimiento del rol de los docentes". Em *Atreverse a educar: congreso de pedagogía Pedro Poveda Educador*, vol. 1. Madri: Narcea, 1997.

_____. "Profesores de enseñanza secundaria: papel de futuro". Em FUNDACIÓN SANTILLANA. *Aprender para el futuro: nuevo marco de la tarea docente*. Madri: Santillana, 1998.

TORRE, J. C. "Por favor, enséñame a estudiar bien". Em *Revista Comunidad Educativa*, janeiro de 1996.

_____. "¿Preguntar por preguntar? Utilización didáctica de las preguntas orales dentro de la clase". Em *Revista Comunidad Educativa*, outubro de 1996.

BIBLIOGRAFIA

TORRE, S. de la. *Aprender de los errores*. Madri: Escuela Española, 1993.

_____ & MALLART, J. "Estilos cognitivos y currículo: un modelo de análisis para mejorar la instrucclón". Em *Bordón*, 43 (1), 1991.

TORRE SANTOMÉ, J. *Globalización e interdisciplinariedad: el currículum integrado*. Madri: Morata, 1998.

TORRES, M. *Evaluación y entrenamiento de la inteligencia*. Murcia: Universidad de Murcia, Memorial de Lic., 1987.

TORRES, R. M. "Nuevo rol docente: ¿Qué modelo de formación, para qué modelo educativo". Em FUNDACIÓN SANTILLANA. *Aprender para el futuro: nuevo marco de la tarea docente*. Madri: Santillana, 1998.

TOUPIN, L. *De la formation au métier: savoir transférer ses connaissances dans l'action*. Paris: ESF, 1995.

TRIANDIS, H. C. *Actitudes y cambio de actitudes*. Barcelona: Toray, 1974.

TRIBUS, M. & FREMONT, C. A. *Quality in Education According to the Teachings of Deming and Feuerstein*. Jerusalém: ICELP, 1997.

TRILIO, F. "Metacognición y enseñanza". Em *Enseñanza*, nº 7, Universidad de Salamanca, 1989.

TYSON, H. *Who will Teach the Children? Progress and Resistance in Teacher Education*. São Francisco: Jossey-Bass, 1994.

TZURIEL, D. *Children's Inferential Thinking Modifiability Test*. Ramat Gan: Bar Ilan University, 1992.

_____. "Cognitive Modifiability, Mediated Learning Experience and Affective--Motivational Processes: a Transactional Approach". Em FEUERSTEIN, R.; KLEIN, P. S.; TANNENBAUM, A. J. (orgs.). *Mediated Learning Experience (MLE): Theoretical, Psychosocial and Learning Implications*. Londres: Freund, 1991.

UNESCO. *Informe mundial sobre la educación. Los docentes y la enseñanza en un mundo en mutación*. Madri: Santillana/Unesco, 1998.

VALLE ARIAS, A. *et al*. "Motivación, cognición y aprendizaje autorregulado". Em *Revista Española de Pedagogía*, 55 (206), 1997.

VALLÉS ARÁNDIGA, A. *Guía de actividades de recuperación y apoyo educativo*. Madri: Escuela Española, 1996.

_____ & VALLÉS TORTOSA, C. *Las habilidades sociales en la escuela: una propuesta curricular*. Madri: Escuela Española, 1996.

VANINI, P. "La modificabilità cognitivo-structurale". Em *Innovazione Educativa*, nº 6, IRRSAE-ER, Bologna, 1999.

VARGAS, E. *et al*. "Efectos del Programa de Enriquecimiento Instrumental en estudiantes de nivel preparatorio con problemas de aprendizaje. Primeros resultados". Em *Revista del Centro de Investigación de la Universidad La Salle-México*, 13 (10), 1998.

VECHI, G. *Aider les élèves à apprendre*. Paris: Hachette, 1992.

VEGA, M. de. *Introducción a la psicología cognitiva*. Madri: Alianza, 1989.

VERLEE, L. *Aprender con todo el cerebro*. Barcelona: Martínez Roca, 1986.

VILLA SÁNCHEZ, A. "Formación del Profesorado en la investigación orientada al cambio". Em *Atreverse a educar: congreso de pedagogía Pedro Poveda Educador*, vol. 1. Madri: Narcea, 1997.

_____ & AUZMENDI, E. *Medición del autoconcepto en la edad infantil (5-6 años)*. Departamento de Investigación y Evaluación Educativa, ICE de la Universidad de Deusto. Bilbao: Mensajero, 1992.

VILLAR ANGULO, L. M. *Conocimiento, creencias y teorías de los profesores*. Alcoy: Marfil, 1988.

VIÑA, L. & CIVERA, I. *Una alternativa educativa: el proyecto curricular de centro*. Valencia: Nau Libres, 1994.

VOLI, F. *La autoestima del profesor*. Madri: PPC, 1996.

VYGOTSKI, L. S. *El desarrollo de los procesos psicológicos superiores*. Barcelona: Crítica, 1995.

_____. *Obras escogidas I*. Madri: Visor-MEC, 1992.

WALKER, J. T. *The Psychology of Learning: Principles and Processes*. Nova Jersey: Prentice Hall, 1996.

WARWICK, D. *Team Teaching*. Madri: Narcea, 1972.

WASHINGTON, V. *Project Head Start: Models and Strategies for the Twenty-First Century*. Nova York: Garland Pub, 1995.

WEBB, K. & BLOND, J. "Teacher Knowledge: the Relationship Between Caring and Knowing". Em *Teaching & Teacher Education*, 1 (16), novembro de 1995.

WERTSCH, J. V. *Vygotski y la formación social de la mente*. Barcelona: Paidós, 1988.

WISE, A. E. "Professional Teaching: a New Paradigm for the Management of Education". Em SERGIOVANNI, T. J. & MOORE, J. H. (orgs.). *Schooling for Tomorrow: Directing Reforms to Issues that Count*. Boston: Allyn and Bacon, 1989.

WITKIN, H. A. & GOUDENOUGH, D. R. *Estilos cognitivos: naturaleza y orígenes*. Madri: Pirámide, 1981.

WITTROCK, M. C. *La investigación en la enseñanza, II*. Barcelona: Paidós-MEC, 1989.

WOOD, L. E. *Estrategias de pensamiento*. Barcelona: Labor, 1988.

YITZHAK, V. *The Effect of Feuerstein I.E.P. on the Cognitive Reasoning of Retarded Performers as Measured by Piaget's Conservation Tasks*, tese de doutorado. Toronto: University of Toronto, 1981.

YUSTE, C. *Los programas de mejora de la inteligencia*. Madri: Cepe, 1994.

ZABALA, A. "El enfoque globalizador". Em *Cuadernos de Pedagogía*, nº 168, 1989.

_____. "Los enfoques didácticos". Em COLL, C. et al. *El constructivismo en el aula*. Barcelona: Graó, 1995.

Anexo 1. Avaliação do professor mediador

INSTITUTO PARA A PESQUISA HADASSAH WIZO-CANADÁ
OFICINAS INTERNACIONAIS, SHORESH, ISRAEL

FORMULÁRIO DE AVALIAÇÃO

Tema: ....

Formador: ....

Avalie os seguintes aspectos do tema mencionado e a qualidade de sua apresentação em uma escala de 1 a 5 (sendo 1 a pontuação mais baixa, e 5 a mais alta).

1. Os objetivos do tema foram apresentados com clareza. 1 2 3 4 5

2. Os objetivos do tema/lição foram alcançados. 1 2 3 4 5

3. A apresentação foi bem organizada do ponto de vista metodológico. 1 2 3 4 5

4. Nível de interesse despertado pelos conteúdos teóricos da lição. 1 2 3 4 5

5. Nível de interesse despertado pelos aspectos práticos. 1 2 3 4 5

6. Nível de curiosidade intelectual provocado nos participantes. 1 2 3 4 5

7. Grau de clareza e precisão na apresentação das ideias. 1 2 3 4 5

8. Nível de motivação despertado para aprofundar o tema. 1 2 3 4 5

9. Até que ponto o mediador aceitou a participação individual ou do grupo? 1 2 3 4 5

10. Até que ponto o mediador aceitou as diferentes opiniões e/ou
pontos de vista? 1 2 3 4 5

11. Qualidade geral da apresentação do tema. 1 2 3 4 5

12. Pontuação da qualidade geral da apresentação. 1 2 3 4 5

Observações: ....

QUESTIONÁRIO DE AVALIAÇÃO DO PROFESSOR

Instituição: ....

Data: ....

Nome do professor: ....

Sala de aula: Lição: ....

Nível profissional (titulação): Especialidade: ....

Experiência profissional (anos): ....

Cursos do PEI realizados: ....

Comparecimento a reuniões de acompanhamento: ....

OBSERVAÇÕES SOBRE A LIÇÃO (pontuação de 1 a 5, sendo 1 a mais baixa e 5 a mais alta)

1. O objetivo da lição é apresentado pelo professor..,
pelos alunos...

2. O professor selecionou previamente alguns índices de observação ....
....

3. A lição está organizada e o tema bem focado ....
....

4. A lição é apresentada com diferentes atividades...
....

Qual especificamente? Fazer uma síntese que demonstre o domínio das estratégias
e das modalidades..
....

5. A maior parte dos alunos participou da lição..
....

6. As perguntas do professor são focadas ....
....

7. As perguntas do professor despertam o raciocínio ....
....

8. O professor aborda as funções cognitivas deficientes (FCD) na lição ....
....

9. O professor reage às respostas dos alunos ....
....

10. O professor explica conceitos novos...
....

(cont.)

ANEXO 1. AVALIAÇÃO DO PROFESSOR MEDIADOR

11. Há definição de estratégias pelos alunos ....,
pelo professor ....
12. Os processos cognitivos são tratados durante o debate ....
....
13. O professor dá atenção, individualmente, aos alunos com dificuldades ....
....
14. O professor promove uma interação com os alunos ....
....
15. A elaboração de princípios fica a cargo dos alunos ....
do professor ....
16. Há transferência e aplicação dos princípios da lição ....
pelos alunos..
pelo professor ....
17. A lição é resumida de modo pertinente ....
....

CONTRIBUIÇÕES PESSOAIS QUANTO À EXPERIÊNCIA COM O PROGRAMA DE ENRIQUECIMENTO INSTRUMENTAL (PEI)

Professor(a): ....

Instituição ou endereço: ....

Número do item: ....

Enunciado/tema: ....

1. Definição de conceitos: quais elementos teóricos deste item você acha que devem ser esclarecidos?

2. Ao trabalhar este item, quais funções e operações mentais são especialmente ativadas?

3. Você associa este item a algum critério de mediação? Com quais problemas, carências e dificuldades você se deparou?

4. Quais são as suas experiências didáticas concretas? Como você trabalha o tema na sala de aula? Que recursos emprega: estratégias, procedimentos, técnicas?

5. Que reações e respostas você observou nos alunos com relação a este tema? Cite mudanças, motivações e atitudes detectadas nos alunos e em você.

6. Em que situações você aplica este tema?

7. Você tem alguma forma especial de avaliar a aplicação e a utilização deste item?

8. Que elementos didáticos o PEI acrescentou ao seu método de trabalho como professor?

9. Você conhece alguma obra ou artigo que aborde o tema comentado?

10. Anexos – você pode acrescentar escritos pessoais, programações, respostas significativas, exemplos de modificabilidade, artigos, etc.

Nota. Se você usar outras folhas para escrever, indique antes de cada parágrafo a qual questão das dez presentes nesta folha você se refere. Obrigado.

Anexo 2. Nota biográfica:
Reuven Feuerstein

Reuven Feuerstein nasceu em 1921, em Botosan, um pequeno povoado da Romênia, no seio de uma família judia. É o quinto de nove irmãos. Levi, o avô paterno de Reuven, era um homem multifacetado: destacava-se como encadernador, pintor e músico. O avô materno era escriba de pergaminhos da Torá.

O pai era um erudito em estudos judaicos, líder de culto e rabino. Nesse rico contexto, Reuven declara que aprendeu a ler os textos sagrados aos 3 anos de idade e que, aos 7, quando já presidia as celebrações entre seus irmãos, aprendeu o iídiche, sua língua materna.

Em sua cidade natal havia uma movimentada vida sociocultural. A comunidade judaica representava 50% da cidade e possuía setenta sinagogas para cerca de 10 mil judeus. Nesse rico clima, crescia o pequeno Reuven.

Em 1938, aos 17 anos, iniciou uma experiência inesquecível de formação no kibutz de Budapeste. Foi encarregado de organizar o Alyah* dos Jovens, uma instituição sionista cuja meta era realizar suas ideias para a construção de Israel; havia sido fundada em 1932-1933 por duas mulheres e contava então com mais de 300 mil jovens de cerca de setenta culturas diferentes.

---

* Migração de judeus para Israel. (N. R. T.)

O PERFIL DO **PROFESSOR MEDIADOR**

Reuven trabalhou nessa organização desde a sua saída da escola rural de Bucareste até sua ida a Israel, em 1944:

> Em 1940, na Romênia, as universidades estavam fechadas para os judeus. Os professores excluídos reuniam-se para ensinar às escondidas, com o objetivo de preparar os jovens para emigrarem para Israel e organizar, secretamente, o caminho para passar da Romênia para a Hungria e depois para Israel. Nesse ano, em agosto, fui prisioneiro dos nazistas em um campo de concentração, mas logo fui libertado por ser estrangeiro no perímetro geográfico que abrangia o campo. Pude depois continuar meus estudos, obter o diploma de professor e criar uma escola para filhos de pais deportados, no final do ano de 1940.

De 1940 a 1941, Feuerstein estudou no Colégio de Professores de Bucareste e, nos dois anos seguintes, frequentou o Colégio Onesco.

De 1940 a 1944 foi codiretor e professor da Escola de Bucareste, dedicada a crianças com grandes dificuldades de aprendizagem e problemas graves de desenvolvimento.

Em abril de 1944, Feuerstein emigrou para Israel. Casou-se com Berta Gugemgeim, teve quatro filhos. Viu então a oportunidade de continuar seu trabalho educativo de salvação. No kibutz em que se instalou, Kefar-Etzion, a meio caminho entre Jerusalém e Hebron (Al-Khalil), encontrou seu irmão, que chegara ali em 1940, e um grupo de estudantes romenos, dispostos a se unir e criar outros novos kibutzs e colônias em Israel:

> Havia também ali outros grupos de jovens poloneses, expulsos da Rússia por causa da guerra. No total eram cerca de 3 mil. Havia também crianças de 2 anos de idade. Enviaram-me a Jerusalém para um seminário do Alyah dos Jovens, com o objetivo de recrutar uma elite de jovens e prepará-los. Ali começou uma grande aventura educativa em minha vida. Um desses jovens foi o Grande Rabino de Israel. Mas o impacto maior foi a descoberta da possibilidade de planejar meu futuro, até então um porvir incerto. Os cinco kibutzs que

ANEXO 2. NOTA BIOGRÁFICA: REUVEN FEUERSTEIN

queríamos construir foram destruídos pelos árabes em 1948. Conseguimos reconstruí-los em 1967. Dividia minha vida trabalhando durante o dia na universidade e à noite no kibutz.

Depois desse seminário, Reuven foi escolhido para ensinar na escola rural de Mikvet-Israel, perto de Tel-Aviv, onde encontrou cerca de trezentas crianças sobreviventes do Holocausto. É uma missão difícil para o jovem Reuven:

Como mediar essas crianças que viveram o horror nazista? Como dizer-lhes que existe uma vida melhor e que essa vida os espera? A solução estava em criar nelas a necessidade de ajudar os outros, pois elas sentiam uma terrível culpa por continuar vivendo, enquanto muitos de seus entes queridos haviam ficado sem vida nos campos.

Desse grupo de jovens saíram seis professores universitários e vários médicos. A trajetória educativa de Reuven continua em 1948 no kibutz de Rehasmin. O nome desse kibutz significa "lugar natal", e ele viria a ser um instituto para crianças desadaptadas. Ali Feuerstein encontrou um grupo de jovens romenos, companheiros da escola rural de Bucareste.

Em fevereiro de 1949, com princípio de tuberculose, Feuerstein foi hospitalizado em Nahriya, próximo ao mar, e depois transferido para Kfar Savia, perto de Tel-Aviv. Esses problemas não detiveram o entusiasmo desse homem genial. Apesar da repreensão dos médicos, ele não parou de aprender. Em sua saída do hospital, sete meses depois, já sabia falar inglês, francês e alemão. Partiu então para Davos, na Suíça, para um hospital destinado àqueles que foram resgatados do Holocausto. A crua realidade e os problemas de sobrevivência levaram esse jovem intenso e inquieto ao amadurecimento.

Em 1950, retomou seus estudos em Genebra e, ao mesmo tempo, trabalhava em Zurique com Jung e na Basileia com Carl Jaspers. Um ano depois, na companhia de André Rey, viajou ao Magreb africano para examinar grupos de crianças:

O PERFIL DO **PROFESSOR MEDIADOR**

A partir desse momento, toda a minha formação e minhas experiên-cias vão confluir para definir meus princípios educacionais, minhas teorias sobre a modificabilidade estrutural cognitiva e a mediação. O encontro com Piaget me motivou a escolher sua escola [...]: "Os fatores determinantes de desenvolvimento", diz Piaget, "são os cog-nitivos"; e eu acrescento que é impossível separar o fator cognitivo do fator emocional, afetivo. Piaget não pensa na interação do indi-víduo com o mundo circundante. Piaget não levou em consideração as minhas teorias. De fato, a intenção, a subjetividade do mediador ainda não foram reconhecidas [...].

Estudou na Universidade de Genebra sob a direção de Jean Piaget, Bar-bel Inhelder e Marguerite Loosli Usteri. Assistiu a seminários de Léopold Szondi e Karl Jarpers. Recebeu o diploma de Psicologia, geral e clínica, em 1952. Em 1954, obteve a licenciatura em Psicologia. Em 1959, já atuando como psicólogo, ministrou cursos e conferências gratuitas em diversas ins-tituições, além da Alyah dos Jovens. Esse direcionamento foi muito positivo para o futuro de sua tarefa mediadora, que continua até os dias de hoje.

Em 1970, Feuerstein obtém o grau de doutor em Psicologia do Desenvolvi-mento na Universidade Sorbonne, com a tese de doutorado *As diferenças de funcionamento cognitivo em diferentes grupos socioétnicos*.

De 1970 até hoje, Feuerstein é professor de Psicologia na Universidade de Barllan, do Departamento de Educação, em Ramat Gan, Israel. Desde 1978, é professor adjunto da Universidade de Vanderbilt, na Faculdade de Educa-ção Peabody, nos Estados Unidos.

Juntamente com os professores David Krasilowsky, Yacob Rand e Shimon Tuchman, fundou o instituto para a pesquisa Hadassah Wizo-Canadá de Jerusalém, hoje convertido no Centro Internacional para o Desenvolvimen-to do Potencial de Aprendizagem (International Center for the Enhance-ment of Learning Potential – ICELP), onde atende crianças com diferentes problemas de desenvolvimento e investiga a aplicação de seus métodos e programas.

ANEXO 2. NOTA BIOGRÁFICA: REUVEN FEUERSTEIN

Em 1980, Feuerstein publicou o Programa de Enriquecimento Instrumental (PEI) e a Avaliação Dinâmica da Propensão à Aprendizagem (Learning Potential Assessment Device – LPAD), seu modelo de psicodiagnóstico. Nessas obras são configuradas suas teorias educacionais. Em 1988, lança sua última obra: *Don't Accept me as I am: Helping "Retarded" People to Excel* [*Não me aceite como eu sou: ajude as pessoas "com retardo" a superar essa deficiência*], síntese de suas pesquisas educacionais sobre o autismo e a síndrome de Down. Nestes últimos anos, Feuerstein semeou suas ideias em universidades de todo o mundo e recebeu o reconhecimento universal do seu trabalho com incontáveis homenagens.

Em 1991 foi agraciado com as Palmas Acadêmicas da França, e, em 1992, eleito cidadão de honra de Jerusalém. Inaugurou, em 1993, o novo ICELP, de onde difunde seu magistério.

Anexo 3. Vocabulário básico relacionado a programas cognitivos

ABSTRAÇÃO, NÍVEL DE: parâmetro do mapa cognitivo que determina a distância existente entre um ato ou operação mental e os objetos ou eventos envolvidos nesse processo. O nível de abstração mede o distanciamento da operação mental interiorizada em relação ao que é perceptivo.[1] Piaget *apud* Delval denomina abstração reflexiva o processo mediante o qual extraímos propriedades das nossas próprias ações.[2]

ACOMODAÇÃO: trata-se de qualquer modificação do organismo que é desencadeada pelo ambiente e destinada a aumentar a capacidade de assimilação de organismos e, em última instância, a adaptação. No processo de aprendizagem, o sujeito acomoda-se ao objeto (estímulo) para poder assimilá-lo. Ocorre, portanto, uma assimilação corporal dos elementos que se pretende incorporar ou assimilar. Esse processo pressupõe a modificação de esquemas prévios e a adoção de novas posturas ou atitudes a fim de adquirir novos elementos. Não existe assimilação sem que haja uma acomodação prévia. A mediação, em si mesma, exige um constante esforço de acomodação.

---

[1] R. Feuerstein *et al.*, *Instrumental Enrichment: an Intervention Program for Cognitive Modifiability* (Glenview, III: Scott, Foresman and Company, 1980), p. 109.

[2] J. Piaget, *apud* J. Delval, "La obra de Piaget en la educación", em *Cuadernos de Pedagogía*, nº 244, 1996, p. 343.

ADAPTAÇÃO: é o processo ativo do organismo para satisfazer suas necessidades e restaurar equilíbrios, provocando transformações tanto no sujeito como em seu meio. Esse modo de intercâmbio possui dois aspectos indissociáveis: a acomodação e a assimilação.

AFETIVIDADE: é a dimensão motivacional e emocional da experiência que afeta o processo cognitivo. Constitui um elemento essencial que exerce grande influência nas interações mediadas, desempenhando uma função crucial no desenvolvimento da autoestima, da motivação e dos processos de aprendizagem autorregulada.

ALGORITMO: conjunto de regras precisas e de interpretação claramente unívoca que permitem a consecução segura de um objetivo cognoscitivo.[3] É um procedimento que, uma vez seguido pontualmente, conduz ao êxito na solução de problemas. Fundamenta-se em uma série de estratégias de aprendizagem aplicadas de modo sistemático. No algoritmo, as operações são preestabelecidas e sua execução conduz à solução do problema. Constitui um exemplo de algoritmo a série de passos que devem ser seguidos para obter uma raiz quadrada.

ALOPLASTICIDADE: é a forma de adaptação experimentada pelo ambiente no qual está o indivíduo. Limita-se às situações nas quais é possível a mudança desse âmbito. Opõe-se à autoplasticidade ou reação adaptativa do sujeito à realidade que o envolve.

ANÁLISE: habilidade básica do pensamento que implica esclarecer a informação, examinando as partes e a relação dos elementos de um problema complexo. Essa operação mental fundamenta-se na capacidade de perceber e distinguir características nos objetos. As estratégias para relacionar o vocabulário, a busca planejada e sistemática, a codificação, entre outros recursos, possibilitam uma melhor análise.

ANÁLISE ESTRUTURAL: inventário e classificação das partes de um todo. Exige o estudo integrador e relacional do tema para chegar à síntese das partes. A análise operacional determina a ordem desses elementos em uma estrutura.

---

[3] J. A. Bernad, *Estrategias de estudio en la universidad* (Madri: Síntesis, 1999), p. 44.

ANEXO 3. VOCABULÁRIO BÁSICO RELACIONADO A PROGRAMAS COGNITIVOS

ANDAIME (BRUNER-WOOD): conjunto de meios para construir, elaborar e relacionar os conceitos que possibilitam a aprendizagem. É o que auxilia e orienta durante o processo de instrução e que permite ao aluno progredir para a ZDP (ver zona de desenvolvimento proximal). A necessidade de seu uso depende do nível de competência do sujeito. O andaime faz referência ao fornecimento dos facilitadores do conhecimento e da aprendizagem: epítomes, redes, esquemas, mapas cognitivos, mapas conceituais, conteúdos, estratégias, etc. O professor proporciona apoio direto aos alunos na execução da tarefa até que eles aprendam a ser autônomos e possam prescindir desses apoios.

APLICAÇÕES DO PEI: esse programa tem destinatários diversos. Seus objetivos determinam a aplicação a pessoas de idades e níveis diversos, com transtornos, carências, privação cultural ou que apresentem a necessidade de uma EAM (ver experiência de aprendizagem mediada) orientada à MCE (ver modificabilidade cognitiva estrutural). O PEI é configurado para ser trabalhado a partir da idade de 9 ou 10 anos, a fim de assegurar a integração da criança ao processo de escolarização normal ou sua inserção social. As diversas aplicações em empresas, na formação profissional – com adultos de diferentes culturas –, manifestam sua adaptabilidade e seu amplo leque de possibilidades.

APRENDER: é o processo pessoal orientado para a aquisição de conhecimentos. Está vinculado ao ato de ensinar a pensar mediante o desenvolvimento de capacidades. Conduz a uma modificação dos esquemas prévios e à memorização de conceitos. "A boa aprendizagem é aquela que antecede o desenvolvimento" (Vygotski). É orientado para o desenvolvimento dos processos de amadurecimento. "Aprender é aprender a pensar" (Dewey). "Mais que arquivar conhecimentos, aprender consiste em adquirir novos significados" (Ausubel), por meio do exercício de determinadas habilidades e operações cognitivas. A aprendizagem é um processo ativo, construtivo e significativo, baseado sempre nos conhecimentos prévios do sujeito, "voltado para a compreensão da realidade".[4] Mais que armazenar, aprender é

---

[4] J. I. Pozo, *Aprendices y maestros* (Madri: Alianza, 1996), p. 206.

estruturar, relacionar. Podemos adotar a forma mais genérica de aprender a aprender, em que importa mais o como aprender (método) do que o que aprender (conteúdos).

APRENDER A APRENDER: consiste em desenvolver as possibilidades de aprendizagem do indivíduo mediante o aperfeiçoamento de técnicas, destrezas, estratégias e habilidades para o conhecimento (domínio dessas ferramentas). Se aprender é ser capaz de processar informação – cada vez mais abundante e complexa –, aprender a aprender é adquirir estratégias para processar, de forma mais complexa e eficiente, essa enxurrada de informações).[5] Nessa concepção, dá-se mais importância aos procedimentos que aos conteúdos, para que o aluno alcance a aprendizagem significativa por si mesmo. A importância atribuída hoje ao ato de aprender a aprender chega a convertê-lo em uma das capacidades de sobrevivência social. Esse tipo de saber estratégico é adquirido com a experiência.[6]

APRENDIZAGEM, MODELOS DE: aprendizagem é a ação programada para adquirir conhecimentos ou informações específicas. Trata-se de uma mudança na estrutura cognitiva da pessoa que se traduz em novas formas de conduta. É, portanto, um processo de reorganização cognitiva. Para que tenha eficácia, a aprendizagem deve ser adaptada às possibilidades do sujeito.

- **CONSTRUTIVA:** é a aprendizagem que consiste no processo de reorganização cognitiva – recebe informação, adapta os conhecimentos àquilo que é novo, equilibra e autorregula. Os conflitos cognitivos estimulam, motivam e desenvolvem a aprendizagem. A aprendizagem por reestruturação apoia-se em aquisições associativas prévias.

- **POR DESCOBERTA:** destaca a importância da projeção de relações e do insight. É alcançada sempre que a aprendizagem é intencional, exploradora, imaginativa e criativa. Implica compreender as ideias básicas, organizá-las em uma estrutura, compreender os principais pontos que as norteiam, reduzir a distância em relação ao abstrato. "Conhecer é um processo, não um produto" (Bruner).

---

5   *Ibid.*, p. 310.
6   J. Beltrán, *Procesos, estrategias y técnicas de aprendizaje* (Madri: Síntesis, 1993), p. 51.

ANEXO 3. VOCABULÁRIO BÁSICO RELACIONADO A PROGRAMAS COGNITIVOS

■ **POR MEMORIZAÇÃO:** é a aprendizagem repetitiva e mecânica. O que foi aprendido não necessariamente se relaciona com os conteúdos prévios.

■ **MEDIADA:** "São os processos inter-relacionados entre o organismo humano que está se desenvolvendo e um adulto com experiência e intenção que, ao interpor-se entre a criança e as fontes de estímulo, oferece-lhe mediação servindo de referência, selecionando, enfocando e retroalimentando as experiências ambientais e os hábitos de aprendizagem" (Feuerstein). A carência de aprendizagem mediada afeta a habilidade funcional, o estilo cognitivo e a atitude diante da vida. É a base subjacente ao conceito de modificabilidade.

APRENDIZAGEM SIGNIFICATIVA: ocorre quando o aluno, construtor do próprio conhecimento, relaciona os conceitos e atribui-lhes um sentido com base na estrutura conceitual que já possui. Implica os seguintes requisitos: partir do que o aluno já sabe e de suas experiências (conhecimentos prévios), para que ele possa reorganizar seus esquemas conceituais, estar motivado, querer aprender: observar, fazer perguntas, formular hipóteses, relacionar conhecimentos, descontextualizar e elaborar princípios e conclusões lógicas. Exige que haja coerência psicológica com as capacidades do aluno, isto é, que os conteúdos correspondam a seu nível de compreensão e tenham uma aplicação.[7]

ARQUITETURA DO CONHECIMENTO: trata-se de uma interpretação construtivista da aprendizagem. Professor e aluno são arquiteto e construtor do edifício do saber. Cabe ao professor propor redes conceituais da matéria e referências conceituais: epítomes e modelos T; blocos conceituais (o quê) e procedimentos a serem empregados (como). E ao aluno cabe elaborar os mapas conceituais, extrair os conceitos relevantes e os esquemas conceituais.

ASSIMILAÇÃO: teoria piagetiana cuja proposição estabelece que o organismo atua sobre o meio, incorporando-o de maneira real ou simbólica e

---

[7] D. P. Ausubel, J. D. Novak, H. Hanesian, *Psicología educativa: un punto de vista cognitivo* (México: Trillas, 1989), p. 37.

modificando-o para poder incorporá-lo.[8] Trata-se, portanto, da integração de elementos externos a estruturas em evolução ou já formadas no organismo. É um processo de interpretação e interiorização da informação. Em síntese, pode-se dizer que é a adaptação do objeto (estímulo ou conteúdo) ao sujeito.

ATENÇÃO: é a atitude de envolvimento do sujeito na realidade de uma tarefa. É a energia necessária para apoiar o processamento cognitivo. Quatro mecanismos de ação da atenção podem ser mencionados: atenção mantida, atenção seletiva, atenção dividida e mudança de atenção.[9] Trata-se da capacidade de enfocar e controlar os processos cognitivos – como percepção, pensamento e memória – em uma atividade, a fim de nos concentrarmos em sua execução. Por isso, é possível considerar a atenção como estado, recurso ou processo, de acordo com a função que realize.[10]

ATITUDE: é a disposição da pessoa a reagir de determinada maneira aos objetos e às situações com os quais se relaciona.[11] Trata-se, portanto, da síntese de princípios, valores e crenças que regem nossa conduta. É o estado mental que predispõe a determinada reação. É, ainda, a tendência de comportar-se de forma consciente e permanente diante de determinadas situações, eventos ou pessoas. Seus componentes são: cognitivo (saber), afetivo (emotivo) e relacionado à conduta (vivencial). E suas funções são: ter efeitos úteis, defender o "eu", expressar valores e conhecimentos.

ATO MENTAL: é a operação cognitiva que ordena os estímulos recebidos a partir de um esquema interiorizado (mapa cognitivo, em suas diferentes fases: input-elaboração-output).* Trata-se de uma ação mental com finalidades diversas: aprendizagem, criação, etc. Poderíamos considerá-lo uma reação adaptativa do nosso sistema nervoso ao ambiente.

---

[8]   J. Delval, "La obra de Piaget en la educación", em *Cuadernos de Pedagogía*, cit., p. 122.

[9]   J. I. Pozo, *Aprendices y maestros*, cit., p. 185.

[10]   J. Beltrán, *Procesos, estrategias y técnicas de aprendizaje*, cit., p. 101.

[11]   *Ibidem*.

*   Ver input e output. (N. R. T.)

ANEXO 3. VOCABULÁRIO BÁSICO RELACIONADO A PROGRAMAS COGNITIVOS

AUTOCONCEITO: é a representação que a pessoa tem de si mesma; a atitude de valorização e estima que um indivíduo tem sobre si mesmo.[12] É o apreço que a pessoa desenvolve de seus sentimentos, de suas experiências e atitudes. O autoconceito possui um triplo componente: cognitivo, afetivo e relacionado à conduta; é construído e definido, ao longo do desenvolvimento, pela influência das pessoas significativas do meio familiar, escolar e social e, como consequência, pelas próprias experiências de sucesso e fracasso. Alguns elementos intrínsecos ao autoconceito são: autonomia, sentimento de independência, segurança, autoconfiança, autovalorização, boa relação familiar e social, aspecto físico, sentimento de pertença, entre outros. No educador, esses elementos poderiam ser: autorrealização, satisfação, estima da profissão e prestígio social. O autoconceito e a autoestima têm profundas repercussões no desempenho acadêmico e nas expectativas das pessoas.

AUTOCONTROLE: componente metacognitivo que supõe empenho para manter a atenção e o esforço focado em uma atividade proposta. Implica o domínio da impulsividade e um alto nível de atenção e atividade voluntária. O autocontrole é um elemento básico na metacognição. Vai aumentando com a idade e manifesta-se em consonância com a autonomia.

AUTOEFICIÊNCIA: a percepção das próprias habilidades que nos levam ao sucesso em determinada tarefa. Implica autoavaliação e julgamento das próprias ações vinculadas ao progresso das aprendizagens conquistadas.

AUTOESTIMA: é um sentimento que surge da sensação de satisfação em certas situações da vida. É a avaliação positiva que a pessoa faz de si mesma para aprovar ou desaprovar sua capacidade de alcançar o sucesso. Podem ser indicadas quatro condições da autoestima: vinculação, singularidade, poder e parâmetros de julgamento. A autoestima não consiste apenas em conhecer-se, mas também, e principalmente, em todo o julgamento positivo do autoconceito.

AUTOMATIZAÇÃO: é o processo de aprendizagem e operatividade que se realiza com maior perfeição e menor esforço. Exige uma rápida capacidade de

---

[12] C. Coll *et al.*, *El constructivismo en el aula* (3ª ed. Barcelona: Graó, 1995), p. 33.

O PERFIL DO **PROFESSOR MEDIADOR**

codificação e decodificação. É fruto da experiência, prática e habilidade na aprendizagem. A cristalização das aprendizagens e das estratégias conduz a uma maior automatização das ações.

AUTOPLASTICIDADE: é a capacidade da pessoa para mudar suas necessidades e acomodar-se a determinada situação. Exige automodificação, adaptação e transformação das funções cognitivas para alcançar os objetivos ou metas propostos. As experiências de flexibilidade mental devem conduzir à autoplasticidade.

AVALIAÇÃO DINÂMICA DO POTENCIAL DE APRENDIZAGEM (LEARNING POTENTIAL ASSESSMENT DEVICE – LPAD): método de avaliação dinâmica de Feuerstein. Pelo método (teste-aprendizagem-novo teste), em uma constante ação mediadora, pretende-se encontrar a disposição de uma pessoa para a aprendizagem, sua capacidade de modificação, receptividade ou recusa da mediação, assim como de adaptação aos conhecimentos e às estratégias novas. Identifica as funções cognitivas deficientes (FCD) (ver funções cognitivas deficientes) que são ativadas em uma série de testes correspondentes à prática do PEI, isto é, a experiência de aprendizagem mediada (EAM) que deverá seguir ao diagnóstico. A LPAD deve ser diagnóstico e prognóstico de modificabilidade de um sujeito.

AVALIAR: consiste na busca e no uso da informação relativa a mudanças no comportamento dos alunos, a fim de adotar decisões sobre o programa educativo.[13] A avaliação tem um caráter mais mediador que finalista; nela importam os critérios: "O propósito de toda avaliação não é comprovar, mas, sim, melhorar".[14] Os temas de avaliação educativa podem orientar-se para os seguintes tópicos: a melhora da qualidade do programa e da educação, a tomada de decisões com relação às pessoas, a regulação administrativa ou os recursos educacionais. Existe uma avaliação inicial que informa os conceitos e esquemas prévios e as habilidades básicas do educando, antes de

---

[13] L. Stenhouse, "El profesor como tema de investigación y desarrollo", em *Revista de Educación*, 277, 1984, p. 152.

[14] W. J. Popham, *Evaluación basada en criterios* (Madri: Magisterio Español, 1983).

ANEXO 3. VOCABULÁRIO BÁSICO RELACIONADO A PROGRAMAS COGNITIVOS

um processo de aprendizagem. A avaliação formativa integra capacidades, habilidades, atitudes e valores.

CAPACIDADE: é uma habilidade inata ou adquirida, ou conjunto de habilidades, para realizar uma tarefa com sucesso. As capacidades podem ser atribuídas à herança, ou adquiridas com o amadurecimento ou a experiência. Refere-se ao conjunto de possibilidades de desenvolvimento de uma pessoa. Característica do indivíduo que possibilita a resolução de problemas. São capacidades básicas: cognição, equilíbrio pessoal, afetividade, motricidade, psicomotricidade, relação, inserção, atuação social, etc.

CIÊNCIA: é uma forma de conhecimento rigoroso e metódico voltada a descobrir as leis que regem a existência humana e poder expressar os saberes adquiridos sistematicamente. A ciência é definida em função de três componentes: conteúdo, método e produto (Dendaluce). "Toda ciência é a busca de uma unidade existente entre semelhanças ocultas" (Bronowski).

CLASSIFICAÇÃO: operação mental por meio da qual relacionamos fatos ou objetos de acordo com determinados critérios ou princípios. Consiste em construir classes ou conjuntos com elementos semelhantes, estabelecer relações de inclusão e definir o parentesco entre eles. Os elementos podem ser representados em tabelas, quadros, diagramas, matrizes, etc. A aprendizagem da classificação auxilia na formação dos conceitos, mediante seleção, representação e organização das qualidades fundamentais reconhecidas nos objetivos. Para entender a realidade, é necessário ser capaz de organizá-la.[15]

CODIFICAÇÃO-DECODIFICAÇÃO: é a operação mental que traduz o significado dos símbolos ou traduz em símbolos a informação. Essa operação de substituição de um elemento por um símbolo ou código aplica-se a todas as classes de modalidades: numérica, verbal, simbólica, etc. Trata-se de uma estratégia para organizar e elaborar a informação, economizando tempo e trabalho.

COGNIÇÃO/COGNITIVISMO: processo do pensamento que caracteriza a conduta inteligente das pessoas. Trata-se, portanto, de uma ação mental. Os méto-

---

[15] J. Delval, "La obra de Piaget en la educacíón", cit., p. 332.

O PERFIL DO **PROFESSOR MEDIADOR**

dos cognitivos de aprendizagem têm o objetivo de instruir os alunos no que diz respeito a estes elementos: conteúdo, método, sequência de tarefas e contexto social de aprendizagem.

COMPETÊNCIA: sentimento de capacidade para realizar de forma bem- -sucedida certas atividades em uma situação concreta. Esse sentimento cresce com a experiência, em virtude das conquistas e das vivências positivas da pessoa. A competência deve ser medida considerando-se a idade e a capacidade da pessoa em relação às tarefas que lhe possam ser exigidas.

COMPLEXIDADE, NÍVEL DE: parâmetro do mapa cognitivo que faz referência à quantidade e à qualidade de unidades de informação necessárias para produzir um ato mental. Entre outros fatores, a complexidade depende do número de elementos, da fadiga, da modalidade ou forma de expressão, da estranheza dos conteúdos ou da falta de familiaridade com a execução da tarefa.

COMPREENSÃO: é a capacidade de entender como executar as diferentes partes de um processo e por que funciona.[16] Requer a capacidade de projetar e enxergar relações entre os elementos que definem um todo. Há uma forte relação entre a pedagogia da compreensão e as imagens mentais, uma vez que essa metodologia exige um estado de constante capacitação para executar atividades, a fim de reter o conhecimento (armazenamento), compreendê-lo e fazer uso ativo dele (aplicação).[17]

COMPREENSIVIDADE: é um modelo de educação polivalente e integrador. Organiza os ensinamentos na forma de cursos-núcleo (de 12 a 16 anos) com matérias obrigatórias e optativas (Secundaria Obligatoria).* Caracteriza- -se por: preparar os alunos para a vida ao dotá-los de habilidades básicas, aprendizagens funcionais e úteis; transmitir saberes diversificados de acordo com as características e interesses dos alunos; integrar os alunos de

---

[16] R. S. Nickerson, D. N. Perkins, E. E. Smith, *Enseñar a pensar* (Barcelona: Paidós-MEC, 1990), p. 29.

[17] D. N. Perkins, *La escuela inteligente: del adiestramiento de la memoria a la educación de la mente* (Barcelona: Gedisa, 1997), p. 82.

* Ver quadro comparativo da educação escolar na Espanha e no Brasil, no capítulo "Justificativa do paradigma mediador". (N. E.)

ANEXO 3. VOCABULÁRIO BÁSICO RELACIONADO A PROGRAMAS COGNITIVOS

um grupo ou comunidade social; apresentar um modelo curricular aberto e flexível; não ser elitista; compensar desigualdades; ser superável por um maior número de alunos; abarcar o tempo mínimo de ensino obrigatório.

CONCEITO: é uma generalização formada mediante abstrações de percepções sensoriais. Os conceitos dependem de experiências prévias relacionadas. São imagens mentais simbólicas estruturadas e hierarquizadas. Alguns conceitos podem ser irracionais (superstições) e outros podem se formar sem que tenhamos consciência (preconceitos). Designa um conjunto de crenças implícitas que todos nós sustentamos em relação à natureza dos objetos, eventos, situações ou símbolos.[18]

CONDUTA COMPARATIVA: operação mental pela qual relacionamos fatos ou objetos para descobrir semelhanças e diferenças entre eles. A comparação baseia-se na relação e na diferenciação de atributos. Os critérios de comparação, assim como os de classificação, são ditados por nossas necessidades e interesses. A comparação é uma operação espontânea que está na base de todas as nossas decisões.

CONFLITO COGNITIVO: é a informação ou a situação que contradiz de algum modo aquilo que o aluno sabe, provocando um desequilíbrio em seus esquemas de conhecimento. Pode ser considerado um fator desencadeante da aprendizagem ao fazer necessária a construção de novos conhecimentos.[19] Deve-se zelar para que o desequilíbrio provocado seja compatível com o nível dos conhecimentos do aluno, para que ele possa enfrentar a dificuldade e reconstruir seus esquemas cognitivos.

CONHECIMENTO: é o conjunto de fatos, conceitos e princípios adquiridos em um processo de aprendizagem. Conhecer é sempre recordar e compreender o que somos e o que sabemos.[20] Os procedimentos podem constituir um caminho que conduz à descoberta dos conhecimentos. A aquisição dos

---

[18] J. H. Flavell, *El desarrollo cognitivo* (Madri: Aprendizaje Visor, 1993), p. 56.

[19] J. Escaño & O. M. Gil de la Serna, *Cómo se aprende y cómo se enseña* (Barcelona: ICE-Orsori, 1997).

[20] J. I. Pozo, *Aprendices y maestros*, cit., p. 123.

conhecimentos é condicionada pelo contexto afetivo no qual eles são inseridos, o que sugere um nexo entre conhecimento, atitudes e valores:

- Conhecimentos
- Habilidades
- Atitudes

- Inteligência: conteúdos, conceitos
- Ação: procedimentos, processos, técnica
- Sentimento/afeto: valores, atitudes, normas

O conhecimento pode ser figurativo ou pré-operacional, centrado no estático e no material, segundo captam os sentidos; operacional: desenvolve a inteligência, é transformador, alimenta o entendimento, assimila outros esquemas e extrai o que é significativo.

CONSTRUÇÃO DO CONHECIMENTO: é o processo que o aluno executa como consequência de sua atividade intelectual com a direção e a ajuda do professor. Implica sempre a reestruturação dos esquemas de conhecimento, o que supõe uma nova maneira de conhecer e atuar sobre a realidade com a qual se relaciona.[21]

CONSTRUTIVISMO: movimento originado no âmbito da perspectiva genética, que enfatiza a importância da experiência direta para a construção das estruturas mentais e do próprio conhecimento. No construtivismo, convergem dois princípios: a importância da atividade mental construtiva do aluno na realização das aprendizagens escolares – entendendo aprendizagem escolar como um processo de construção do conhecimento – e o princípio de aceitar o ensino como uma ajuda nesse processo de construção. O aluno seria o responsável final por seu processo de aprendizagem significativa. Os conteúdos são variados: conceitos, habilidades, atitudes, valores, etc.; o professor organiza e propicia situações que favorecem essa aprendizagem. A construção de significados não só exige do aluno capacidades e conhecimentos prévios, como também atitudes, expectativas, motivações e interesses. A concepção construtivista concebe o ensino como uma ajuda à atividade mental construtivista do aluno, imprescindível para seu desenvolvimento individual e sua socialização.[22]

---

[21] J. Escaño & O. M. Gil de la Serna, *Cómo se aprende y cómo se enseña*, cit., p. 139.

[22] A. Marchesi & E. M. Ortega, *Calidad de la enseñanza en tiempos de cambio* (Madri: Alianza, 1998), p. 283.

ANEXO 3. VOCABULÁRIO BÁSICO RELACIONADO A PROGRAMAS COGNITIVOS

CONSTRUTO: é o modelo conceitual por meio do qual construímos o mundo a partir de nós mesmos. Por meio desse construto, o indivíduo percebe a realidade, adere-se a ela e organiza seus comportamentos. Os conhecimentos, as atitudes e as percepções permitem a formação do construto pessoal. A inteligência é um construto intermediário entre a pessoa e o ambiente.

CRIATIVIDADE: é a expressão genuína da mente humana. Perkins[23] fala das seis dimensões da mente criativa: estética, descoberta de problemas, mobilidade, trabalho no limite das próprias capacidades, objetividade e motivação intrínseca. O potencial criativo é condicionado por uma série de fatores: a) ambientais: atitudes democráticas, ambiente familiar e cultural; b) pessoais: cultura, motivação e autoestimulação; c) mentais e criativos: fluência e produtividade, flexibilidade e originalidade. A criatividade é o resultado final da aplicação desses pré-requisitos.

CURRÍCULO: o projeto que guia as atividades educacionais, que estabelece as intenções, as orientações e os recursos para os professores. É o elo entre a cultura e a sociedade, expressão e concretização de um plano cultural. É constituído por todas as atividades planejadas do aluno na escola: estrutura organizada de conhecimentos, plano de instrução e de experiências de aprendizagem. Caracteriza-se por ser globalizante, capaz de impulsionar a formação integral do aluno e favorecer o desenvolvimento de todas as suas capacidades. Deve fundamentar-se em uma série de processos e ser avaliável.

DESENVOLVIMENTO COGNITIVO: consiste em uma sucessão de mudanças estruturais. Piaget denomina cada unidade estrutural de esquema. Os esquemas são equivalentes a processos mediadores (Hebb) e constituem um tipo de rede que se modifica para assimilar novos dados. O desenvolvimento é natural ao conhecimento, por ser diferenciador e hierarquizador.

EFICÁCIA, NÍVEL DE: parâmetro que indica a eficiência prevista na realização de uma tarefa. Está relacionado ao esforço do ato mental, à rapidez e à precisão com que é produzido. É determinado pelo grau de aprendizagem,

---

[23] D. N. Perkins, *La escuela inteligente: del adiestramiento de la memoria a la educación de la mente*, cit.

pela dificuldade da tarefa e por outras variáveis, como o tempo, a fadiga e a manutenção do nível de atenção.

ELABORAÇÃO: fase intermediária do processo de aprendizagem, na qual o indivíduo relaciona, classifica, analisa, interpreta e organiza a informação dada, de acordo com os conhecimentos e esquemas prévios. A elaboração é uma estratégia fundamental de aprendizagem, uma vez que acrescenta informação e significados à informação existente.[24]

ENFOQUE (ATENCIONAL E PERCEPTIVO): é um problema metodológico nos estudos, e não apenas de focalização da atenção. Relaciona-se especialmente com o tipo de personalidade: o enfoque idiográfico ou atitude personalista implica o estudo intensivo e extensivo de uma pessoa, a fim de compreendê-la. O enfoque nomotético é o estudo de muitos indivíduos, com menor intensidade ou extensão. As técnicas e os meios empregados em cada enfoque dependem de seus objetivos.

ENSINO: é o processo de ajuda do professor na construção pessoal do conhecimento e na elaboração do próprio desenvolvimento.[25] Trata-se de um planejamento detalhado de recursos e estratégias que se centra no aluno e assegura um ajuste constante às dificuldades e aos progressos do aluno. O ensino deve contemplar sempre a progressão do controle e a construção de sistemas de significados.[26]

EPÍTOME: é a base conceitual global de disciplina ou área; é sua organização prévia. O princípio de elaboração parte do que é mais geral e mais importante para o que é mais específico e de menor relevância. Integra os elementos essenciais do conteúdo. Seleciona os conteúdos e os ordena de acordo com sua relevância.

EQUILÍBRIO: o progresso das estruturas cognitivas baseia-se no equilíbrio crescente entre os processos. Quanto mais equilíbrio, menos são os erros/fracassos na assimilação ou na interpretação. Somente dos desequilíbrios entre dois processos surge a aprendizagem ou a mudança cognitiva. O

---

[24] J. Beltrán, *Procesos, estrategias y técnicas de aprendizaje*, cit., p. 189.
[25] C. Coll *et al.*, *El constructivismo en el aula*, cit., p. 72.
[26] A. Marchesi & E. M. Ortega, *Calidad de la enseñanza en tiempos de cambio*, cit., p. 313.

ANEXO 3. VOCABULÁRIO BÁSICO RELACIONADO A PROGRAMAS COGNITIVOS

progresso cognitivo não é a soma das pequenas aprendizagens, mas, sim, é regido por um processo de equilibração. A aprendizagem, em um sentido amplo, para Piaget, consiste no progresso das estruturas cognitivas por processos de equilibração.

ESQUEMAS DE CONHECIMENTOS: referem-se à representação que uma pessoa possui, em determinado momento de sua história, sobre uma parcela da realidade.[27] Constituem estruturas cognitivas e organizativas do conhecimento, dos dados armazenados na memória, aplicáveis a objetos, situações, eventos, etc. Configuram-se a partir de estruturas de pensamento, capazes de integrar novos conceitos e reestruturá-los. Todo esquema é uma entidade conceitual complexa, que guia os processos de compreensão, analisa as estruturas da nossa mente, revisa a ação da memória em relação ao conhecimento e estabelece sequências e metas aos nossos comportamentos. As características essenciais dos esquemas são: sua referência a estruturas organizadas do conhecimento, o fato de possuírem variáveis, estarem organizados de modo hierárquico e facilitarem a produção de inferências.[28]

ESTILOS DE APRENDIZAGEM COGNITIVA: modos diferentes de processar, organizar e evocar a informação. Identificam-se pela eficácia, pela precisão e pela originalidade. O estilo cognitivo é uma característica pessoal importante, na qual se fundem a cognição e a emoção, habilidade e vontade que se manifestam na codificação, as operações e os objetivos.[29] Outras características do estilo cognitivo: detecção de problemas, processamento da informação, tendência a reservar a avaliação para si mesmo, projeção de relações, etc. Sternberg *apud* Beltrán interpreta o estilo intelectual ou estilo de aprendizagem como uma espécie de autogoverno mental.[30]

ESTRATÉGIAS: são procedimentos aplicados de modo controlado, dentro de um plano deliberadamente projetado, com o objetivo de alcançar uma meta estabelecida. Técnica e estratégia seriam formas progressivamente

---

[27] C. Coll *et al.*, *El constructivismo en el aula*, cit., p. 53.

[28] J. Beltrán, *Procesos, estrategias y técnicas de aprendizaje*, cit., p. 338.

[29] A. Marchesi & E. M. Ortega, *Calidad de la enseñanza en tiempos de cambio*, cit., p. 341.

[30] R. J. Sternberg, *apud* J. Beltrán, *Procesos, estrategias y técnicas de aprendizaje*, cit., p. 62.

mais complexas de utilizar um mesmo procedimento. As estratégias exigem planejamento e controle da execução, além de implicar o uso seletivo dos próprios recursos e capacidades. As estratégias compõem-se de técnicas ou habilidades.[31]

ESTRATÉGIAS DE APRENDIZAGEM: são uma série de processos que ativam as operações mentais, a fim de promover maior eficácia e rapidez na aprendizagem. Toda estratégia tem que ser descoberta ou ensinada para elevar o nível de potencial de aprendizagem. Mayor[32] atribui-lhes três qualidades: a) consciente ou controlada; b) autodirigida ou mediada; c) genérica ou específica. O conhecimento de novas estratégias constitui a base da nova cultura da aprendizagem. As principais estratégias de aprendizagem referem-se à análise, à organização e à elaboração da informação mediante técnicas concretas como as analogias, os mapas conceituais ou os códigos.[33]

ESTRATÉGIAS COGNITIVAS: referem-se aos processos mentais realizados ao se executar qualquer tarefa. Essa consciência permite controlá-los e regulá-los de uma maneira estratégica. Flavell fornece a pista para agrupar essas estratégias de acordo com as três classes de conhecimentos metacognitivos: a) conhecimento das variáveis pessoais; b) das variáveis da tarefa; c) das variáveis da estratégia ou método. Mayor sintetiza os programas que ensinam estratégias metacognitivas: a) treinamento de autoinstruções, autocontrole e autoavaliação; b) aprender a estudar; c) programa global de estratégias metacognitivas.[34] Não se deve ignorar o interesse da metacognição com relação a outros níveis de consciência em sujeitos com dificuldades de aprendizagem e deficientes.

ESTRUTURA COGNITIVA: é um conjunto de esquemas de conhecimento inter-relacionados de uma pessoa. Consiste em um sistema de ações mentais organizado de modo consciente. Uma estrutura serve para organizar conhecimentos novos, e, inversamente, uma situação nova pode modificar

---

[31] J. I. Pozo, *Aprendices y maestros*, cit., p. 300.

[32] J. Mayor *et al.*, *Estrategias metacognitivas: aprender a aprender y aprender a pensar* (Madri: Síntesis, 1993), p. 28.

[33] A. Marchesi & E. M. Ortega, *Calidad de la enseñanza en tiempos de cambio*, cit., p. 363.

[34] J. Mayor *et al.*, *Estrategias metacognitivas: aprender a aprender y aprender a pensar*, cit.

ANEXO 3. VOCABULÁRIO BÁSICO RELACIONADO A PROGRAMAS COGNITIVOS

a estrutura. Representa a relação entre os estímulos e suas representações mentais. As estruturas são transitórias, e, se não fosse assim, não haveria desenvolvimento. Elas servem para integrar e reorganizar os novos conhecimentos.

EXPERIÊNCIA DE APRENDIZAGEM MEDIADA (EAM): o processo de ensino-aprendizagem conduzido por um mediador que, com base na teoria de Feuerstein, pretende promover a modificabilidade cognitiva estrutural (MCE) do sujeito. Coloca em ação uma série de situações, estratégias e critérios que orientam um estilo de integração mediada. Entre os critérios estão: a intencionalidade e a reciprocidade, a transcendência, o significado, o sentimento de capacidade, o trabalho compartilhado, etc. A EAM modifica, cria habilidades, potencializa e desenvolve a autonomia do sujeito. A mudança estrutural que pretende provocar no sujeito não deve ser um fato isolado, mas, sim, a criação de uma nova forma de interação do sujeito consigo mesmo e com o ambiente.

FEEDBACK: toda forma de retroalimentação que o mediador oferece para conceder novos enfoques e novos significados à informação dada, descobrir relações, erros e oferecer maior qualidade ao raciocínio. A ajuda da informação pode ser proporcionada em qualquer etapa do processo de aprendizagem – input, elaboração ou output.

FUNÇÃO/FUNÇÕES COGNITIVA(S): são estruturas essencialmente psicológicas e mentais que apresentam uma relação de interdependência e permeabilidade entre si e que ativam processos de autotransformação. São modos de o sistema cognitivo interagir; com elas expressamos nossos padrões de conduta. A estrutura é constituída por uma série de capacidades relacionadas que servem de suporte a todas as operações mentais. A função é um componente básico para a atividade intelectual: organização e adaptação (Piaget). As funções são interações dinâmicas que promovem a mudança das estruturas e o desenvolvimento. As estruturas são propriedades sistemáticas de um fato, redes que se ampliam, por onde se transmite a energia intelectual desenvolvida pelas funções cognitivas. As operações mentais ativam a energia que permite a cristalização das estruturas. Representam o *hardware* ou a estrutura funcional da nossa máquina cognitiva. Seu elemento dinamizador compõe-se das necessidades, das capacidades e da orientação ou objetivos dos atos da pessoa.

FUNÇÕES COGNITIVAS DEFICIENTES (FCD): são as estruturas intelectuais com déficit de atividade mental por carência de experiência de aprendizagem mediada. Feuerstein localiza suas falhas em cada uma das fases do ato mental: input, elaboração e output. As funções cognitivas são dinamizadas pela ativação das operações mentais.

GENERALIZAÇÃO: é a capacidade indutiva de aplicar os conhecimentos a situações complexas. Exige um alto nível de abstração ao considerar todos os elementos englobados no conceito ou termo integrador. Ocorre a hipergeneralização quando se integram elementos que não pertencem propriamente ao conjunto, e a hipogeneralização quando faltam elementos a serem incorporados, porque ignoramos algumas de suas características relacionais. Falamos de extrapolar no sentido de superar os limites do particular e do concreto.

GESTALT: é a capacidade do organismo de perceber e responder, de forma total, a uma configuração complexa de estímulos. A psicologia da forma ou da gestalt opõe-se tanto ao atomismo como ao associacionismo. É a visão globalizante e integradora dos elementos de um conjunto. Percebemos primeiro de forma geral, depois centramos a atenção nos detalhes. Nossa estrutura mental capta e traduz códigos e símbolos para integrá-los no todo. A carência dessa visão geral (holística) determina a percepção episódica da realidade. O autêntico significado torna-se evidente para nós quando o percebemos como parte de um todo.

HABILIDADE: consiste em um repertório de condutas básicas. As habilidades mais simples são as sensório-motoras. Toda habilidade implica a capacidade de reconhecer as características da tarefa, seu objetivo e os meios apropriados para alcançá-lo. Para que seja aprendida, a habilidade precisa ser descrita. A inteligência compõe-se de repertórios específicos e sistemas de habilidades adquiridos pela aprendizagem. Essas habilidades básicas são cognitivas e linguísticas, sensório-motoras e motivacionais-emocionais.

ANEXO 3. VOCABULÁRIO BÁSICO RELACIONADO A PROGRAMAS COGNITIVOS

HABILIDADES COGNITIVAS: são as operações mentais básicas que afetam nossa atividade e eficiência cotidianas e sobre as quais são construídos os processos de pensamento. Ajudam a processar a informação com eficácia e precisão. As habilidades de pensamento e o conhecimento são interdependentes e os distinguimos das estratégias por serem processos que intervêm em atividades de ordem superior, como o raciocínio, o pensamento criativo e a resolução de problemas.

HEURÍSTICAS: são um conjunto de regras que, como uma diretriz geral e aproximativa, facilitam a realização de tarefas complexas, sem assegurar a solução verdadeira.[35] São habilidades de pensamento ou estratégias sistemáticas de busca para a análise e a transformação dos problemas, sob a forma de raciocínios indutivos e analógicos que conduzem a conclusões verossímeis. A ordem nas operações é variável, assim como o tempo de execução. Embora nem sempre levem à solução correta, as heurísticas são de grande ajuda. Podem ser usadas para analisar ou decompor um problema, encontrar um problema semelhante, esquematizá-lo, simbolizá-lo ou visualizá-lo(Polya). Schoenfeld atribui cinco estágios às heurísticas: analisar e representar, elaborar um plano global, transformar o problema, executar e verificar a solução. Alonso Tapia[36] propõe o uso de heurísticas: a) para definir e compreender o problema; b) para planejar sua solução e execução; c) para a avaliação de resultados. Beltrán[37] propõe cinco perguntas que guiam o processo heurístico: qual é a parte central do tema? Qual é o conceito-chave? O método de pesquisa utilizado? Quais são as principais aspirações do conhecimento? Quais os juízos de valor? "A reforma educacional deve tomar como heurística a investigação filosófica compartilhada na sala de aula".[38]

IMAGEM MENTAL: corresponde a modelos mentais ou tipos de conhecimento holístico e coerente. É qualquer representação mental unificada e abran-

---

[35] J. A. Bernad, *Estrategias de estudio en la universidad*, cit., p. 46.

[36] J. Alonso Tapia, *¿Enseñar a pensar? Perspectivas para la enseñanza compensatoria* (Madri: Cide, 1987), p. 227.

[37] J. Beltrán, *Procesos, estrategias y técnicas de aprendizaje*, cit., p. 168.

[38] M. Lipman, A. M. Sharp, F. S. Oscanyan, *La filosofía en el aula* (Madri: De la Torre, 1992), p. 37.

gente que nos ajude a elaborar determinado tema.[39] É, ainda, o resultado da interiorização de acomodações imitativas. Toda imagem mental supera o presente e projeta-se no passado ou no futuro. Não é uma pintura ou um desenho do cérebro (isomorfismo), mas, sim, um modo de representação mental de forma motora, icônica ou simbólica. A imagem mental pode ser abordada a partir da representação pictórica (símbolos, palavras, imagens) ou segundo a funcionalidade que tenha.

IMPULSIVIDADE: o impulso é uma força fisiológica ou psicológica que tem sua origem nas necessidades dos sujeitos. A impulsividade provoca uma reação para buscar satisfação ou resposta. Ela é a fonte dos nossos erros. Na aprendizagem, é imprescindível o controle da impulsividade para maior autocontrole e planejamento das tarefas ou da tomada de decisões.

INDUÇÃO: é a operação mental mediante a qual chegamos à descoberta de uma regra que explica as relações entre uma série de elementos. Para tanto, é necessário um raciocínio que vai do particular para o geral, da parte para o todo.

INFERÊNCIA LÓGICA: é a capacidade mental de realizar deduções, extrair nova informação da informação dada. Consiste em um raciocínio, a partir da informação dada, sobre o que é sugerido ou está implícito, para chegar a conclusões lógicas pela elaboração dos dados incompletos ou dos próprios significados implícitos na informação.

INPUT: fase de entrada do estímulo ou da informação do ato mental.

INSIGHT: é o processo de autorreflexão que conduz à resolução de um problema. Consiste na reorganização de estímulos e na iluminação que se produz no final de um processo de reflexão que nos leva à generalização e à aplicação daquilo que foi aprendido. É, portanto, uma configuração perceptiva brusca que reorganiza e dá sentido a partes antes desconectadas. Essa compreensão está associada a uma conscientização ou à descoberta das estruturas que geram coerência; é resultado de aprender a aprender e,

---

[39] D. N. Perkins, *La escuela inteligente: del adiestramiento de la memoria a la educación de la mente*, cit., p. 85.

ANEXO 3. VOCABULÁRIO BÁSICO RELACIONADO A PROGRAMAS COGNITIVOS

por isso, é um ato volitivo e reflexivo. O mediador usa o insight para esclarecer e definir os princípios, as regras e as estratégias cognitivas e transferir os conhecimentos para outros contextos.

INTELIGÊNCIA: é a capacidade do indivíduo de relacionar os conhecimentos, adaptar-se às diferentes situações e tomar decisões. É o instrumento geral do conhecimento. Ocupa-se dos conceitos gerais. "A inteligência é o autogoverno mental", afirma Sternberg. De acordo com um conceito aberto de inteligência, Feuerstein a define como um processo dinâmico autorregulador que responde à intervenção ambiental externa.

INTELIGÊNCIA ARTIFICIAL: ciência ou técnica cujo fim é construir artefatos cuja capacidade para realizar funções, tais como aprender e raciocinar, seja incrementada até equiparar-se àquelas que o homem é capaz de realizar. Ocupa-se de ampliar a capacidade das máquinas para resolver funções que seriam tidas como inteligentes se fossem realizadas pelo homem.

INTENCIONALIDADE: atitude mediadora orientada para o estabelecimento de metas, a seleção de objetivos e o envolvimento do sujeito na própria aprendizagem. Toda mediação é uma interação intencional que se relaciona com a reciprocidade: ensinar e aprender são ações que se vinculam em um mesmo processo. Revela uma consciência coletiva de transmitir valores, normas e atitudes. A intencionalidade muda o estímulo, decodifica símbolos e significados, antecipa eventos, desperta interesse, fornece estratégias, eleva o potencial de aprendizagem e de abstração de acordo com a capacidade do educando. A intencionalidade é percebida: a) por proximidade; b) pela modificação dos estados de alerta e vigilância; c) pela conversão ou adaptação do objeto, a fim de torná-lo acessível.

INTERAÇÃO: é toda forma de relação no processo de aprendizagem mediada. Feuerstein distingue duas formas de interação entre um indivíduo e seu ambiente, que contribuem para o desenvolvimento da estrutura cognitiva: a exposição direta aos estímulos e as experiências de aprendizagem mediada (EAMs) por meio de um agente ou mediador. Feuerstein atribui à carência de mediação o déficit de desenvolvimento cognitivo de um indivíduo, ainda que haja estimulação abundante em seu ambiente.

INTUIÇÃO: a capacidade de obter conclusões sólidas a partir de uma evidência mínima (Westcott). Consideramos intuitivo o que é perceptível com clareza, o que chega até nós por meio dos sentidos. Nickerson[40] associa a intuição ao insight: a experiência verbalizada em expressões como "ahá!" ou "claro que agora eu consigo ver" costumamos chamar de intuição. Com frequência, temos a impressão de que a intuição inclui uma reformulação da nossa concepção espacial. A intuição é algo difícil de provocar intencionalmente.

LIMITAÇÃO DO CAMPO MENTAL: Feuerstein descobre esses indícios de limitações cognitivas na pessoa com privação cultural ou carência de mediação. O sujeito mostra-se incapaz de manipular certo número de elementos ou estímulos de informação, tem dificuldade de memorizar certos conteúdos e apresenta problemas para elevar seu nível de abstração. Essa limitação é detectada quando os sujeitos não podem desvincular-se de certos procedimentos e formas de agir, passando a depender de uma mediação concreta. Pode-se falar de limitação do campo mental também em referência à incapacidade de compreensão dos significados e extrapolações dos conteúdos estudados para outros contextos.

LPAD: método psicodiagnóstico para a Avaliação Dinâmica da Propensão à Aprendizagem de Feuerstein. Com uma série de testes, pretende avaliar o potencial de aprendizagem, provocando mudanças cognitivas. Sua ideia reside em avaliar a capacidade do indivíduo de aprender, observando sua desenvoltura ao longo da aplicação do mediador. Prevê a quantidade e a natureza da mediação que o aluno precisa para mudar, os procedimentos que provocam a mudança, as dificuldades e as resistências à mediação no processo de aprendizagem.

MAPA COGNITIVO: metáfora topográfica que representa as sucessivas etapas que se desenvolvem no ato mental. Conceito básico no PEI , é um conjunto de parâmetros por meio do qual é possível analisar, categorizar e ordenar os atos mentais. Compreende sete parâmetros: conteúdo, modalidades ou

---

[40] R. S. Nickerson, D. N. Perkins, E. E. Smith, *The Teaching of Thinking* (Nova Jersey: Erlbaum Ass, 1987), p. 30.

ANEXO 3. VOCABULÁRIO BÁSICO RELACIONADO A PROGRAMAS COGNITIVOS

linguagens, fases do ato mental, operações cognitivas e níveis de complexidade, abstração e eficácia.

MAPA CONCEITUAL: técnica de aprendizagem para representar relações significativas entre conceitos. Estratégia de ensino para apresentar de modo lógico e gráfico a informação. É, portanto, uma diretriz para a compreensão de conceitos, e suas relações são a base de linhas ou redes de integração, como nexos e conexões.

MEDIAÇÃO: é a característica da interação, especialmente na experiência de aprendizagem e na transmissão cultural. Ocorre em um clima de empatia e mútua aceitação entre os protagonistas. A mediação é um amplificador da qualidade dos estímulos: potencializa as capacidades do sujeito, desperta sua competência, regula a conduta, controla a impulsividade, ensina estratégias, busca significados, transforma os estímulos, provoca a análise metacognitiva de todo o processo de aprendizagem a fim de criar a plena autonomia do sujeito. A mediação concentra-se nas peculiaridades da pessoa do educando e se realiza a partir dos critérios de intencionalidade-reciprocidade, significação, transcendência, etc.

MEDIADOR: é toda pessoa que ordena e estrutura os estímulos e aprendizagens, a fim de ajudar o educando a construir o próprio conhecimento. O mediador pode ser o pai, o educador ou qualquer outra pessoa que atue como guia e orientador do processo de desenvolvimento do educando, proporcionando-lhe experiências de aprendizagem e o ajudando a estabelecer metas, organizar os estímulos e interpretar a cultura (S-H-O-H-R – estímulo-organismo-resposta, sendo o H a ação mediadora). O mediador destaca-se por sua intenção de transmitir significados, despertar reciprocidade e transferir todo o conhecimento às diversas situações da vida. Ele se interpõe entre o estímulo e o sujeito, adaptando os processos de ensino-aprendizagem às necessidades do educando.

METACOGNIÇÃO: é o conhecimento, a supervisão e o controle que o sujeito exerce sobre seus próprios processos de pensamento. Envolve o conhecimento do próprio funcionamento cognitivo e as atividades vinculadas ao controle dos processos cognitivos, afetivos e motivacionais. Deve conduzir ao despertar da consciência, à crítica e à autodireção (regulação, monitoração) na tomada de decisões. Deve focar-se, especialmente, no próprio eu, nos conteúdos que elaboramos e no método ou estratégias que empregamos. O conhecimento metacognitivo versa sobre o processo seguido para aprender, adquirir, controlar, armazenar, recuperar e empregar os conhecimentos.

METACOMPONENTES: são os processos de ordem superior utilizados para controlar, planejar, dirigir e avaliar qualquer atividade ou a resolução de um problema. O desenvolvimento da inteligência ocorre como resultado da interação desses metacomponentes. Sternberg fala dos sete metacomponentes: a) identificação do problema; b) seleção de elementos para resolver o problema; c) seleção da estratégia; d) seleção da representação e uso da estratégia; e) localização das fontes de informação do processo; f) informação progressiva sobre as soluções encontradas; g) retroalimentação sobre a solução.[41]

METAMEMÓRIA: é uma capacidade funcional em processos de armazenamento de informação e operatividade. Faz referência ao conhecimento que os sujeitos têm acerca dos seus próprios processos e produtos da sua memória. Implica o planejamento, o controle e a avaliação do próprio rendimento em tarefas de memória. Na memória encontramos uma série de elementos interativos: a) o conhecimento de estratégias (repetição, associação, aplicação); b) o conhecimento estratégico relacional e geral (comparação, seleção); c) o procedimento de identificar como e quando usar estratégias de memória.

MODELOS CONCEITUAIS: são estruturas e representações mentais que nos ajudam a descrever e visualizar o que é impossível observar diretamente. Construtos mentais que utilizamos para justificar uma teoria.

MODIFICABILIDADE COGNITIVA ESTRUTURAL (MCE): é a capacidade do ser humano de adaptar-se às exigências do meio. Requer flexibilidade, mas também continuidade, uma vez que a pessoa precisa sentir que continua sendo ela

---

[41] R. S. Nickerson, D. N. Perkins, E. E. Smith, *Enseñar a pensar*, cit., p. 39.

ANEXO 3. VOCABULÁRIO BÁSICO RELACIONADO A PROGRAMAS COGNITIVOS

mesma apesar da mudança. No PEI referimo-nos às mudanças estruturais ou às mudanças de estado do organismo, provocadas por um programa deliberado de intervenção. A MCE facilita o aparecimento do crescimento contínuo que torna o organismo receptivo e sensível às fontes internas e externas do estímulo. Toda mudança estrutural que ocorra afetará toda a pessoa e a futura trajetória do seu desenvolvimento.

MOTIVAÇÃO: experiência ou estado de consciência com alto nível de estimulação (saber, curiosidade, defesa, busca da verdade, justiça, etc.). Pode ser intrínseca ou extrínseca. É provocada por uma situação de necessidade, interesse ou desejo. Trata-se de uma força energizante de nossas decisões.

MOTIVAÇÃO EXTRÍNSECA: trata-se de um agente incentivador alheio ao sujeito e que o leva a envolver-se em uma tarefa por razões externas: controles, prêmios, castigos, notas, recompensas, etc. Os estímulos externos condicionam a motivação, e seu desaparecimento pode chegar a eliminá-la.

MOTIVAÇÃO INTRÍNSECA: disposição para envolver-se em uma tarefa por ela ser, em si mesma, atrativa e interessante. Refere-se à autorrealização da pessoa, ao sentimento de capacidade e de conquista. Os sujeitos com motivação intrínseca solicitam mais trabalho, interrompem menos suas tarefas e envolvem-se em outras atividades adicionais. Essa motivação prepara a pessoa para enfrentar com maior segurança os problemas. Proporciona desafio, controle, curiosidade e interesse. A competência e a autoeficácia mantêm essa motivação. Desperta estratégias de conquista: desafio, curiosidade, controle e fantasia (J. Beltrán). São motivações de conquista: motivo, expectativa e incentivo (Atkinson).

NECESSIDADE: é a energia interna de uma função cognitiva; é o elemento motivador da pessoa. Dizemos que as necessidades biológicas, afetivas, psicológicas, etc. são a primeira fonte motivadora que conduz às ações ou às operações mentais.

NORMA: é todo princípio regente intelectual, ético ou espiritual que regula as ações da pessoa. Regra de conduta que deve ser seguida em determinadas situações. As normas podem ser bastante diversas: deliberadamente aceitas ou impostas, externas e internas, profissionais ou espirituais, particulares ou universais.

OBJETIVO: meta ou propósito que define uma taxonomia e que orienta a ação. Por ser elemento mediador, o objetivo é avaliável, mensurável, a fim de distingui-lo dos objetivos finais ou das finalidades. Encontramos objetivos gerais que indicam sempre capacidades e valores; os objetivos finais expressam conteúdos ou procedimentos a serem alcançados para concluir determinado processo educacional. Existem objetivos específicos, operativos, concretos ou relacionados à conduta: indicam uma conduta observável, mensurável e quantificável.

OPERAÇÕES MENTAIS: conjunto de ações interiorizadas e organizadas mediante as quais elaboramos a informação que provém de fontes internas e externas. São as atividades interiorizadas que permitem desenvolver as capacidades intelectuais e fazer que as funções cognitivas sejam cristalizadas. São ações ou processos de elaboração intelectual sobre estímulos internos ou externos à pessoa. A ativação das operações mentais básicas fundamenta a cristalização das operações formais.

ORIENTAÇÃO: toda pessoa precisa de referências (cultura, valores, normas) para situar-se e orientar-se. Existe uma orientação subjetiva, determinada por nossas experiências anteriores, na qual empregamos códigos com relação a uma orientação pessoal: esquerda, direita, etc. E existe outra orientação objetiva determinada por conceitos aprendidos: norte, sul, etc. A orientação também se relaciona com as metas e objetivos que nos propomos em nossa atuação. Toda orientação projeta a pessoa à transcendência.

OTIMISMO: é a atitude positiva da pessoa diante da vida. Ânimo que permite descobrir alternativas melhores. Trata-se de uma forma de entender a vida – cosmovisão –, adotando as posturas mais construtivas e mais positivas.

OUTPUT: fase de resposta do ato mental.

PARADIGMA: é um macromodelo teórico para construir ciência e interpretar a realidade (Khun). É o conjunto de teorias e princípios que definem um contexto de aprendizagens e fundamentam um sistema pedagógico ou de pesquisa. Quando engloba todos os aspectos interdisciplinares, é definido

ANEXO 3. VOCABULÁRIO BÁSICO RELACIONADO A PROGRAMAS COGNITIVOS

como contextual. Ao definir o paradigma cognitivo, estamos considerando a forma como aprendemos a aprender: o estudo dos processos de aprendizagem do indivíduo. Em educação encontramos três grandes paradigmas básicos: cognitivo, contextual e relacionado à conduta.

PENSAMENTO ABSTRATO: é uma elaboração mental que expressa relação entre aquilo que é concreto e a construção mental. A abstração implica despojar-se do que é perceptivo e refugiar-se nas imagens mentais. Consiste em uma relação de semelhança, correspondência ou proporção. Há duas classes fundamentais de relação: a) por similaridade de relações (abstrata); b) por semelhança das coisas (metafórica). Quando fazemos referência aos termos, fazemos isso de três modos: a) unívoco: dando um nome comum a vários elementos; b) equívoco: quando se atribui o nome a todos os seres com sentido diferente; c) análogo: quando aplicamos o significado em certo sentido ou proporção.

PENSAMENTO DIVERGENTE: é uma forma de contemplar as coisas gerando possíveis relações, criando novos significados (pensamento lateral em De Bono). Diferentemente do pensamento vertical ou lógico e dentro de uma estrutura convencional, o pensamento lateral não é sequencial, mas, sim, imprevisível e não convencional. O pensamento lateral gera ideias, proporciona visão e soluções novas; o pensamento vertical as desenvolve, aprofunda uma mesma questão. É capaz de adaptar-se a novas situações e assimilar novos significados. Representa um estilo de pensamento e perspectiva pessoal que pretende se libertar de uma mentalidade limitada e rígida.[42]

PENSAMENTO HIPOTÉTICO: é a capacidade mental de realizar inferências e previsão de fatos, a partir daqueles já conhecidos e das leis que os relacionam. Habilidade intelectual para pensar e criar as situações possíveis ou representar os eventos previsíveis. É a capacidade do ser humano de adiantar-se às realidades, formulando-as como possíveis, gerando novos contextos e novas relações.

---

[42] M. Lipman, A. M. Sharp, F. S. Oscanyan, *La filosofía en el aula*, cit., p. 223.

O PERFIL DO **PROFESSOR MEDIADOR**

PENSAMENTO SIMBÓLICO: a mente traduz, decodifica, substitui e representa os fatos e situações com elementos e modalidades convencionais ou criativos. A interiorização de imagens mentais serve de suporte a essa atividade cognitiva.

PERCEPÇÃO EPISÓDICA: é a forma de entender um acontecimento, desconectado de sua causa ou origem, sem buscar relação com os elementos que lhe dão significado. Ocorre quando percebemos um fato ou dado desconectado de seu contexto e isolado do conjunto ao qual pertence. É um efeito que evidencia a carência de EAM.

POTENCIAL DE APRENDIZAGEM: na psicologia de Vygotski, expressa a capacidade humana de superar a situação presente de aprendizagem pela ação direta de um mediador. O nível de desenvolvimento atual ou real (NDA) determina a nossa capacidade de aprender sem a ajuda dos demais. A zona de desenvolvimento potencial (ZDP) engloba aqueles aspectos que são mais modificáveis e nos permitem crescer mais com a ajuda de mediadores. O nível de desenvolvimento potencial (NDP) marca a distância entre o nível de desenvolvimento atual ou real e aquele que foi alcançado. Por meio da mediação, é possível obter um avanço na aprendizagem que a pessoa, por si só, não seria capaz de alcançar. O potencial pode ser medido pela conquista de maiores níveis de complexidade e abstração nas atividades intelectivas, assim como por um maior nível de reflexão, maior sentido crítico e um pensamento mais efetivo.[43]

PRÉ-REQUISITO: as novas aprendizagens crescem em virtude dos nossos conhecimentos prévios. Falamos de saberes prévios ou pré-requisitos para poder entender os novos conhecimentos ou aprendizagens e estabelecer relações com estes. A construção do conhecimento exige uma base estrutural mental adequada, certas habilidades fundamentais e determinados conteúdos prévios aprendidos na mediação antecipada.

PRINCÍPIOS: correspondem a um enunciado que descreve a relação de causa--efeito entre duas situações; com frequência, expressamos tal relação como

---

[43] *Ibid.*, p. 67.

ANEXO 3. VOCABULÁRIO BÁSICO RELACIONADO A PROGRAMAS COGNITIVOS

regra, lei ou conclusão.[44] São conclusões, generalizações ou normas às quais chegamos por meio de comunicação, insight ou pensamento indutivo. Das experiências concretas abstraímos relações que nos permitem generalizar a situações mais amplas. São, ainda, normas que regem a nossa vida.

PROCEDIMENTOS: referem-se a uma série de ações ordenadas que se dirigem para a concretização de uma meta. A aprendizagem dos procedimentos refere-se ao saber fazer.[45] São constelações de estratégias planejadas para desenvolver uma capacidade. O procedimento pode ser uma técnica pessoal ou aprendida, simples ou complexa, de acordo com a tarefa e a finalidade do trabalho. Genericamente, podemos integrar regras, métodos, destrezas, estratégias, habilidades.

PROCESSOS COGNITIVOS: o funcionamento cognitivo pode ser descrito com os seguintes parâmetros: a) o conteúdo sobre o qual se opera; b) a operação mental envolvida; c) a linguagem com que se expressa a ação mental; d) a fase de processamento da informação; e) os níveis de complexidade, abstração e eficácia da operação.[46] Devemos diferenciar um processo cognitivo elementar ou básico – cujas operações são mais elementares: perceber, definir, codificar, comparar, classificar, etc. – do processo cognitivo superior, no qual seriam incluídas as estratégias metacognitivas e operações da lógica formal. O processo é gradual e progride para maiores níveis de significatividade ao longo da instrução; nele as representações vão sendo elaboradas e os conhecimentos reestruturados.[47]

PROJETO CURRICULAR: expressa as decisões sobre o que é o ensino e como ele deve ser. Engloba os fatos, conceitos, princípios, procedimentos, valores, atitudes e normas que configuram a ação educativa. Os princípios que fundamentam o Projeto Curricular Base enquadram-se em uma concepção construtivista da aprendizagem escolar. Abrange: objetivos gerais, orientações metodológicas, avaliativas e a estrutura curricular de conteúdos.

---

[44] A. Marchesi & E. M. Ortega, *Calidad de la enseñanza en tiempos de cambio*, cit., p. 355.
[45] *Ibid.*, p. 363.
[46] J. Alonso Tapia, *¿Enseñar a pensar? Perspectivas para la enseñanza compensatoria*, cit., p. 58.
[47] A. Marchesi & E. M. Ortega, *Calidad de la enseñanza en tiempos de cambio*, cit., p. 394.

PROPOSIÇÃO: é uma declaração sujeita a valores de verdade. Na lógica tradicional, apenas são admitidos os valores verdadeiro e falso, ainda que devamos reconhecer um terceiro: o irrelevante. As proposições que expressam nosso pensamento unem-se mediante relações lógicas. E a argumentação lógica baseia-se nas leis que determinam uma conclusão, a partir das proposições ou premissas.

RACIOCÍNIO ANALÓGICO: os psicólogos não determinaram as diferenças entre metáfora, analogia e símiles. Trata-se de figuras de linguagem em que o significado parcial na forma de atributos semelhantes de uma coisa é transferido para outra coisa.[48] A analogia baseia-se na comparação e na relação que sejamos capazes de descobrir entre os elementos. Usamos a proporção para estabelecer a relação analógica, referente a quantidade, qualidade, valor, etc. (A:B::C:D; 3:9::4:16).*

RACIOCÍNIO DEDUTIVO: é a capacidade de raciocinar de acordo com os princípios da lógica formal. Consiste em estender a casos particulares as implicações contidas em outras afirmações de tipo geral. O raciocínio dedutivo envolve os seguintes tipos ou processos: a) o silogismo linear ou inferência transitiva; b) o silogismo categórico; c) o raciocínio proposicional.

RACIOCÍNIO INDUTIVO: é o processo lógico orientado a fazer inferências de tipo geral a partir das observações de casos particulares. O raciocínio flui do particular para chegar a uma conclusão, princípio ou lei generalizadora. Grande parte do que chamamos de aprendizagem é indução. O risco da hipergeneralização se dá ao ter realizado uma amostragem insuficiente de informação.

RACIOCÍNIO LÓGICO: processo de elaboração mental que conduz ao conhecimento verdadeiro, mediante raciocínios válidos regidos por normas. O pensamento formal é a arte do bem pensar, através de diversas formas de raciocínio: inferencial, hipotético, transitivo, silogístico, etc.

RACIOCÍNIO SILOGÍSTICO: este é um raciocínio dedutivo e de lógica formal proposicional. Consiste em uma argumentação baseada em duas premissas

---

[48] J. Beltrán, *Procesos, estrategias y técnicas de aprendizaje*, cit., p. 199.

* A está para B, assim como C está para D; 3 está para 9, assim como 4 está para 16. (N. R. T.)

ANEXO 3. VOCABULÁRIO BÁSICO RELACIONADO A PROGRAMAS COGNITIVOS

que, mediante um processo dedutivo, leva a inferir uma conclusão entre os termos não adjacentes, a partir de certas leis que regem as relações entre as proposições. Trata-se de ordenar e comparar conceitos em determinada dimensão, tomando-se por base a informação contida nas duas premissas, para chegar a uma conclusão. Aprender as leis da lógica silogística ajuda a compreender os modelos de classificação.[49]

RACIOCÍNIO TRANSITIVO: é um raciocínio dedutivo, um silogismo linear ou inferência transitiva. A partir de duas premissas, extraímos uma nova informação que se encerra nelas. A conclusão é inferida a partir da qualidade que flui através de um elemento intermediário entre o enunciado menor e o maior, de modo que o elemento intermediário não aparece na conclusão. Sternberg observa que nossas decisões se baseiam em deduções de caráter transitivo.

RELAÇÕES: referem-se à habilidade intelectual de projetar nexos entre os objetos, situações e conceitos. Nossa capacidade de relacionar baseia-se nas aprendizagens prévias e nas estratégias que nos permitam projetar relações virtuais. Podemos descobrir uma infinidade de relações: causais, temporais, familiares, transitivas, etc. Pensar é relacionar, conclui Machado.[50]

REPRESENTAÇÃO MENTAL: a capacidade de interiorizar as imagens. Com base nas características essenciais que identificamos nos objetos, códigos e símbolos, criamos nossa própria realidade interior, selecionando os traços mais de acordo com nossas atitudes e abstração.

SIGNIFICADO: é o princípio energético da experiência de aprendizagem mediada (EAM) e permite ao indivíduo descobrir por que é importante o que se faz. É por meio desse princípio que ele vem a saber o conceito (o que), o motivo (por que) e a finalidade (para que) daquilo que está fazendo. O significado aproxima-nos do sentido e do valor de cada cultura.

SÍNDROME: conjunto de sintomas que determinam um problema ou situação. Conceito que leva em consideração a dimensão interdisciplinar de um tema.

---

[49] M. Lipman, A. M. Sharp, F. S. Oscanyan, *La filosofía en el aula*, cit., p. 236.
[50] L. A. Machado, *La revolución de la inteligencia* (Barcelona: Seix Barral, 1990), p. 52.

O PERFIL DO **PROFESSOR MEDIADOR**

SÍNTESE: operação mental pela qual integramos os elementos fundamentais de um todo. Refere-se à capacidade de relacionar as partes de um todo, como também de analisar as peculiaridades de cada um dos elementos de um conjunto, a fim de melhor integrá-los em um todo.

SOLUÇÃO DE PROBLEMAS: está associada ao uso de conhecimentos e habilidades. Um problema consiste em não saber de antemão como realizar determinada tarefa. Buscar a solução implica encontrar o caminho adequado, o processo de raciocínio apropriado. É uma habilidade resultante da inteligência cristalizada ou da aprendizagem intencional que um indivíduo desenvolveu em uma dada cultura. Os diversos métodos de ensinar a pensar conduzem à solução de problemas da vida cotidiana – buscar um PMI ou PIN (aspectos positivos (P= plus), negativos (M= minus) e interessantes (I)), como propõe De Bono. A aprendizagem de estratégias, algoritmos e heurísticas permite chegar à solução dos problemas mais complexos.

TOMADA DE DECISÕES: um problema de decisão é definido pelas ações ou pelas opções que se devem escolher, pelas contingências e pelas probabilidades que relacionam a ação com suas consequências. É o processo empregado para escolher uma entre muitas alternativas. É a opção da pessoa após conhecer os prós e os contras de uma situação. Três dimensões determinam uma decisão: a complexidade, o dinamismo ou mudança constante e a incerteza. Toda pessoa deveria aprender a identificar dois tipos de situações de decisão: a) deterministas, nas quais conhecemos, com certeza, as consequências da ação; b) probabilistas, cujas consequências são incertas.

TRANSCENDÊNCIA: critério que orienta a mediação além das necessidades imediatas. Ensina ao educando uma conduta planejada, que se dirige para o futuro e para outras situações. Implica a aplicação e a generalização das aprendizagens.

TRANSFERÊNCIA: capacidade de aplicar os conhecimentos em outras matérias e nas diversas situações concretas da vida. São deduções de aplicação das aprendizagens em situações presentes ou futuras. Podemos afirmar que toda aprendizagem é uma transferência, uma vez que nunca utilizamos os

ANEXO 3. VOCABULÁRIO BÁSICO RELACIONADO A PROGRAMAS COGNITIVOS

conhecimentos na mesma situação em que os aprendemos.[51] A transferência por via alta é o resultado da abstração reflexiva que implica uma descontextualização deliberada e metacognitiva, guiada por pistas, princípios ou processos facilitadores.[52] A dinâmica da transferência baseia-se em dois processos: o acesso aos conhecimentos ou às informações e o raciocínio analógico.[53]

TRANSFORMAÇÃO: é o resultado do processo de relacionar a informação conhecida com outra não conhecida, a fim de criar imagens e significados novos. Trata-se de um processo de elaboração por semelhança, multiplicação, mudança de modalidade ou complexidade, etc. Chega-se à transformação por meio de macroprocessadores, que são atividades cognitivas que utilizam e modificam as estruturas do conhecimento existentes, como a solução de problemas, a tomada de decisões, a indagação científica e a composição.[54]

TREINAMENTO, PROGRAMA DE: os diversos programas de treinamento cognitivo diferenciam-se pelas metas que desejam alcançar, pela estrutura, pela profundidade e pela metodologia. Alonso Tapia classifica-os em programas que: a) treinam operações cognitivas básicas; b) ensinam princípios heurísticos para solucionar problemas; c) ensinam a aprendizagem do pensamento formal; d) treinam o uso da linguagem e sua transformação; e) treinam para a aquisição de conhecimentos a partir de textos.

VALORES: os valores são princípios normativos que dirigem e regulam o comportamento das pessoas em qualquer momento ou situação. Descobrimos e atribuímos valores aos conteúdos do conhecimento curricular na sala de aula. Os valores estão muito ligados às normas e expressam o que a sociedade considera positivo ou negativo, o que se deve fazer ou não. Tornam-se conhecidos por transmissão e mediação cultural.

---

[51] J. Beltrán, *Procesos, estrategias y técnicas de aprendizaje*, cit., p. 301.

[52] *Ibid.*, p. 308.

[53] J. Tardif, *Le transfert des apprentissages* (Québec: Les éditions Logiques, 1999), p. 68.

[54] J. Beltrán, *Procesos, estrategias y técnicas de aprendizaje*, cit., p. 262.

ZONA DE DESENVOLVIMENTO PROXIMAL (ZDP): parte do construto de Vygotski, para o qual toda pessoa possui certas capacidades e potencialidades a serem desenvolvidas. Essa zona corresponde à distância existente entre o nível de desenvolvimento real, detectado pela resolução de problemas sem ajuda, e o nível de desenvolvimento potencial, determinado pela resolução de um problema com ajuda do mediador.